Rita Kohnstamm

Praktische Kinderpsychologie

Rita Kohnstamm war bis vor kurzem Chefredakteurin einer großen holländischen Elternzeitschrift und ist jetzt Chefredakteurin von «Psychologie». Sie gibt eine Buchreihe zum Thema «Erziehen als Beruf» heraus und betreut eine Loseblatt-Sammlung über «Problemkinder». 1976 hat sie den Preis der Stiftung Ooms für besondere Verdienste im Bereich der populärwissenschaftlichen Literatur bekommen. Als Fortsetzung der «Praktischen Kinderpsychologie» ist bei Hans Huber ihr Buch «Praktische Psychologie des Schulkindes» erschienen.

Rita Kohnstamm

Praktische Kinderpsychologie

Die ersten 7 Jahre

Eine Einführung für Eltern, Erzieher und Lehrer

Mit einer Einleitung von Hans Aebli

Dritte korrigierte und erweiterte Auflage

Verlag Hans Huber
Bern Stuttgart Toronto

Die niederländische Originalausgabe dieses Buches ist unter dem Titel «Kleine Ontwikkelingspsychologie» bei Van Loghum Slaterus, Deventer, erschienen.
Die Übersetzung stammt von E. Golombek, K.-D. Luitjens, Eva M. Müller, Corry Wilczek und H.-L. Worm. Die Ergänzungen der 3. Auflage hat Yves Fuchs, Nijmegen, übersetzt.

Für die Erlaubnis zur Verwendung des Umschlagphotos danken wir der Photographin, Frau Barbara Kreye, Stockdorf/München.

CIP-Titelaufnahme der Deutschen Bibliothek

Kohnstamm, Rita:
Praktische Kinderpsychologie: die ersten 7 Jahre; eine Einführung für Eltern, Erzieher und Lehrer / Rita Kohnstamm. Mit e. Einl. von Hans Aebli. [Die Übers. stammt von E. Golombek ...]. – 3., korrigierte u. erw. Aufl. / Erg. hat übers. Yves Fuchs. – Bern; Stuttgart; Toronto: Huber, 1990
Einheitssacht.: Kleine ontwikkelingspsychologie ‹dt.›
Teilausg.
ISBN 3-456-81875-0

Nachdruck 1992 der 3. korrigierten und erweiterten Auflage 1990

Satz und Druck: Lang Druck AG, Liebefeld-Bern
Printed in Switzerland

Inhaltsverzeichnis

Einleitung

Es gibt große Unterschiede in der Art, wie Erwachsene Kinder sehen und behandeln. Der eine sieht im eigenen Kind all das, was er gerne selbst geworden wäre, der andere das, was er mit Mühe hinter sich gebracht und überwunden hat. Für die eine Mutter ist das Kind ein Spielzeug, für die andere Liebesersatz, für die dritte Rivalin, für die vierte Vertraute und Quelle des Trostes. Früher sahen die Menschen in ihren Kindern häufig kleine Arbeitskräfte, heute finden viele, Kinder dürften keinesfalls zur Arbeit angehalten werden; sie müßten vor allem spielen...

So vielfältig die Sichtweisen der Kinder und die Beziehungen sind, die Erwachsene zu ihnen herstellen, so verschieden sind auch die Darstellungen des Kindes in der Entwicklungspsychologie. Der Freudianer sieht im Kind ein sich entwickelndes Es, ein Ich und Überich, der Adlerianer einen Menschen, der sich zwischen dem Streben nach Geltung und nach Gemeinschaft entwickelt. Piaget sieht im Kind ein erkennendes Wesen, dessen Denken immer mehr den Gesetzen der Wissenschaft gehorcht. Wo liegt da die Wahrheit? Bei keiner einzelnen Theorie! Die kindliche Seele hat soviele Seiten wie die Seele des Erwachsenen, und die je verschiedenen Umweltbedingungen lassen je verschiedene Ausprägungen der kindlichen Anlagen und je verschiedene Verläufe seiner Entwicklung geschehen. Der Entwicklungspsychologe muß sich daher entscheiden, welche Aspekte er darstellen will, und in welchen kulturellen und sozialen Bedingungen er die Kinder aufsuchen will, die er untersucht und darstellt.

RITA KOHNSTAMM trifft von diesen Wahlmöglichkeiten eine gute Auswahl. Diese ist offensichtlich von der Intuition einer Frau geleitet, die selbst Kinder erzogen hat, die aber auch mit beiden Füssen im Berufsleben steht. Zugleich hat sie als Holländerin eine glückliche Mittlerstellung zwischen der angelsächsischen und der kontinental-europäischen Welt inne; sie steht im Kontakt mit jener so modernen und lebendigen holländischen Psychologie, die wir alle gerne kennen möchten und so schlecht kennen, weil wir nicht holländisch können. Als Chefredaktorin der holländischen Ausgabe von «Wir Eltern» kennt sie den normalen Leser einer Entwicklungspsychologie: nicht den Spezialisten, der sich für alles (und manchmal für nichts wirklich) interessiert und der jedes Chinesisch verdaut, sondern den Leser, der etwas über kindliche Entwicklung erfahren möchte, indem er nichts als seine natürliche Intelligenz, sein Verständnis der Alltagssprache und sein Interesse am Kind mitbringt.

Ihm hat RITA KOHNSTAMMS «Praktische Kinderpsychologie» viel zu geben. Das Buch ist auf dem letzten Stand der Forschung, aber es ist zugleich einfach und verständlich geschrieben. Es ist von theoretischen Interessen geleitet; trotzdem wendet es sich an das natürliche Denken und an die natürlichen Interessen eines modernen Menschen. Es ist in seiner Grundhaltung human und von jener Toleranz getragen, die uns am holländischen Volk immer wieder beeindruckt.

Das Buch beginnt mit einem Einleitungskapitel, das die großen Fragen der Entwicklungspsychologie aufrollt: Wie wirken Anlage und

Umwelt im Werden des Menschen zusammen? Welche Rolle spielen dabei Reifung und Lernen? Die Mutter wirkt auf das Kind: wirkt es auch auf die Mutter – und auf den Vater zurück? Aber wie gesagt: Wo andere Autoren abstrakt und dürr dozieren, entfaltet RITA KOHNSTAMM diese Fragen natürlich und entlang den Beobachtungen, die jeder machen kann. Drei weitere Kapitel behandeln die Grundfunktionen des geistigen Lebens: die Entwicklung der Sinneswahrnehmung, der Körperbeherrschung und die Art, wie Kinder lernen.

Der Hauptteil des Buches behandelt jedoch jene Erscheinungen im kindlichen Leben, die Eltern, Lehrer und Erzieher interessieren: die Entwicklung von der Abhängigkeit und Anhänglichkeit zur Selbständigkeit, das Werden der Persönlichkeit und des Selbstbewußtseins. In diesem Rahmen kommt RITA KOHNSTAMM auf eine Vielzahl faszinierender Einzelfragen zu sprechen: Welche Rolle spielt die Stellung eines Kindes in der Geschwisterreihe? Wie entstehen Kinderängste, und was kann man dagegen tun? Wie bildet sich das Gewissen des Kindes aus? Woheı kommen die Aggressionen des Kindes? Was bestimmt die Entwicklung seiner Geschlechtsrolle? Wie verläuft die Entwicklung der Phantasie? des Spiels? der Kinderzeichnung? Zwei gewichtige Kapitel behandeln schließlich die Entwicklung der Sprache und des Denkens. In einem Schlußkapitel werden diese Vorgänge eingeordnet in den Gesamtkontext der Sozialisation. Es ist das Hineinwachsen des Kindes in die umgebende Gesellschaft, mit ihren Kreisen, und das Finden seiner Rolle und seiner Stellung in ihnen.

Es macht Freude, ein solches Buch herauszugeben, und der Herausgeber ist sicher, daß es viele Leser mit Freude zur Hand nehmen werden. Denn aus diesem Buch spricht die Intelligenz und die fachliche Kompetenz ebenso wie das Interesse am Kind *und* seinen Erziehern, kurz: die Menschlichkeit einer sympathischen Verfasserin.

* * *

Seit dem ersten Erscheinen von RITA KOHNSTAMMS «Praktische Kinderpsychologie» sind einige Jahre ins Land gegangen. Das Buch hat bei Eltern, Erziehern und Lehrern die Aufmerksamkeit gefunden, die es verdient. In der vorliegenden Neuauflage hat die Verfasserin eine ganze Reihe von neuen Ergebnissen und Erkenntnissen der Entwicklungspsychologie verarbeitet und integriert und zugleich die letzten Unebenheiten in ihrem Werk geglättet. Herausgeber und Verlag freuen sich, es seinen Lesern in der erneuerten und auf den modernsten Stand gebrachten Form zur Verfügung stellen zu können.

Bern/Burgdorf, im August 1989 *Hans Aebli*

1. Kapitel

Welche Faktoren spielen bei der Entwicklung des Säuglings eine Rolle?

Jedes Menschenkind wird zu früh geboren - zumindest in biologischer Hinsicht. Es benötigt im Vergleich zu den Jungen eines Säugetieres, nimmt man die Menschenaffen einmal aus, viel mehr Zeit, um selbständig zu werden und auf Nahrungssuche gehen zu können. Der Mensch hat in der Evolution im Vergleich zu den Tieren ein größeres Gehirn bekommen, wodurch er eine viel breitere Skala an Tätigkeiten ersinnen, erwerben und verwirklichen kann. Außerdem zeichnet er sich durch den aufrechten Gang aus. Dagegen haben sich weder der Beckenumfang der Frau noch die Dehnbarkeit des Geburtskanals in ähnlichem Maße vergrößert. Das Kind muß also verhältnismäßig früh geboren werden, noch bevor es körperlich so weit entwickelt ist, daß es kurz nach seiner Geburt wie seine Artgenossen auf zwei Beinen stehen und sich schon so geschickt wie sie bewegen könnte. Man hält es übrigens für wahrscheinlich, daß das allmählich größer gewordene Gehirn eben dieser Frühgeburt zu verdanken ist. Dadurch wird ein Menschenkind nämlich schon in einem sehr frühen Entwicklungsstadium einer viel reicheren Erfahrungswelt und vielfältigeren Reizen ausgesetzt, als dies in der Gebärmutter möglich ist. Und für die Gehirnentwicklung sind Reize außerordentlich wichtig.

Auch bei der individuellen Entwicklung des Nervensystems spielen Reize eine Rolle. Siehe hierzu auch Kapitel 2 und 3.

Es ist klar, daß diese Frühgeburt ein Kind für recht lange Zeit von der Versorgung durch andere abhängig macht. Es ist lange hilflos. Glücklicherweise besitzt es die Möglichkeit des Schreiens. Damit kann es deutlich machen, daß es Hilfe benötigt. Der Hunger ist der wichtigste Grund fürs Schreien. Daher ist es nötig, daß es dauernd in der Nähe eines Erwachsenen bleibt. Die Muttermilch von Säugetieren, deren Mütter fast ununterbrochen bei ihren Jungen liegen, hat einen verhältnismäßig niedrigen Eiweißgehalt. Eiweiss ist für das Wachstum notwendig. Da das Muttertier immer verfügbar ist, können die Jungen dauernd trinken. Bei Tieren, deren Junge schon kurz nach der Geburt hinter der Mutter herlaufen können, hat die Milch dagegen einen hohen Eiweißgehalt. Das ist wegen der Kraftanstrengung des Jungen notwendig und auch, weil die Mutter nicht ständig zur Verfügung steht. Für Menschen gilt dies nicht. Eine Menschenmutter liegt nicht eineinhalb Jahre bei ihrem Kind; und da die Muttermilch und die ihr angeglichene Flaschennahrung einen niedrigeren Eiweißgehalt haben als die Milch der Muttertiere, die nicht bei ihren Kindern liegenbleiben - abgesehen von den ersten Tagen -, muß der Erwachsene, der für das Kind sorgt, aufmerksam beobachten, ob das Baby vor Hunger schreit.

Ein Instinkt ist eine angeborene Verhaltensmöglichkeit, die Mensch und Tier spontan an den Tag legen und die der Arterhaltung dient. Weiter unten in diesem Kapitel wird erwähnt, daß manches Instinktverhalten nicht automatisch auftritt, sondern sich nur dann entfaltet, wenn das Kind oder das Tierjunge mehr oder weniger normal gelebt hat und in einer Weise versorgt worden ist, die seiner Art entspricht.

Biologische Verbindung von Mutter und Kind

Der Erwachsene, der für das Baby sorgt, ist meist die Mutter. In früheren Zeiten, als ein Kind noch ganz auf Muttermilch angewiesen war, mußte man, wenn die Mutter nicht genug Milch hatte, eine Amme fin-

Der Hypothalamus ist ein Teil des Zwischenhirns, der das vegetative Nervensystem und die Funktion der Hypophyse regelt. Die Hypophyse ist eine eiförmige Drüse an der Unterseite des Zwischenhirns, nur so groß wie eine braune Bohne, aber von zentraler Bedeutung für den Hormonhaushalt.

Über den Blickkontakt siehe auch Kapitel 2 und 5.

den. Man könnte annehmen, daß es seit dem Aufkommen der Flaschennahrung keine Rolle mehr spielt, wer für das Kind sorgt. Dies ist jedoch nicht so einfach.

Um dem Kind regelmäßige Ernährung und andere lebenswichtige Versorgung zu sichern, ist im Laufe der Evolution ein System biologischer Mechanismen entstanden, die Mutter und Kind miteinander verbinden. Einige davon sollen in diesem Kapitel zur Sprache kommen. So gelangt zum Beispiel das Schreien des Babys über den Hörnerv als Signal ins Gehirn der Mutter. Ihr Gehirn sendet über Nervenbahnen eine Nachricht zum Hypothalamus, der dann seinerseits die Hypophyse veranlaßt, das darin gespeicherte Oxytocin abzugeben. Durch diesen Stoff werden u.a. die Brustwarzen groß, wodurch das Kind leichter trinken kann, und der Milchfluß wird angeregt. Eine stillende Mutter wird also von ihrem Körper in ihrer Zuwendung zum Kind unterstützt. Das soll nicht heißen, daß eine Mutter, die Flaschennahrung gibt, ein Vater oder eine andere Pflegeperson nicht auch sehr gut für das Kind sorgen können.

Eine Mutter, die die Flasche gibt, ist noch in manch anderer Beziehung körperlich auf ihr Kind eingestellt. Wenn sie sich beispielsweise mit dem Kind beschäftigt, wird sie schon kurz nach der Geburt alles tun, um den Blickkontakt zu ihrem Kind herzustellen. Dieser Blickkontakt scheint für ihre Bindung an das Kind wichtig zu sein. Die Frau, die das Kind gebärt, braucht sich das nicht bewußt zu machen. Sie tut das wahrscheinlich aufgrund von neurologischen und hormonalen Prozessen automatisch. Anderen weiblichen Pflegepersonen und Vätern fehlen solche natürlichen Neigungen. Sie müssen alles selbst herausfinden. Es ist noch nicht erwiesen, ob dabei dem Kind nicht wichtige Erfahrungen verloren gehen.

Immer mehr Väter machen mit

Nach gängiger Auffassung bekommen Väter erst Spaß an ihren Kindern, wenn sie mit ihnen sprechen und Fußball spielen können. Die Wirklichkeit ist schon längst anders: Viele Väter interessieren sich von der Geburt an für ihre Kinder.

Parke hat die Untersuchungen über den Einfluß von Vätern auf kleine Kinder zusammengefaßt. Schwangerschaft und Geburt sind Angelegenheiten der Frau. Doch scheinen sie den künftigen Vater – vor allem beim ersten Kind – nicht unberührt zu lassen. Leibenberg stellte bei 65% dieser Väter «Schwangerschaftssymptome» fest: Müdigkeit, Übelkeit, Kopfschmerzen, Rückenschmerzen und Magenbeschwerden.

Künftige Väter erleben die erste Schwangerschaft ihrer Frau offenbar als Einleitung einer neuen Lebensphase, und viele von ihnen wollen dies auch deutlich markieren und verändern durch Bart, Schnurrbart oder Frisur ihr Aussehen (Bittman und Zalk).

Nach einer Untersuchung von Entwisle steht interessierte Teilnahme des Vaters während der Schwangerschaft in einem positiven Zusammenhang zu seinem Umgang mit dem Baby. Mitfühlende Väter halten ihre Babies im allgemeinen häufiger und länger auf dem Arm. Sie reagieren häufiger und schneller, wenn es schreit. Auch ein Kaiserschnitt oder eine Frühgeburt hat im allgemeinen einen solchen günstigen Effekt. Eine Erklärung dafür könnte sein, daß die Väter durch die

Situation mehr oder weniger gezwungen sind, mitzuhelfen. So entsteht wohl eine sichere Selbstverständlichkeit, die zur Gewohnheit wird. Der Vater bemüht sich auch weiterhin mehr um das Kind, und dies auch dann, wenn es nicht mehr dringend notwendig wäre, weil die Frau es eigentlich schon wieder allein schaffen könnte.

Haben die Eltern ein behindertes Baby, dann scheint die Zuwendung des Vaters der wichtigste Faktor zur Vermeidung von Streß bei der Mutter zu sein (Beckmann).

Es stellt sich nun die Frage, ob es für die Vater-Kind-Beziehung wichtig ist, daß der Vater bei der Entbindung dabei ist. In den Beratungsstellen wird diese Frage meistens bejaht. Laut Grossmann geht es hier aber um mehr, nämlich darum, ob der Vater gerne bei der Entbindung dabei sein *will*, und nicht darum, ob dies praktisch auch der Fall ist. Die Einstellung und das Interesse des Vaters sind also wichtiger als seine tatsächliche Anwesenheit. Palkowitz hat Untersuchungsergebnisse zu dieser Frage analysiert und kommt zu einer ähnlichen Schlußfolgerung. Er betont, daß Vätern, die aus bestimmten Gründen nicht bei der Entbindung dabei sein können, kein Schuldgefühl eingeredet werden sollte. Väter, die sich doch schuldig fühlen, neigen zur *Überkompensation*, d.h. zu einem übertriebenen Interesse am Baby.

Nicht alle Väter sind gleichermaßen zur Babyversorgung bereit. Was ist die Ursache der Unterschiede? Einen Teil der Erklärung liefert eine Untersuchung von Sandra Bem. Sie ließ Männer mit Hilfe eines Fragenkatalogs ein Selbstbild innerhalb einer «Männlich-fraulich-Skala» geben. Männer, die sich eine Kombination von ausgesprochen männlichen und deutlich fraulichen Eigenschaften zuschreiben, scheinen am meisten von Babies angezogen zu werden. Dies ist jedoch kein einseitiger Vorgang. Denn auch das Selbstbild der Frau hat darauf Einfluß. Gesteht sie es ihrem Mann zu, sich um das Baby zu bemühen? Die Chance ist dann am größten, wenn auch sie solche Gefühle bei sich selbst annimmt und sehr weibliche, aber auch ausgesprochen männliche Eigenschaften in sich vereinigt. In diesem Fall wickelt selbst ein recht maskuliner Mann das Baby öfter, als er es bei einer recht femininen Frau täte. Denn eine solche Frau macht diese Dinge lieber selbst. Wenn eine Frau ihr Interesse für die Umwelt auch während der Schwangerschaft beibehält, führt dies laut Shirley Feldman bei ihrem Mann zu einer größeren Zufriedenheit mit der Vaterschaft, als wenn sie sich einzig und allein auf das Kind konzentriert.

Untersuchungen von Belsky, Entwisle und Grossmann haben ergeben, daß eine glückliche Ehe die wichtigste Voraussetzung für eine zufriedene Vaterschaft ist. Positive väterliche Gefühle stellen sich jedenfalls nicht ein, wenn ein Kind gezeugt wird, um eine zerrüttete Ehe zu retten. Eine wenig überraschende, jedoch wichtige Erkenntnis aus der Untersuchung von Shirley Feldman ist die, daß der Vater umso weniger bei der Versorgung des Babys mithilft, je stärker der Beruf ihn beansprucht. Dieser praktische Umstand läßt nicht auf Widerwilligkeit schließen und sagt genauso wenig über die väterliche Verbundenheit mit dem Kind aus wie die Anwesenheit bei der Entbindung. Auch hier scheint die Einstellung wichtiger als das Handeln zu sein. Darum ist folgende Unterscheidung wichtig: Was könnten Väter prinzipiell tun, damit sie den Müttern nicht nachstehen, und was tun sie wegen des starken Einflusses sozialkultureller Faktoren tatsächlich?

Was das Vater-Baby-Verhältnis anbelangt, werden im allgemeinen die folgenden zwei Fragen untersucht: Was können Väter genauso gut wie Mütter (ob sie es auch tun, sei dahingestellt) und was können sie nicht so gut wie Mütter? Tun sie das, was sie ebenso gut können, tatsächlich wie Mütter oder auf eine typisch väterliche Art und Weise? Ein Beispiel für die erstgenannte Untersuchung ist diejenige von PARKE und SAWIN, aus der hervorgeht, daß Väter genauso gut wie Mütter die Flasche geben können. Auch Väter passen gut auf, wann das Baby eine Pause machen will, ein Bäuerchen machen muß, spuckt usw. Das Baby trinkt beim Vater auch nicht mehr oder weniger als bei der Mutter. Also gilt der ungeschickte Vater nicht mehr als allgemeine Entschuldigung. LAMB entdeckte, daß Väter ebenso gut wie die Mütter im Stande waren, die verschiedenen Arten des Babygeschreis (Hunger, Müdigkeit, Schmerzen usw.) voneinander zu unterscheiden. Auch junge kinderlose männliche Studenten konnten dies. Daß Väter weniger als die Mütter ihren Babys zulächeln, wurde als Unterschied herausgefunden. Vielleicht weil Frauen im allgemeinen lächelnder durchs Leben gehen?

Ein Beispiel typisch väterlichen Verhaltens wurde in der Untersuchung von BRAZELTON deutlich. Weil Väter auf eine etwas andere Art und Weise mit ihren Kindern umgehen, rufen sie auch ein anderes Verhalten bei den Kindern hervor. Die verschiedenen Aktivitäten, die eine Mutter nacheinander unternimmt, verlaufen ruhiger und gehen fließender ineinander über. Das Baby bekommt dadurch genügend Gelegenheit, auf das zu reagieren, was sie tut. Die Mutter baut die Intensität, mit der sie sich in einem bestimmten Moment mit ihrem Kind beschäftigt, langsam auf. Väter sind sprunghafter. Sie kommen schnell hintereinander mit neuen Initiativen. Das Kind hat weniger Zeit, zu reagieren, weil der Vater sich inzwischen schon wieder etwas Neues ausgedacht hat. Die Reaktionen des Babys auf den Vater sind entsprechend globaler. Das allgemeine Aktivitätsniveau ist höher, wenn sich der Vater mit dem Kind beschäftigt, und es bewegt sich auch mehr.

Im allgemeinen kann man sagen, daß sich der Einfluß des Vaters auf die Entwicklung des Babys von dem der Mutter unterscheidet, aber es ist unwahrscheinlich, daß einer von beiden wichtiger ist. Immer häufiger stößt man in der Literatur auf die Auffassung, daß das *Dreiecksverhältnis* Vater-Mutter-Kind einflußreicher als die *Zweierbeziehung* zwischen Mutter und Kind ist.

Entwicklungspsychologische Untersuchungen an Säuglingen

Wissenschaftliche Untersuchungen mit Säuglingen versuchen herauszufinden, was sich zwischen Mutter und Kind abspielt und was das Besondere an diesem Verhältnis ist. Erst dann kann man feststellen, wie diese Erfahrungen auch bei der Betreuung durch andere Personen genutzt werden können.

Man hat normal ausgetragene Kinder und ihre Mütter mit Kindern, die im Brutkasten gelegen haben, und deren Müttern verglichen. Kommt das Kind nach der Geburt in einen Brutkasten, wird die Mutter-Kind-Beziehung in biologischer Hinsicht unterbrochen. Weder Mutter noch Säugling können ihren natürlichen Zuneigungen folgen. Durch die Untersuchung der Auswirkungen dieser Situation auf Mutter und Kind kann man wichtige von unwichtigen Erfahrungsbedingungen unterscheiden.

Durch genaue Beobachtungen des spontanen Verhaltens zwischen Müttern und Säuglingen wird deutlich, was typisch für «alle» Mütter und Kinder ist (wenn auch mit individuellen Unterschieden in der Intensität). Es wird auch stets deutlicher, was die *Schlüsselverhaltensweisen* sind, die gegenseitige Reaktionen hervorrufen und die Entwicklung stimulieren. Diese Beobachtungen konnten durch die Einführung von Videoaufnahmen bedeutend verbessert werden, da man nun die Interaktion gründlicher und unter Beizug von mehreren Beobachtern beurteilen kann. Ein Beispiel ist das Spiel von Mutter und Kind, die ihre Gesichter einander zugekehrt haben. Im Laufe des dritten Monats scheint ein subtiles Schema von An- und Wegschauen zu entstehen. Nach TIFFANY FIELD bewirkt das Wegschauen, daß ein Säugling zur Ruhe kommt, nachdem er durch die intensive Zuwendung der Mutter kurz erregt worden ist. Beim Ansehen schlägt das Herz schnell. Nach dem Wegschauen wird der Herzschlag wieder ruhiger. Es ist wichtig, daß die Mutter wartet, bis der Säugling sie wieder ansieht. Die Mutter sollte ihn nicht durch eigene Bemühungen dazu zwingen, sie wieder anzusehen. Untersuchungen von BEATRICE BEEBE und NAOMIE HIRSCHFELD haben gezeigt, daß Säuglinge öfter und länger wegsehen, wenn die Intensität, mit der die Mutter sie ansieht, sehr variabel ist. Es scheint, als ob der Säugling dadurch unruhig wird und sich von der Interaktion zurückzieht. Ein derartig aktives Verhalten ist nach TITIA VAN WULFFTEN PALTHE erst nach neun bis zwölf Monaten möglich, wenn eine gewisse neurologische Reife erreicht ist.

Neben Untersuchungen, die sich mit den wesentliche Aspekten der Mutter–Kind-Beziehung beschäftigen, müßen noch zwei weitere Zielsetzungen entwicklungspsychologischer Forschung erwähnt werden. Dies ist erstens das Verhältnis zwischen Veranlagung und Erfahrung. Welcher dieser Faktoren hat den größeren Einfluß darauf, wie ein Mensch sich schließlich entwickelt? Zwillings- und Adoptionsuntersuchungen sind zur Beantwortung dieser Frage sehr wichtig und werden an verschiedenen Stellen dieses Buches diskutiert.

Die zweite Zielsetzung beschäftigt sich mit der Frage, ob bestimmte Eigenschaften in einem sehr frühen Stadium systematisch mit Eigenschaften in späteren Stadien zusammenhängen oder ob Kinder mit anfänglich gleichen Eigenschaften sich später ganz unterschiedlich verhalten und deshalb keine Voraussagen gemacht werden können. In der englischsprachigen Literatur faßt man dies unter dem Stichwort von *continuity and change* zuammen. Hierzu sind Längsschnittuntersuchungen notwendig, bei denen man Kinder jahrelang in ihrer Entwicklung verfolgt und wiederholt untersucht.

Der Unterschied zwischen Veranlagung und Erfahrung wird oft auch als Unterschied zwischen Vererbung und Milieu definiert. Dies ist jedoch nicht ganz richtig, denn nicht jede Veranlagung ist erblich. Umgekehrt ist jedoch alles Erbliche in der Veranlagung vorhanden. Siehe über Zwillingsuntersuchungen in diesem Zusammenhang das Kapitel «Die Stellung in der Geschwisterreihe»

Es ist deutlich, daß man sich bei dieser Art von entwicklungspsychologischen Untersuchungen an das halten muß, was im wirklichen Leben geschieht. Man kann nicht nach Belieben mit allerlei Formen der Kinderversorgung experimentieren. Diese Beschränkung bewirkt jedoch, daß Untersuchungen nur auf Umwegen und mit viel Einfallsreichtum durchzuführen sind. Dadurch können oft nur Teilbereiche der Babyversorgung untersucht werden, so daß man zu fragen geneigt ist: «Ist dies nun das einzige Ergebnis einer so groß angelegten Untersuchung?»

Anlage und Erfahrung

Welche Erkenntnisse hat nun die bisherige Forschung auf dem Gebiet der Entwicklung von Säuglingen und Kleinkindern geliefert? Sie ergibt keine zusammenhängende, schlüssige und für immer gültige Theorie, sondern einen ziemlich lockeren Zusammenhang verschiedenster Faktoren. Jeder Entwicklungspsychologe hebt einen anderen Faktor hervor.

Diesem Gegensatz zwischen Anlage und Erfahrung, Vererbung und Umwelt (im Englischen der Gegensatz von nature und nurture), begegnet man bei den verschiedensten Themen der Entwicklungspsychologie.

Die beiden grundlegenden Bedingungen der Entwicklung, über die man unterschiedlicher Meinung sein kann, sind Anlage und Erfahrung. Wird ein Kind zu dem, was es ist, durch die Reifung dessen, was es in sich hat, oder dadurch, daß ihm Dinge von außen beigebracht werden? In der englischsprachigen Literatur verwendet man hierfür den Begriff *nature-nurture*. In der Säuglingsperiode ist die mütterliche Pflege die wichtigste «Erfahrung von außen». Aber wie wichtig ist sie tatsächlich?

J.B. WATSON *(1878–1958) war ein amerikanischer Psychologe, der Begründer des Behaviorismus. Diese Schulrichtung der Psychologie beschäftigt sich nur mit dem Studium des menschlichen Verhaltens, da dieses als einziges für jedermann beobachtbar sei, während alles, was man vom Seelenleben behaupte, auf Spekulation beruhe. Siehe hierzu auch Kapitel 4 und 6.*

Niemand wird mehr an die Theorie glauben, die WATSON zu Anfang dieses Jahrhunderts aufgestellt hatte, daß das Baby einem unbeschriebenen Blatt gleiche, das durch die Erfahrungen mit der Aussenwelt beschrieben werde. WATSON war ein extremer Behavorist. Er sagte: «Man gebe mir zehn Babies und ich werde aus ihnen machen, was ihr mir sagt.» Aufgrund ethologischer und biologischer Untersuchungsergebnisse mußten die Behavioristen jedoch erkennen, daß ein Baby durch seine Veranlagung schon über einige Verhaltensmöglichkeiten verfügt und daß durch Reifung neue Verhaltensweisen ermöglicht werden. Nach Auffassung der Behavioristen bewirken jedoch die positiven und negativen Reaktionen der Umgebung, daß sich bestimmte Verhaltensmuster festsetzen oder verschwinden.

Im krassen Gegensatz hierzu stehen die Psychologen, die Entwicklung hauptsächlich als einen Veränderungsprozeß im Kind selbst betrachten. Wenn ein Säugling geboren wird, hat er Zugang zu ersten Verhaltensweisen. Gleichzeitig gilt aber, daß sich diese Verhaltensweisen – ungeachtet der Reaktion der Umwelt – stets verändern und komplizierter werden. So wie er sich körperlich 'von selbst' entwickelt, entfaltet sich auch allmählich sein psychisches Repertoire. Entwicklung bedeutet das allmähliche Entfalten eines Programms, das genetisch festgelegt ist. Die Funktion der Umwelt besteht nicht in Belohnung und Bestrafung, sondern sie ist vielmehr das Material, mit dem ein Kind seine sich sukzessiv entwickelnden Möglichkeiten in die Praxis umsetzt. Diese psychologische Richtung studiert nicht nur das äußerlich wahrnehmbare Verhalten, sondern kommt auch zu Schlußfolgerungen darüber, was in dem sich entwickelnden Kind vorgeht. Man könnte sie – im Gegensatz zu den Behavioristen – *Maturisten* nennen. Bei den Behavioristen kommt der wichtigste Reiz für die Entwicklung von außen, bei den Maturisten hingegen von innen.

Beide Strömungen haben auch eine andere Auffaßung über die Unterschiede zwischen den Menschen. Nach Auffassung der Behavioristen *ent*stehen diese hauptsächlich durch Unterschiede in den Lernprozessen, denn Babys befinden sich schließlich von Geburt an in unterschiedlichen Umgebungen, die unterschiedlich auf ihr Verhalten einwirken. Demgegenüber steht die Auffassung, daß die Veranlagung von Individuen so unterschiedlich programmiert ist, daß auch bei gleichen

Erfahrungen die Entwicklung verschieden ist. Diese Unterschiede *bestehen* schon in der Veranlagung. Eysenck ist ein Vertreter dieser Richtung und mißt der menschlichen Veranlagung viel Bedeutung bei. Dies gilt auch für die Intelligenz und den Charakter. Diese Psychologen glauben nicht, daß Erfahrungen unbedeutend sind. Sie sind jedoch davon überzeugt, daß die Veranlagung dem Einfluß dessen, was ein Kind mitmacht, Grenzen setzt.

Es darauf hinzuweisen, daß das Problem der Veranlagung/Erfahrung zwei Fragestellungen beinhaltet. Erstens bei der Erklärung, wodurch Entwicklung überhaupt erst möglich wird: Ist es vor allem eine Frage des An- und Abgewöhnens durch Einflüsse und Vorbilder aus der sozialen Umwelt, oder vor allem eine Frage der Entfaltung eines im Keim vorhandenen innerlichen Wachstumprogramms? Zweitens bei der Erklärung der individuellen Unterschiede: Sind diese die Wirkung einer mehr oder weniger stimulierenden Umgebung oder einer mehr oder weniger angeborenen Ausstattung?

Man darf den *nature-nurture* Gegensatz aber nicht dem oben erwähnten *continuity-change* Gegensatz gleichsetzen. Man kann jedoch sagen: Wenn die Umwelt eine entscheidende Rolle spielt, sind Zukunftsprognosen über die Entwicklung eines Kindes verlorene Liebesmüh, denn in der Umwelt kann sich schließlich soviel zum Guten oder Schlechten hin verändern. Umgekehrt bedeutet der Glaube an die Veranlagung nicht, daß die Entwicklung kontinuierlich verläuft, denn auch hier kann man davon ausgehen, daß die innerlichen Veränderungen sehr sprunghaft verlaufen können. Gene, in denen Veranlagungen niedergelegt sind, darf man sich nämlich nicht als festgelegte, statische Gegebenheiten vorstellen. Moderne genetische Untersuchungen haben gezeigt, daß es in den Genen sehr dynamisch zugehen kann, wodurch im Laufe der Entwicklung nicht nur allmähliche (continuity) sondern auch sehr überraschende Veränderungen (change) zu konstatieren sind. So kann ein ruhiges Baby später z.B. ein ungeduldiges Schulkind werden, ohne daß hierfür in der Erfahrung eine Ursache gefunden werden kann.

Das Interaktionsmodell

Eine moderne psychologische Schule, der sich immer mehr Wissenschaftler anschließen, geht vom sogenannten Interaktionsmodell aus. Nach diesem Modell macht die Anlage einerseits bestimmte Erfahrungen möglich, andere Erfahrungen schließt sie jedoch aus. Andererseits wird die Veranlagung durch die Erfahrung umgeformt. Dies ist eine komplizierte Wechselwirkung, bei der das Baby eine aktive Rolle spielt. Der Begriff Interaktion soll andeuten, daß Mutter und Kind zusammen eine Entwicklung durchlaufen, die durch gegenseitige Beeinflussung gekennzeichnet ist. Anfangs bringen Kind und Mutter nur ihre jeweiligen angeborenen Eigenschaften mit. Bei der Mutter kommt noch ihre Lebenserfahrung hinzu. Je länger die beiden miteinander umgehen, desto mehr wird das am Anfang Vorhandene durch gemeinsame Erfahrung überlagert. Die Betonung des aktiven Beitrags des Kindes formt einen wesentlichen Unterschied zwischen dem heutigen Denken in

Interaktionen und dem veralterten Behaviorismus, demzufolge ein Kind ziemlich passiv durch äußere Einflüsse geformt wird.

Interaktionisten gehen davon aus, daß die anfänglichen Äußerungen eines Babys – seien sie auch noch so unbeholfen – eine sozial-emotionale Bedeutung haben und die kognitive Entwicklung vorbereiten. Ein gutes Beispiel, um den Unterschied zwischen den beiden Auffassungen deutlich zu machen, ist die wissenschaftliche Analyse des Weinens beim Baby. GEWIRTZ unterscheidet Weinen aus einem körperlichen Grund und Weinen ohne einen solchen Grund. Auf das Weinen, das mit einer körperlichen Ursache zusammenhängt, muß man natürlich immer reagieren. Gilt dies aber auch für die zweite Art des Weinens? Nein! Sonst würde nämlich das Baby immer häufiger grundlos weinen, da es ein schönes Gefühl ist, getröstet zu werden. GEWIRTZ sah diesen behavioristischen Standpunkt in seinen Untersuchungen bestätigt. SYLVIA BELL und MARY AINSWORTH haben jedoch in ihrer berühmt gewordenen Untersuchung festgestellt, daß gerade dann, wenn Mütter schnell und konstant reagierten, das Weinen mit der Zeit abnahm. Sie machten hierbei keinen Unterschied zwischen den Gründen für das Weinen, denn ihrer Meinung nach hat jegliche Art des Weinens eine kommunikative Funktion. Es ist der Ausdruck des Bedürfnisses nach einem anderen Menschen, egal ob es sich nun ums Essen oder um Geselligkeit handelt. Wird dieses Bedürfnis befriedigt, werden auch die anderen Kommunikationsformen, die ein Baby allmählich erlernt (rufen, krähen, zur Mutter kriechen) verwendet und das Weinen als eine primitive Gewohnheit aufgegeben.

Dem interaktionalistischen Standpunkt zufolge muß man die psychologische Entwicklung als einen Prozeß auffassen, der in der Verbindung einer bestimmten Mutter mit einem bestimmten Kind abläuft. Dieselbe Mutter würde mit einem anderen Kind eine ganz andere Entwicklung durchlaufen. In der Praxis zeigt sich dies an den Unterschieden zwischen Kindern aus ein und derselben Familie und in dem Unterschied ihres Verhältnisses, das sie zur Mutter haben. *Dieses* Kind würde mit einer anderen Mutter auch eine andere Entwicklung durchmachen. In der Praxis wird dies an Adoptivkindern deutlich.

Aber es gibt noch einen dritten Faktor Das Zusammenspiel von Mutter und Kind vollzieht sich nicht wie auf einer Insel; auch die Lebensumstände spielen eine große Rolle, vor allem bei der Mutter. Wir werden nun betrachten, was Kind, Mutter und Lebensumstände zur Entwicklung beitragen. Danach werden wir erläutern, wie diese Faktoren sich gegenseitig beeinflussen.

Der Beitrag des Kindes

Für das Verhältnis von Mutter und Kind ist sein Geschlecht von Bedeutung. Obwohl die meisten Eltern netterweise sagen, daß es ihnen nichts ausmacht, ob es nun ein Junge oder ein Mädchen sei («Hauptsache, es ist gesund!»), haben sie im Grunde ihres Herzens oftmals doch eine gewisse Vorliebe, wenn nicht beim ersten, so doch beim zweiten Kind. Die Mutter-Kind-Beziehung dürfte denn auch durch die Tatsache beeinflußt werden, ob der geheime Wunsch der Mutter in Erfüllung gegangen ist oder nicht. Aber das Geschlecht des Kindes spielt noch eine andere Rolle. Außer den unterschiedlichen Geschlechtsteilen scheint es von Beginn an noch andere Unterschiede zwischen Jungen und Mädchen zu geben. Jungen sind sowohl vor als auch nach der Geburt körperlich verletzbarer. Das Knochengerüst neugeborener Mädchen ist genauso weit entwickelt wie bei Jungen von vier bis sechs Wochen. Dafür sind Jungen im allgemeinen bei der Geburt schwerer und länger. Sie sind am Anfang auch empfänglicher für visuelle Reize, neugeborene Mädchen dagegen für Geräusche. Jungen bewegen sich in den ersten Wochen nach der Geburt mehr als Mädchen. Dies sind nur ein paar Eigenschaften, in denen sich die Geschlechter unterscheiden. Tatsächlich ist das Geschlecht in jeder Körperzelle wiederzufinden. Die neuesten Forschungsergebnisse auf dem Gebiet der Neuroendokrinologie weisen darauf hin, daß schon in einer sehr frühen Phase der Gehirnentwicklung der weibliche und der männliche Embryo unterschiedlichen Einflüssen unterliegen. Das Gehirn wiederum ist für das spätere Verhalten bestimmend.

Ein anderer wichtiger Unterschied in der Anlage der Säuglinge betrifft das Temperament. Man könnte es auch als ererbtes Energieschema bezeichnen: Es bestimmt die Energiemenge, die ein Baby aufbringt, das Maß, in dem es nach körperlicher Aktivität verlangt, ob es sofort oder verzögert auf etwas reagiert und ob die Energie gleichmäßig oder ungleichmäßig verteilt ist.

Diese Baby-Bezogenheit ist Voraussetzung für die Anpassung an das Entwicklungsniveau des Kindes. Die Umwelt ist dann in emotionaler Hinsicht stimulierend, wenn man dem Aufmerksamkeit schenkt, was ein Kind von sich aus tut, und dann so darauf reagiert, daß das Kind Lust bekommt, es noch einmal zu tun. Darum geht es zum Beispiel auch in Kapitel 3 und 17.

Dann gibt es noch – wir haben es schon kurz erwähnt – Unterschiede in der Fähigkeit des Babys, den Blickkontakt mit der Mutter herzustellen. Dies hängt mit der Reifung der Sehnerven zusammen.

An dieser Stelle könnte man auch das Aussehen des Babys erwähnen. Im allgemeinen machen zwei stereotype Auffassungen die Runde: Frauen finden alle Babys süß, für Männer sind alle Babys häßliche Schreihälse. In einer Untersuchung von Cookie Stephan und Judith Langlois konnte dies jedoch nicht bestätigt werden. Sie verwendeten Photos von schwarzen, weißen und mexikanischen Kindern, die zu drei verschiedenen Zeitpunkten im ersten Lebensjahr aufgenommen wurden. Es bestand große Übereinstimmung darüber, was Männer und Frauen aus denselben drei ethnischen Gruppen unter einem hübschen Baby verstehen und was nicht. Wichtiger ist jedoch, daß ein weiteres stereotypes Urteil sehr stark ausgeprägt war, daß nämlich ein hübsches Baby auch ein problemloses Baby sei. Dies könnte bedeuten, daß Erwachsene, und vielleicht auch Eltern, einem hübschen Baby gegenüber toleranter sind, da sie davon ausgehen, daß ein eventuell störendes Verhalten nur zufällig sei.

Und schließlich gibt es noch das, was man sehr unschön als «Zustand» bezeichnet, in dem sich das Baby befindet. Man unterscheidet fünf «Zustände», die mit einer bestimmten Gehirnaktivität verbunden sind: den ruhigen und tiefen Schlaf, den unruhigen Schlaf, die ruhige Aufmerksamkeit, die aktive Aufmerksamkeit und das Schreien. Diese Einteilung machte der Entwicklungsneurologe Prechtl. Für jedes Baby ist ein charakteristisches Muster im Wechsel dieser Zustände zu erkennen.

Der Beitrag der Mutter

Die Mutter bringt in erster Linie die eigene Persönlichkeit ein. Ist sie aufbrausend, einfallsreich, nervös oder sicher? Man kann eine lange Liste von Eigenschaften aufstellen, die bei der Säuglingspflege eine Rolle spielen. Eine davon, oder besser eine Kombination mehrerer Eigenschaften, ist von verschiedenen Wissenschaftlern untersucht worden: Inwieweit ist die Mutter in der Lage, sich in ihr Baby einzufühlen, sich auf seine Bedürfnisse einzustellen und auf es einzugehen? Im Englischen unterscheidet man, ob die Mutter «baby-centered» (auf das Baby ausgerichtet) oder «self centered» (auf sich selbst ausgerichtet) ist. Im Deutschen könnte man sagen: Wie weit ist die Mutter in der Lage, ihre Bedürfnisse zu unterdrücken, wenn es für das Baby nötig ist? Das ist nicht mit Mutterliebe gleichzusetzen. Eine Mutter kann ihr Kind durchaus sehr gern haben und es trotzdem als Hindernis bei der eigenen Entfaltung empfinden. Manche Menschen, auch Mütter, haben von vornherein große Mühe, sich in einen anderen einzufühlen. Dann fällt es ihnen auch schwer, zu erahnen, was das Baby gerade benötigt.

Derartige Unterschiede wurden schon weiter oben bei den An- und Wegguckspielchen erwähnt. Unerfahrene Mütter haben manchmal mehr Mühe, die Bedürfnisse ihrer Babys zu erkennen als Mütter, die ihr zweites oder drittes Kind bekommen.

In den Niederlanden führte Dymph van den Boom eine großangelegte Untersuchung über die spätere Entwicklung von Kindern durch, die sie kurz nach der Geburt mit dem Test von Brazelton untersucht hatte und die dabei sehr gereizt reagiert hatten.

Schon bevor ein Baby geboren wird, lebt es in den Gedanken seiner Eltern. Sie stellen sich vor, wie sich ihr Kind entwickeln wird, und teilen ihm schon jetzt eine bestimmte Rolle in ihrem Leben zu. Diese Erwartungen beeinflussen die Interaktion, wenn das Kind geboren ist. Dieser Moment wird in gewisser Weise durch die Echographie verfrüht, wodurch die Eltern den Fötus sehen können. Das erwartete Kind wird dadurch konkreter. Es bestehen jedoch noch keine Untersuchungen über den Einfluß dieser Erfahrungen. Aus der Tatsache, daß viele Eltern nicht wissen wollen, ob ihr Kind ein Mädchen oder Junge wird, könnte man schließen, daß sie sich das Recht auf Träume und Phantasien erhalten wollen. Andererseits jedoch konnte Tiffany Field mit Hilfe der Echographie Frauen mit viel Angst um ihr ungeborenes Kind beruhigen. Mit dem Bild auf dem Monitor wurde ihnen ausführlich erklärt, wie gesund ihr Kind aussieht.

Eine Gruppe von Müttern, die sich mit dem Einfühlungsvermögen besonders schwer tun könnte, sind die *Teenager-Mütter*, die sich durch ihre Mutterschaft Selbständigkeit und Erwachsensein erhoffen («etwas eigenes haben, um dafür sorgen zu können») und dann merken, daß ein Kind mehr von ihnen abverlangt, als sie erwartet hatten. Untersuchungen haben ergeben, daß Teenager-Mütter im allgemeinen weniger auf die Bedürfnisse des Babys eingehen (Tiffany Field), romantische Ideen über kleine Kinder haben (Epstein), weniger begreifen, daß Erziehung vor allem auch emotionale Zuwendung verlangt (Green) und schließlich, daß weniger Reize von ihnen ausgehen, um z.B. mit dem Baby zu sprechen (Culp). In den Erklärungen für diese

Phänomene muß man zwei Argumentationen unterscheiden. Die eine Argumentation geht von sozial-ökonomischen Faktoren aus: Es handelt sich meistens um Mädchen mit geringer Ausbildung und Geldsorgen, die wenig Unterstützung von ihrer Familie erhalten. Die andere Argumentation ist mehr entwicklungspsychologisch: Jugendliche befinden sich in einer ziemlich egozentrischen Phase. Es geht ihnen vor allem um den Eindruck, den sie auf andere machen. Für einige Mädchen fördert die mütterliche Sorge für ein Baby einen schnelleren Übergang zum Erwachsensein. Hierzu gehört eine gewisse Sensitivität gegenüber anderen und gegenüber dem Kind. Für die meisten Teenager-Mütter stellt jedoch ein Kind zu diesem Zeitpunkt ihrer Entwicklung einen Störfaktor dar. Sie reagiern dann entweder sehr passiv oder sehr aggressiv auf das Baby.

PELTONEN fand Hinweise darauf, daß Mütter, die Erfahrung mit einem Schwangerschaftsabbruch hatten, ihrem Baby relativ oft übertrieben besorgt begegneten. Es schien, als ob sie aus einem Schuldgefühl heraus etwas gut machen wollten.

Es spielt auch eine Rolle, ob die Mutter selbst die Erfahrung einer liebevollen Kindheit gemacht hat, so daß sie ihre Mutter nachahmen kann, oder ob diese ein schlechtes Vorbild abgab. Aus Tierexperimenten, vor allem aus HARLOWS berühmten Affenversuchen, geht hervor, daß Schimpansen, die selbst als Kind vernachlässigt worden sind, ihre eigenen Jungen schlecht versorgen. Sie schleppen sie mit sich herum, beißen sie und wollen sie nicht trinken lassen. Ihr instinktives Verhalten ist gestört. Man nimmt an, daß ein Tier bestimmte Möglichkeiten von instinktivem Pflegeverhalten in sich hat, die durch das eigene Erleben des Gepflegtwerdens erst geweckt werden müssen. Natürlich spielt beim Menschen nicht nur der Instinkt eine Rolle, und ein gutes Vorbild schadet auch ihm nicht. In Untersuchungen u.a. von SHERESHEFSKY, YARROW und UDDENBERG wurden auch Geschlechtsunterschiede festgestellt. Handelt es sich bei dem Kind um ein Mädchen, dann ist das Verhältnis, das die Mutter mit *ihrer* Mutter gehabt hat, von Bedeutung für ihre Mutterschaft. Handelt es sich jedoch bei dem Kind um einen Jungen, ist dieser Einfluß bedeutend geringer. In diesem Fall spielt jedoch das Verhältnis der Mutter zum Vater eine wichtige Rolle. So werden z.B. unangenehme Kindheitserfahrungen der Eltern manchmal ungewollt (denn die meisten Eltern wollen es besser machen als ihre eigenen Eltern) von der einen auf die nächste Generation übertragen. Gelegentlich versucht man, hiermit Kindesmißhandlungen zu erklären.

H.F. HARLOW, *ein amerikanischer Psychologe, untersuchte zusammen mit seiner Frau Margareth die soziale Entwicklung von Rhesusaffen über längere Zeiträume hinweg. Siehe hierzu auch Kapitel 5.*

Vergleiche auch Kapitel 8.

Die Bedeutung der Umweltfaktoren

Mutter und Kind leben nicht wie auf einer einsamen Insel. Welche Umweltfaktoren sind nun für beide von Bedeutung? Da sind zunächst soziale Faktoren zu nennen: Wohnen sie in einer hübschen Wohnung? Ist es vielleicht eine Mietwohnung, in der die Mutter sich zwischen lauter Fremden isoliert fühlt, oder wohnt sie in der Nähe der ihr vertrauten Familie? Hat sie Geldsorgen? Fühlt sie sich als Frau unterdrückt?

Ist die Mutter berufstätig oder nicht? Die Ergebnisse aus Untersuchungen darüber, welchen Einfluß der Beruf der Mutter auf ihr Baby hat, sind keineswegs übereinstimmend. Ein Grund hierfür könnte sein, daß nicht deutlich unterschieden wird, wie lange die Mutter außer Hause arbeitet und welche Art Arbeit sie verrichtet. Die Praxis vermittelt jedoch folgenden Eindruck: Kann sich die Mutter einige Stunden auf ihre Arbeit konzentrieren, kommt dies dem Mutter-Kind-Verhältnis nur zugute. Kümmert sie sich jedoch den ganzen Tag nur um das Baby, ist dies für das Verhältnis ungünstig. Dies gilt auch für Ganztagsarbeit, wodurch die Gefahr der Überlastung entsteht. Weiterhin sollte bei solchen Untersuchungen berücksichtigt werden, ob es sich um ermüdende oder leichte, stumpfsinnige oder stimulierende Arbeit handelt. Ein relativ neues gesellschaftliches Problem ist die Frage, wie gesund die Umwelt ist, in der die Mutter lebt. Das chemische (Arbeits-)milieu der werdenden Mutter scheint die Veranlagung und Gesundheit ihres Kindes zu beeinflussen.

Auch persönliche Umweltfaktoren spielen eine Rolle: Wird die Mutter von ihrem Mann unterstützt, oder ist sie – verheiratet oder nicht – bei der Säuglingspflege auf sich alleine gestellt? Hat sie Kontakt mit Verwandten und Freunden, die auch kleine Kinder haben, so daß sie um Rat fragen kann, oder stellen Kinder in ihrer Umgebung eine Seltenheit dar?

Die Antibabypille ermöglichte, daß sich Menschen ganz bewußt für ein Kind entscheiden können. Positiv daran ist, daß die Anzahl der unerwünschten Schwangerschaften drastisch zurückgegangen ist. Negativ könnte sein, daß durch die eigene Entscheidung auch die Verantwortung schwerer wiegt, und man sich schuldig fühlt, wenn Probleme mit dem Baby auftreten. Oder grob ausgedrückt: Ein Kind, das man sich selbst auf den Hals geladen hat, kann problematisch werden. In der Psychologie gilt als Tatsache, daß ein innerlicher Konflikt zwischen eigenen Wünschen und darauffolgendem Bedauern schwerer zu verarbeiten ist als ein Konflikt, bei dem man außerhalb des eigenen Ichs die Schuld suchen kann. Pedersen spricht in diesem Zusammenhang von einer *romantischen Geburt*, die man vor Augen hat. Die Wirklichkeit ist dann nur schwer zu verkraften. Die Folge ist eine *kognitive Dissonanz*, die es zu lösen gilt.

Eine ziemlich neue Forschungsrichtung beschäftigt sich mit dem Einfluß von streßvollen Erfahrungen auf die Schwangerschaft, ihren Verlauf, auf die Geburt und den Zustand des Kindes. In einer Zusammenfassung über den derzeitigen Stand der Forschung zeigt Istvan, wie kompliziert die Zusammenhänge sein können. Die erste Unterscheidung, die getroffen werden muß, ist zwischen Streß, der die mütterliche Zuwendung und Sorge beeinträchtigt und Streß, der den körperlichen Zustand des Kindes beeinflußt. Bei der ersten Form von Streß könnte man z.B. an ein Zusammenspiel von psychosozialen Faktoren denken, durch das die Mutter depressiv wird: Ein Umzug, das Verlassen der vertrauten Umgebung, der Verlust des Arbeitsplatzes und der Kollegen usw. Zusammen können diese Faktoren zu einer sozialen Isolation führen. Im zweiten Fall handelt es sich um Streß, der durch neurophysiologische Prozesse den Zustand des Kindes beeinflußt. Zu nennen wäre hier z.B. Streß, der zu hohem Blutdruck führt und lebensbedrohend für das Kind werden kann, wenn nichts dagegen unternommen wird. In Israel verglichen Rolfe und Goldberg schwangere Frauen, die in Gegenden mit viel, wenig, bzw. mittelmäßigem Terrorismus lebten. Mehr Terrorismus ging relativ oft Hand in Hand mit zu hohem Blutdruck. Es ist nicht gesagt, daß das eine immer notwendigerweise zum anderen führt. Jedoch werden Frauen mit einer Neigung zu hohem Blutdruck in diesem Fall empfindlicher reagieren. Gleiches gilt für hormonale Prozesse, die durch Streß ausgelöst werden und die eine Verringerung der Blutzufuhr zum Fötus und u.U. eine Wachstumsstörung verursachen können. Aber auch hier sind die Zusammenhänge nicht gradlinig. ISTVAN weist z.B. auf die wichtige Rolle von Alkohol und Nikotin hin: Menschen in Streßsituationen greifen schnell zur Zigarette oder zum Glas. Diese Stoffe führen dann zu einem Wachstumsrückstand, so daß die Kinder mit einem zu geringen Geburtsgewicht zur Welt kommen. Auch wenn die Mutter harte Drogen verwendet, bringt dies das Wachstum des ungeborenen Kindes in Gefahr. Außerdem leidet es nach der Geburt an Entziehungserscheinungen.

Ein «Umweltaspekt» verdient besondere Beachtung, nämlich der Ort, wo, und die Art, wie, das Kind geboren wird: zu Hause oder im Krankenhaus. In welcher Art von Krankenhaus? Unter Narkose oder bei vollem Bewußtsein? War es eine schwere Geburt oder nicht? Waren medizinische Eingriffe notwendig, oder ging alles auf natürliche Weise?

Weil zwischen Mutter und Kind ein biologisch bestimmtes Netzwerk aufeinander ausgerichteten Verhaltens besteht, ist es von Bedeutung, ob sie auch Gelegenheit haben, dieses Verhalten an den Tag zu legen. In letzter Zeit hat man häufig den Kontakt zwischen Mutter und Kind unmittelbar nach der Geburt untersucht. Wie wichtig ist es für das Entstehen einer Bindung, daß Mutter und Kind sofort ihren Instinkten folgen können? Solche Instinkte existieren zweifellos, denn alle Mütter scheinen ihre Babies in derselben Reihenfolge zu untersuchen, wenn diese gleich nach der Geburt nackt zu ihnen gelegt werden. KLAUS hat beobachtet, daß die Mütter zuerst mit den Fingerspitzen Finger und Zehen berühren, darauf die Handfläche auf den Bauch legen, dann das Baby umarmen und ihren Kopf so drehen, daß sie es direkt ansehen; dann warten sie sichtlich gespannt, bis es die Augen aufschlägt. Vielleicht erwacht in diesem Moment bei der Mutter das Gefühl: «Mein Kind». Andererseits nimmt man an, daß der Übergang von der Gebärmutter in die Außenwelt für das Baby weniger kraß ist, wenn es auf dem warmen Mutterleib liegen kann (der Tastsinn des neugeborenen Babys ist sehr ausgeprägt). Es hört ihr Herz klopfen, wie vor der Geburt, und es riecht ihren Körper, und das macht es mit dem Geruch vertraut, den es beim Trinken stets wahrnehmen wird.

Couveusekinder

Kinder, die im Brutkasten liegen, müssen diese ersten Erfahrungen in der Regel vermissen. Es ist unmöglich, den Lebensrhythmus des Kindes völlig zu berücksichtigen. Tag und Nacht brennt das Licht, zu festen Zeiten muß gefüttert werden, und es sind verschiedene medizinische Eingriffe nötig, die den Schlafrhythmus stören.

Als Folge des medizinischen Fortschritts beginnen immer mehr Kinder ihr Leben in einem Brutkasten. Die Untersuchung dessen, was dies für ihre Entwicklung bedeutet, ist noch in vollem Gange. BECKWITH unterscheidet vier Risikofaktoren: medizinische Komplikationen, Schlafstörungen, Entwicklungsrückstand und Störungen der visuellen

Wahrnehmung. Jedes Brutkastenkind zeigt Verhaltensmuster, die von diesen vier Faktoren in unterschiedlichem Maße beeinflußt sind. Man kann sie nicht isolieren, weil sie sich gegenseitig beeinflussen.

Laut LIPSITT werden gesunde, ausgetragene Kinder mit einem sicheren psychischen «Schutzschild» geboren, der sie in der ersten Zeit gegen ungünstige Bedingungen schützt. Dazu muß man auch die Unerfahrenheit der Eltern rechnen. Es kann aber sein, daß Kinder in Brutkästen einen solchen «Schutzschild» nicht besitzen und daher wehrlos gegenüber den besonderen physischen und psychischen Lebensbedingungen sind, in denen sie leben. BECKWITH konstatiert, daß die Mutter ein entsprechend hohes Maß an Aufmerksamkeit aufbringen muß. Wenn sie auf die Bedürfnisse des Kindes eingeht, stellt sie ein wichtiges Gegengewicht gegenüber den genannten Risikofaktoren dar. Kinder, die diese Aufmerksamkeit spüren, wachsen aus der Risikogruppe heraus. Ob Eltern diese Aufmerksamkeit aufbringen, ist nicht von ihnen allein abhängig. Nach BECKWITH wirken vor allem medizinische Komplikationen mit unregelmäßigem Verlauf erschwerend. Die Pflegepersonen können sich nicht auf einen bestimmten Krankheitszustand einstellen. Ständig stehen sie vor angenehmen und unangenehmen Überraschungen. Das macht sie unsicher, und ihre anfängliche hohe Aufmerksamkeit kann abnehmen. Bei Babys ohne derartige Komplikationen bleibt die Aufmerksamkeit der Eltern meistens erhalten. Die Vorstellung von der Notwendigkeit intensiver Aufmerksamkeit stimmt mit unserem Interaktionsmodell überein: Weil von einem Brutkastenkind weniger ausgeht und es nicht wie ein gesundes, ausgetragenes Kind die verschiedensten Reaktionen hervorrufen kann, müssen die Eltern besonders viel Energie aufbringen, um ein Wechselspiel in Gang zu bringen und in Gang zu halten.

In den Niederlanden untersucht u.a. HERMANNS, welche langfristigen Folgen sich ergeben, wenn ein Kind wegen seines zu niedrigen Geburtsgewichts in den Brutkasten muß. In einem Aufsatz schreibt er dazu:

Die meisten Kinder und Eltern wachsen über die Anfangsschwierigkeiten hinaus. Zehn Prozent der zu leicht geborenen Kinder sind wohl geistig oder körperlich ernstlich gestört, 10% haben leichte Störungen (zum Beispiel bei den Bewegungen). Mehr als ¾ von ihnen wachsen aber normal auf. Zwar bleibt ein zu früh geborenes Kind noch einige Zeit in seiner Entwicklung gegenüber seinem kalendarischen Lebensalter verspätet. Aber nach drei bis vier Jahren verläuft die Entwicklung normal.

Die ersten Stunden und Tage

Kaum jemand verneint den Wert dieser ersten Lebenserfahrungen. Die Unterschiede bestehen nur bezüglich ihrer Bewertung. Manche denken, beeinflußt durch den französischen Arzt LEBOYER, daß etwas unwiderruflich verloren geht, wenn Mutter und Kind ihre Verbindung nicht unmittelbar nach der Geburt knüpfen können. Andere, wie zum Beispiel SCHAFFER und CLARKE & CLARKE, sind davon überzeugt, daß verschiedene andere Faktoren bei Mutter und Kind, wie auch in der Umgebung, einen unglücklichen Beginn durchaus wettmachen können. Einige Untersuchungen zeigen jedoch, daß Mütter, die nach der Entbindung ihr Kind nicht bei sich haben, bei der Entwicklung einer Beziehung zu ihrem Baby mehr Mühe haben als Mütter, die sofort einen ausgedehnten Kontakt mit ihrem Kind hatten. CHATEAU, der in Schweden derartige Untersuchungen durchführt, weist darauf hin, daß Mütter, die ihre Babys sofort nach der Geburt zu sich bekommen, wie von selbst eine aktivere Haltung einnehmen. Sie müssen sich halb aufrichten, um sich mit dem Baby zu beschäftigen, und können nicht passiv liegenbleiben. Diese Haltung bleibt bestehen. In CHATEAUS Untersuchung richteten sich solche Mütter im Wochenbett öfter und länger auf, schienen auf die Dauer weniger Probleme, vor allem beim nächtlichen Füttern, zu haben und konnten den Haushalt früher wieder selbst besorgen.

LAMB weist darauf hin, daß wir bei dieser Art der Untersuchung unsere Schlüsse nur vorsichtig ziehen dürfen, weil noch zahlreiche methodologische Schwächen vorhanden sind. Der Hautkontakt nach der Geburt wird häufig als Zaubermittel angesehen: Wenn Mutter und Kind die Gelegenheit für eine solche erste Bekanntschaft bekommen, kann in der Beziehung nicht mehr viel schiefgehen.

Die Praxis ist jedoch anders. LEIDERMAN denkt, daß das soziale Milieu eine Rolle spielen könnte und daß die Mütter aus niedrigem Milieu vielleicht vom frühen Kontakt profitieren können, während Mütter aus einem entwickelteren Milieu noch viele andere Hilfsmittel haben, um auch nach einem schwierigen Start noch eine gute Bindung zu ihrem Kind aufzubauen. CHANG stellte nach einem Jahr keinen Unterschied in der Anhänglichkeit zwischen Mutter und Kind im Entwicklungsniveau des Babys fest, wenn die Kinder als gesunde Neugeborene in den ersten zehn oder mehr Tagen nicht bei ihrer Mutter gewesen waren.

Obwohl die Untersuchung über den ersten Hautkontakt noch nicht völlig überzeugend ist, kann man natürlich dafür plädieren, daß in der Geburtsklinik Eltern und Kinder Tag und Nacht zusammen sein können, so daß die Eltern Zuneigung zu ihrem Kind fühlen und daran anknüpfen können. TREFFERS findet es wichtig, daß Mütter auf diese Weise Gelegenheit bekommen, vom Wunschtraum-über-das-Kind, wie sie ihn während der Schwangerschaft hatten, überzugehen auf das Kind-wie-es-wirklich ist.

Das Zusammenspiel der Faktoren

Damit wären wir wieder bei der Interaktionstheorie angelangt: Ein Faktor allein (ein fortwährend schreiendes Kind, eine ungeschickte Mutter oder eine unangenehme Entbindung) führt nicht zu einem bestimmten Resultat. Es ist ein Zusammenspiel der Faktoren. Manche Babys machen es ihrer Mutter sehr schwer, sie zu lieben. Sie schreien ständig, sind schreckhaft, steif und verkrampft, wenn man sie in die Arme nimmt. Aber eine ausgeglichene Mutter oder eine Mutter, die bei ihrem Mann viel Unterstützung findet, kann ein solches Kind mit der Zeit vielleicht beruhigen. BELL und AINSWORTH sind zum Beispiel aufgrund ihrer Untersuchungen der Ansicht, daß das Schreien mit der Zeit nachläßt, wenn die Mutter es fertigbringt, immer mit Zuwendung zu reagieren. Andererseits kann ein liebes, unproblematisches Baby die Mutter mit der Zeit für sich gewinnen, auch wenn sich diese anfänglich nur schwer mit der Mutterrolle abfinden konnte. HARLOW hat dieses Phänomen sogar bei Affen beobachtet. In England hat man in einem Experiment festgestellt, daß der schwierige Anfang für eine Mutter und ihr Brutkastenkind leichter wird, wenn jemand täglich mit der Mutter über mögliche Probleme spricht. In solchen Fällen können also Umweltfaktoren eine hilfreiche Rolle spielen.

Interaktion bedeutet, daß Mutter und Kind sich wechselseitig durch ihr So-Sein zu einem bestimmten Verhalten anregen. Männliche Babys verleiten ihre Mütter eher dazu, sie anzufassen und zu liebkosen. Weibliche Babys verleiten ihre Mütter eher zum Hinschauen und zum Aussprechen von Koseworten. Diese Beobachtungen wurden wiederholt beschrieben, u.a. von LEWIS. Aus dem Geschlechtsunterschied folgt also auch ein Unterschied im Kontakt zur Mutter, was auf die Beziehung im allgemeinen abfärbt. Weil Jungen häufiger weinen, binden sie ihre Mütter im allgemeinen mehr an sich als die Mädchen. MOSS sagt: Sie lenken die Aufmerksamkeit ihrer Mütter häufiger auf sich.

Daß Jungen und Mädchen in bestimmter Hinsicht verschieden sind, wird wahrscheinlich dadurch verstärkt, daß Eltern ihre Söhne anders sehen als ihre Töchter. Daß die Eltern sogar ihr eben einen Tag altes Baby nicht als sexuell neutrales Kind, sondern als einen Jungen oder als ein Mädchen erleben, (und ihr Baby auch dementsprechend behandeln) geht aus einer Untersuchung von RUBIN hervor. Söhne bekommen von ihren Eltern Eigenschaften wie groß, robust, kräftig, stark und schlau zugeschrieben. Mädchen waren laut ihren Eltern zart, schwach, empfindlich und nicht so helle. Tatsächlich ging es dabei um Säuglinge, die in einer medizinischen Untersuchung (von den Geschlechtsorganen abgesehen) keine auffallenden Unterschiede aufwiesen. Lustig ist auch RUBINS Feststellung, daß Mütter ihre Söhne und Väter ihre Töchter «schmusiger» fanden.

Mütter setzen dies in ein entsprechendes Verhalten um, Väter nicht. Väter sprechen etwas mehr mit ihren Töchtern und gehen etwas ruppiger mit ihren Söhnen um. Weil die Mütter etwas zärtlicher sind, bekommen die Jungen im allgemeinen etwas mehr Körperkontakt, während Mädchen eine etwas distanziertere Form der Kommunikation erleben. Mütter scheinen mit Mädchen etwas ungeduldiger während des Trinkens zu sein, was die wichtigste Form von Körperkontakt zwischen Mutter und Kind ist.

Nicht nur die Eltern, auch andere Erwachsene verhalten sich anders, wenn sie mit einem kleinen Mädchen oder einem kleinen Jungen spielen. Sie wählen zum Beispiel anderes Spielzeug. Dies zeigt die Untersuchung von ZUCKER und CORTER, bei der Babys neutral angezogen waren und den Versuchspersonen einmal als «David» und ein anderes Mal als «Susanne» vorgestellt wurden.

Die Mutter ihrerseits ruft in einem Mädchen eher Beruhigung hervor als in einem Knaben. Mädchen scheinen sich leichter trösten zu lassen. In diesem Zusammenhang ist die Untersuchung von MOSS zu erwähnen. Auch das beeinflußt natürlich das Band zwischen Mutter und Kind. Und wie schön ist es für eine Mutter, wenn sie spürt, wie gut sie trösten kann.

SCHAFFER und viele andere weisen darauf hin, wie wichtig es ist, daß das Verhalten von Mutter und Kind zueinander paßt. Es geht nicht darum, was die Mutter tut, sondern darum, ob das, was sie tut, auf ihr Baby, sein Temperament und seinen Zustand abgestimmt ist. Eine kindbezogene Mutter, die viel Körperkontakt sucht (was an und für sich als günstig angesehen wird), begeht dennoch einen Fehler, wenn sie dies bei einem Kind tut, das vor körperlicher Berührung zurückschreckt. Ebenso geht eine Mutter nicht sehr klug vor, wenn sie zu ihrem schlafenden Baby spricht und lacht, dies aber nie tut, wenn es wach ist. Es gibt kein mütterliches Verhalten, das für jedes Baby ideal wäre. Die Beratung sollte sich darauf richten, Mütter für das einfühlsam zu machen, was gerade ihr Baby im gegebenen Augenblick braucht.

2. Kapitel
Die Entwicklung der Sinnesorgane

Ein lebender Organismus bekommt mit Hilfe der Sinnesorgane Informationen aus der Umwelt, in der er sich befindet. Dank diesen Informationen kann er sich den Umweltbedingungen anpassen. Die Informationen, die die Sinnesorgane in Form von Reizen auffangen, gelangen über verschiedene Nerven zum Gehirn. Das Gehirn kann man sich als eine Art Zentrale vorstellen, in der alle Daten aus der Außenwelt und aus dem Körperinneren blitzschnell gegeneinander abgewogen werden und die am besten passende Reaktion gesucht wird. Das Gehirn gibt, wiederum über Nervenbahnen, die Signale zum Ausführen dieser Reaktion an die verschiedenen Muskeln weiter. Eine Reaktion besteht nämlich immer aus einer Muskelbewegung, die so klein sein kann, daß sie äußerlich gar nicht wahrnehmbar ist. Die Muskeln sind ihrerseits mit Muskelsinnesorganen versehen, die die Signale des Gehirns auffangen. Diese registrieren auch jede Bewegung des Muskels und melden sie ans Gehirn zurück. So sausen die Daten nur so hin und her. Die Nervenbahnen spielen dabei eine wichtige Rolle, da sie das Verkehrsnetz bilden, über das alle Informationen transportiert werden.

Die Prozesse der Sinneswahrnehmung

Das Interesse der Forschung richtet sich darauf, was ein Baby sehen, hören, riechen, schmecken und fühlen kann. In den letzten Jahren entstand jedoch ein reges Interesse an den zugrundeliegenden Prozessen. Was geschieht im Gehirn mit Reizen, die durch die Sinne wahrgenommen werden? Diese Prozesse lassen sich nicht direkt untersuchen. Untersuchungen dieser Art sind durch die Einführung von Computern besonders angeregt worden. Auch der Computer wird mit Daten ('Reizen') gefüttert, die er dann in seinem Gedächtnis verarbeitet. Die Ergebnisse dieser Verarbeitung sieht man dann auf dem Bildschirm. Kurz zusammengefaßt, könnte man sagen, es findet ein Informationsverarbeitungsprozeß statt. In der kognitiven Psychologie zieht man immer häufiger Parallelen mit diesen Prozessen. Psychische Prozesse beschreibt man immer mehr als Informationsverarbeitung der innerlichen und äußerlichen Reize, die ein Mensch auf sich einwirken läßt.

Reize erreichen den Menschen durch die Sinne. Beim Baby stellt sich die Frage: Wann kann ein Baby aufgrund früherer Wahrnehmungserfahrungen etwas erahnen? An wieviel von dem, was ein Baby einmal wahrgenommen hat, kann es sich erinnern? Experimente von MELTZOFF hatten ergeben, daß zwei Wochen alte Babys gewisse Handlungen imitieren konnten, wie z.B. den Mund zu öffnen und die Zunge herausstrecken. Außer Gesichtsausdrücken konnten Babys im Alter von einem Monat in einer Untersuchung von THREVARTEN auch Gebärden imitieren, wie z.B. das Öffnen der Händchen und das Zusammenbringen der Hände.

Kritiker werfen die Frage auf, ob man bei diesen Beobachtungen überhaupt von Imitation sprechen kann, oder ob es sich nicht eher um

Reflexbewegungen handelt, die mehr oder weniger zufällig dem ähneln, was der Erwachsene tut. Außerdem ist es schwierig zu unterscheiden, wer wen imitiert, denn Mütter haben oft die Neigung, die Gesichtsausdrücke und Gebärden des Babys nachzuahmen, wenn sie sich mit ihm beschäftigen.

Meltzoff führte eine interessante Nachfolgeuntersuchung durch: Während der Erwachsene die Zunge herausstreckt, hat das Baby einen Schnuller im Mund und kann ihn also nicht imitieren. Wenn der Erwachsene das Baby wieder normal ansieht und der Schnuller entfernt wird, kommt nach kurzer Zeit die Zunge des Babys doch noch zum Vorschein.

Bushell ließ Babys von fünf und neun Wochen bunte Formen anschauen und konnte feststellen, daß sie diese nach 24 Stunden wieder erkannten. Ist hierbei das Gedächtnis am Werk? Oder anders ausgedrückt: Welche neurologischen Verbindungen werden bei den ersten Wahrnehmungen im Gehirn geschaffen? Verbindungen also, die bei der nächsten Wahrnehmung mitfunktionieren. Und welche Verbindungen werden unterbrochen, wenn sie nicht funktionell sind? Der französische Neurobiologe Changeux hat dies folgendermaßen ausgedrückt: Lernen ist ein *selektives* Festlegen von Verbindungen. Durch Reifung wird eine immer feinere Selektion möglich. Nach dem zweiten Monat nimmt z.B. das einfache Nachahmen ab und das *zuhörende Schauen* zu. Es scheint, als ob sich das Kind bemüht, die Absichten der Mutter nachzuempfinden. Es reagiert dann mit einer eigenen Mimik. Wenn die Mutter ihre Augenbrauen hochzieht, beginnt das Baby oft zu lachen. Runzelt sie die Stirn, erfolgt Erstaunen oder eine Schreckreaktion.

Bjorklund ist darum der Meinung, daß man das Nachahmen in den ersten Monaten zwar als eine angeborene, jedoch vorübergehende Verhaltensmöglichkeit im Dienste des Überlebens betrachten sollte. Mit diesem Verhalten bindet der Säugling die Erwachsenen, die für ihn unentbehrlich sind, an sich. Dadurch wird die Periode überbrückt, bis das Baby in der Lage ist, die Interaktion mit seinen Versorgern durch eigene Initiativen aufrechtzuerhalten.

Sinneswahrnehmungen in der Gebärmutter

Lange Zeit nahm man an, daß ein Neugeborenes mit seinen Sinnesorganen noch nicht viel wahrnehmen kann. Bei der Geburt sind zwar die verschiedenen Sinnesorgane voll ausgebildet, man dachte aber, daß die entsprechenden Nervenbahnen noch nicht genügend gereift seien, um funktionieren zu können. Erst im dritten Monat wären das Sehen und Hören einigermaßen möglich. Dies beruhte auf der Annahme, daß ein Baby in der Gebärmutter noch keinen Gebrauch von seinen Sinnesorganen und den dazugehörigen Nerven gemacht habe. Und was nicht benutzt wird, das entwickelt sich nicht weiter. Man meinte zumindest, daß die Sinnesorgane in der Gebärmutter nicht benötigt würden und daß ein Kind im Mutterleib in einer vollkommen erfahrungslosen Welt lebe. Man stellte sich die Gebärmutter als einen stockfinsteren, totenstillen Raum vor, in dem das Kind in totaler Empfindungslosigkeit heranreife. Erst mit Hilfe moderner Techniken hat man mehr über die Sinneswahrnehmungen in der Gebärmutter erfahren. Man hat zum Beispiel winzig kleine Mikrophone in die Gebärmutter eingebracht und so festgestellt, daß es da alles andere als still ist. Mittlerweile wurden auch die Methoden verfeinert, mit denen man den Herzschlag des ungeborenen Babys messen kann. Hiermit kann man nun registrieren, ob und wie ein Kind in der Gebärmutter auf Reize von außen reagiert. Und wenn es reagiert, bedeutet das, daß seine Sinnesorgane funktionieren denn mit ihnen nimmt es die Reize auf.

anreizendes

Stimulierendes Milieu

J. BRUNER ist einer der bekanntesten Entwicklungspsychologen der letzten 25 Jahre. Anfangs leitete er ein Forschungszentrum an der Harvard Universität in den USA, das sich mit der Entwicklung des Denkens befaßt. Von 1972 bis 1978 war er Professor in Oxford, England, wo er sich zunehmend mit der frühen Mutter-Kind-Beziehung beschäftigte.

Siehe hierzu auch Kapitel 1.

Wachstum und Reifung vollziehen sich ziemlich unabhängig von den Erfahrungen, die man macht. Die Grundlage für den Reifungsprozeß und das Programm für dessen Ablauf sind durch die Gene festgelegt und somit angeboren. Besondere Erfahrung und Übung sind dafür nicht notwendig. Siehe hierzu auch Kapitel 4.

Parallel dazu haben sehr viele Untersuchungen an Neugeborenen, vor allem diejenigen BRUNERS, ergeben, daß die Sinnesorgane nach der Geburt sofort funktionieren. Da die dazugehörigen Nerven noch nicht vollkommen gereift sind, nehmen sie nur die Informationen auf, die für das Überleben des Babys notwendig sind. Es benötigt für sein Überleben vor allem einen Erwachsenen. Am besten hört es die menschliche Stimme scharfe Kontraste sieht es besonders gut. Das menschliche Auge hebt sich offenbar stark von seiner Umgebung ab. Das begünstigt das Zustandekommen des Blickkontaktes, der für die Entwicklung der Beziehung zwischen Mutter und Kind wichtig ist. Wie unter anderem auch eine Untersuchung von STERN zeigt, machen Mütter unwillkürlich große Augen und ziehen die Augenbrauen hoch, wenn sie zu ihrem Baby sprechen. Auf diese Art versuchen sie instinktiv, einen noch besseren Blickfang für ihr Kind darzustellen. Der für das Überleben wichtigste Kontakt zwischen Mutter und Kind ist das Füttern. Die Augen des Kindes sind denn anfangs auch so eingerichtet, daß es nur Dinge in einem Abstand von etwa 20 cm gut erkennen kann: dies entspricht der Entfernung zwischen seinem Kopf und dem der Mutter (vor allem ihren Augen), wenn diese sich beim Stillen zu ihm beugt.

Hier ist vielleicht der Eindruck entstanden, das Baby warte passiv ab, bis ein Sinnesreiz zu ihm dringt. Tatsächlich ist man aber davon überzeugt, daß ein Baby aktiv auf Suche nach Sinnesreizen ist, daß es seine Umgebung wie mit Radar abtastet, ob es noch etwas zu sehen, zu hören oder zu riechen gibt. Dabei kommt es darauf an, daß das Baby auch genügend Anregendes vorfindet. Es sollte jedoch nicht so viel sein, daß das Baby erdrückt wird, sondern gerade genug, um die Sinnesorgane zu schärfen, die Nerven sich verzweigen und verfeinern zu lassen.

Hier taucht nun der Unterschied zwischen Reifung und Erfahrung auf. Reifen die Sinnesnerven von alleine, oder ist ein stimulierendes Milieu dafür nötig? Das Problem hierbei ist, daß man Babys niemals absichtlich in einer absolut reizlosen Umwelt aufwachsen lassen kann, um herauszufinden, ob sie dann trotzdem gut hören und sehen lernen. Man muß sich mit Tierexperimenten begnügen, die allerdings keine übereinstimmenden Ergebnisse liefern. Allerdings kann man in Experimenten mit Baby herausfinden, ob es die Entwicklung stimuliert, wenn man die Umgebung mit mehr Reizen ausstattet. Die bekanntesten diesbezüglichen Untersuchungen hat WHITE durchgeführt. Er versah in langweiligen, vor allem auf medizinische Versorgung ausgerichteten Kinderheimen die weißen Bettdecken mit einfachen Motiven in grellen

Farben. Man kann nicht behaupten, daß ein Kind hierdurch besser sehen lernt. Es wird aber insgesamt aufgeweckter und aktiver, da bei ihm eine Kettenreaktion in Gang gesetzt wird: Es greift nach der Figur, dabei sieht es die Bewegung der eigenen Hand und spürt, daß etwas mit seinem Arm geschieht so dreht es den Kopf, um der Hand mit dem Blick folgen zu können, usw. Eine Umwelt, die reich an Reizen ist, macht ein Baby aktiv. Und eigene Aktivität ist ein Motor der Entwicklung. Deswegen ist ein maßvoll stimulierendes Milieu für Kinder so wichtig. Es dient weniger der Übung bestimmter Fertigkeiten, für die das Kind ein bestimmtes Sinnesorgan gebrauchen muß, sondern der Vermittlung einer bestimmten Lebenseinstellung.

Ein großes Wort für so ein kleines Wesen in der Wiege! Dennoch: das Kind muß von klein auf die Erfahrung machen, daß es selbst etwas in Gang bringen kann. «Es kann sich seine Reize selbst verschaffen», würde ein Behaviorist sagen.

Reize spielen eine wichtige Rolle bei Konditionierungsprozessen. Siehe hierzu Kapitel 4.

Im folgenden wird beschrieben, was über die Sinnesorgane des Säuglings bekannt ist.

Das Sehen

Das ungeborene Kind nimmt den Unterschied zwischen Hell und Dunkel wahr, vor allem in den letzten Monaten, wenn die Bauchdecke der Mutter sich ausgeweitet hat und durchscheinender geworden ist. Wenn sich die Mutter bei Lampenlicht oder in der Sonne auszieht, dürfte es innen leicht rosa schimmern. Ein Neugeborenes bemerkt den Unterschied zwischen Hell und Dunkel und dreht sich wie eine Pflanze zum Licht, wenn es nicht allzu grell ist. Dies kann man als einfache Form des obengenannten aktiven Suchens nach Reizen auffassen.

Wahrscheinlich sieht ein Neugeborenes ein Gewirr von Licht- und Schattenflecken ohne scharfe Konturen. Erst nach einer Woche kann es schärfer sehen, dann allerdings auch nur bis zu einer Entfernung von 20 cm. Es kann nämlich noch nicht akkommodieren. Das kommt erst nach ungefähr vier Wochen in Gang, und erst nach vier Monaten kann es das gut. Wenn es mit vier Wochen Akkommodieren lernt, wird seine Umwelt immer heller und schärfer. Anfangs sieht es jedoch nur große Flächen; Details entgehen ihm noch, weil die Konturen noch zu verwaschen; erscheinen scharfe Details kann es erst erkennen, wenn es die Akkommodation völlig beherrscht. Solange ein Baby noch nicht scharf sehen kann, schielt es gelegentlich. Um ein scharfes Bild auf der Netzhaut zu erhalten, muß man die Augen entsprechend bewegen und ausrichten. Weil dies für beide Augen gilt, können die Bewegungen vom Gehirn aufeinander abgestimmt werden. Solange dieses Ziel fehlt (es nämlich nur auf eine Entfernung von 20 cm scharf sehen kann), können beide Augen sozusagen machen, was sie wollen: es schielt. Das hat dann noch nichts mit echtem Schielen zu tun.

Akkommodation ist die unbewußte Anpassung der Augenlinse; diese wird dabei mehr oder weniger stark gewölbt. So kann man Gegenstände in unterschiedlicher Entfernung scharf sehen.

Mit ungefähr drei Monaten richtet sich die Aufmerksamkeit des Babys vor allem auf sich bewegende und dreidimensionale Objekte, weniger auf stillstehende Dinge und auf Flächen. Dies hängt mit der Befähigung zum räumlichen Sehen zusammen. Es ist noch unklar, ob diese angeboren ist oder vom Baby erlernt wird, wenn es Gegenstände beim Anfassen und Betasten betrachtet. Falls räumliches Sehen erlernt wird,

Fotos von diesem Experiment sind in vielen entwicklungspsychologischen Lehrbüchern abgebildet, so zum Beispiel in Mussen, Conger, Kagan, *Lehrbuch der Kinderpsychologie, S. 165.*

dann zumindest sehr schnell, wie aus dem berühmten GIBSON-Experiment hervorgeht. GIBSON konfrontierte sechs Monate alte Säuglinge, die gerade anfingen zu krabbeln, mit einem vermeintlichen Abgrund, indem er sie auf einen Tisch setzte, der zur einen Hälfte bunt gewürfelt war und zur anderen Hälfte aus einer durchsichtigen Glasplatte bestand. Die Glasplatte bedeckte auch den gewürfelten Teil, so daß die Oberfläche sich überall gleich anfühlte. Trotzdem machten die Babys am Rande des Gewürfelten halt, obwohl die Mutter von der anderen Seite ihnen die Arme entgegenstreckte. Sie sahen die Entfernung zum Boden und trauten sich nicht weiter, obwohl ihnen Hände und Knie festen Halt vermittelten. Das Gefühl, vor einem Abgrund zu stehen, konnten sie nicht durch Erfahrung gelernt haben.

Eine andere Frage ist, ob ein Baby Farben sehen kann. Auf der menschlichen Netzhaut unterscheidet man Stäbchen und Zapfen. Mit den Stäbchen werden grobe Hell-Dunkel-Kontraste, mit den Zapfen werden Farbunterschiede und genaue Details wahrgenommen. Babys werden mit Stäbchen geboren, die Zapfen entwickeln sich erst später. Das stimmt mit dem überein, was oben über die Sehschärfe gesagt wurde. Farben unterscheiden sich in ihrer Wellenlänge. Die Zapfen müssen so reifen, daß sie die verschiedenen Wellenlängen empfangen können. Ein Baby kann mit etwa vier Wochen als erste Farbe Rot wahrnehmen, mit ungefähr vier Monaten Blau, Gelb und Grün auseinanderhalten, wenn es auch erst als Kleinkind wissen wird, daß blau blau heißt. Ob ein Baby Farbunterschiede wahrnehmen kann, ist mit einigen einfachen Untersuchungen in Erfahrung zu bringen. Man kann zum Beispiel eine grüne Fläche vor einen gelben Hintergrund gleicher Intensität halten. Wenn das Baby dann mehr lallt und zappelt, als wenn es nur die gelbe Fläche zu sehen bekommt, wird deutlich, daß es die Farben unterscheiden kann.

Siehe hierzu Kapitel 16.

Das Hören

In der Gebärmutter ist es alles andere als totenstill. Die mütterlichen Darmgeräusche sind am ehesten mit dem Geräusch zu vergleichen, das man mit dem Kopf unter Wasser in einer leerlaufenden Badewanne hören kann. Der Herzschlag der Mutter dröhnt laut. Ungefähr ab dem sechsten Monat kann man auch Reaktionen des ungeborenen Kindes auf Geräusche außerhalb des Mutterleibs registrieren. Musik, und vor allem die Singstimme, scheinen gut durchzuklingen. Dies merkt man an dem schnelleren Herzschlag und stärkeren Bewegungen. Durch höhere Frequenzen und Lautstärke nehmen erst der Herzschlag und dann die Bewegungen des Fötus zu (LEQUANET). Laut VERNY ist auch der Rhythmus von Bedeutung. Ruhige Musik beruhigt einen beweglichen Fötus. Erregende Musik, wie z.B. ein Popkonzert, kann zu heftigen Stößen führen. Das Kind hat also mit Geräuschen zu leben gelernt, und wenn es auf der Welt ist, scheint sein Gehör ein sehr empfindliches Sinnesorgan zu sein. Am ersten Tag ist das schwer festzustellen, weil sich dann noch Fruchtwasser hinter dem Trommelfell befindet. Wenn dieses verschwunden ist, kann man jedoch einige Tests machen, aus denen hervorgeht, daß das Kind sich der Seite zuwendet, von der das Geräusch kommt. Je mehr das Geräusch von der Seite kommt, desto mehr dreht es den Kopf. Dies kann man schon bei fünf Tage alten Babys sehen. Wenn man seinen Kopf vor dem des Kindes hin und her bewegt, ohne etwas zu sagen, folgt das Baby mit den Augen, dreht aber nicht den Kopf. Erst, wenn es mit den Augen nicht mehr mitkommen kann, dreht es den Kopf mit einem Ruck zur Seite. Wenn man nun dabei spricht, dreht es den Kopf von Anfang an kontinuierlich mit, als wollte es die Laute genau zwischen beiden Ohren behalten. Manche Babys bewegen sogar nicht einmal die Augen mit. Sie richten den Blick geradeaus, während sie mit dem Kopf den Lauten folgen. Laut PANNETON und DECASPAR ist es eine Tatsache, daß Neugeborene Geräusche, die sie aus der Gebärmutter kennen, lieber mögen. Während bei der visuellen Wahrnehmung die Überraschung über das Neue am meisten Freude auslöst, ist es bei der auditiven Wahrnehmung das Wiedererkennen von Bekanntem. An einer Tonbandaufnahme von Mutters Herzschlag sind Babys oft mehr interessiert als an einer Aufnahme, auf der der Vater ein Gedicht aufsagt. Ebenso reagierten Babys stärker auf einen Vers, den die Mutter auf Wunsch des Leiters der Untersuchung in den letzten sechs Schwangerschaftswochen zwei Mal per Tag aufgesagt hatte, als auf ein ganz neues Gedicht. Natürlich erkennt das Baby nicht den Text, sondern es handelt sich hierbei wahrscheinlich mehr um eine Frage der Modulation. Bei diesen Untersuchungen waren die Babys 48 Stunden alt. Sie bekamen einen Schnuller in den Mund, der an ein Tonband gekoppelt war. So konnte man feststellen, daß die Babys zu saugen *lernten*, um das bevorzugte Band hören zu können.

Von den Geräuschen, die das Baby vor der Geburt hört, ist die mütterliche Stimme besonders hervorzuheben. Das Skelett und die Körperflüssigkeiten sind gute Schalleiter. Man kann nur vermuten, inwieweit das wiederholte Vorkommen einer zankenden, gefühlsgeladenen Stimme der Mutter für das ungeborene Kind unangenehm ist und evtl. Streß verursacht. Das Kind ist wahrscheinlich auch von Geburt an mit der Stimme seiner Mutter vertraut. Es hat sie vielleicht in etwas verzerrter Form kennengelernt, kann sie aber weiterhin von anderen Stimmen unterscheiden. Wenn die Mutter ihr Baby von Anfang an immer wieder ein paarmal beim Namen nennt, während sie sich mit ihm beschäftigt, wird es sich schon mit etwa drei Tagen nach ihr umdrehen, wenn sie es von hinten ruft. Wenn man bedenkt, daß das Baby in den ersten Stunden, ja am ersten Tag überhaupt nichts hört, weil sich Fruchtwasser hinter seinem Trommelfell befindet, ist das relativ schnell. Wenn eine andere Frau von derselben Stelle seinen Namen ruft, reagiert es dagegen nicht. Das bedeutet, daß es auf die Stimme und nicht auf Namen reagiert.

MILLS hat in einer Untersuchung festgestellt, daß zwanzig Tage alte Babys kräftiger an ihren Schnullern saugten, wenn sie die Stimme ihrer Mutter dabei hörten, und schwächer, wenn sie die Stimme einer anderen Frau vernahmen. Es ließe sich jedoch einwenden, daß der Säugling sich nach der Geburt sehr schnell an die Stimme der Mutter gewöhnt, was bei der Stimme einer fremden Frau nicht der Fall ist. Dies müßte dann eigentlich auch für Väter im Gegensatz zu fremden Männern gelten. Laut CASPAR ließ sich dies jedoch nicht feststellen.

HUTT hat beobachtet, daß Babys hohe Töne besser hören als tiefe, und damit auch hohe Stimmen besser als tiefe. Wenn sich der Vater auf der einen und die Mutter auf der anderen Seite des Babys befinden,

Genau wie das Große-Augen-Machen ist dies ein Beispiel für das biologische System zwischen Mutter und Kind, von dem im ersten Kapitel die Rede war.

und beide abwechselnd zu ihm sprechen, so schaut es öfter in Richtung der Mutter als in Richtung des Vaters. Das kann daran liegen, daß es mit der mütterlichen Stimme besser vertraut ist aber auch die Stimmhöhe spielt eine Rolle. Die Mutter spricht zudem auch zu ihrem Kind von Geburt an instinktiv in einer höheren Tonlage als sonst, als wollte sie ihm das Hören leichter machen. KELLER entdeckte diesbezüglich einen deutlichen Unterschied zwischen Jungen und Mädchen. Mädchen reagieren am heftigsten auf Geräusche, wenn sie zwei Wochen alt sind. Mit sechs Wochen hat dies ziemlich abgenommen und es bleibt dann bis zur zehnten Woche konstant. Jungen reagieren erst am stärksten, wenn sie sechs Wochen alt sind. Die Reaktion nimmt danach ab, und mit zehn Wochen ist sie bei Jungen und Mädchen gleich.

Der Geschmackssinn

Es gibt zwei Untersuchungen, die zeigen, daß ein ungeborenes Kind Geschmacksunterschiede kennengelernt hat. Es trinkt ständig schlückchenweise Fruchtwasser. Vor vierzig Jahren entdeckte ein Arzt eine Methode, einen Fetus mehr trinken zu lassen. Er spritzte den Süßstoff Saccharin ins Fruchtwasser. Offenbar schmeckte das dem Fetus. Auf diese Weise behandelte der Arzt Frauen mit zuviel Fruchtwasser. Das Kind trank besonders viel davon, was dann über die Plazenta abgegeben wurde. Andererseits scheint Röntgenkontrastmittel besonders ekelhaft zu schmecken. Ein Kind trinkt deutlich weniger Fruchtwasser, wenn der Mutter Kontrastmittel gegeben worden ist. LIPSITT machte Versuche mit zwei bis drei Tage alten Babys, zu deren Trinkflüssigkeit er immer etwas mehr Zucker hinzufügte. Der Effekt war deutlich je höher der Zuckeranteil war, desto schneller wurde der Herzschlag des Kindes und desto langsamer trank das Baby, wahrscheinlich, um den Geschmack besser zu kosten. Die Geschmacksknospen auf der Zunge geben diesen süßen Reiz an das Gehirn weiter, das dann die Atmung so reguliert, daß sich das Kind beim Trinken nicht verschluckt. Wenn ein Baby Salzwasser zu trinken bekommt, scheint dieser Mechanismus nicht zu funktionieren, es verschluckt sich dann sehr leicht.

Der Geruchssinn

Der Geruch hängt eng mit dem Geschmack zusammen. Riechen kann ein Kind in der Gebärmutter nicht. Es kann jedoch schon kurz nach der Geburt seinen Geruchssinn dazu benutzen, die Brust seiner Mutter zu suchen. Dabei spielen drei Dinge eine Rolle: das Kind spürt die Wärme der Brust, da diese bei einer stillenden Frau die wärmste Stelle des Körpers ist. Das Kind reagiert auch auf Berührung durch die Brustwarze denn wenn diese an sein Gesicht kommt, wendet es sich ihr zu. MAC FARLANE hat gezeigt, daß das Baby die Brust wahrscheinlich auch riecht. Er ließ Mütter von fünf Tage alten Babys ein Stück Stoff im BH tragen. Dieses Stofffläppchen, das den Geruch der Mutter angenommen hatte, legte er darauf dem Baby an eine Wange, während er ein sauberes Läppchen an die andere Wange legte. Die Kinder wendeten den Kopf viel häufiger dem mütterlichen Stoffstück zu. In einer weiteren Untersuchung verwendete er ein Läppchen einer anderen Mutter an Stelle des sauberen Läppchens. Zwei Tage alte Babys drehten sich genauso oft nach der einen wie nach der anderen Seite, aber mit sechs Tagen öfter zum Läppchen ihrer Mutter und mit zehn Tagen ausschließlich dorthin.

STERN beschrieb 1914 ein derartiges Experiment mit seinem neun Tage alten Sohn. Untersuchungen von STEINER haben gezeigt, daß der Geruch von Bananen und Vanille für Neugeborene angenehm und der Geruch von Krabben und verfaulten Eiern unangenehm ist. Diese Untersuchungen deuten auch darauf hin, daß ein Zusammenhang zwischen Geruch und Geschmack besteht.

WILLIAM STERN, 1871–1938, Deutscher Philosoph und Psychologe, der unter anderem den Begriff des 'Intelligenzquotienten' geprägt hat.

Gerüche bleiben in den ersten Lebensjahren von Bedeutung. So ist z.B. die Verbindung mit einem Kuscheltier teilweise durch den vertrauten Geruch zu erklären (SCHAAL). Darum wollen Kinder auch nicht, daß ihr Kuscheltier gewaschen wird.

Mehr über Kuscheltiere in dem Kapitel 'Von der Abhängigkeit über Anhänglichkeit zur Selbständigkeit'.

Der Tastsinn

Es gibt eine recht moderne Auffassung, die davon ausgeht, daß der Tastsinn für ein Baby der wichtigste sei. Bereits das Neugeborene ist für Berührung empfindlich. Dies zeigt sich darin, daß es schon bei vorsichtiger Berührung mit Reflexbewegungen reagiert. Die ganze Hautoberfläche ist mit Nervenendigungen bedeckt, die für Berührung sensibel sind. So hat das Kind über seine Haut den ausgedehntesten Kontakt zur Außenwelt, zu den Menschen wie zu den Dingen. Diese Art des Erfahrens ist sicherlich auch die direkteste, da sie so körperlich ist. Man nimmt an, daß der körperliche Kontakt mit anderen Menschen dem Baby am deutlichsten die Erfahrung vermittelt, daß es existiert. Dieser Kontakt, vor allem der zwischen Mutter und Kind, ist nach dieser Auffassung besonders wichtig.

Der Mund spielt von Anfang an eine besondere Rolle als Tastorgan. Er formt, wie STERN es nennt, eine Brücke zwischen der eigenen Innenwelt des Kindes und der Außenwelt. Dies veranlaßte TIFFANY FIELD dazu, Brutkastenkindern mehr Kontakterfahrungen zu vermitteln, indem sie sie an einem Schnuller lutschen ließ, obwohl sie künstlich ernährt wurden. Diese Babys schienen besser zu gedeihen. Mit seinem Mund nimmt ein Kind zum ersten Mal etwas von außen in sich auf.

Ein Reflex ist eine immer gleiche Reaktion des Körpers auf einen bestimmten Reiz. Diese Reaktion entzieht sich völlig der bewußten Steuerung und ist auch nicht zu unterdrücken. Siehe hierzu auch die Kapitel 3 und 4.

Wenn ein Baby etwas größer ist, lernt es auch mit Hilfe des Tastsinnes die Eigenschaften verschiedener Materialien kennen. Rund, eckig, glatt, rauh, körnig, spitz, uneben alles erfährt es durch das Betasten der Dinge. Da die Lippen und die Zunge sehr berührungsempfindlich sind, benutzt es hierfür nicht nur die Hände, sondern vor allem den Mund. Ein Kind legt diese Angewohnheit mit zunehmendem Alter wieder ab, weil es eklig und zudem umständlich ist, alles in den Mund zu stecken. In den ersten beiden Lebensjahren macht es aber reichlich von diesem Sinnesorgan Gebrauch, um möglichst viel kennenzulernen.

Siehe hierzu auch Kapitel 7.

3. Kapitel
Die Entwicklung der Körperbeherrschung

Alkohol und Nikotin im Blut der Mutter verringern die Beweglichkeit des Babys.

Im Kapitel 5 kommt zur Sprache, daß der ungleiche Ablauf der körperlichen und geistigen Entwicklung eine Konfliktquelle zwischen Mutter und Kind sein kann.

Mit zunehmender Körperbeherrschung kann ein Kind zu einem bestimmten Zeitpunkt seiner Mutter weglaufen. Das fördert u.a. sein Gefühl, selbständig zu sein.

Ebenso wie die Entwicklung der Sinnesorgane beginnt die motorische Entwicklung schon vor der Geburt. Schon in der Gebärmutter bewegt sich das Kind, und das nicht nur unkoordiniert. HELDERS beschreibt aufeinanderfolgende systematische Bewegungsschemata: Von 'fließend wurmartig' mit sechs Wochen bis hin zu unabhängigen Bewegungen der Hände, des Kopfes und der Füße mit 21 Wochen. Die motorische Entwicklung des Kindes ist in den ersten zwei Jahren nach seiner Geburt geradezu spektakulär. Am Anfang ist es ein ineinandergerolltes, liegendes Wesen. Nach zwei Jahren kann es im Prinzip gehen und stehen, wo es will. Seine intellektuelle und soziale Entwicklung hält damit längst nicht Schritt. Ein Zweijähriges ist geistig noch lange nicht selbständig, körperlich ist es jedoch weiter entwickelt.

Das heißt nicht, daß sich die körperliche und die geistige Entwicklung voneinander getrennt vollziehen. Es gibt durchaus eine Wechselwirkung. Ein Baby, das im Laufstall liegt und spielt, wird nach dem über ihm hängenden Turnspielzeug langen es wird vielleicht versuchen, hochzukommen, damit es das Spielzeug eher erreichen kann. Die Faszination, die von dem Spiel ausgeht, und seine Neugierde (beides geistige Prozesse) spornen zu einer körperlichen Übung an. Umgekehrt kann ein Kind, wenn es erst einmal in der Lage ist zu laufen, viel mehr von der Welt sehen als zu der Zeit, in der es nur kriechend vorwärts kam. Das kommt seiner geistigen und sozialen Entwicklung zugute. So haben körperliche und geistige Entwicklung miteinander zu tun. Es gibt über diesen Zusammenhang jedoch einiges mehr zu sagen.

Reifung und Lernen

Vergleiche mit der Reifung des Nervensystems bei der Entwicklung der Sinnesorgane!

Die stets zunehmende Körperbeherrschung, die sich zum Beispiel in der Entwicklung vom Sitzen, Krabbeln, Stehen und Laufen zum Klettern vollzieht, ist nicht in erster Linie ein Ergebnis der Erfahrung, sondern der Reifung. Die Nervenbahnen, über die das Gehirn die Muskelbewegungen steuert, und Teile des Gehirns selbst, die daran beteiligt sind, sind bei der Geburt noch nicht vollständig ausgereift. Es ist demnach sinnlos, mit einem Kind Körperübungen zu machen, auf die sein Nervensystem noch nicht eingestellt ist. Es hat keinen Sinn, ein dreimonatiges Baby regelmäßig auf die Beine zu stellen - in der Hoffnung, daß es dann eher stehen kann. Es wird in dem Moment stehen können, in dem sein Nervensystem genügend entwickelt ist, um das dabei auftretende Impulsmuster zu empfangen und weiterzugeben.

Zunehmende Körperbeherrschung bedeutet erstens eine Steuerung des Abwechselns zwischen links und rechts und zweitens die zunehmende Beherrschung des Körpergleichgewichts.

Der Links/rechts-Wechsel, der z.B. beim Kriechen nötig ist, erfordert sowohl Lateralisation wie auch Koordination der beiden Gehirnhälften. Beobachtungen von GOLDFIELD lassen vermuten, daß das Kriechen zwischen sechs und acht Monaten erst dann beginnt, wenn sich eine erste Präferenz für die rechte oder die linke Hand entwickelt. In der Periode vor dem Kriechen wiegt ein Kind oft, auf Knieen und Händen gestützt, in einer systematischen Bewegung nach vorn und hinten. Beim späteren Kriechen wird jedoch eine Asymmetrie sichtbar: Wenn ein Kind sich nach vorne fallen läßt um zu kriechen, landet es meistens auf seiner *Nicht-Vorzugshand* - meistens links - und die andere Hand setzt die Bewegung in Gang.

Beim späteren Laufen ist das Gleichgewicht von ausschlaggebender Bedeutung. Dazu ist erforderlich, daß das Gehirn mittels der Nervenbahnen von den Muskelnerven alle Informationen über die Stellung von zahlreichen Muskeln gleichzeitig auffängt. Es gibt eine Phase in der frühen Entwicklung des Kindes, in der sein Nervensystem durch ein so subtiles Informationssystem noch überfordert ist.

Hat dann Übung überhaupt einen Sinn? Ja; nämlich Übung von Körperbewegungen, die das Kind schon etwas beherrscht und für die es reif genug ist. Ein Kind, das sitzen kann, muß vor allem Gelegenheit zum Sitzen, ein Kind, das klettern kann, muß vor allem Gelegenheit zum Klettern bekommen. Denn Gehirn, Nervenbahnen und Muskeln, die benutzt werden, sind aktiv. Und die Aktivität reizt das Nerven- und das Muskelsystem zur weiteren Entwicklung an. In gewissem Sinne sind sie ihr eigener Motor.

In einer stimulierenden Umwelt paßt sich die Umgebung dem Tempo an, das das Kind selbst vorgibt.

Auf diesem kleinen Gebiet kann die Umwelt ihren Einfluß geltend machen. Und hier ist wahrscheinlich auch der Einfluß von Milieuunterschieden zu suchen. Zwischen Familien können Unterschiede in Säuglingspflege und Erziehungsgewohnheiten bestehen, die einem Kind mehr oder weniger Gelegenheit geben, das, wozu es in der Lage ist, auch tatsächlich zu üben. Deshalb entwickeln sich Kinder in der einen Familie schneller als in der anderen. Der gleiche Unterschied besteht zwischen Kulturen. So entwickeln sich in Amerika Negerbabys im allgemeinen schneller als weisse Babys. Indianerbabys entwickeln sich jedoch im allgemeinen langsamer als weiße Babys. Man nimmt an, daß dies zu einem großen Teil durch das unterschiedliche Ausmaß der Bewegungsfreiheit zu erklären ist, die man in den unterschiedlichen Kulturen den Babys üblicherweise zugesteht. So liegen die Babys einiger Indianerstämme ziemlich lange gewickelt, so wie es in früheren Jahrhunderten auch in Westeuropa üblich war. Trotzdem lernen Indianerkinder ausgezeichnet laufen, genau wie unsere Vorfahren, vielleicht nur etwas später als Kinder, die nicht gewickelt liegen. Bekannt geworden sind die Studien von KAGAN in Guatemala. Dort liegen die Indianerbabys still in dunklen Hütten. Während des ganzen ersten Lebensjahres machen sie auf westliche Beobachter einen zurückgebliebenen Eindruck. Im zweiten Lebensjahr dürfen sie jedoch hinaus und nehmen am Stammesgeschehen teil. In kurzer Zeit holen sie dann ihren Rückstand auf.

MARIANNE RIKSEN-WALRAVEN *hat in ihrer Untersuchung aufgezeigt, daß man mit speziellen Babyspiel-Programmen Eltern für das empfindsamer machen kann, wozu ihr Baby in der Lage ist und woran es Freude empfindet. Dieses zunehmende Gespür fördert die Entwicklung des Kindes in körperlicher und geistiger Hinsicht.*

Man ist versucht anzunehmen, daß eine schnelle körperliche Entwicklung besser ist als eine langsame. Es ist jedoch die Frage, in welcher Hinsicht die Entwicklung «besser» sei. Wenn ein Kind laufen lernt, ist es dann nicht gleichgültig, ob es dies mit 12, 14 oder 16 Monaten kann?

Daß man doch manchmal einer schnellen motorischen Entwicklung soviel Bedeutung beimißt, liegt daran, daß man nicht nur eine wechselseitige Beziehung zwischen körperlicher und geistiger Entwicklung sieht, sondern auch eine direkte, ursächliche Beziehung unterstellt.

Dies könnte auch erklären, wieso Programme zur Förderung der intellektuellen Entwicklung bei lernbehinderten Kindern durch Verbesserung der motorischen Geschicklichkeit in wissenschaftlichen Untersuchungen bisher keine Wirkung zeigen.

Man nimmt an, je schneller sich ein Kind als Baby körperlich entwickelt, desto intelligenter werde es später sein. Dem Entwicklungsneurologen Touwen zufolge beruht dies auf einem falschen Verständnis von der Arbeitsweise des Nervensystems. Tatsächlich sind für die Motorik und das Denken verschiedene Nervengebiete zuständig.

Ein solcher Zusammenhang ließ sich auch in Untersuchungen nie belegen. Es ist jedoch so, daß bei einem kleinen Kind die Bewegungsmöglichkeiten und seine geistigen Fähigkeiten gut aufeinander eingespielt sind. Wenn ein Baby nur auf dem Rücken liegen kann, kann es ein weggerolltes Spielzeug nicht im Auge behalten. Wenn es sich jedoch mit etwa fünf Monaten selbst auf den Bauch rollen kann, dann kann es das Spielzeug mit den Augen verfolgen und sehen, was damit geschieht. Solche Erfahrungen setzen erste Denkprozesse in Gang. Es kann jedoch nicht oft genug wiederholt werden, daß es sich hier um einen interaktionalen und nicht um einen kausalen Zusammenhang handelt. Die geistige Entwicklung dauert, wie wir im weiteren Verlauf dieses Buches sehen werden, auch viel länger als die motorische Entwicklung, die etwa im siebten Lebensjahr abgeschlossen ist. Es ist nämlich keineswegs so, daß jemand, der sich hölzern bewegt, deshalb auch stockend denkt. Schnelle Babys sind später im allgemeinen keine ausserordentlich klugen Kinder und langsame Babys keine dummen. Nur ungewöhnlich träge Babys bleiben offensichtlich beim Heranwachsen meistens auch verstandesmäßig zurück. Das ist dann jedoch nicht der mangelnden motorischen Entwicklung zuzuschreiben, sondern der Tatsache, daß sowohl diese mangelnde Motorik als auch der mangelnde Verstand auf die Anlagen zurückzuführen sind, die das Kind mitbekommen hat. Die Anlage bestimmt nicht nur das Ausmaß, sondern auch das Tempo von Reifung und Entwicklung des Nervensystems. Dadurch entsteht der Unterschied zwischen schnellen und langsamen Babys.

Reflexe

Die ersten Bewegungen, die ein Baby machen kann, sind Reflexbewegungen. Jeder lebende Organismus macht Reflexbewegungen. Sie werden nicht zielbewußt gemacht, sie folgen von selbst einem bestimmten Reiz. Jeder hat schon bei sich den Kniesehnenreflex beobachtet: wenn jemand uns unterhalb der Kniescheibe einen kurzen Schlag gegen das locker hängende Bein gibt, schnellt der Fuß nach vorne. Je niederer der Organismus, desto mehr besteht das Verhalten aus Reflexen. Bei den niedersten Organismen gibt es nur Reflexe. Reflexe werden vom *Gehirnstamm* aus gesteuert, einem *alten* Teil des Gehirns, d.h. einem Teil, der sich schon früh in der Evolution entwickelt hat. Menschenkinder beginnen auch auf einer «niederen» Stufe, sie lernen aber im Laufe der Zeit eine ganze Reihe bewußt gesteuerter Bewegungen dazu. Diese werden von der *Gehirnrinde* aus koordiniert. Sie ist, evolutionär gesehen, ein viel *jüngerer* Teil, der hoch entwickelte Verhaltensweisen und Erfahrungen ermöglicht hat. Reflexe müssen sogar so weit wie möglich verschwinden, weil sie das zielbewußte Bewegen in ungelegenen Momenten stören.

Aber es beginnt nun einmal mit Reflexen. Der Teil des Gehirns, der diese «unwillkürlichen» Bewegungen steuert, ist bei der Geburt vollständig entwickelt. Er gehört, von der Evolution her gesehen, zu den ältesten Anteilen. Einige Reflexe des Babys haben im heutigen Entwicklungsstadium der Menschheit keine direkte Funktion mehr (eine indirekte Funktion schon, wie wir gleich sehen werden), sie stammen aus früheren Phasen der Evolution. Aber offenbar ist, seitdem sie keinen Sinn mehr haben, nicht so viel Zeit verflossen, daß diese Reflexe schon aus der menschlichen Erbmasse verschwunden wären.

Wir beginnen mit einem Reflex, der auch noch heute für Babys sehr sinnvoll ist, dem *Saugreflex*. Sobald etwas zwischen die Lippen eines Neugeborenen geschoben wird, wird es daran kräftig saugen. Es braucht das Trinken nicht zu erlernen, weil es ihm angeboren ist, an einer Brustwarze zu saugen, sobald diese seinen Mund erreicht. Es gibt Reflexe, die offenbar noch aus einer früheren Evolutionsphase stammen, als Mütter ihre Babys umhertrugen, so wie es Affenmütter jetzt noch tun. Nicht nur die Mutter muß dann dafür sorgen, daß das Kind nicht fällt, auch das Kind selbst muß in der Lage sein, sich gut festzuhalten. Die Mutter muß immer die Hände für notwendige Verrichtungen wie die Nahrungssuche frei haben.

Bei einem Baby sind in der ersten Zeit nach der Geburt drei Reflexe zu beobachten, die früher dazu dienten, sich festzuhalten: der *Umklammerungsreflex* (nach dem Arzt, der diese Erscheinung zum ersten Mal eingehend beschrieb, auch Mororeflex genannt), der *Fußgreifreflex* und der *Handgreifreflex*. Wenn man das Baby vor sich festhält und plötzlich dem Kopf kurz die Unterstützung wegnimmt, so daß er ein Stückchen sinkt, spreizt das Kind Arme und Beine weit und schließt sie dann mit einem Schwung nach vorne wieder, als ob es seine Mutter umklammern wolle, so wie es das in der Urzeit wahrscheinlich auch getan hat. Den Greifreflex von Händen und Füßen kann man auslösen, wenn man die Handfläche oder die Fußsohle leicht berührt. Unmittelbar schließen sich die Finger und die Zehen um die Quelle der Berührung. Hinter einem solchen Babygriff steckt erstaunlich viel Kraft. Es ist für einen Erwachsenen schwer, die Finger wieder aus der Babyhand zu befreien, und ein Säugling kann ohne weiteres einen Bleistift mit den Zehen festhalten. Berühmt geworden ist das Foto eines Neugeborenen, das dank des Greifreflexes mit Händen und Füßen an einem Seil hängt. Die Greifreflexe verschwinden größtenteils im ersten halben Jahr. Bei Erwachsenen sind noch geringe Überbleibsel zu sehen: wer stolpert, macht (bei ausgestrecktem Arm) mit der Hand eine Greifbewegung. Wer über einen unebenen Untergrund läuft, krümmt die Zehen. Beide Bewegungen laufen von selbst ab, man kann sie nicht verhindern.

Während des ganzen Lebens bleibt der *Blinzelreflex* bestehen: das Auge schließt sich, sobald ein plötzlicher Lichtstrahl, ein Windzug oder ein Gegenstand auf es zukommt. Als unwillkürlicher Schutzmechanismus des Auges ist das natürlich sehr wichtig.

Der *Stellreflex* ist ein Beispiel für einen Reflex, der beim Älterwerden durch eine ähnliche willkürliche Bewegung ersetzt wird: wenn man ein ein paar Tage altes Baby mit den Füßen gegen eine Tischkante hält, wird es die Beine anheben und auf den Tisch stellen. Früher war das eine sinnvolle Bewegung, bei der tastenden Suche nach Halt im Dunkeln. Wir machen es heute immer noch so, nur ist es dann eine Frage des bewußt gesteuerten Haltsuchens. Man nimmt an, daß die willkürlichen Reaktionen beim Erlernen von Fertigkeiten auf dem aufbaut, was an reflexartigen Reaktionsmöglichkeiten von der Geburt an vorhanden ist.

Dasselbe gilt für *Schreit- und Kriechreflexe*. Wenn man ein einige Tage altes Baby aufrecht hält, so daß seine Füße eine Unterlage gerade erreichen, beugt und streckt es die Beine und macht schon «Schritte». Wenn man ein Baby, das auf dem Bauch liegt, sanft gegen die Fußsohlen drückt, macht es, auch wieder mit Beugen und Strecken, Kriechbewegungen. Nach vier Wochen ist dieser Reflex kaum und nach acht Wochen überhaupt nicht mehr zu sehen. Er ist weg. Wenn aber ein Kind später anfängt zu laufen und zu klettern, erfordert dies ein sehr feines Zusammenspiel von Beugen und Strecken der Muskeln. Auch hier kann wahrscheinlich das Nervensystem auf dem Bewegungsrepertoire aufbauen, das in einfachster Form schon vorhanden war.

Beugehaltung und feste Reifungsabfolge

Die Reflexbewegungen, mit denen ein Baby auf äußere und innere Reize reagiert (zum Beispiel die spezielle Art des Strampelns bei Bauchkrämpfen), sehen unzusammenhängend und ziellos aus. Das sind sie jedoch keineswegs. Zeitgenössische Entwicklungsneurologen, wie Prechtl, haben mit modernen Apparaturen feststellen können, daß das Nervensystem von Säuglingen von Anfang an nur ganz bestimmte Informationen, die es durch Reflexbewegungen bekommt, aufnimmt. Die Reifung des Nervensystems wird hierdurch aktiviert. Das ist der indirekte Nutzen der Reflexbewegungen, von dem oben die Rede war.

Zwei Aspekte dieser Reifung bedürfen noch der besonderen Aufmerksamkeit. Anfangs ist das Nervensystem so eingerichtet, daß die Anspannung der Beugemuskeln der Gliedmaßen einen höheren Grad als die der Streckmuskeln hat. In den ersten Monaten ist alles am Baby in Beugestellung, Arme und Beine sind angezogen, die Hände zu Fäusten geballt, die Zehen gekrümmt. (Wenn man den Greifreflex auslösen will, muß man zuerst mit einer bestimmten Berührung erreichen, daß Finger und Zehen sich strecken.) Wie oben erwähnt, ist zur Körperbeherrschung ein feines Zusammenspiel von Beugen und Strecken der Muskeln nötig. Davon kann selbstverständlich keine Rede sein, solange die Beugespannung so viel größer ist als die Streckspannung. So fängt die erste richtige Beherrschung der Muskeln erst im zweiten Monat an.

Damit kommen wir zum zweiten Aspekt: beim schrittweisen Erlernen der Beherrschung verschiedener Muskeln ist ein festes Ablaufschema zu erkennen. Die Muskeln, die dem Gehirn am nächsten liegen, können zuerst kontrolliert werden. Je kürzer der Weg zur Nervenzentrale ist, desto eher sind die Nervenbahnen für die ausreichende Muskelbeherrschung gereift. Die Halsmuskeln sind zuerst an der Reihe: das Kind kann den Kopf gerade halten. Danach kommen die Schultermuskeln: es kann sich aus der Bauchlage aufrichten. Aber auf den Zehen können Kinder erst zwischen drei und fünf Jahren stehen. Auf einem Bein können sie sogar erst mit sechs Jahren stehen. Erst dann werden auch die untersten Muskeln gut beherrscht.

Fein- und Grobmotorik

Bei der zunehmenden Körperbeherrschung kann man zwischen grober und feiner Motorik unterscheiden. Die grobe Motorik setzt sich aus größeren Bewegungen von rumpfnahen Muskeln und Muskelgruppen zusammen: Herumfuchteln, Bücken, Treppensteigen, Fahrradfahren, Purzelbäumeschlagen. Die Feinmotorik besteht aus kleinen Bewegungen von Händen und Fingern, wie sie zum Beispiel für das Ergreifen eines Spielzeuges, das Legen von Puzzleteilen, das Festhalten einer Rosine, das Bewegen eines Zeichenstiftes über ein Papier, das Stricken und das Zusammensetzen eines Modellflugzeuges erforderlich sind. Ein Baby kann eher den Arm nach einem Spielzeug ausstrecken als es ergreifen. Ein Kleinkind kann schon einen Löffel ergreifen, aber noch so schlecht festhalten, daß es beim Essen kleckert. Ein älteres Kleinkind kann schon seine Hose anziehen, aber noch nicht die Knöpfe schließen. Ein Kind im Vorschulalter kann auch schon größere Zeichnungen anfertigen, aber noch keine kleinen Buchstaben malen. Es ist also nicht nur so, daß es vor seinem fünften oder sechsten Lebensjahr vom Verstand her nicht in der Lage ist, schreiben zu lernen; es ist auch motorisch noch nicht weit genug entwickelt. Es kann nämlich die Muskeln des Handgelenkes noch nicht geschmeidig bewegen. Die grobe Motorik ist der mit ihr in Verbindung stehenden feinen Motorik stets einen Schritt voraus, und innerhalb der Feinmotorik kann man wiederum von «fein» bis zu richtiger «Tüftelarbeit» unterscheiden, je nach Ausmaß der dafür erforderlichen Beherrschung der allerkleinsten Muskeln.

Ob und wieweit ein Kind diese allerkleinsten Muskeln zu beherrschen lernt, hängt zum größten Teil von seiner Veranlagung ab, davon, ob sein Nervensystem die Möglichkeit zu dieser Verfeinerung in sich hat. Daß die Anlage hier eine Rolle zu spielen scheint, geht schon aus der Tatsache hervor, daß Mädchen im allgemeinen eine feinere Motorik als Jungen erreichen, was nicht allein auf kulturell bestimmte Erfahrungsunterschiede zurückzuführen ist.

Übung spielt dabei oft eine Rolle. Siehe hierzu Kapitel 4.

Die Entwicklung der Grobmotorik ist auch etwas früher als die der Feinmotorik abgeschlossen. Mit sechs, sieben Jahren beherrschen die meisten Kinder die grundlegenden Fertigkeiten. In den darauffolgenden Jahren lernen sie noch viele neue Bewegungsabläufe. Das verdanken sie aber nicht so sehr weitgehender Reifung, sondern der zunehmenden Körperkraft, der zunehmenden Größe ihrer Gliedmaßen und der Veränderung ihrer Körperproportionen. Sie können auch mit zunehmender Erfahrung stets neue Kombinationen ihrer Fertigkeiten ersinnen.

Spezialisierung

Die motorischen Fertigkeiten sind auf die Körperregionen ungleichmäßig verteilt. Es gibt Kinder und Erwachsene, die mit allen Körperteilen gleich geschickt sind. Oft beherrschen sie aber nur bestimmte Dinge gut. Laut GUTTERIDGE, der sich intensiv mit der motorischen Entwicklung von Kindern im Kleinkind- und Vorschulalter beschäftigt hat, gibt es im allgemeinen wenig Verbindung zwischen der Geschicklichkeit der verschiedenen Muskelgruppen, weil sie von unterschiedlichen Teilen

Dies ist ein Beispiel für die Ansicht von TOUWEN, *daß für die motorischen und geistigen Aktivitäten verschiedene Teile des Nervensystems tätig sind.*

des Nervensystems gesteuert werden und die Nervengebiete ziemlich getrennt arbeiten. Ein Kind, das gut mit Bällen treffen kann, muß nicht unbedingt auch im Seilhüpfen gut sein. Das Training der einen Fähigkeit kommt der anderen nicht zugute. Man kann von Spezialisierung sprechen.

Jedes Kind bringt für jede Körperregion unterschiedliche Anlagen mit. Das hängt mit den Möglichkeiten des dazugehörigen Nervengebietes zusammen. Damit diese Möglichkeiten auch realisiert werden, muß das Kind Gelegenheit zur Übung dieser Fertigkeiten haben. Eine mäßige Anlage und viel Gelegenheit zum Üben können zu demselben Resultat führen wie eine gute Anlage und wenig Gelegenheit zum Üben. Nicht jeder wird auf demselben Weg ein guter Fußballer, wenn er die Voraussetzung dazu in sich hat.

Motorische Fertigkeiten betreffen willkürliche Bewegungen. Es ist hier nicht von Reflexen die Rede, sondern von Handlungen, die von der Gehirnrinde gesteuert werden. Auch wenn – durch Routine bedingt – der Eindruck entsteht, als ob diese Handlungen wie von selbst ausgeführt werden, so spielt sich doch im Gehirn ein Informationsverarbeitungsprozeß ab. Obwohl dies so schnell geschieht, daß ein Mensch sich nicht bewußt für die eine oder andere Bewegung entscheidet, wird diese Entscheidung im Gehirn dennoch getroffen. Hierbei sind, grob geschätzt, vier Prozesse beteiligt: (1) Die Wahrnehmungsreize einer bestimmten Situation kommen im Gehirn an; (2) die Entscheidung für die beste Bewegung wird getroffen; (3) es werden Reize an die zuständigen Muskeln durchgegeben; (4) die Muskeln bewegen sich, und dies hin und her in einem fließenden Bewegungsschema.

Ein Kind kann hinsichtlich seiner Bewegungen sehr begabt sein (und z.B. schon im frühen Alter ein Talent fürs Balett an den Tag legen). Ebenso kann es aber auch unbegabt sein und sich steif bewegen. Im Hinblick auf das oben Erwähnte ist es sehr schwierig, die Ursache hierfür aufzuspüren. Die kann nämlich auf einer oder mehreren der vier oben erwähnten Strecken liegen. Hapert es bei der Wahrnehmung, so daß das Gehirn falsche Informationen empfängt? Bewegt sich das Abwägen der Möglichkeiten zu langsam durch ein neurologisches Netzwerk, das nicht genug verfeinert ist? Oder liegt es an den Nervenbahnen, die die Reize zu den Muskeln schicken? Oder an den Muskeln selbst, die die Bewegungen ausführen müssen? Darüber ist noch zu wenig bekannt. Es gibt aber Hinweise darauf, daß eine wichtige Ursache in der zweiten Strecke liegen könnte (VAN DELLEN).

Der amerikanische Kinderpsychologe A. GESELL *(1880–1961) ging von einer Reifungstheorie aus: jede Entwicklung, von der der Trinkgewohnheiten als Baby bis zu der der moralischen Werte im späteren Leben, ist ein sich selbst regulierender Prozeß, bei dem sich natürliche und biologische Muster allmählich entfalten.*

Testmethoden

GESELL hat als erster im größeren Maßstab die motorische Entwicklung bei Kindern untersucht und beschrieben. Durch Vergleiche von großen Kindergruppen hat er festgestellt, was ein normales, durchschnittliches Kind in einem bestimmten Alter schon beherrscht. Später wurde noch eine Reihe anderer Tests entworfen, um herauszufinden, ob ein Kind genauso weit wie seine Altersgenossen entwickelt ist. So gibt es für sehr kleine Kinder zum Beispiel den Wiener Entwicklungstest von BÜHLER & HETZER, die amerikanische BAYLEY-Scales for Infant Development und die englische GRIFFITH-Skala.

Diese Tests dienen immer mehr dem Aufspüren der Ursachen von Entwicklungsbeeinträchtigungen. Diese sind oft nicht zu beseitigen, weil sie auf angeborenen Abweichungen oder Störungen des Nervensystems beruhen. Aber gerade dann ist es wichtig, einem Kind so früh wie möglich die Erfahrungen zu verschaffen, die dafür sorgen, daß es seine eingeschränkten Möglichkeiten doch optimal entwickeln kann.

Ein Neugeborenes wird meist nach fünf Kriterien untersucht, die jeweils von 0 (schlecht) bis 2 (gut) bewertet werden: Herzschlag, Atemtätigkeit, Reaktion auf Hautreiz, Muskelspannung und Hautfarbe. Ein körperlich gut entwickeltes Neugeborenes erhält die Höchstpunktzahl von 10 Punkten. Die Summe der Punkte nennt man APGAR-Score (Asphyxie-Index). Bei Babys, die einen niedrigen Apgar-Score erhalten, ist oft eine gezielte Behandlung nötig, damit sie sich gut entwickeln können.

Außerdem gibt es noch den Denver Development Screening Test (FRANKENBURG und DODDS). Auch hiermit vergleicht man Säuglinge und Kleinkinder mit Altersgenossen er besteht aber aus oberflächlichen, schnell durchzuführenden Testaufgaben. Dieser Test hat allerdings nur eine signalisierende Funktion: reift das Kind nur langsam heran oder stockt seine Entwicklung? Bei Bedarf müssen dann gründlichere Untersuchungen zum Beispiel mit den Bayley Scales for Infant Development folgen. Oft findet sich dabei nichts Auffälliges, und das Kind erscheint nur als etwas verlangsamt. Manchmal entdeckt man aber auf diese Weise eine Entwicklungsstörung schon in einem frühen Stadium.

Es ist also unnötig, alle Kinder gründlich zu testen, aber wichtig, alle Kinder einer oberflächlichen Screening-Untersuchung zu unterziehen.

4. Kapitel
Wie lernen Kinder?

Lernen ist ein sehr weiter Begriff. Es gibt endlos vieles, von dem man sagen kann: «Das habe ich gelernt.» Im allgemeinen kann man Lernen umschreiben als *eine bleibende Veränderung dessen, was jemand aufgrund von Erfahrung kann oder weiß.* Darin liegt der Unterschied zum Wachsen und Reifen. Für Wachsen und Reifen sind die Keime und das Programm der Entwicklung schon in den Genen angelegt. Lernen ist nicht in dieser Weise vorprogrammiert. Beim Lernen ist man abhängig von dem, was man erlebt. Was man nicht erfährt, und sei es nur aus einem Buch oder aus Erzählungen von anderen, kann man nicht lernen.

Man hört während des ganzen Lebens nicht auf zu lernen. Jede neue Information, die man dem bereits vorhandenen Wissen hinzufügt, ist Lernen. Ein alter Mann, der Zigarren kauft und sieht, daß seine vertraute Marke eine neue Verpackung hat, lernt, daß er in Zukunft auf Dunkelgrün mit goldenen Buchstaben achten muß. Erst wenn er ganz alt ist, gelingt ihm das nicht mehr. Dann kann er keine neue Information mehr aufnehmen, und er wird immer meinen, daß ihm der Tabakhändler die falsche Marke gibt.

Der Mensch lernt als Kind im Verhältnis zu seinem übrigen Leben die meisten und die unterschiedlichsten Dinge. Das hängt wohl damit zusammen, daß die Nervenbahnen im Gehirn noch im Entwicklungsstadium sind. Es können dann noch viele Nervenverbindungen und -verknüpfungen angelegt werden.

Das Erinnerungsvermögen

Der Beweis, daß etwas im Gedächtnis gespeichert ist, liegt u.a. in der Tatsache, daß man sich daran erinnern kann. Erinnern bedeutet, sich einen Erinnerungsinhalt ins Bewußtsein zurückzurufen. Man darf diese Argumentation jedoch nicht umdrehen: Wenn man sich an etwas nicht mehr erinnern kann, bedeutet das nicht, daß es nicht doch im Gedächtnis gespeichert ist. Es kann verschiedene Ursachen haben, daß man *auf etwas nicht kommen kann.* Diese Ursachen können körperlicher, kognitiver wie auch emotionaler Natur sein. Im ersten Fall könnte man beispielsweise an Übermüdung denken. Denn sich an etwas zu erinnern, kostet Aufmerksamkeit und Energie. Kognitive Ursachen könnten Erinnerungen sein, die sich sehr ähnlich sind und einander im Wege stehen. Hierbei drängt sich die eine Erinnerung auf Kosten der anderen auf: Es taucht immer wieder die Erinnerung an *den* Silvesterabend auf, während man auf der Suche danach ist, was an einem anderen Silvesterabend geschehen ist. Eine emotionale Ursache wäre z.B., daß man sich an eine bestimmte Begebenheit nicht mehr erinnern will, da sie beschämend oder angsteinflößend war. In der Psychoanalyse nennt man dies *verdrängen.* Bei kognitiven und emotionalen Ursachen kann ein freier Assoziationsprozeß hilfreich sein. Man versucht, den Gedanken freien Lauf zu lassen. Man kommt vom einen zum anderen, und so hoffentlich auch auf die gesuchte Erinnerung.

Erinnerungen kommen sowohl in Bildern als auch in Sprache vor. Dies ist abhängig davon, an was man sich erinnern möchte: An ein Gesicht oder das französische Wort für 'Buch'. Die frühesten Kindheitserinnerungen bestehen meistens aus Bildfragmenten. Nach dem dritten Lebensjahr werden sie deutlicher, obwohl auch dann noch sehr viel vergessen wird. Folgende Erklärung wird hierfür öfter angeführt: Zur Speicherung von Ereignissen im Gedächtnis benötigt man ein verfeinertes Sprachinstrument, um die oben erwähnten bedeutungsvollen Zusammenhänge herzustellen. Dieses Instrument steht kleinen Kindern jedoch noch nicht zur Verfügung.

Emotionen spielen bei der Erinnerung noch eine andere Rolle. Experimente von BOWER haben gezeigt, daß Informationen, deren Gefühlsfärbung der momentanen Stimmung ähnelt - sei sie traurig oder fröhlich - leichter aufgenommen werden. Später kommen in einer bestimmten Stimmung jene Erinnerungen leichter auf, die im Gedächtnis in einer vergleichbaren Stimmung gespeichert wurden. Dies könnte gewisse Formen hartnäckiger Niedergeschlagenheit erklären: In einer solchen Stimmung kommen vor allem traurige Erinnerungen auf, wodurch man noch trauriger gestimmt wird und ein Teufelskreis entsteht.

Veranlagung und Umweltfaktoren

Lernen muß jeder selbst. Andere Menschen können einem das Lernen erleichtern, aber letztlich liegt es an jedem selbst, das, was er lernen muß, aufzunehmen und es sich anzueignen.

Der Lernprozeß als solcher ist für einen anderen auch nicht sichtbar denn er spielt sich im Kopf ab. Manchmal kann man erzählen, wie etwas abgelaufen ist, aber oft weiß man es selbst nicht genau. Daß jemand etwas gelernt hat, merkt man meistens an seinem veränderten Verhalten. Ein Kind, das seinen Namen eines Tages schreiben kann, hat offensichtlich etwas gelernt. Man sieht das Ergebnis. Der Lernvorgang selbst ist unsichtbar geblieben.

Auch hier sind sich die Psychologen nicht einig, was beim Lernen die ausschlaggebende Rolle spielt, Anlage oder Erfahrung. Manche glauben, daß es eine Sache der Anlage ist, in welchem Maße ein Kind (wie auch ein Erwachsener) von Erfahrungen profitieren kann. Nach dieser Auffassung ist also alles von der Aufnahme- und Verarbeitungskapazität des Gehirns abhängig. Zu denen, die der Vererbung großes Gewicht beimeßen, gehörte zum Beispiel BURT. Andere geben sich mit den gesellschaftlichen Ungleichheiten nicht zufrieden und wollen nicht akzeptieren, daß diese bloss auf Unterschiede der Begabung zurückzuführen sind. Sie meinen, ein günstiges Milieu sorge dafür, daß ein Kind sich entwickelt, indem es immerfort neue Lernerfahrungen macht. Auf eindrucksvolle Weise hat SKEELS gezeigt, daß durch Verbesserung der Lebensumstände die Entwicklung eines Kindes günstig beeinflußt werden kann. Er brachte in den dreißiger Jahren von 25 Waisenkindern unter drei Jahren, die nicht für eine Adoption in Frage kamen, weil sie sich verhielten, als ob sie schwachsinnig seien, 13 als «Gäste» in eine Anstalt für geistig behinderte Mädchen. Unter diesen wählte man

Eine mögliche Definition des Begriffes Intelligenz ist das Maß, in dem jemand bleibend von einer Lernerfahrung profitieren kann. Siehe hierzu Kapitel 17.

Für die geistige Entwicklung ist offensichtlich eine ständige Bezugsperson, zu der ein Kind Vertrauen fassen kann, sehr wichtig. In Kapitel 5 wird darauf näher eingegangen.

Zur Umwelt gehören nicht nur das Haus, die Straße und Gegenstände, sondern vor allem auch Menschen. Es ist wichtig, wie diese mit dem Kind umgehen, was sie von ihm erwarten, ob sie ihm beim Lernen behilflich sind oder nicht. So betrachtet kann die Umwelt einen sehr großen Einfluß darauf haben, was Kinder lernen. Vergleiche hierzu die Ausführungen über eine ‹stimulierende Umwelt› in Kapitel 3.

für jedes Kind eine feste Betreuerin. Die Mädchen gingen mit den Kindern sehr liebevoll um. Obwohl das Milieu also nicht intellektuell stimulierend war, wurde ihre Entwicklung durch persönliche Zuwendung auf wunderbare Weise in Gang gebracht. Nach ungefähr 18 Monaten waren die Kinder so weit, daß sie doch noch adoptiert werden konnten. SKEELS hat sie danach 20 Jahre lang beobachtet. Sie lebten als Durchschnittsamerikaner in unterschiedlichen Berufen. Bis auf zwei waren alle verheiratet. Von den 12, die ihr ganzes Leben im Waisenhaus geblieben waren, arbeiteten alle in den niedrigsten ungelernten Berufen, 5 wohnten in einer Anstalt, einer war verheiratet, einer geschieden.

Die meisten Psychologen nehmen einen mittleren Standpunkt zwischen den beiden extremen Auffassungen ein. Die Erbanlagen setzen die Grenzen der Lernmöglichkeiten aber das Milieu entscheidet darüber, ob ein Kind diese Grenzen erreicht oder nicht.

Klassische Konditionierung

1904 berichtete TWITMYER *hierüber auf einem Kongreß der American Psychological Association in der Annahme, er sei etwas Wichtigem auf der Spur. Niemand interessierte sich jedoch dafür. Enttäuscht brach er die Untersuchungen ab. Aus diesem Grund liest man nur selten etwas über ihn. Die klassische Konditionierung ist unauslöschlich mit dem Namen* PAWLOW *verbunden, der seine Entdeckung 1905 machte.*

In seiner einfachsten Form schließt Lernen an das an, was ein Kind in seinem angeborenen Verhalten tut, nämlich an seine Reflexe. Dieses Phänomen nennt man *klassische Konditionierung*. Es wurde erstmals von dem Amerikaner TWITMYER beschrieben und von dem Russen PAWLOW ausführlich erforscht. TWITMYER war Arzt und untersuchte den Kniesehnenreflex. Er warnte seine Testpersonen jedesmal vor dem Schlag des Hämmerchens, das maschinell betätigt wurde. Als er einmal aus Versehen warnte, ohne daß das Hämmerchen funktionierte, schnellte das Bein der Testperson, mit der er schon länger gearbeitet hatte, dennoch nach vorne.

PAWLOW machte seine berühmt gewordenen Versuche mit einem Hund. Wenn ein Hund Futter riecht, fängt er an, Speichel abzusondern. Das ist ein Reflex, der die Nahrungsaufnahme vorbereiten soll. Als PAWLOW jedoch regelmäßig eine Glocke erklingen ließ, kurz bevor er das Futter vor den Hund hinstellte, fing das Tier schon beim Hören der Glocke an zu sabbern, und dies, auch wenn es kein Futter gab.

TWITMYERS Hämmerchen und PAWLOWS Fleischstück sind unkonditionierte Reize. Das Wort unkonditioniert bedeutet, daß keine besonderen Voraussetzungen erfüllt sein müssen, damit die Reaktion eintritt. Der Reiz ruft unwiderruflich die Reaktion hervor.

Bestimmte Formen der Verhaltenstherapie (besonders bei Ängsten) setzen die klassische Konditionierung ein, um in umgekehrter Richtung einen Prozeß des Verlernens in Gang zu setzen. Man bringt dem Patienten bei, wie er sich körperlich völlig entspannen kann. Wenn er diese Technik beherrscht, wird die Anweisung zum Ent-

Die Warnung (bei TWITMYER) und den Glockenton (bei PAWLOW) nennt man *konditionierte Reize*, weil sie die Reaktion nur hervorrufen, wenn sie zuvor ein paarmal zusammen mit dem ursprünglichen Reiz aufgetreten sind. Die Reaktion nennt man in diesem Fall auch eine *konditionierte* Reaktion, weil sie nur unter der Voraussetzung (Kondition) auftritt, daß der Reiz vorher einige Male im Zusammenhang mit dem ursprünglichen Reiz erfahren wurde. Konditionierte Reaktionen werden durch Erfahrung gelernt, das heißt dem hinzugefügt, was jemand bereits konnte.

Bei Kindern kommt diese Form des Lernens häufig vor, nur etwas versteckter, weil die Erfahrungen des täglichen Lebens nicht wie im Laborversuch voneinander losgelöst sind, sondern alle zusammenhängen. Oft erfahren wir zwei, vier oder zehn Dinge gleichzeitig. Auch Babys haben solche komplexen Erfahrungen. Ein Baby fängt zum Beispiel auf ein plötzliches, lautes Geräusch zu weinen an. Das plötzliche Geräusch kommt aus einem Stofftier. Vielleicht fand es das Tier beim Betrachten ganz nett, aber als es das Geräusch hörte, fing es an zu weinen. Wenn seine Mutter denkt: «Ach, daran muß es sich nur gewöhnen», und das Tier noch einmal aufzieht, kann es sein, daß das Baby beim nächsten Mal schon beim bloßen Anblick des Tieres zu weinen anfängt. Es zeigt also ein vorhandenes Reflexverhalten in einer neuen Situation. Das hat es durch (schlechte) Erfahrung gelernt. Manchmal ist die Wiederholung der Situation nötig, manchmal ist eine einzige Begegnung ausreichend (weil die Erfahrung sehr intensiv ist). Denken wir zum Beispiel an ein kleines Kind, das von einem Hund angesprungen wird. Es hatte vorher nie Angst vor Hunden, aber durch das gleichzeitige Sehen und Spüren des Hundes erschreckt, fängt es in Zukunft schon beim Anblick eines Hundes an zu weinen.

Ein Kind lernt auf diese Weise nicht nur Unangenehmes. Das aufgeregte Strampeln beim Anblick der Flasche wird auch so erlernt. Schon der Anblick der Flasche in Kombination mit der angenehmen Erfahrung des Saugens löst eine frohe Reaktion aus.

spannen gleichzeitig mit einer abgeschwächten Form des bedingten Reizes gegeben. Anstatt der konditionierten Angstreaktion zeigt der Patient jetzt die Reaktion der körperlichen Entspannung. Schritt für Schritt lernt er diese neue Kopplung, indem die Stärke des Reizes erhöht wird. Von der Beschreibung dessen, was Angst macht, geht man allmählich auf reale Situationen über. Diesen Prozeß nennt man Desensibilisierung, weil er für die angsteinjagende Situation unempfindlich macht.

Instrumentelles Lernen

Eine andere Form des Lernens ist etwas komplizierter. Es wird *instrumentelles Lernen* genannt. Der erste, der es erforschte, war der Amerikaner THORNDIKE. Vieles über diese Form des Lernens weiß man aus der Tierpsychologie, besonders durch Lernexperimente mit Katzen.

E. L. THORNDIKE, 1874–1949, war ein amerikanischer Psychologe, der mit seinen Theorien vor allem für die Pädagogische Psychologie zum Beispiel bezüglich der Fragestellung: Wie lernen Kinder in der Schule am besten, von Bedeutung gewesen ist.

Menschenbabys und Tierjunge kennen außer Reflexen auch «einfaches Verhalten». Sie strampeln, winken mit Händchen bzw. Pfötchen, rollen sich auf die Seite usw. Wenn nun etwas, was sie zufällig tun, einen bestimmten Effekt hat, entstehen auch hier, genau wie bei der ersten Form des Lernens, wieder Kombinationen von Erfolg und Verhalten. Nur ist hier die Reihenfolge umgekehrt. Das Junge oder das Kind handelt, und ein bestimmtes Ergebnis *folgt*. Allmählich entdeckt es den Zusammenhang und fängt an, das Ergebnis bewußt herbeizuführen. Das eigene Verhalten ist das «Instrument», um den Effekt zu erzielen, daher der Ausdruck «instrumentelles Lernen». Abgeleitet aus dem Englischen wird auch oft der Begriff *operante Konditionierung* verwendet, der auf das in alle Richtungen 'Operieren' der Person verweist, um deren Verhalten es geht.

Die erzielte Wirkung muß natürlich angenehm sein. Wenn sie langweilig oder sogar widerlich ist, gibt es keinen Grund, sie erneut hervorzurufen. THORNDIKE nannte dies das *Gesetz der Wirkung*. Je angenehmer die Wirkung, desto mehr ist das Kind (oder das Tier oder der Erwachsene) geneigt, das Verhalten, das diesen Effekt hervorruft, zu wiederholen. Ein derartiger angenehmer Effekt heißt *reinforcement* oder *Verstärkung*. Er spornt zur Wiederholung an. Wenn das Kind Gebimmel hören möchte, schlägt es gegen das Spielzeug über der Wiege. Das hat es gelernt.

Das instrumentelle Lernen fügt sich am besten in die Vorstellungen des Behaviorismus ein.

Generalisierung, Diskrimination, Trial and error

Es schlägt nicht nur, es tastet auch, drückt oder lutscht. So bekommt es ein immer genaueres Wissen über unzählige mögliche Kombinationen von dem, was es tun und durch sein Tun erreichen kann.

Manche Dinge in seiner Umgebung ähneln sich sehr. Was es über ein Ding lernt, kann es auf das nächste übertragen. Ein Ball rollt, wenn man ihn anschubst. Jeder Ball tut das. Ein Kind braucht das nicht jedesmal von neuem auszuprobieren. Einige Erfahrungen genügen. Dieser Prozeß der Übertragung von einer Sache auf eine ähnliche heißt *Generalisierung.*

Der eine Ball, mit dem ein Kind spielt, ist klein. Er rollt jedesmal unter den Schrank. Der andere ist groß. Dieser bleibt vor dem Schrank liegen. Ohne die Worte «gross» und «klein» zu kennen, kann ein Kind lernen, daß sich Bälle unterscheiden, obwohl sie alle rollen. Der Lernprozeß, der zur Unterscheidung dessen führt, was in vorerst ähnlich scheinenden Situationen geschieht und nicht geschieht, heißt *Diskrimination.* Generalisierung und Diskrimination finden während des ganzen Lebens im Umgang mit neuen Situationen statt. Was kann man hier anwenden und was nicht? Was ist hier sinnvoll? Bei einem kleinen Kind sind diese Unterscheidungen noch unvollkommen, weil es bei seinem Reifestand noch nicht alles wahrnehmen und begreifen kann. Viele Eigenschaften von Menschen und Dingen seiner Umwelt entgehen ihm noch. Dadurch generalisiert es zu viel. Es sagt zu jedem, der wie ein Mann aussieht, «Papa». Es steckt alles in den Mund in der Erwartung, daran schön lutschen zu können. Auch wenn sich etwas als scharf erweist.

Der instrumentelle Lernprozeß wirkt sich auch in dem Verhalten aus, das man *trial and error* (Versuch und Irrtum) nennt. Was gelingt, merkt man sich für ein nächstes Mal. Was schief geht, wird nicht mehr in Erwägung gezogen.

Intrinsische und extrinsische Motivation und Demotivation

Bei der Verhaltensmodifikation als Therapie wird das Prinzip dieses Gesetzes der Wirkung eingesetzt, um Kindern neues (besseres) Verhalten beizubringen, indem man sie systematisch für das, was sie lernen sollen, belohnt und das nicht beachtet, was sie nicht lernen sollen.

Was ein Kind tut, kann durch einen anderen Menschen stark beeinflußt werden. Dieser kann nämlich belohnen oder bestrafen. Wenn das Kind etwas tut, von dem man möchte, daß es das in Zukunft immer so macht, zum Beispiel wenn es sein «Geschäftchen» in den Topf verrichtet, wird es liebkost, gelobt oder bekommt ein Bonbon. Das sind angenehme Dinge für ein Kind, Verstärker, die es zur Wiederholung anspornen. Tut es etwas Unerwünschtes, wie Bücher zerreißen, dann bekommt es einen Klaps, wird böse angeschaut oder hinausgeschickt. Das alles sind Formen der Bestrafung.

Wenn ein Kind durch die Konsequenz des Verhaltens selbst zu einem bestimmten Verhalten angeregt wird, nennt man das *intrinsische Motivation.* Vermeidet es gerade aufgrund einer solchen Konsequenz eine Wiederholung, wird dies als *intrinsische Demotivation* bezeichnet. Wird ein Kind durch eine von außen kommende positive oder negative Konsequenz zu einem bestimmten Verhalten gebracht oder daran gehindert, so bezeichnet man dies als *extrinsische Motivation* beziehungsweise *Demotivation.*

Wenn das Kind auf einen Stuhl klettert und dabei entdeckt, daß es aus dem Fenster schauen kann, wird es intrinsisch motiviert, es noch einmal zu tun. Fällt es mit dem Stuhl um, weil es sich ungeschickt angelehnt hat, so ist das intrinsische Demotivation. Loben es Vater und Mutter warm wegen seiner Entdeckung, wird es extrinsisch motiviert; kommen sie wütend angerannt, wird es extrinsisch demotiviert.

Außer persönlichen, individuellen Belohnungen, die ein bestimmtes Kind angenehm findet, werden auch allgemeine Belohnungen erteilt, die jeder angenehm findet. Gelobt-Werden oder Aufmerksamkeit sind allgemeine extrinsische Belohnungen. Das zufriedene Gefühl: «Das habe ich geschafft!» ist eine allgemeine intrinsische Belohnung.

Im allgemeinen hält man es für wichtig, dafür zu sorgen, daß ein Kind durch die angenehmen oder unangenehmen Folgen seiner Taten genügend intrinsisch motiviert oder demotiviert bleibt. Zu viel Belohnung nimmt ihm die Freude an den Ergebnissen seiner Anstrengungen. Es wird lernen zu fragen: Was habe ich davon? Zu viel Strafe verhindert zum Beispiel die Gewissensbildung: Das Kind bleibt in der Phase stecken, in der es Dinge zur Vermeidung von Strafe unterläßt und nicht, weil solches Verhalten für andere störend ist.

Im Rahmen einer Untersuchung von PAPOUŠEK *stellte sich heraus, daß vier bis fünf Monate alte Babys durch intrinsische Motivation mehr lernten, indem sie sich mit Spielen beschäftigten, als durch einen Schluck Milch als Verstärkung von außen.*

Siehe hierzu Kapitel 10.

Konsequente Bestrafung und zeitweilige Belohnung

Der Einfluß von Strafe auf den Lernprozeß ist übrigens nur begrenzt. Sie zeigt einem Kind nur an, was es nicht tun darf, nicht, was oder wie es etwas tun soll. Ein nächstes Mal unterläßt es die bestrafte Handlung vielleicht, tut aber etwas, was viel dümmer oder unartiger ist. Strafe kann auch einen so starken Eindruck auf ein Kind machen, daß es fasziniert bleibt von allem, was mit der Situation zusammenhängt, in der es bestraft wurde. Es kann auch von allem abgestoßen werden, was mit dieser Strafe zu tun hat, und das fördert das Lernen dessen, was in dieser Situation wünschenswert ist, natürlich nicht. Im allgemeinen wird Strafe als eine Maßnahme betrachtet, mit der man sparsam umgehen muß. Um die Gefahr zu großer extrinsischer Motivation zu verringern, kann man dem Kind als Belohnung etwas erlauben, was es schon gelernt hat und gerne tut. So wird es verführt, andere Dinge zu lernen, an denen es keinen Spaß hat. Lehrer setzen dieses Mittel gelegentlich ein: erst müssen die schwierigen und langweiligen Rechenaufgaben gemacht werden; wer fertig ist, darf malen.

Das Kind lernt dadurch nicht, besser zu rechnen, sondern weiterzuarbeiten; denn das wird belohnt. Wer trödelt, darf nicht zeichnen. Wenn dieses Weiterarbeiten bedeutet, daß es sich aufmerksam seinen Rechenaufgaben widmet, kommt diese Belohnung jedoch indirekt seinem Rechnen zugute. Vieles lernen wir so auf indirekte Weise. Wenn die Belohnung jedoch dazu führt, daß ein Kind seine Aufgaben schluderig macht, lernt es weder das Weiterarbeiten noch das Rechnen.

Die richtige Handhabung von Belohnungen und Strafen ist eine schwierige Aufgabe. Das hängt damit zusammen, daß man bei dem, was ein anderer tun muß, im wörtlichen Sinne ein Aussenstehender ist. Er muß lernen, es selbst zu tun. Man kann ihm durch Motivation bzw. Demotivation helfen, aber da das, was sich innerlich abspielt, nicht sichtbar ist, kann man sich auch sehr täuschen.

Es gibt jedoch eine allgemeingültige Regel, die besagt, daß Strafe immer konsequent angewendet werden muß. Aber Belohnung wirkt besser, wenn sie nicht immer erfolgt (intermittant reinforcement). Über das Eintreten der Strafe darf kein Zweifel bestehen, aber die Belohnung muß einen bestimmten Seltenheitswert behalten, wenn sie das Kind genügend zum Lernen anspornen soll.

Shaping

Bisher haben wir fast nur über einzelne Verhaltensweisen gesprochen, die ein Kind lernen oder verlernen sollte. Aber es muß natürlich auch vieles lernen, was aus einer Serie aneinandergekoppelter Verhaltensweisen besteht. Es muß zum Beispiel lernen, ordentlich zu essen dazu gehört eine ganze Menge: gerade auf dem Stuhl sitzen, den Löffel gut festhalten, das Essen auf den Löffel nehmen, ohne daß der Rest über den Tellerrand fällt, ohne Kleckern zum Mund führen usw. Hier wird es wichtig, das Verhalten in *Verhaltenselemente* einzuteilen. Jedesmal wenn das Kind ein Element des Ordentlich-Essens schafft, wird es gelobt, auch wenn das Endergebnis noch nicht besonders schön ist. Auf die Dauer lernt es über diese Zwischenschritte doch die vollständige Verhaltensweise. *Shaping* nennt man das, was man gut mit dem Wort Formen übersetzen kann. Schritt für Schritt gewinnt eine bestimmte Fertigkeit bei einem Kind Form.

Latentes Lernen

Nicht jedes Lernen steht unter dem Einfluß des Gesetzes der Wirkung. Wissen oder Geschicklichkeit kann man sich auch ohne positive Verstärker einprägen. Zwei Formen solchen Lernens sind: *latentes Lernen* und *Auswendiglernen*.

Bei Experimenten mit Ratten werden oft Irrgärten verwendet. Durch Belohnung mit Futter, wenn sie den richtigen Weg findet, lernt die Ratte, die Endkammer immer schneller und auf weniger Umwegen zu erreichen. Wissenschaftler, von denen Tolman wohl der wichtigste ist, haben satte Ratten eine Weile einfach im Irrgarten herumstöbern lassen und sie danach hungrig ins Labyrinth gebracht. Sie zeigten nun, daß sie vom Herumstöbern offensichtlich profitiert hatten. Das nennt man latentes Lernen. Das gibt es auch beim Menschen. Man ist sich dess en nicht bewußt, und deshalb erscheint es auch nicht zielgerichtet. In diesem Fall merkt man erst, daß man etwas weiß (das heißt etwas gelernt hat), wenn man es braucht. Vieles von dem, was ein Kind lernt, nimmt es auf diese latente Art auf. Es ist unmerklich in seinem Gedächtnis hängengeblieben. Die Qualität des auf diese Weise Gelernten ist nicht geringer als die des zielgerichtet Gelernten. Man lernt dabei nur weniger und eher bruchstückhaft, zum Beispiel ein paar Zeilen aus einem Lied, die äußeren Merkmale eines Hauses, dem gegenüber man eine Zeitlang gewohnt hat, also Dinge, die man nicht bewußt in sich aufgenommen hat, um sie zu behalten.

Auswendiglernen

Beim Auswendiglernen wird das Gedächtnis bewußt eingeschaltet, aber eine Belohnung ist nicht nötig. Ein geschenktes Bildchen ist für ein Kind vielleicht ein zusätzlicher Ansporn, wenn es die Dreierreihe aus dem Einmaleins aufsagen kann, und auch der freundliche Blick der Lehrerin ist angenehm, aber zwingend nötig ist dies alles nicht. Wenn das Kind das Einmaleins nur oft genug hört, selbst aufsagt und das möglichst in großen Abständen wiederholt, dann hat es die Zahlen in einem bestimmten Augenblick dank seines Gedächtnisses im Kopf. Das Gedächtnis ist in der Lage, mit Hilfe von Assoziationen Serien bleibend aneinanderzureihen, die allein durch den Klang ausgelöst werden. So kann man auch Dinge lernen, die man nicht begreift, oder sinnlose Silben, wie bei manchen Kinderliedern. Es ist die Streitfrage, ob man Kindern nur Dinge beibringen soll, die sie schon begreifen können, oder ob man sie, solange sie jung sind und ihr Gedächtnis eine große Aufnahmekapazität hat, möglichst vieles auswendig lernen lassen soll, dessen Bedeutung sie dann später, wenn sie nicht mehr so leicht neue Dinge lernen, erst entdecken werden.

Eine Assoziation ist eine Kopplung von zwei Gedächtnisinhalten, wobei der eine von sich aus den anderen hervorruft, weil sie sehr oft oder sehr intensiv in Verbindung miteinander erlebt wurden.

Problemlösendes Lernen

Nicht bei allen Arten des Lernens ist es also wichtig, daß das gewünschte Wissen oder Verhalten durch eine Belohnung verstärkt wird. Je komplizierter die zu lernenden Dinge sind, umso mehr entfernt sich der Lernprozeß von dem einfachen Verhalten-Konsequenz-Belohnungs-System. Das zeigt sich deutlich bei der höchsten Stufe des Lernens: dem *Problemlösen*. Darunter versteht man die Fähigkeit, sich selbst etwas Neues in einer unbekannten Situation oder bei einer unbekannten Fragestellung beibringen zu können. Mit Hilfe neuer Kombinationen von bereits Gelerntem muß dann eine Lösung gefunden werden. Bei komplizierten Problemen geht es nicht wie beim shaping um die Einteilung der Frage in kleinere, also leichtere Probleme, wovon jedes mit Hilfe einer Belohnung gelöst wird und zum Schluß die Summe die Lösung ergibt. Die Frage stellt sich hier als Ganzes und wird auch als Ganzes gelöst. Ein wichtiges Phänomen, das hierbei auftritt, ist die *Einsicht*.

Ein Kind will etwas nehmen, was auf dem Tisch liegt, aber es kommt nicht dran. Was tut es? (Wir nehmen an, daß es vorher noch nie mit einem solchen Problem konfrontiert wurde, also neues Verhalten von ihm erwartet wird, und daß es in seiner Entwicklung weit genug ist, um sich an das Problem heranzuwagen.) Das Kind muß in der Lage sein, die Problemsituation als Ganze in sich aufzunehmen und deutlich zu unterscheiden, was für das Problem eine Rolle spielt. Das Gemälde über dem Tisch an der Wand tut nichts zur Sache, aber der Stuhl neben dem Tisch. Auf den kann es hinaufklettern, wobei wir annehmen, daß es schon gelernt hat, daß man auf einen Stuhl klettern kann. Das Charakteristische der Einsicht ist, daß einem plötzlich ein Licht aufgeht und man die Kombination durchschaut, die die Lösung ergibt. Zu dieser Einsicht kommt man leichter, wenn die zur Lösung benötigten Hilfsmittel im Wahrnehmungsbereich liegen. Besonders durch die Arbeit

W. Köhler, *1887 bis 1967, war ursprünglich Professor in Deutschland, emigrierte jedoch wie so viele andere deutsche Psychologen 1933 in die USA. Er war einer der Väter der Gestaltpsychologie. Diese Richtung der Psychologie geht davon aus, daß Menschen eine Situation oder ein Geschehen als ein Ganzes (Gestalt) erleben. Aus der Wahrnehmung des Ganzen messen sie den Einzelheiten der Situation oder des Geschehens ihre Bedeutung bei. Bekannt ist der Lehrsatz: Das Ganze ist mehr als die Summe seiner Teile. Die gleiche Einzelheit kann in unterschiedlichen Zusammenhängen eine völlig andere Bedeutung bekommen. Obwohl die Gestaltpsychologen diese Erscheinung in bezug auf die Wahrnehmung untersuchten, ist doch auch der Schimpanse von* KÖHLER *berühmt geworden, der plötzlich zu der Einsicht kam, er könne, indem er zwei kurze Stöcke ineinander steckte, eine außerhalb des Käfigs liegende Banane erreichen.*

von KÖHLER hat man Näheres über das einsichtige Lernen erfahren. Anlaß dazu war die Beobachtung eines Affen, der lernte, mit Hilfe eines Stockes eine Banane zu bekommen, die er mit den Händen nicht erreichen konnte. Dafür war es notwendig, daß der Stock im Wahrnehmungsbereich des Affen lag. Er suchte ihn nicht. So würde auch ein Stuhl am anderen Ende des Zimmers das Problem für das Kind unlösbar machen. Aber beim Älter- und Verständiger-Werden nehmen auch die Möglichkeiten zu. Dann kann man in Gedanken Dinge, die man nicht sieht, zusammenstellen: Wenn ich den Stuhl aus dem Nebenzimmer holte, würde es dann gelingen?

Höhere Lernprozesse basieren auf diesem typisch menschlichen Sich-Vorstellen-Können. So können wir in Gedanken durchspielen, ob eine bestimmte Strategie zur gewünschten Lösung führen wird. Eine nach der anderen müssen wir verwerfen, bis wir zur Einsicht kommen: so geht es. In diesem Moment hat man wieder etwas Neues gelernt, was man für immer weiß und wodurch man in der Lage ist, ähnlich gelagerte Probleme in Zukunft zu lösen. Einsicht bekommen heißt nämlich, daß man das Prinzip der Lösung entdeckt. Prinzipien kann man auch in anderen Situationen anwenden, auch wenn dort die äußeren Umstände andere sind: denn Prinzipien sind allgemein gültig. Die Anwendung von Prinzipien in anderen Situationen nennt man auch Transfer. Das obengenannte Kind wird in Zukunft immer etwas suchen, um sich draufzustellen, wenn es etwas nicht erreichen kann. Dieses Prinzip hat es gelernt.

Selbst entdecken

Man ist sich nicht darüber einig, ob es notwendig ist, daß ein Kind von sich aus ein Lösungsprinzip entdeckt oder ob ein anderer es ihm genau so gut erklären kann. Beide Auffassungen haben etwas für sich im modernen Unterricht kommen beide zum Zuge. Beim Selbersuchen und -entdecken weiß man sicher, daß das Kind verstanden hat, worum es geht. Außerdem steigert die Entdeckung, daß es selbst etwas herausbekommen kann, seine Freude am Lernen. Es wird spontan andere Probleme suchen, um auch an ihnen seine Lösung auszuprobieren. Da das manchmal offensichtlich nicht klappt, kann daraus auf natürliche Weise ein neues Problem entstehen, das nach einer Lösung verlangt.

Andererseits kommt ein Kind vielleicht nur zu stereotypen Lösungen, oder es bewältigt schon am Anfang ein Problem nicht, so daß es nicht weiterkommt. Das hängt u.a. von seiner Intelligenz und seinem Denkvermögen ab. Man sagt dann auch, daß bei der Methode der Einsicht durch Selberfinden die intelligenten Kinder im Vorteil sind. Sie profitieren davon. Die weniger klugen Kinder entdecken aber nicht so viel von sich aus; denen muß geholfen werden. Es ist nicht nötig, daß jeder von neuem das Rad erfindet. Alle möglichen Lösungen, die andere bereits gefunden haben, kann man Kindern zeigen und erklären.

Nachahmung

Dies folgt also dem Prinzip der *Nachahmung*. Die Fähigkeit dazu ist schon bei kleinen Kindern vorhanden. Mehr als beim problemlösenden Denken kann man das Lernen durch Vormachen und Nachmachen bei der Einübung von Fertigkeiten bewußt einsetzen. Ein Kind, das den ganzen Tag Erwachsene um sich hat, die bestimmte Fertigkeiten zeigen, lernt vom Zuschauen eine ganze Menge. Ein Kind, das sein erstes Fahrrad bekommt, wird sich selten verkehrt herum daraufsetzen. Es hat schon zu viele Leute auf Fahrrädern gesehen, um nicht zu wissen, daß die Hände an den Lenker und die Füße auf die Pedale gehören, auch wenn es noch nicht radfahren kann.

Aus einer englisch-amerikanischen Untersuchung von MELTZOFF *und* MOORE *geht hervor, daß Babys schon einige Wochen nach der Geburt das Mienenspiel von Erwachsenen nachahmen, indem sie die Zunge herausstrecken, den Mund aufsperren und die Lippen spitzen.*

Manche Fertigkeiten müssen anschließend geübt werden, wie Radfahren, Schlittschuhlaufen und Kartoffelschälen. Aber andere Dinge beherrscht man schon nach einem Mal Zuschauen, zum Beispiel wie man einen Briefumschlag zuklebt.

Lernen am Modell

Die Nachahmung kann sich unbemerkt vollziehen und heißt dann *Lernen am Modell* (modeling). Hierbei übernimmt jemand unbewußt das Verhalten eines anderen. Dieser andere ist dann sein Modell. Kleine Kinder, die ans Telefon gehen, hört man dann mit genau der gleichen Betonung reden wie Mama oder Papa. Niemand hat ihnen das mit Lob oder Tadel beigebracht. Es ist entstanden, ohne daß jemand es bemerkt hat. Diese Art zu lernen spielt in der Entwicklung der Persönlichkeit und in der sozialen Entwicklung eine sehr große Rolle. BANDURA hat anhand vieler Fälle untersucht, ob Kinder auch Figuren aus Filmen als Modell wählen. Das ist natürlich eine wichtige Frage, da heute in jedem Wohnzimmer ein Fernsehgerät steht. Aber im allgemeinen ist man sich mit FREUD einig, daß die Eltern noch immer die wichtigsten Modelle für ihre Kinder sind.

Siehe hierzu Kapitel 11.

FREUD *war zwar kein Lernpsychologe, aber was er über den Prozeß der Identifikation mit den Eltern geschrieben hat, könnte man als einen Prozeß des Lernens am Modell auffassen.* *Siehe hierzu die Kapitel 6 und 12.*

Dabei können sie ihre Eltern sehr in Erstaunen versetzen, weil sie von ihnen die Verhaltensweisen übernehmen, die von ihrem kindlichen Standpunkt aus den größten Eindruck auf sie machen. Das können Dinge sein, deren sich die Eltern selbst nicht bewußt sind, oder Dinge, die sie gar nicht oft tun. Das Kind schreit seine Puppen an, und die Eltern erschrecken, weil sie sich selbst erkennen. Die wenigen Male, als sie selbst so gebrüllt haben, haben offensichtlich schon einen unauslöschlichen Eindruck hinterlassen.

Vergleiche zur Bedeutung der Altersgenossen Kapitel 18.

Mit zunehmendem Alter werden auch Menschen außerhalb der Familie zu Modellen der Nachahmung. Im Schulalter ist es die sogenannte *peergroup*, die Gruppe der Altersgenossen. Wenn das beliebteste Mädchen der Klasse ein bißchen lispelt, ist die Chance ziemlich groß, daß auch andere Mädchen anfangen zu lispeln. Ein zehnjähriger Junge fängt mit einem Mal an, genauso angeberisch breitbeinig zu gehen wie sein zwei Jahre älterer Freund.

Voraussetzung für Lernen am Modell ist nach BANDURA eine positive Beziehung zwischen Modell und Kind. Die Nachahmung geschieht auf der Basis von emotionaler Betroffenheit.

Wie stark die Vorbildfunktion der Eltern ist, wird deutlich an der Tatsache, daß das Modellernen jahrelang schlummern und erst dann zum Ausdruck kommen kann, wenn das Kind sich in derselben Position befindet, in der es seine Eltern kennengelernt hat, nämlich wenn es selbst Vater oder Mutter geworden ist. Man kann sich dabei ertappen, daß man den Kindern gegenüber Dinge sagt und tut, an die man sich von früher her von den eigenen Eltern erinnert, obwohl man sich bewußt vorgenommen hatte, es ganz anders zu machen.

Didaktik

Pädagogen versuchen, die Lernprozesse der Schüler so zu lenken, daß mit dem geringsten Aufwand an Zeit und Mühe die besten Ergebnisse erzielt werden.

Ein gutes Lernergebnis ist sowohl dauerhaft als auch flexibel. Das Wissen bleibt haften und kann in neuen Situationen oder bei neuen Problemen angewendet werden.

Die Wissenschaft der Lehrmethoden heißt «Didaktik». Der wichtigste Lernprozess der ersten Schuljahre ist ohne Zweifel das Lesenlernen. Viele haben nach der besten Leselerndidaktik gesucht, aber bisher ist man sich noch nicht einig geworden, welche das ist. In der ganzen Welt lernen Kinder lesen mit völlig unterschiedlichen Buchstaben, von rechts nach links und umgekehrt, waagrecht oder senkrecht. Sie lernen es nach ganz verschiedenen Methoden, und die meisten Kinder lernen es erstaunlich schnell. Aber wie dieser komplizierte Prozeß vor sich geht, ist noch immer ein Rätsel. Darum weiß man auch noch nicht genau, warum manche Kinder beim Lesenlernen Schwierigkeiten haben.

5. Kapitel

Von Abhängigkeit über Anhänglichkeit zur Selbständigkeit

Ein Kind ist für lange Zeit davon abhängig, daß Erwachsene es beschützen und versorgen. Aber das soll nicht so bleiben. Das Kind muß ein selbständiger Erwachsener werden, der nicht nur sich selbst schützen und versorgen kann, sondern auch in der Lage ist, die Sorge für die neue Generation zu übernehmen, wenn er an der Reihe ist. Wie läuft dieser Prozeß des Erwachsenwerdens ab?

Man könnte sich vorstellen, daß, angefangen mit der Geburt, ganz langsam ein Prozeß stetig zunehmender Selbständigkeit in Gang gesetzt wird. Tatsächlich konnten wir auch einen ähnlichen Verlauf bei der Entwicklung der Sinnesorgane und der Körperbeherrschung feststellen. In beiden Fällen wird das Kind schon alleine dadurch im Selbst-Tun kompetenter, daß die körperliche Reife zunimmt.

Aber Selbständigkeit bedeutet mehr, vor allem unter emotionalen und sozialen Gesichtspunkten. Ein selbständiger Mensch kann mit seinem Gefühlsleben umgehen, und er weiß, wie er soziale Kontakte mit anderen Menschen pflegen muß. Es gibt drei Theorien, die die Entwicklung der emotionalen und sozialen Selbständigkeit erklären. Die *soziale Lerntheorie* hält Lernprinzipien für entscheidend: Die Reaktionen, die ein Kind beim Versuch, selbständig zu werden, erfährt, aber auch Imitation und Modellernen. Diese Theorie kommt in späteren Kapiteln, wenn es um etwas ältere Kinder geht, zur Sprache. Die *psychoanalytische* Theorie beschäftigt sich mit der Persönlichkeitsentwicklung, mit der wir uns im folgenden Kapitel auseinandersetzen werden. Die dritte Theorie ist die Theorie des *Bindungsverhaltens*, die sich speziell auf die ersten beiden Lebensjahre richtet, in denen die Basis für die spätere Selbständigkeit gelegt wird. In diesem Kapitel werden wir uns auf diese Theorie, die weithin anerkannt wird, beschränken. Es soll jedoch angemerkt werden, daß der Begründer der Theorie des Bindungsverhaltens, der englische Kinderpsychiater Bowlby, durch die psychoanalytische Theorie wie auch durch die Ethologie und durch seine Erfahrungen mit Kinderheimen in Kriegszeiten beeinflußt wurde. Man hat herausgefunden, daß die emotionale und soziale Selbständigkeit sich nicht von Geburt an Tag für Tag geradlinig entwickelt. Die Abhängigkeit muß im Gegenteil zunächst vertieft und gefestigt werden, wenn das Kind ein emotional und sozial selbständiges Wesen werden soll. Im ersten Dreivierteljahr seines Lebens entwickelt ein Kind eine zunehmende emotionale Bindung an einen oder mehrere Menschen. Der Kreis von Personen, bei denen es sich wohl fühlt, wird kleiner und nicht größer, wie man es bei einer zunehmenden Selbständigkeit erwarten würde. Es liefert sich in immer stärkerem Maße dem Wohlwollen einiger weniger Menschen aus, und erst mit siebzehn oder achtzehn Monaten, nach einem Höhepunkt der Anhänglichkeit, beobachtet man eine langsame, stetige, aber unaufhaltsame Loslösung, die zur Selbständigkeit führt.

Man spricht in Anlehnung an Bowlby, in der Phase, in der ein Kind, um sich wohlfühlen zu können, immer abhängiger von einigen Menschen wird, vom *Prozeß des Anhänglichwerdens.* Ihm wurde in den letzten 20 Jahren sehr viel Aufmerksamkeit gewidmet, was nicht heißen soll, daß man diesen Prozeß nicht schon eher vermutete. Aber die Forschung auf diesem Gebiet wurde in den letzten Jahren intensiviert, weil man Genaueres erfahren wollte.

Prägung

AINSWORTH *weist darauf hin, daß die stärksten angeborenen Verhaltenssysteme (Instinkte) sich im Bereich der Fortpflanzung und Versorgung der Jungen häufen. Sie dienen also der Art und gehen über das Interesse des Individuums hinaus.*

Der Prozeß der Bindung ist von dem Tierpsychologen LORENZ zum erstenmal ausführlich untersucht worden. Er betrachtete sie als ein wichtiges evolutionäres Prinzip im Dienste der Arterhaltung. Ein gerade geborenes Junges ist so hilflos, daß es keine Chance zum Überleben hat, wenn es die schützende Mutter verliert. Es muß auf alle Fälle in ihrer Nähe bleiben. Nur bei einigen Affenarten wird ein Junges, das seine Mutter verloren hat, von anderen Muttertieren versorgt. Nahezu alle alleingelassenen Tierjungen bleiben als leichte Beute für Raubtiere zurück. Nach LORENZ ist es also lebenswichtig, daß ein Junges sofort nach der Geburt einen unauslöschlichen Eindruck von seiner Mutter bekommt, damit es weiß, wem es folgen muß. Er nennt diesen Prozeß *Prägung.*

Für verschiedene Tierarten gibt es offensichtlich verschiedene Muttereigenschaften, an denen sich das Junge direkt nach der Geburt orientiert. Bei den Rhesusaffen von HARLOW war es anscheinend der haarige Pelz, den das Junge sofort fühlt. Aber Lämmer konnten sich nach einer Untersuchung von CAIRNS offensichtlich auch an ein Tier binden, das sie nach der Geburt nur hinter einer Glasscheibe gesehen hatten. LORENZ stellte bei verschiedenen Vogel- und Entenarten fest, daß sie, wenn sie aus dem Ei kriechen, ihre Mutter daran «erkennen», daß sie sich bewegt. Wenn der Forscher die Mutter von dem Ei entfernt und durch einen sich bewegenden Gegenstand ersetzt, sucht das Junge immer Schutz bei diesem Ding. Bei jungen Gänsen waren es die Beine von LORENZ, die sie, als sie aus dem Ei krochen, zuerst sich bewegen sahen. Sobald sie konnten, zeigten sie seinen Hosenbeinen ihre Anhänglichkeit.

Das Zustandekommen des Blickkontaktes, wie es im zweiten Kapitel beschrieben wurde, könnte für ein Menschenbaby ein Prägungsmoment darstellen. Mütter, die in der Urzeit ihre Kinder in der Hocke zur Welt brachten und sich dabei vornüberbeugten, hatten von selbst sofort mit ihrem Kind Blickkontakt.

Vergleiche Kapitel 1.

Es ist fraglich, ob beim Menschen auch heute noch der Anhänglichkeitsprozeß mit der Prägung kurz nach der Geburt anfängt. Wenn das so ist, hat außer der leiblichen Mutter kaum jemand eine Chance, bei einem Kind Anhänglichkeit hervorzurufen. Zum Glück sehen die meisten Psychologen dieses aufgrund ihrer Untersuchungen optimistischer. Es gibt nur wenige, die an die unwiderrufliche Bedingung des Blick- und Hautkontaktes zwischen der Mutter und ihrem neugeborenen Baby glauben. Man nimmt aber an, daß es eine wichtige Unterstützung für die Entwicklung des Anhänglichkeitsprozesses ist, wenn diesen instinktiven Prägungsmustern gefolgt werden kann deshalb sollte dazu reichlich Gelegenheit gegeben werden.

Die Mutter als Ausgangspunkt für andere Beziehungen

Bowlby lehnt sich am meisten an die Tierpsychologie an. Er geht davon aus, daß ein Menschenbaby sich genauso wie ein Tierjunges nur an einen einzigen Erwachsenen binden kann, Beziehungen zu anderen erst später entstehen und von der Beziehung zur Mutterfigur abgeleitet werden. Das braucht nicht die leibliche Mutter zu sein, aber diejenige Person, die für das Kind seit der Geburt sorgt.

Laut Bowlby findet es an Mutters Hand zu anderen Menschen. Ein gutes Vorbild aus der Tierwelt für dieses schrittweise Sich-Lösen von der Mutterfigur sind die Schimpansen, wie Van Lawick Goodall zeigen konnte. Ein Schimpansenbaby verbirgt sich während der ersten vier Monate eigentlich dauernd am Bauch der Mutter. Nachdem die Mutter es in den ersten Wochen gestützt hat, kann es sich später selbst festhalten. Mit vier Monaten kann es stehen und mit fünf Monaten laufen. Dann kann es sich mit kleinen Schritten von seiner Mutter entfernen, aber nur so weit, wie ihr Arm reicht. Wenn es ein Jahr alt ist, sitzt es immer noch die Hälfte der Zeit bei der Mutter. Es läuft nie weiter als fünf Meter weg. Mit zwei Jahren verbringt es zwar nur noch ein Viertel der Zeit bei seiner Mutter, aber die weiteste Entfernung beträgt immer noch fünf Meter. Zwischen dem zweiten und fünften Lebensjahr wird die Entfernung allmählich auf fünfzehn und mehr Meter erhöht, aber es bleibt immer in Sichtweite. Erst wenn das Junge fünf Jahre alt ist, verliert die Mutter es aus den Augen und es kann ganz selbständig mit anderen Affen umgehen.

Kritische Phasen

Ein anderer wesentlicher Punkt in der Theorie von Bowlby ist, daß es kritische Phasen für den Bindungsprozeß gibt. Das heißt, daß sein Nervensystem zur Aufnahme von Wissensmustern in bezug auf die Mutterfigur bereit ist. Ist eine kritische Phase vorbei, dann können die dazugehörigen Erfahrungen nie mehr in derselben Intensität gemacht werden.

Der Begriff «kritische Phase» stammt aus der traditionellen Tierpsychologie. Ein Tier muß in bestimmten Entwicklungsphasen bestimmte Erfahrungen gemacht haben (particular experience in particular time), wenn es die normale Entwicklung seiner Art durchlaufen soll. Sein Nervensystem ist zu bestimmten Zeitpunkten auf bestimmte Erfahrungen eingestellt. Wie wir gleich sehen werden, wird dieser Standpunkt in der modernen Tierpsychologie nicht mehr vertreten.

In der Praxis bedeutet das, daß der Prozeß des Aufbaus der Bindung und der Verhaltensentwicklung des Kindes Bowlby zufolge nicht unterbrochen werden darf, wenn die Bindung sich manifestiert hat. Die Entwicklung der Bindung in den ersten anderthalb Jahren besteht aus einer Kette spezieller Erfahrungen in kritischen Momenten, die sich alle um die Mutterfigur gruppieren. Unterbricht man diese Kette durch Trennung des Kindes von der Mutter, entsteht zugleich ein Bruch in seiner emotionalen, sozialen und geistigen Entwicklung. Bowlby erstellte 1951 ein Gutachten für die Weltgesundheitsorganisation über die Gefahren, die die harmonische Entwicklung und das Wohlbefinden von Kindern bedrohen, wenn sie schon früh auf ihre Mutter verzichten müssen. Dieses Gutachten übte einen großen Einfluß auf die Ansichten über die kindliche Bindung aus. Man muß jedoch bedenken, in welcher Zeit dieses Gutachten entstanden ist, und wie es in dieser Periode in englischen Kinderheimen zuging: Entweder wurden die Kinder aus den großen Städten wegen der Bombenangriffe evakuiert oder ihre Mütter arbeiteten in der Waffenindustrie. Viele Kinder waren aber auch Vollwaisen. Eine Gruppe niederländischer Psychiater unter der Leitung von Tibout beschrieben 1948 die Probleme der niederländischen Kriegssituation, und dieser Bericht wurde auch von Bowlby verwendet. Der Kinderpsychiater Mulock Houwer zeigte Bowlby 1950 niederländische Kinderheime. Als Bowlby in seinem Gutachten forderte, daß kleine Kinder möglichst bei ihren eigenen Eltern bleiben sollten, hatte er also diese Nachkriegszustände vor Augen. Er war der Überzeugung, daß für kleine Kinder selbst eine *schlechte Mutter* besser sei, als außer Haus gegeben zu werden. In Diskussionen der letzten Jahren über die Bedeutung von Kinderheimen wird Bowlby oft zitiert: Befürworter von Kinderheimen machen ihm Vorwürfe, Gegner von Kinderheimen berufen sich auf ihn. Ein Vergleich der damaligen Kinderheime mit den heutigen Kindertagesstätten ist jedoch nicht angebracht. Darum trifft Bowlbys Standpunkt nicht auf sie zu.

Sensible Phasen

Um aufzuzeigen, welche Bedeutung die Mutter für ihr Kind hat, wurden Kinder, die in ihrem ersten Lebensjahr von ihrer Mutter getrennt worden waren, mit Kindern verglichen, die bei der Mutter geblieben waren. Das untersuchten zum Beispiel Tizard & Tizard. Sie verglichen zweijährige Kinder, die zu Hause erzogen wurden, mit zweijährigen Kindern, die seit dem Alter von vier Monaten im Heim waren. Die Kinder zu Hause waren nur an ihre Mutter gebunden, während die Heimkinder an jeden und niemanden gebunden waren. Das heißt, daß sie zwar an jedem, der sich mit ihnen beschäftigte, hingen, aber nur oberflächlich. Ein Teil der Heimkinder wurde danach adoptiert oder kehrte zur eigenen Mutter zurück. Deren emotionale und soziale Entwicklung unterschied sich im Alter von viereinhalb Jahren nicht signifikant von der der Kinder zu Hause. Aber die Kinder, die im Heim geblieben waren, legten in diesem Alter offensichtlich keinen Wert auf bestimmte Personen und machten keinen glücklichen Eindruck.

Hier ist eine Untersuchung von Goldfarb zu erwähnen. Sie ist deshalb von Bedeutung, weil er die betroffenen Kinder bis zum Alter von 10–14 Jahren beobachtete. Er konnte ausführlicher, als es in den meisten Fällen möglich ist, über längerfristige Auswirkungen Aussagen machen. Goldfarb verglich zwei Gruppen mit 15 Kindern, wovon die eine Gruppe innerhalb sechs Monaten nach der Geburt adoptiert worden war und die andere zwischen sechs Monaten und dreieinhalb Jahren in einem Heim gewesen und danach adoptiert worden war. Im Alter von 10–14 Jahren waren die Kinder der zweiten Gruppe denjenigen der ersten in emotionaler, sozialer und geistiger Hinsicht unterlegen, auch sprachlich waren sie weniger weit entwickelt.

Beide Untersuchungen zeigen, daß es für ein Kind wichtig ist, sich binden zu können, und daß das in einem Heim mit wechselndem Personal und mit wechselnden Schichten unmöglich ist. Dennoch stehen die Resultate von GOLDFARB denen von BOWLBY näher als die von TIZARD & TIZARD. GOLDFARB ist nämlich der Meinung, daß der Rückstand der Heimgruppe damit zu erklären sei, daß die Kinder in der kritischen Phase, in der die emotionale Hinwendung zur Mutter von Bedeutung ist, von dieser getrennt waren. An der Stelle, wo der Aufbau der Bindung in deren Verwirklichung übergehen müßte, war die Kette unterbrochen.

TIZARD & TIZARD zeigen jedoch, daß der Begriff «kritisch» für diese Phase zu stark ist, weil die Folgen nicht unwiderruflich sind: Mit zwei Jahren können die Kinder sich offensichtlich noch an eine Adoptivmutter binden und innerhalb von zwei Jahren ihren emotionalen und sozialen Rückstand ausgleichen. Die Autoren stehen mit diesem Befund HINDE nahe, der vorschlug, nicht von kritischen sondern von «sensiblen» Phasen zu sprechen. Das Kind ist in bestimmten Phasen vielleicht dadurch für bestimmte Erfahrungen sensibel, daß sein Nervensystem einen bestimmten Reifegrad erreicht hat. Dasselbe Nervensystem ist aber geschmeidig genug, um auch zu anderen Zeitpunkten von bestimmten Erfahrungen zu profitieren. Zu dieser Auffassung sind auch die Tierpsychologen inzwischen gelangt. DENENBERG zufolge würde keine Tierart mehr am Leben sein, verliefe die Entwicklung nach kritischen Phasen. Überleben bedeutet einen schwierigen Anpassungsprozeß an die Umstände, der nie vollkommen ist, und deshalb also nie hundertprozentig spezielle Erfahrungen in kritischen Phasen erfordert. Er spricht in dem Zusammenhang von der *Plastizität* des Nervensystems.

Vergleiche hiermit die Untersuchung von SKEELS, *wie sie im Kapitel 4 dargestellt ist.*

Aus den Untersuchungen von TIZARD & TIZARD geht noch etwas anderes hervor. Diejenigen Kinder, die in dem Heim bereits dadurch eine gewisse Beziehung hatten aufbauen können, daß sie eine ständige Versorgerin gehabt hatten, konnten sich am leichtesten und schnellsten an ihre Adoptivmutter binden. Nach der Theorie von BOWLBY würde man eher das Gegenteil erwarten. Die Ergebnisse von TIZARD & TIZARD lassen jedoch vermuten, daß es für ein Kind wichtig ist, das Sich-Binden-Können kennenzulernen. Der Verlust der Bezugsperson ist zwar traurig, aber wiedergutzumachen, wenn es eine neue Figur gibt, auf die es seine Anhänglichkeit übertragen kann. Es hat es dann sogar leichter, da es da weitermachen kann, wo es aufgehört hat. Ein Kind, das sich noch nie gebunden hat, muß immer einen längeren Weg zurücklegen. «It's better to have loved and lost than never to have loved at all.»

Menschenähnliches, dann individuelle Unterschiede

Es scheint also wichtig für ein Kind zu sein, daß es sich an einen Erwachsenen binden kann. Wir wollen nun betrachten, wie diese Bindung sich vollzieht.

Siehe hierzu Kapitel 2.

Am Anfang ist das Baby jedermanns Freund. Es erkennt zwar ziemlich bald nach der Geburt Stimme und Geruch der Mutter, aber es empfindet noch keine Vorliebe für sie. Seine Zuwendung zu ihr wird nur von Reflexen gesteuert; es wendet sich dorthin, woher ihre Stimme und ihr Geruch kommen. Es ist jedoch möglich, daß diese einfache Zuwendung eine Voraussetzung für die Anhänglichkeit ist und damit doch eine längerfristige Bedeutung erhält. Aber von Anhänglichkeit kann man in der ersten Zeit eigentlich noch nicht reden.

Ein Baby orientiert sich an seinen Artgenossen mehr als an leblosen Gegenständen. Es empfängt ihre Signale und wird vor allem von menschlichen Gesichtern gefesselt. Am Anfang antwortet es verhältnismäßig *reaktiv* mit Bewegungen und Geräuschen, am meisten auf Menschen. Von Woche zu Woche reagiert es immer *aktiver*, indem es einen Artgenossen durch Weinen, Jauchzen und Festhalten zu sich zu locken und festzuhalten versucht.

Dieses Gerne-in-der-Nähe-sein-Wollen ist eine einfache Form von Anhänglichkeit. Man kann ein Baby nicht fragen, bei wem es sich wohlfühlt, man muß es dem entnehmen, was sichtbar ist. Man legt es als sichtbare Zeichen des Wohlbehagens aus, wenn ein Kind sich entspannt, zu weinen aufhört oder nach ungefähr sechs Wochen lächelt.

Vergleiche hiermit, was im Kapitel 2 zum Unterscheidungslernen über die Kontrastempfindlichkeit der Augen gesagt wurde.

Ein Baby ist also in den ersten Monaten nicht gerade wählerisch. Jeder kann es trösten, beruhigen und zum Lächeln bringen, wenn er nur ein ‹Mensch› ist, stärker ausgedrückt, wenn er nur ‹menschenähnlich› ist. AHRENS kam bei Untersuchungen mit Masken zu folgenden Ergebnissen: ein sechs Wochen altes Baby lächelt auch eine runde Maske mit zwei schwarzen Punkten als Augen an. Für ein zehn Wochen altes Baby müssen die Augen echt aussehen, aber erst wenn es 20 Wochen alt ist, spielt der Mund, der vor allem breit und möglichst lebhaft sein sollte, eine Rolle in dem Bemühen, das Baby zum Lächeln zu bringen. Eine Maske schafft das meistens nicht mehr. AHRENS entdeckte, daß der Gesichtsausdruck erst bei 30 Wochen alten Babys wichtig ist, um Interesse und Lächeln hervorzurufen.

Da gerade im Gesichtsausdruck die individuellen Unterschiede zwischen Menschen deutlich werden, ist das Kind also erst jetzt in der Lage zu sehen, daß der eine Mensch nicht dem anderen gleicht. Dieses Loslösen von globalen Schemata von Menschengesichtern und dieses wachsende Erkennen von individuellen Gesichtszügen ist vor allem auf die Reifung der Sehnerven zurückzuführen; dadurch wird das Kind immer fähiger, Details in sich aufzunehmen.

Wenn ein Kind sich bestimmten Menschen anvertrauen will, ist es klar, daß es diese von anderen unterscheiden können muß. Im allgemeinen ist das vor der 30. Woche noch nicht möglich.

Entwicklung der Anhänglichkeit

Siehe Kapitel 4.

Aber es kommt noch mehr hinzu, dadurch nämlich, daß die Mutter eine besondere Rolle spielt. Wenn mit ungefähr 30 Wochen die Fähigkeit zur individuellen Unterscheidung zum Durchbruch kommen soll, dann muß das Kind mit Hilfe bestimmter Menschen gelernt haben, einzelne Personen immer genauer voneinander zu unterscheiden. Bei den Lernprozessen haben wir festgestellt, daß kleine Babys das meiste mittels Konditionierung lernen, über feste, das heißt immer wiederkehrende Kombinationen von Geschehnissen mit nur geringen Variationen, so daß das Kind über Versuch und Irrtum nicht nur zu «generalisieren», sondern schließlich auch zu «diskriminieren», also zu unterscheiden lernt.

Extrem formuliert: wenn ein Kind jeden Tag von einem anderen Menschen versorgt wird, wird es im Stadium der Generalisierung, des Reagierens auf ‹Menschenähnliches›, stecken bleiben. Nichts verhilft ihm zur Unterscheidung von bestimmten Gesichtern, die zu bestimmten Erfahrungen und Gefühlen gehören. Dieses Kind kann sich also niemandem anvertrauen.

Die meisten Kinder sind glücklicherweise dazu in der Lage. Sie haben sogar meistens das andere Extrem, nämlich nur eine einzige Versorgerin, meistens die Mutter. Das erleichtert es ihnen, sie eher von anderen Menschen als andere untereinander zu unterscheiden. Dieser Vorsprung, den die Mutter hat, scheint eine Bedingung dafür zu sein, daß das Kind ihr später besonders vertraut.

Der Diskriminierungsprozeß läuft nicht automatisch ab. PAPOUŠEK weist darauf hin, daß es den Lernprozess günstig beeinflußt, wenn die Mutter sich an ein festes Muster der Fürsorge hält, und vor allem immer gleich mit dem Kind umgeht. Es weiß dann immer besser im voraus, was kommen wird. Diese Erfahrung verbindet es im Laufe der Zeit mit dem Gesicht der Mutter, das immer mehr zu einem Fixpunkt wird. Das Kind fängt an, Details zu sehen und kann das Gesicht der Mutter immer besser von anderen Gesichtern unterscheiden.

FOGEL hat nachgewiesen, daß das Gesicht allein nicht zum Wiedererkennen genügt. Er hat Mütter von wenige Monate alten Babies veranlaßt, sich völlig anders als gewohnt zu verhalten. Dadurch verloren sie in diesem Moment das vertraute Aussehen, vor allem, wenn ihre Gesichter möglichst ausdruckslos waren. Die Babys wurden unruhig. Einen ähnlichen Versuch hat BOWER gemacht, der Kindern durch einen technischen Trick drei Mütter nebeneinander zeigte. Auch diese Babys gerieten in Unruhe, offensichtlich, weil das Bekannte fehlte.

Die Vorstellung, daß man ein Fragment einer Situation nicht losgelöst für sich erlebt, sondern als etwas, das seine Bedeutung innerhalb des Ganzen bekommt, stammt aus der Gestaltpsychologie. Das Gesicht der Mutter bekommt dadurch seine Bedeutung, daß es als Fixpunkt in einem immer wieder anderen Rahmen vorhanden ist.

BELL hat gezeigt, daß das Vertrautsein mit der Mutter und folglich die Anhänglichkeit stärker ist, wenn das Kind mit der Mutter zusammen häufig bei anderen Menschen ist. Die Unterscheidung der Mutter von den andern wird offenbar dadurch leichter, daß sich die Mutter als fester Punkt vom Hintergrund der immer wechselnden Menschen abhebt.

Das Erkennen der Mutter geht also dem der anderen Menschen voraus. Mit 12 Wochen sind Babys dazu in der Lage, obwohl es zunächst, emotional betrachtet, noch eine verhältnismäßig neutrale Zuwendung ist. In Experimenten von YARROW zum Beispiel geht das nur so weit, daß das Kind mehr zu seiner Mutter als zu einem Fremden hinsieht, wenn drei Leute im Zimmer sind. Auch SCHAFFER betont, daß das Kind viel früher die Mutter erkennen lernt, als es Zuneigung zu ihr äußert.

Für das Letztgenannte ist es nötig, daß das Kind lernt, auch andere Gesichter zu unterscheiden. Man kann sich vorstellen, daß andere Menschen für das Kind alle das gleiche Aussehen haben, so wie sich Chinesen in den Augen der Europäer alle gleichen. Als «Gruppe» haben sie das dem Kind vertraute Menschenähnliche und machen ihm deshalb keine Angst. Erst wenn es einen Blick für ihre zahllosen Unterschiede bekommt, erkennt es immer mehr Personen als Fremde und immer weniger als Bekannte. In diesem Augenblick wird die Anhänglichkeit an seine Mutter sichtbar, die in den vorhergegangenen Monaten unbemerkt gewachsen ist. Es fängt an zu weinen, wenn es einen Fremden sieht, oder versteckt sich bei der Mutter, wenn es dazu Gelegenheit bekommt. Es ist dann sechs oder sieben Monate (30 Wochen) alt. Das nennt man *Fremdeln*. Damit wird die Phase, die BOWLBY «attachment in the making» (Entwicklung der Anhänglichkeit) nennt, abgeschlossen.

Sicherheit

Schließlich zeigt sich, daß ein Kind in dieser Periode in der Nähe der Mutter viel herumguckt, umherkrabbelt und -läuft und sich oft mit Spielzeug beschäftigt. So dient die Anhänglichkeit an die Mutter auch der geistigen, motorischen und sozialen Entwicklung. Die bekannteste Untersuchung auf diesem Gebiet stammt von AINSWORTH, BELL und WITTIG. Auch hier stellt sich heraus, daß das Kind nach einer kurzen Zeit der Trennung zunächst weniger umherkrabbelt und weniger unternehmungslustig ist.

Lerntheoretisch erklärt man die stimulierende Rolle der Mutter dadurch, daß sie ein bekanntes Element in einer fremden Situation sei und als solches einen Ausgangspunkt für ihr Kind bedeute, von dem aus es durch Versuch und Irrtum auch über andere Elemente etwas lernen könne. Wenn alles fremd ist, gibt es nichts, das dem Kind als Ausgangspunkt dienen kann.

Der Begriff «basic trust – Urvertrauen» kommt auch in Kapitel 6 zur Sprache.

Mehr von der emotionalen Seite her argumentiert zum Beispiel ERIKSON, der von einem Grundgefühl der Geborgenheit («basic trust», Urvertrauen) spricht, das dem Kind durch seine Mutter vermittelt wird. LANGEVELD hat das folgendermaßen beschrieben: Nur ein Kind, das sich geborgen fühlt, wagt es, die Umgebung auszukundschaften.

AINSWORTH meint dasselbe, wenn sie sagt, daß man zwischen «secure» und «insecure attachment» (Anhänglichkeit aus Sicherheit oder aus Unsicherheit) unterscheiden muß. (An Stelle von Sicherheit beziehungsweise Unsicherheit kann man auch Geborgenheit beziehungsweise fehlende Geborgenheit sagen.) Ein Kind, das in bestimmten Augenblicken nahe bei der Mutter bleibt, weil es sich dort geborgener fühlt, wird von Fall zu Fall spüren, wann es sich ruhig ein Stückchen von ihr entfernen kann. GROSSMANN meint dazu, die Mutter habe dann für das Kind die Bedeutung bekommen, Angst und Unsicherheit aufzuheben. Auch in der Entfernung behalte sie diese Bedeutung, und das Kind fühle sich sicher im Wissen, sich auf sie verlassen zu können. Das ist «secure attachment». «Insecure attachment» kann man bei Kindern beobachten, deren Eltern ihnen nicht das Vertrauen geben konnten, in Notfällen immer greifbar zu sein. Ein solches Kind läßt es gar nicht erst so weit kommen und bleibt vorsichtshalber in ihrer Nähe. An Stelle der Anhänglichkeit als Zwischenstation auf dem Weg zur Selbständigkeit macht diese Form der Anhänglichkeit sie dauerhaft abhängig. RUTTER weist darauf hin, daß diese Kinder gerade an abweisenden Eltern sehr hängen können. Ihm zufolge machen die gleichgültigen Eltern es ihren Kindern unmöglich, sich überhaupt zu binden. Aber an abweisende Eltern können Kinder sich sehr stark binden, sei es auch eine Anhänglichkeit aus Unsicherheit und fehlender Geborgenheit. BOWLBY ging davon aus, daß die sichere Bindung als Kind die Basis formt, um sich als Erwachsener an einen anderen Menschen und die eigenen Kinder binden zu können. Dieser Zusammenhang konnte jedoch bisher nie mit Sicherheit nachgewiesen werden. Zwischen der Babyzeit und der späteren Entwicklung muß ein Mensch noch viele neuen Erfahrungen verarbeiten. Man weiß noch nicht, was im Hinblick auf die Bindungsmöglichkeiten die wesentlichen Momente sind.

Ein Kind muß in seiner geistigen Entwicklung die Phase der *Objektpermanenz* erreicht haben, um protestieren zu können und die Mutter zu vermissen, wenn sie nicht in seiner Nähe ist. Dies bedeutet, daß das Kind weiß, daß Menschen und Dinge bestehen bleiben, auch wenn man sie nicht sieht. Ein Baby verliert sein Interesse an einem Gegenstand, so bald dieser aus seinem Blickfeld entschwindet. Versteckspielen ist in diesem Altern noch nicht möglich, denn das Baby sucht nicht. Dies ändert sich jedoch nach dem ersten halben Jahr, und dann beginnt das Baby zu suchen, u.a. auch seine Mutter. Manchmal auch nur in der Art und Weise, daß es weinend die Tür, hinter der die Mutter verschwunden ist, im Auge behält (HARTUP). Sobald das Baby kriechen kann, folgt es der Mutter.

Bei Untersuchungen von CORTER spielten zehn Monate alte Babys in einem Zimmer mit der Mutter und einer unbekannten Frau. Die beiden Frauen standen auf und gingen in zwei verschiedene Nebenzimmer. Bei einer Gruppe ließen beide Frauen die Tür offen, in einer anderen Gruppe schloß die Mutter die Tür hinter sich. Die Kinder aus beiden Gruppen krochen immer der Mutter nach, auch wenn sie sie nicht sehen konnten und nicht der mittlerweile etwas vertraut gewordenen fremden Frau, die sie sehen konnten.

Weitere Untersuchungen haben gezeigt, daß das Kind nach der Rückkehr der Mutter mehr und intensiver ihre Nähe sucht.

Die Fremdensituation

Daß die Bindung zur *Tatsache* geworden ist, zeigt sich daran, daß die Mutter für das Kind die Person ist, in deren Nähe es in einer unbekannten Situation bleibt. Das Kind protestiert, wenn die Mutter weggeht und es mit einer fremden Person zurückläßt. Diese Reaktion bildet als *Trennungsangst* eine wichtige Stütze für BOWLBYS Theorie über die emotionale Entwicklung. Eine seiner Schülerinnen, MARY AINSWORTH entwarf hierfür ein Meßinstrument - die sogenannte *Fremdensituation* - die in der ganzen Welt zum Standardinstrument wurde, um das Bindungsverhalten von Kindern zu studieren. Verschiedene Forscher haben dieses Instrument variiert, aber der Grundgedanke bleibt derselbe: Das Kind befindet sich erst mit und dann ohne eine vertraute Person in Gesellschaft einer fremdem Person. In dieser Situation untersucht man dann, wie sich das Kind verhält.

MARY AINSWORTH unterscheidet drei Arten des Bindungsverhaltens - A, B und C -, die bei Untersuchungen an Kindern zu einer allgemein anerkannten Einteilung geworden sind. Typ B-Kinder haben eine sichere Bindung. Wenn die Mutter weggeht und das Kind mit einer fremdem Person zurückläßt, wird es zwar unruhig, verliert jedoch nicht gleich die Fassung. Nach einiger Zeit beginnt es zwar zu heulen; wenn die Mutter jedoch zurückkommt, läßt es sich von ihr trösten und kann sich schnell wieder in sein Spiel vertiefen. Eine vergleichende Analyse der Ergebnisse von 31 Untersuchungen über die 'Fremdensituation' in West-Europa, den USA, Israel, China und Japan von JZENDOORN und KRONENBERG ergab, daß dieses sichere Bindungsverhalten für 65 Prozent der Kinder im zweiten Lebensjahr zutrifft.

Typ A- und C-Kinder haben ein unsicheres Bindungsverhalten, jedoch auf verschiedene Weise. C-Kinder (im Durchschnitt etwa 15 Prozent) hängen sehr an ihren Müttern. Wenn außer der Mutter noch ein Fremder anwesend ist, kommen sie kaum zum Spielen, geraten sofort aus der Fassung, wenn die Mutter sie mit der fremden Person alleine läßt, und lassen sich nur schwer trösten, wenn sie zurückkehrt. Bei A-Kindern (im Durchschnitt etwa 20 Prozent) hat man den Eindruck, daß sie eigentlich überhaupt kein Bindungsverhalten haben. Wahrscheinlich können sie aus dem einen oder anderen Grund ihre Anhänglichkeit nicht in ein Verhalten umsetzen, da sie sich innerhalb des Verhältnisses nicht wirklich sicher fühlen. Es scheint sie nicht zu kümmern, daß die Mutter das Zimmer verläßt, und sie beachten kaum, daß sie zurückkommt. Dieses Desinteresse spiegelt sich auch in ihrem Spiel wieder, das sehr flüchtig ist. Sie sind für nichts zu interessieren.

Obwohl die A, B, C-Einteilung speziell das Verhalten von Kindern betrifft, sind sich alle Forscher darüber einig, daß man eigentlich von drei Arten des Bindungs*verhältnisses* zwischen Mutter und Kind sprechen muß. Für einige ist es eine Tatsache, daß das Verhalten der Mutter ausschlaggebend für die Art des Bindungsverhältnisses ist, das zwischen ihr und dem Kind entsteht, und somit auch für das Bindungsverhalten in einer unbekannten Situation. Anhänglichkeit wird dann zu einem interaktionalen Begriff par excellence. Der Grund dafür, daß ein Kind ein unsicheres Bindungsverhalten hat, kann auch ein unglückliches Zusammentreffen von Faktoren sein: z.B. ein überempfindliches Baby und eine Mutter, die aus Unbeholfenheit nicht weiß, wie sie reagieren soll.

Es läßt sich jedoch nicht voraussagen, welche Mutter–Kind-Paare zu einem sicheren Bindungsverhalten gelangen und welche nicht. Sicher ist jedoch, daß hier ein komplizierteres Ursachenschema vorliegt, wie z.B. die im ersten Kapitel genannte Trennung von Mutter und Kind nach der Geburt aus medizinischen Gründen. EGELAND und VAUGHN wählten aus einer Gruppe von 267 Müttern, die in einem Krankenhaus zur Entbindung aufgenommen waren und die sie während der Schwangerschaft und neun Monate danach begleiteten, 33 Mütter, die mit ihrem neun Monate alten Baby zum sichersten Bindungsverhalten gelangt waren, und 32 Mütter, die ihre Baby verwahrlosen ließen oder mißhandelten. In der Vorgeschichte der Schwangerschaft und der Geburt schienen keine Unterschiede zwischen den beiden Gruppen zu bestehen, so daß es wahrscheinlich ist, daß man die Persönlichkeit der Mutter, ihre Lebensgeschichte, die sozial-ökonomischen Umstände und das Eheverhältnis auch berücksichtigen muß.

Ein weitere Möglichkeit, das Bindungsverhalten zu untersuchen, bietet das sogenannte *social referencing*, d.h. Hilfe bei einer anderen Person zu suchen, wenn in einer Situation etwas geschieht, das man nicht einordnen kann. Erwachsene tun dies regelmäßig, aber auch kleine Kinder fangen schon damit an. Charakteristisch hierfür ist ein herumkriechendes Kind, das alles, was unbekannt ist, zur Mutter bringt. Reagiert sie positiv und gibt ihm den Gegenstand zurück, läßt es diesen uninteressiert wieder fallen. Die Erklärung ist die, daß das Kind an der Reaktion der Mutter abliest, ob das unbekannte Ding Schaden zufügen kann oder nicht. Mehr braucht es nicht zu wissen. Um ein Bindungsverhalten festzustellen, beobachtet man, ob und an wen sich das Kind für ein solches *social referencing* richtet, wenn ein Fremder eintritt oder wenn ihm ein unbekanntes Spielzeug gegeben wird.

Durch Ablösung zur Selbständigkeit

INGE BRETHERTON warnt davor, das Bindungsverhalten als Abhängigkeit aufzufassen. Abhängigkeit beschreibt mehr einen Charakterzug im Umgang mit anderen, während es bei der Bindung um einen oder einige wenige Menschen geht. Die Abhängigkeit hat im Gegensatz zur Bindung auch keinen ursprünglich biologischen Nutzen für das Überleben.

Die Anhänglichkeit aufgrund von Sicherheit und Geborgenheit fördert die Selbständigkeit. Ein Kind leistet immer mehr und traut sich auch, es in die Tat umzusetzen. Es wagt sich immer weiter von der Mutter weg, auch wenn es sie dabei aus den Augen verliert, wobei es allerdings immer wieder mal kommt, um nachzusehen, ob sie noch da ist. In diesem Stadium seiner Entwicklung trägt es ein Bild seiner Mutter in sich, das ihm hilft, Zeiten der Trennung zu überbrücken. Vom Verstand her ist es in der Lage, sich diesen Abstand zuzutrauen, weil es begriffen hat, daß Menschen nach einer gewissen Zeit zurückkommen, auch wenn man nicht nach ihnen sucht. So hat es auch erfahren, daß Dinge nach einer gewissen Zeit wieder auftauchen. Manche sehen darin allerfrüheste Anfänge eines Zeitbegriffs, wobei Erfahrung natürlich eine Rolle spielt. Fast zwei Jahre lang ist die Mutter tatsächlich immer zurückgekommen. Später werden wir sehen, was es für ein Kind bedeutet, wenn diese Sicherheit dadurch zerstört ist, daß die Mutter lange Zeit nicht oder nie mehr zurückgekehrt ist.

Auch die Vorliebe von Kindern für ein Kuscheltier wird als Mittel zur Überbrückung der Trennung von der Mutter betrachtet. Diese Dinge werden vom Kind als etwas erlebt, was emotional mit der Mutter zu tun hat. Wie es lernt, die beiden miteinander in Verbindung zu bringen, ist nicht klar, aber wahrscheinlich spielt da mehr als eine einfache Konditionierung eine Rolle.

Siehe hierzu Kapitel 7.

Dem Kind wird immer mehr bewußt, daß die Mutter eine von ihm losgelöste Existenz hat, ein Leben mit eigenen Plänen, auf die es keinen Einfluß hat. Andererseits begreift es, daß es selbst auch weiterlebt, wenn die Mutter nicht bei ihm ist. Seine zunehmenden motorischen Fähigkeiten helfen ihm dabei. Das Weglaufen-Können stellt einen Meilenstein in der Entwicklung dar.

Immer öfter geht es aus eigenem Antrieb auf Erkundungen, wodurch es Erfahrungen macht, mit denen die Mutter nichts zu tun hat. Es traut sich sogar, nach anderen Menschen zu schauen, sie zu berühren und etwas zu sagen, auch wenn es anfangs über diesen Mut erschrickt und zu seiner Mutter zurückrennt.

Es scheint auch ein positiver Zusammenhang zwischen einem sicheren Bindungsverhalten und dem Umgang mit Altersgenossen zu bestehen. Verschiedene Untersuchungen haben ergeben, daß Typ A-Kinder relativ häufiger als andere Kinder schnell gereizt reagieren, andere Kinder bei deren Spiel stören und sich rivalisierend, ungeduldig und aggressiv verhalten (CORRIGAN und TIFFANY FIELD).

Mütter, die ihre Kinder bei ihrem Streben nach Selbständigkeit ermutigen und gleichzeitig unterstützen, verstärken ein sicheres Bindungsverhalten. Wenn sie jedoch das Selbständigkeitsstreben eindämmen, kann auch im nachhinein noch ein unsicheres Bindungsverhalten entstehen (Wendy Grolnick und Ann Frod).

Im Alter von etwa zwei Jahren wagt es sogar, sich gegen die Mutter zu stellen, Dinge zu tun, die sie nicht will, und seinen eigenen Willen durchzusetzen. Konflikte entstehen dadurch, daß es motorisch in der Lage ist, Dinge zu tun, von denen es nicht begreifen kann, daß sie gefährlich, hinderlich, schädlich oder nicht wiedergutzumachen sind. Es fühlt sich so fest mit der Mutter verbunden, daß es sogar wagt, sie zu verärgern. Gleichzeitig macht ihm das, was es tut, große Angst davor, daß es die Mutter verlieren könnte. In diesem Alter hat das Kind viele Ängste, vor allem nachts: Es ruft und kommt aus dem Bett, um nachzusehen, ob die Mutter nach all den Konflikten, die es tagsüber ausgelöst hat, noch da ist. Das ist es, was mit «basic trust» (Urvertrauen) und ähnlichen Begriffen umschrieben wird. Das Kind hat gemerkt: die Eltern sorgen bedingungslos für mich. Es verliert den Mut nicht, sondern handelt weiterhin aus eigenem Antrieb, auch wenn das bedeutet, daß das gegen deren Willen geschieht.

Siehe hierzu Kapitel 9.

Väter

In diesem Buch wird die Rolle der Mutter natürlich mehr besprochen als die des Vaters, denn meistens sind es eben die Mütter, die die Kinder aufziehen. In den letzten Jahren wird öfter die Frage gestellt, ob es außer der Mutter auch ein anderer Erwachsener sein kann, an den das Kind sich bindet. Ein zweite Frage ist die: Kann ein Kind sich an mehrere Erwachsene binden?

Verschiedene Untersuchungen, u.a. von Stroufe, haben gezeigt, daß das Bindungsverhalten nicht nur etwas mit der Beziehung zwischen der Mutter mit ihrem Kind zu tun hat, sondern auch mit der Beziehung der Eltern zueinander. Wenn die Eltern sich gut verstehen, kommt öfter ein sicheres Bindungsverhalten vor. Durch die gegenseitige Unterstützung wird es für beide Elternteile leichter, sich auf das Kind einzustellen, und außerdem wird die Bindung gefördert.

Lewis und Ban führten Untersuchungen durch, wobei sie Kinder einmal alleine mit dem Vater und einmal nur mit der Mutter in ein fremdes Zimmer brachten. Die meisten Kinder klammerten sich fester an ihre Mütter als an ihre Väter. Dies könnte mit der Tatsache zusammenhängen, daß Kinder in unserer Kultur öfter mit ihren Müttern zusammen sind und sie deshalb mit der Nähe der Mutter vertrauter sind. Lamb verglich schwedische Kinder im Alter zwischen elf und dreizehn Monaten, die von ihren Müttern versorgt wurden, mit Kindern, die von ihren Vätern versorgt wurden. Er konnte in der 'Fremdensituation' keinen Unterschied in der Stärke des Bindungsverhaltens feststellen. Väter, die sich um ihre Kinder kümmern, scheinen also dieselbe Variation in der Stärke der Bindung bei ihren Kinder auslösen zu können wie die Mütter. Ein bemerkenswertes Phänomen, das Lamb und seinen Mitarbeitern auffiel, war, daß die Stärke der sicheren Bindung mit der Mutter nichts aussagt über die Art und Weise, mit der die Kinder auf Fremde reagierten. Die Qualität der Bindung mit dem Vater war hierfür jedoch ausschlaggebend: Je sicherer und geborgener sich die Kinder in der Nähe des Vaters fühlten, desto unbefangener reagierten sie Fremden gegenüber.

Nach GROSSMANN läßt sich an der Art des Spielens erkennen, welche Qualität die Bindung an den Vater hat. Väter von Zweijährigen, die mit 1½ Jahren eine sichere Bindung zum Vater entwickelt hatten, spielten in GROSSMANNS Untersuchung mit den Kindern richtig zusammen. Sie stellten sich gegenseitig Fragen, baten den andern, dies oder jenes zu tun, und waren auch an gegenseitigen Wünschen interessiert. Bei Kindern, die eine unsichere Bindung mit dem Vater hatten, kamen sowohl Aufmerksamkeit wie auch die Initiativen nur von einer Seite, also nur vom Vater oder nur vom Kind.

Vergleiche hiermit das Verhalten von Mutter und Vater, das im ersten Kapitel besprochen wurde: Väter sind 'fordernder'. Lernen Kinder von ihren Vätern, mehr zu wagen?

Wie wir jedoch aus der Untersuchung von LEWIS und BAN gesehen haben, bevorzugen die meisten Kinder die Versorgung durch die Mutter. Dies gilt jedoch nicht für alle Kinder. Es handelt sich hier jedoch ausschließlich um Kinder, die in traditionellen Familien mit der Mutter als festem Versorger aufwuchsen. Beim Entstehen der Anhänglichkeit geht es also offensichtlich nicht nur darum, wen das Kind am häufigsten sieht. Im Hinblick auf diesen Aspekt untersuchten SCHAFFER und EMERSON 80 schottische Familien mit Babys im Alter von 18 Monaten, die also den Höhepunkt der Anhänglichkeit erreicht hatten. Nur die Hälfte der Kinder hatte eine stärkere Bindung mit der Mutter, ein Drittel mit dem Vater und der Rest mit anderen Personen aus ihrer Umgebung. In allen Familien wurde das Kind jedoch von der Mutter versorgt. Die Versorgung allein scheint also nicht auszureichen, um zur wichtigsten Bezugsperson zu werden. Woran liegt es also?

Die Beantwortung dieser Frage wird u.a. durch Untersuchungen von Fox in israelischen Kibbutzim ermöglicht. Kinder verbringen dort den Tag in kleinen Kinderkrippen mit einer Kindergärtnerin, der *metapelet*, einer Ersatzmutter im besten Sinne des Wortes. Sie tut alles mit und für das Kind, was in einer Familie meistens die Mutter tut. Das Kind ist lediglich abends ein paar Stunden zuhause und schläft dort auch. Man könnte nun erwarten, daß das Kind zur Metapelet, die soviel Zeit mit ihm zubringt, die stärkste Bindung entwickelt. Fox verglich, wie das Kind reagierte, wenn es mit der Metapelet und einer fremden Frau in einem fremden Zimmer zurückgelassen wurde, und wie es reagierte, wenn es in derselben Situation mit seiner Mutter und einer fremden Frau zusammen war. Fox stellte fest, daß die meisten Kinder im Beisein der Mutter viel ruhiger waren.

Vergleicht man die Experimente von SCHAFFER, EMERSON und Fox miteinander, kommt man zu folgender Schlußfolgerung: Ein Kind bindet sich am stärksten an die Person, mit der es, wenn es mit ihr zusammen ist, den stärksten Kontakt hat. Dies kann in einigen Familien der Vater sein, auch wenn das Kind mehr Zeit mit der Mutter zubringt. Es kann aber auch die Oma sein, auch wenn diese nur einige Male in der Woche mit dem Kind zusammen ist, oder aber die Mutter, selbst wenn sie den Großteil der täglichen Sorge für das Kind auf eine andere Person überträgt. Jedoch gilt neben der Intensität noch eine andere Voraussetzung, nämlich daß der Umgang mit dem Kind in festen Bahnen verläuft.

Ähnliche Ergebnisse erbrachten Untersuchungen von PEDERSEN, der die Bindung von berufstätigen Müttern und Haufrauen mit ihren Kinder verglich. Auch Kinder von berufstätigen Mütter hatten die stärkste Bindung mit der Mutter.

Vergleiche hiermit die Bemerkung von RUTTER, *daß abweisende Eltern mehr Bindungsverhalten hervorrufen als gleichgültige Eltern. Abweisende Eltern bieten ihren Kinder zumindest eine 'intensive' Erfahrung.*

Kurz und knapp ausgedrückt: Es geht nicht um die Quantität der Beziehung, sondern um die Qualität. Bei der Qualität wiederum geht es nicht nur um das angenehm Positive der Gefühle, sondern um die Intensität der Gefühle. Laut KAGAN fühlt ein Kind, daß die Eltern gespannter und interessierter als die beste professionelle Betreuerin verfolgen, was es tut bzw. nicht tut. Eine Betreuerin bleibt distanzierter zum Kind, und es ist für sie nicht oder nur kaum von Bedeutung, wer und wie das Kind ist. Darum sind ihre *Botschaften* an das Kind laut KAGAN unverbindlicher. Ebenso kann das Verhältnis zwischen Vater und Kind emotionsgeladener sein als das Verhältnis zwischen Mutter und Kind, z.B. wenn das Kind dem Vater mehr bedeutet als der Mutter.

Da BOWLBY unter anderem auch durch die Ethologie beeinflußt wurde, wollen wir uns kurz mit dem Ursprung des Bindungsprozesses, so wie er in der Tierwelt studiert wurde, beschäftigen.

Hierarchie der Bezugspersonen

Daß Kinder meistens nur eine einzige Bezugsperson haben, heißt nicht, daß andere Menschen sie nicht interessierten. KAGAN ist der Meinung, daß ein Kind sich an mehr als eine einzige Bezugsperson binden kann und daß die meisten Kinder eine feste Hierarchie von Vorlieben haben. Diese hängen mehr von der Qualität des Umgangs miteinander ab als von der Zeit, die man miteinander verbringt. Einer ist die Nummer eins, aber die anderen sind auch wichtig.

Nach KOHLBERG bindet sich ein Kind nicht nur an jemanden, der sich zielgerichtet mit ihm beschäftigt, sondern auch an jemanden, den es regelmäßig um sich hat. Kontakt allein, der kein bestimmtes Bedürfnis befriedigt, schafft auch eine Bindung und vermittelt Geborgenheit. Wahrscheinlich gibt es auch bei diesem Kontakt eine gewisse emotionale Beziehung. Geschwister sind nach KOHLBERG sehr wichtig für die gegenseitige emotionale Entwicklung. Dieses deckt sich mit den Ergebnissen einer englischen Untersuchung bei Kindern im Krankenhaus. Offensichtlich waren die Trennungsprobleme von Kindern erheblich leichter, wenn ein jüngeres Schwesterchen oder Brüderchen, das nicht krank war, zur gleichen Zeit mit aufgenommen wurde. Es handelte sich dabei um Geschwister, die zu jung waren, um auch nur einigermaßen Schutz zu bieten.

Daß ein Kind sich an mehrere Menschen binden kann, auch wenn es einem den Vorzug gibt, macht es weniger verletzlich. Wenn die Nummer eins wegfällt, verliert es nicht gleich alles. Berücksichtigt man die Untersuchung von TIZARD & TIZARD, wird man in solch einem Fall erwarten können, daß es sein Bindungsverhalten auf einen nächsten wird übertragen können. Leider ist der Umgang von Mutter und Kind in vielen modernen westlichen Familien sehr ausschließlich geworden: der Vater kommt erst von der Arbeit nach Hause, wenn die Kinder im Bett sind, die Großeltern wohnen weit weg, Nachbarn bleiben anonym und Geschwister gibt es kaum noch. Unter diesen Lebensbedingungen ist es kaum möglich, eine Hierarchie der Bezugspersonen aufzustellen, auch wenn ein Kind in der Lage ist, verschiedene Anhänglichkeiten zu entwickeln. Auch die Untersuchung dessen, was jetzt tatsächlich von wesentlicher Bedeutung für die Beziehungen ist, wird erschwert, weil man so wenig Vergleichsmaterial hat. In fast allen Familien spielt die Mutter fast alle Rollen, vom Schutzengel bis zum Spielkameraden.

Ehescheidung

Stets mehr kleine Kinder erleben eine definitive Trennung, wenn ihre Eltern auseinander gehen. Es ist in der umfangreichen Literatur über Ehescheidungen wenig darüber zu finden, was es entwicklungspsychologisch bedeutet, wenn dies während der ersten Lebensjahre geschieht, in denen die Beziehungsfiguren derart zentral sind. Verglichen mit der Menge der Literatur über zeitweilige Trennungen in den ersten zwei Lebensjahren (zum Beispiel bei Krankenhausaufenthalten) ist dies auffallend.

Van Seters schenkte in ihrer großen Forschungsübersicht über das Scheidungsproblem den Trennungserscheinungen bei kleinen Kindern viel Aufmerksamkeit. Sie fand jedoch wenig vertiefte Untersuchungen der Ehescheidungserscheinungen.

Das könnte mit der Vorstellung Bowlbys von einer einzigen Beziehungsfigur zusammenhängen. Da dies meistens die Mutter ist und die Kinder nach der Scheidung meistens bei ihr bleiben, ist auch selten die Rede von Loslösungsprozessen. Wenn ein kleines Kind jedoch auf die Trennung der Eltern reagiert, wird das als indirekter Effekt betrachtet. So Van Reep und Julien: Die Art, wie die Mutter auf die Scheidung reagiert, beeinflußt ihr Verhalten zum Kind. Vielleicht kann sie zeitweilig weniger Kraft und Aufmerksamkeit aufbringen.

Heute erkennt man auch dem Vater immer mehr Bindungswerte zu. Auch wenn er weniger Zeit für das Kind hat als die Mutter, so bedeutet die Scheidung für es doch die ständige Trennung von einer Beziehungsfigur. In dem großen Untersuchungsprojekt «Children of divorce» von Wallerstein & Kelly wird davon etwas deutlich, wenn sie beschreiben, daß neun Kinder, die zwischen zweieinhalb und dreieinviertel Jahre alt waren, Trennungssymptome zeigten, wie sie bei Mutter-Kind-Trennungen zu sehen sind. Jüngere Kinder kommen in der Untersuchung nicht vor.

Die Aussage, daß es «nicht um die Quantität sondern um die Qualität der Beziehung geht», gilt nicht allein für Mütter, sondern trifft auch auf Väter zu.

Die Aufwertung der Bedeutung des Vaters könnte der traditionellen Vorstellung vom vorläufigen «Zusammenbleiben wegen der Kinder» neuen Inhalt geben.

6. Kapitel
Elemente der Persönlichkeit

Der Begriff Persönlichkeit ist schwer abzugrenzen. Jeder meint zu wissen, was damit gemeint ist, aber sobald man ihn mit Inhalt füllen will, weiß man nicht, womit man anfangen soll. Und hat man dann vorsichtig aufzuzählen begonnen, weiß man wiederum nicht, wo man aufhören soll.

Was gehört zur Persönlichkeit eines Menschen und was nicht? Ob jemand besonders pfiffig oder dumm ist, kennzeichnet ihn und beeinflußt seine Handlungsweise. Dennoch neigt man zu der Auffassung, dieses sollte bei der Beurteilung der Persönlichkeit keine Rolle spielen. Intelligenz ist eine Sache, Persönlichkeit eine andere. Intelligenz wird in diesem Buch in einem anderen Kapitel abgehandelt.

Dasselbe kann man auch über die äußere Erscheinung eines Menschen sagen. Diese ist oftmals außerordentlich charakteristisch. Dennoch haben wir gelernt, hinter die Fassade zu schauen. Was ist dahinter denn zu sehen? Was ist die wirkliche Persönlichkeit?

Liest man in Psychologiebüchern nach, stellt sie sich als ein buntes Allerlei von Eigenschaften dar, die jemand haben kann: Gefühle und Gemütsbewegungen, denen er ausgeliefert ist, Normen und Werte, denen er anhängt, Motive, die ihn treiben, Haltungen, die er anderen gegenüber einnimmt, Auffassungen, die er verteidigt.

ALLPORT & ODBERT veröffentlichten 1936 eine Liste mit 17593 verschiedenen Bezeichnungen für Charakterzüge, die von Menschen unterschieden werden und in allerlei Kombinationen verschiedene Persönlichkeitsbilder liefern. In diesem Kapitel wird deutlich werden, daß man mehr den allgemeinen als den besonderen Kennzeichen eines Charakters Aufmerksamkeit schenkt.

Diese Eigenschaften bilden die wirkliche Persönlichkeit nicht dadurch, daß sie voneinander getrennt und verhältnismäßig zufällig in jemandem vorhanden sind, sondern daß sie miteinander ein zusammenhängendes Muster bilden. Die Motive, Werte, Gefühle, Gemütsbewegungen, Haltungen, Gewohnheiten und Ansichten eines Menschen sind aufeinander abgestimmt. Das erzeugt Kontinuität in der Art und Weise, auf Menschen und Situationen zu reagieren. Man kann bis zu einem gewissen Grad vorhersagen, wie sich jemand unter bestimmten Umständen fühlen und verhalten wird. Der amerikanische Psychologe ALLPORT bezeichnet die Persönlichkeit als eine innere Organisation von Eigenschaften. Mit dem Wort Organisation will er zum Ausdruck bringen, daß das Tun, Lassen und Erleben eines Menschen System, Kontinuität und seine Ordnung hat.

Charakter

In der Psychologie der Persönlichkeit wird manchmal die folgende Redewendung gebraucht: Einesteils ist kein Mensch einem andern gleich, andernteils ähnelt er einigen anderen und in mancher Beziehung unterscheidet er sich nicht von allen andern. Über das erste, das Einzigartige, das auf einer bestimmten Kombination von Eigenschaften beruht, kann man *per definitionem* nichts Allgemeingültiges sagen. Das dritte, das alle Menschen miteinander gemeinsam haben, ist wiederum so allgemein, daß es kaum interessant ist. Aber mit dem Bereich, in dem einige Menschen sich gleichen und andere nicht, kann sich der Psychologe beschäftigen.

Man kann Menschen aufgrund eines bestimmten Zusammenhanges von gemeinsamen Persönlichkeitseigenschaften einteilen. Dieser Zweig der Psychologie heißt Typologie, Persönlichkeitslehre oder Charakterologie. Man kann auch – wie zum Beispiel die Entwicklungspsychologen – nachzuvollziehen versuchen, wie sich in einem Kind ein bestimmter Charakter entwickelt. So untersuchen diese auch, ob das Zusammenhängen von bestimmten Eigenschaften verhindert oder gefördert werden kann.

Der Begriff «Charakter» ist eigentlich schöner und aussagekräftiger als der oberflächlichere Begriff «Persönlichkeit». Er wird allerdings heutzutage wegen des großen Einflusses der amerikanischen Literatur über «personality» nicht mehr so häufig gebraucht. «Charakter» paßt auch viel besser zu Kindern als «Persönlichkeit». Charaktere kennt man aus der Welt des Schauspieles. Ein Schauspieler stellt einen Charakter auf der Bühne dar oder spielt ihn im Film. Je besser er ist, umso mehr hebt er kleine Charakterzüge heraus, die er in seiner Rolle für wichtig erachtet, umso mehr wird man als Zuschauer das Gefühl haben, daß er tatsächlich die Person verkörpert, die er spielen muß. Andererseits spürt man bei einem schlechten Schauspieler nichts von alledem. «So jemand würde das nie sagen», oder «In einem solchen Augenblick tut man so etwas doch nicht», denken die Zuschauer. Auch das zeigt wieder, wie sehr wir davon ausgehen, daß Eigenschaften, die miteinander die Persönlichkeit oder den Charakter ausmachen, aufeinander abgestimmt sind.

Niemand weiß genau, wie sich letztendlich ein Charakter bildet. Je nach der gewählten Theorie geht man von verschiedenen Elementen und verschiedenen Einflüssen auf den Entwicklungsprozess aus. Außerdem ist es schwierig und sogar unnatürlich, die Entwicklung der Persönlichkeit von anderen Entwicklungen, die ein Kind durchläuft, abzugrenzen. Seine sexuelle Entwicklung und die seiner sozialen Fähigkeiten – um nur zwei zu nennen – sind damit natürlich eng verflochten. Eigentlich machen Charakter und Persönlichkeit den Kern des Menschen aus: den Menschen an sich. Wahrscheinlich wird deswegen so unendlich viel über Persönlichkeitsentwicklung geschrieben; viel mehr als auf ein paar Seiten wiedergegeben werden kann. Und damit sind wir wieder bei dem oben genannten Problem, wo man anfangen und wo man aufhören soll. Wir wollen uns hier begnügen, die verschiedenen Aspekte zu beschreiben, unter denen Psychologen die Frage, «Wie wird ein Mensch zu dem, was er ist», abgehandelt haben.

Anlage und Milieu

Siehe hierzu Kapitel 4.

Zunächst ist es interessant, ob der Charakter durch die Anlage vorbestimmt ist oder ob man durch die Umwelt geformt wird. Adoptiveltern beschäftigt von Zeit zu Zeit die Frage: Wenn das Kind nicht von uns aufgezogen worden wäre, hätte es sich dann zu demselben Menschen entwickelt? In den vorangegangenen Kapiteln haben wir bereits festgestellt, daß die Entwicklung des Verstandes, die ein Kind durchläuft, in starkem Maße von der Familie abhängt, in der es aufwächst. Adoptiveltern können also immer das Gefühl haben, daß sie dazu ihren Beitrag geliefert haben. Hätte ihr koreanisches Adoptivkind dieselben Charakterzüge entwickelt, wenn es in seinem Heimatland aufgewachsen wäre?

Die ersten Charakterologen glaubten fest an den durch die Anlage bestimmten Charakter, weil sie die verschiedenen Charaktereigenschaften als Äußerungen körperlicher Gegebenheiten auffaßten. Im griechischen Altertum führte Hippokrates alle körperlichen Prozesse auf die Mischung von vier Körpersäften zurück: Blut (sangius), Galle (cholè), Schleim (phlegma) und schwarze Galle (melancholos). Hierauf basierten sich später die vier Persönlichkeitstypen Sanginiker, Choleriker, Phlegmatiker und Melancholiker.

Seit dem Mittelalter geht man von einem Zusammenhang zwischen Körperbau - insbesondere dem Gesichtsausdruck - und der Persönlichkeit aus. Zu Beginn unseres Jahrhunderts sind der Deutsche KRETSCHMER und später der Amerikaner SHELDON wegen ihrer Theorien der Verbindung von Körpertypen und Charaktertypen bekannt geworden. Besonders der Körperbau schien ihnen in hohem Maße mit der Persönlichkeit zusammenzuhängen. Anders ausgedrückt: Körperbau und Persönlichkeit sahen sie als zwei zusammenhängende Äußerungen einer bestimmten Konstitution.

Heutzutage ist man mit solchen Auffassungen vorsichtiger, vor allem nach den Erfahrungen mit dem Nationalsozialismus im Dritten Reich, wo man auch von einem Zusammenhang zwischen Charakter und Körperbau ausging. In modernen Theorien, die versuchen, den Zusammenhang zwischen körperlichen Faktoren und Charakter zu erforschen, geht man im allgemeinen nicht mehr von äußerlich wahrnehmbaren Unterschieden aus, sondern von der mehr oder weniger ausgeprägten Wirkungsweise bestimmter Hormone.

Neue Erkenntnisse der Genforschung haben konkretere Ideen darüber ermöglicht, was man sich unter 'Veranlagung' vorzustellen hat. Im ersten Kapitel wurde schon besprochen, daß ein Gen keine statische Größe ist, aus der heraus ein bestimmtes Merkmal entsteht. Verschiedene Gene beeinflussen einander auf eine komplexe Art und Weise. Die Folgen sind so verschieden, daß man für ein Individuum die Entwicklung nicht voraussagen kann. Dies gilt insbesondere für die Charakterentwicklung. Außerdem ist die Wechselwirkung zwischen den Genen von der Geburt bis zum Alter nicht konstant.

Wie wir gleich sehen werden, geht man in modernen Persönlichkeitstheorien nicht mehr von der Dominanz eines bestimmten Charaktertyps aus, sondern von einigen grundlegenden Merkmalen, die die Persönlichkeit und das Verhalten eines Menschen färben. Auch wenn sich Menschen manchmal in ihrem Tun und Lassen ähneln, so behalten sie doch ihre individuellen Merkmale, die unter anderem durch eine persönliche genetische Dynamik bedingt sind.

Introvertiert, extravertiert

Die Theorie EYSENCKS ist ein Beispiel für eine moderne Theorie, die das Hauptgewicht auf die Anlage legt. Er kommt zu dem Schluß, daß man Menschen auf zwei Arten voneinander unterscheiden kann. Entweder In-sich-Gekehrte *(Introvertierte)* oder Auf-andere-Ausgerichtete *(Extravertierte)* und entweder emotional Gefestigte oder emotional Labile, wobei EYSENCK für Letztere das Wort neurotisch gebraucht.

Die Konstruktion entweder/oder ist etwas irreführend. Man ist nur in einem bestimmten Maß extravertiert oder introvertiert, gefestigt oder labil. EYSENCK verwendet zwei Skalen: Auf der einen Skala steht der Typ des rein Extravertierten am einen Ende, und am anderen der des rein Introvertierten. Die meisten Menschen sind irgendwo zwischendrin anzusiedeln. Auf der zweiten Skala EYSENCKS ist derjenige, der seine Gefühle total beherrscht, an dem einen Ende und derjenige, der von ihnen völlig überrollt wird, am anderen. Auch hier haben die meisten ihren Platz wieder irgendwo dazwischen.

Mit Hilfe der Kombinationen dieser zwei Skalen sind vier große Gruppen von Persönlichkeitstypen zu unterscheiden, wobei das Ausmaß, in welchem einer zu diesen vier Gruppen gehört, jetzt außer acht gelassen werden soll: jemand kann gefestigt und extravertiert, labil und extravertiert, gefestigt und introvertiert oder labil und introvertiert sein. Das klingt ziemlich schematisch, aber es scheint, daß man bereits bei Kindern die verschiedenen Persönlichkeitstypen vorfinden kann. HERBERT weist darauf hin, daß man bei Persönlichkeitsbeschreibungen extravertierter Kinder hauptsächlich über ihr Benehmen schreibt, während man bei introvertierten Kindern über das schreibt, was in ihnen vorgeht. Eine Gruppe amerikanischer Forscher unter Leitung von QUAY hat diesselben kennzeichnenden Unterschiede bei Problemkindern konstatiert. Problemkinder sind die «labilen» oder «neurotischen» Kinder. Die extravertierten Problemkinder zeigen zum Beispiel viele Formen der auf andere gerichteten Aggression. Introvertierte Problemkinder haben mit Ängsten zu kämpfen. Das kann man gut verstehen. Extravertierte Kinder kehren ihre Probleme nach außen, weil sie im allgemeinen nach außen gerichtet sind, während introvertierte Kinder es gewöhnt sind, ihre Gefühle innerlich zu verarbeiten, so daß es ihnen entspricht, ihre Probleme für sich zu behalten und sie nur in ganz verhüllter Form zu äußern. HERBERT sagt kurz und bündig: extravertierte Problemkinder lassen ihre Umgebung wegen ihres unmöglichen Benehmens leiden. Introvertierte Problemkinder leiden wegen ihrer innerlichen Ängste an sich selbst.

Ob ein extravertierter Mensch auch introvertiert ist und ob er emotional stabil oder labil ist, scheint in hohem Maß von seiner Veranlagung abhängig zu sein. Es gibt durch Vererbung bestimmte neurologische Unterschiede zwischen Menschen, die bewirken, daß sie für Einflüsse der Umgebung mehr oder weniger empfindsam sind. Dadurch ist das eine Baby anfälliger für das, was von außen auf es eindringt, als das andere. Es wird deswegen mehr auf die Außenwelt ausgerichtet und extravertiert sein. Demgegenüber wird ein Baby, das nicht so viel mit seinen Sinnesorganen aufnimmt, in geringerem Maße von dem abgelenkt, was in ihm selbst vorgeht. Es wird auf die Dauer immer mehr zu einer gewissen Beschaulichkeit neigen.

Vergleiche hiermit die Aussagen über das Temperament von Babys in Kapitel 1.

Was die emotionale Stabilität oder Labilität betrifft, so liegt es auf der Hand, daß ein Baby mit empfindsamen Nerven, das nervös und schreckhaft ist, nicht so leicht ein stabiles Gefühlsleben aufbauen kann wie ein Baby, das die Ruhe selbst ist. Das gilt schon deswegen, weil ein empfindsames Kind auch Frustrationen intensiver empfindet als ein Kind, das von vielem nicht berührt wird. Zu Anfang dieses Jahrhunderts war die Typeneinteilung von HEYMANS, Professor der Philosophie und Psychologie in Groningen, bekannt. Seine Persönlichkeitseinteilung unterscheidet bei Erwachsenen das Maß ihrer *Aktivität* und *Emotionalität* und ob sie in verschiedenen Situationen *primär* oder *sekundär* reagieren. EYSENCK hat später auf die frappante Übereinstimmung zwischen seinen Begriffen *extravertiert/introvertiert* (wobei er sich übrigens auf frühere Ideen von WUNDT stützt und Begriffe von JUNG verwendet) und den Typen von HEYMANS hingewiesen.

Lebensmilieu und erworbene Persönlichkeitszüge

Besonders psychoanalytisch geschulte Psychologen wehren sich gegen solche oberflächlichen Maßnahmen gegen das Symptom. Sie wollen mehr in die Tiefe gehen. Siehe hierzu das folgende in diesem Kapitel!

Die Idee, daß für die Persönlichkeitsformung nicht die Anlage, sondern die Umwelt der bestimmende Faktor ist, wird am konsequentesten im Behaviorismus vertreten: Ein Mensch ist nichts anderes als das Verhalten, das er zeigt, und Verhalten kann man lernen. Ein Kind kommt als ein unbeschriebenes Blatt auf die Welt und in seiner Erziehung lernt es durch ein subtiles System intrinsischer und extrinsischer Belohnung und Strafe die verschiedenen Arten des Handelns, die wir Charakterzüge nennen. Die Amerikaner DOLLARD und MILLER entwickelten als erste in den vierziger Jahren die Idee einer Persönlichkeitstheorie. Sie nahmen dabei ausschließlich die Lerntheorie als Grundlage. Diese Ideen haben bei Eltern regelmäßig Gänsehaut verursacht: ein «Blanco-Kind», das von ihnen «beschrieben» wird. Jeder Fehler ist ihre Schuld. Andererseits kann man zum Trost sagen, daß dort, wo das Hauptgewicht auf den Faktoren der Umwelt liegt, auch die Überzeugung größer ist, daß ein Kind sich hinsichtlich seines Charakters verändern kann. Wenn die Anlage den Hauptausschlag gibt, ist das natürlich viel schwieriger. Eine gemilderte Form eines lerntheoretischen Ansatzes ist die Auffassung GORDONS, auf der zur Zeit viele Elternkurse basieren. Den Eltern wird beigebracht, sich gegenüber ihrem Kind so zu verhalten, daß durch das Gesetz der Wirkung das Verhalten des Kindes sich ändert. Wer nicht an den Behaviorismus glaubt, wird sagen: Das Kind benimmt sich zwar anders, ist im Wesen jedoch gleich geblieben. Ein überzeugter Behaviorist sagt: Was bedeutet schon das Wesen, wenn im Verhalten des Kindes nichts davon zu merken ist?

Entwicklungsgenetik

Es kann eigentlich nur so sein, daß die Umgebung, in der ein Kind aufwächst, die Bildung seines Charakters mitbestimmt. Dies gilt vor allem, wenn man unter 'Umgebung' nicht nur die Familie versteht, sondern die gesamte Erlebniswelt.

Unterscheiden sich Menschen aus verschiedenen geographischen Gebieten nicht charakterlich? Haben Menschen in einem warmen, sonnigen Land nicht einen anderen Charakter als in einem Land mit Sturm und Regen? Entwickelt ein Fischervolk nicht andere Charakterzüge als z.B. Bauern, die sicher im Landesinneren leben? Ist es von Bedeutung, ob man hoch in den Bergen aufwächst oder aber in der weiten Steppe? Entwickelt sich der Charakter in Friedenszeiten ebenso wie im Krieg? Entwickelt sich der Charakter von Kindern in den feuchten, dreckigen Ghettos genauso wie bei Kindern, die in reichen Villen aufwachsen? Waren sie auch in ihrer Veranlagung, also auch als Babys, von Natur aus in gleichem Maße introvertiert oder extravertiert? Dies kann man sich nur schwer vorstellen.

Auch in modernen Theorien zur Charakterentwicklung findet man stets mehr Strömungen, für die der Begriff *Interaktion*, d.h. das Zusammenspiel zwischen einem Kind mit einer bestimmten Veranlagung und der Umwelt mit einem bestimmten Einfluß, von Bedeutung ist.

Hinsichtlich der Theorien über die Interaktion ist eine interessante Entwicklung zu beobachten. Man kann – wie wir im ersten Kapitel besprochen haben – Veranlagung und Umwelt als zwei Faktoren betrachten, die aufeinander einwirken. Je besser das Milieu zur Veranlagung paßt und auf sie eingeht, desto reibungsloser verläuft die Entwicklung. Man kann Interaktion aber auch anders verstehen und die Initiative für die Wechselwirkung beim Individuum mit einer bestimmten Veranlagung suchen. SANDRA SCARR drückt dies folgendermaßen aus: Jedes Kind schafft sich aufgrund seiner Veranlagung fortwährend sein eigenes Milieu. Kein Mensch erfährt seine Umwelt so wie ein anderer (außer vielleicht bei eineiigen Zwillingen). SANDRA SCARR ist zur Zeit eine der bedeutendsten Entwicklungsgenetikerinnen, die ihre Theorie aufgrund von Adoptions- und Zwillingsuntersuchungen formuliert hat und immer wieder neu formuliert. Sie argumentiert, grob umrissen, wie folgt: Auf der einen Seite steht eine genetische Veranlagung. Durch Reifung des genetischen Programms entwickelt sich das Kind. Auf der anderen Seite steht die Umwelt. Die besteht für ein Kind aber nur in dem Maße, in dem seine genetische Veranlagung es ihm ermöglicht, sie wahrzunehmen und auf sie zu reagieren. Übertrieben ausgedrückt: Ohne Veranlagung besteht kein Milieu! Will das Milieu Einfluß ausüben, dann muß etwas im Kind vorhanden sein, das reagiert. Durch Unterschiede in der Veranlagung nehmen verschiedene Kinder verschiedene Dinge aus dem Milieu auf.

Ein weiterer Entwicklungsgenetiker, nämlich PLOMIN, entwickelte eine Theorie, in der er den Zusammenhang zwischen Veranlagung und Milieu in drei Formen unterteilt. Die erste Form nennt er *passiv*: Das Kind erfährt ein Milieu, das ziemlich gut zu seiner Veranlagung paßt. Denn das Milieu wird schließlich für die meisten Kinder von ihren Eltern geschaffen. Sie tun dies in Übereinstimmung mit ihrem eigenen, teilweise ebenfalls angeborenen Merkmalen. Kinder teilen ungefähr 50 Prozent ihrer Gene mit dem Vater und 50 Prozent mit der Mutter. Die Chance, daß sie durch ihre genetische Ausstattung in dem Milieu, das ihre Eltern geschaffen haben, Anschluß finden, ist daher ziemlich groß. Die Eltern geben also nicht nur die Veranlagung, sondern auch das passende Milieu an ihre Kinder weiter.

Die zweite Form ist der *evokative* Zusammenhang. Ein Kind ruft durch seine Art bestimmte Reaktionen in seiner Umwelt hervor oder auch nicht. In diesem Sinne schafft es sich auch sein eigenes Milieu.

Die dritte Form ist der *aktive* Zusammenhang: Die selektive Wahrnehmung und das Interesse aufgrund der genetischen Veranlagung, die auch SANDRA SCARR meinte. Laut PLOMIN nimmt die passive Form nach der Babyzeit allmählich ab, die aktive Form jedoch zu, bis sie in der Adoleszenz dann überwiegt.

Diesen Übergang von der passiven zur aktiven Wechselwirkung nahm SANDRA SCARR in ihren Untersuchungen zum Ausgangspunkt, um ihre Theorie, daß individuelle Unterschiede aufgrund genetischer

Unterschiede entstehen, zu untermauern. Sie geht davon aus, daß bei Geschwistern von der Babyzeit zur Adoleszenz die Charakterunterschiede immer größer werden. In der passiven Periode erfahren sie den Einfluß des elterlichen Milieus, der genetisch zu ihnen paßt. Da außerdem Geschwister wiederum auch 50 Prozent ihrer Genen gemeinsam haben, hat dies einen egalisierenden Effekt. Wenn sie jedoch älter werden und die aktive Wechselwirkung zunimmt, werden sie mit anderen Aspekten des Milieus konfrontiert und entwickeln stets stärker ihre eigene Persönlichkeit. Dies konnte in Untersuchungen tatsächlich nachgewiesen werden, selbst in Familien mit Adoptivkindern (egal ob mit oder ohne biologisch eigene Kinder). Als kleine Kinder ähneln sich sich zwar noch, entwickeln aber individuelle Unterschiede, wenn sie älter werden. Dies gilt auch für zweieiige Zwillinge, jedoch erwartungsgemäß nicht für eineige Zwillinge. Laut SANDRA CARR ist diese Entwicklung in eine andere Richtung der beste Beweis dafür, daß die genetische Veranlagung der bestimmende Faktor ist. Hätte das Milieu den größeren Einfluß, dann könnte man erwarten, daß Kinder sich charakterlich immer ähnlicher werden, je länger sie in demselben Milieu leben. SANDRA CARR macht jedoch eine wichtige Einschränkung: Die steuernde Rolle der genetischen Veranlagung kommt in normalen, abwechslungsreichen und freien Erziehungsmilieus zu ihrem Recht. Die meisten Eltern versuchen, ein solches Milieu für ihre Kinder zu schaffen, so daß die Veranlagung sich richtig entwickeln kann. In sehr strengen, beengenden, einseitig orientierten Familien kann sich die Veranlagung nur schwer entwickeln. Dies zeigt sich z.B. beim Vergleich von eineiigen Zwillingen, die von zwei verschiedenen Elternpaaren adoptiert wurden. Auch wenn die Familien, in denen sie aufwachsen, verschieden sind, werden die Zwillinge sich schließlich in ihrem Charakter sehr ähneln, solange es sich um eine normale, freie Familie handelt. Ist jedoch eine der beiden Familien andersartig, mißhandelnd oder auf irgend eine andere Weise abweichend, dann entwickeln sich die Zwillinge unterschiedlich, da der eine Zwilling seiner genetischen Spur folgen kann, der andere jedoch nicht.

Temperament, Interaktion

Über den Begriff ‹Interaktion› siehe Kapitel 1.

Da die Persönlichkeitspsychologie nicht mehr nach einer die ganze Persönlichkeit umspannenden Typisierung sucht, sondern sich auf den *Ausdruck* der Persönlichkeit konzentriert, bekommt auch der Begriff *Temperament* wieder Bedeutung. Dieser Begriff stammt zwar aus der Gesamtcharakterisierung von Hippokrates, ist heutzutage aber in seiner Bedeutung – wie wir sehen werden – viel begrenzter.

In einer Langzeitstudie werden Menschen unter einer bestimmten Fragestellung während einer sehr langen Zeit beobachtet. Bereits genannt wurden die Studien von SKEELS *(siehe Kapitel 4) und* GOLDFARB *(in Kapitel 5).*

In diesem Zusammenhang ist das Werk der Amerikaner THOMAS und CHESS sehr wichtig. Sie gründeten ihre Theorie überwiegend auf eine 20 Jahre dauernde Langzeitstudie. Sie verfolgten die Entwicklung von Kindern bis ins Erwachsenenalter, um auf diese Art herauszufinden, was als Anlage das ganze Leben lang eine starre, feste Gegebenheit zu sein schien und was dem Einfluß der Umwelt unterlag.

Am Tun und Lassen eines Menschen unterscheiden sie drei Aspekte: seine *Fähigkeiten*, die bestimmen, was und wie gut er etwas tut; seine

Motivation, die bestimmt, warum er etwas tut; und schließlich sein *Temperament*, die Art und Weise, wie er etwas tut. Zwei Kinder können im Fahrradfahren gleich schnell sein und auch genau dasselbe Motiv haben, radzufahren. Und doch sind sie leicht zu unterscheiden, weil die Art und Weise ihres Radfahrens völlig verschieden ist: Im gleichmäßigen Tempo, gehetzt, herumschauend, in Gedanken versunken, schnell auf den Verkehr reagierend usw. Jedes von beiden hat seinen eigenen Stil.

Temperament und *Weise des Verhaltens*, wie oben beschrieben, sind Kernbegriffe in der Persönlichkeitstheorie von THOMAS und CHESS. Das Wort Temperament benutzen sie für die angeborenen Weisen des Verhaltens, wie man sie bei ganz kleinen Babys beobachten kann.

Das problemlose Kind ist ausgeglichen, geht positiv auf neue Reize ein, paßt sich schnell an neue Situationen an und hat ein ziemlich aufgewecktes Gefühlsleben. Es entwickelt zum Beispiel ziemlich schnell einen regelmäßigen Schlaf-Wach-Rhythmus, ißt mit Freude unbekanntes Essen und schläft ohne großen Protest auswärts.

Das schwierige Kind stellt genau das Gegenteil dar. Es hält an seiner Routine fest, erschrickt vor jedem neuen Gesicht und schläft nicht in einem fremden Bett.

Das Kind, das eine lange Anlaufzeit braucht (slow to warm up child) drängt nicht nach Veränderungen, paßt sich aber nach dem zweiten- oder drittenmal doch an. Es ist niemals überschwenglich oder fassungslos, sondern in seinen Reaktionen immer gemäßigt.

Bei allen drei Gruppen handelt es sich um normale Kinder. Die Begriffe 'problemlos', 'schwierig' und 'eine lange Anlaufzeit benötigend' lassen erkennen, daß STELLA CHESS und THOMAS sofort einen Interaktionsaspekt mit dem Temperament verknüpfen: Kinder sind problemlos, schwierig und haben eine lange Anlaufzeit nötig im Umgang mit ihren Eltern. Aufgrund ihres Temperaments entwickeln sie bestimmte Verhaltensweisen bei der Interaktion mit den Eltern. Weiterhin gehen STELLA CHESS und THOMAS davon aus, daß es für eine harmonische Entwicklung von Kindern von größter Bedeutung ist, daß die Eltern ihnen eine Umgebung bieten, die zu ihrem Temperament paßt. Dies umschreiben sie mit dem Begriff *goodness-of-fit*. Aus der Evolutionstheorie von DARWIN ist der Begriff 'survival of the fittest' bekannt, d.h. das Überleben und Fortpflanzen von Individuen, die sich am besten an die Umgebung, in der sie leben müssen, anpassen (also nicht die 'fittesten (= stärksten) Menschen, so wie viele glauben). HENDERSON schrieb 1913 ein Buch mit dem Titel 'The fitness of the environment', in dem er den Begriff 'goodness-of-fit' verwendet. STELLA CHESS und THOMAS haben diesen Begriff von ihm übernommen.

In unserer Wohlfahrtsgesellschaft kann ein Kind selbst in einer Umgebung, die nicht zu ihm paßt, überleben. Die Gefahr, daß psychische Probleme entstehen, ist jedoch sehr groß. Wenn Eltern ein Kind, das sich nur sehr schwer an neue Menschen, Situationen und Dinge gewöhnen kann, von der Babyzeit an überall hin mitnehmen und in ihr intensives soziales Leben einbeziehen, dann wächst dieses Kind in einem Milieu auf, das nicht zu ihm paßt. Dies erhöht die Gefahr für unruhige Verhaltensweisen. Wächst dasselbe Kind jedoch in einer Umgebung auf, die zu ihm paßt, entwickelt es Verhaltensweisen, die es ihm ermöglichen, sich wohl zu fühlen.

STELLA CESS und THOMAS behaupten nicht, daß der Verhaltensstil des Babys im späteren Leben derselbe bleibt. So kann sich ein unruhiges Baby unter der günstigen Voraussetzung, daß die Mutter und andere Familienangehörige auf sein Temperament eingehen, ohne weiteres zu einem ruhigen Schulkind entwickeln. Wenn jedoch die Wohnung zu klein ist, der Vater der Nachtschicht wegen tagsüber schlafen muß und die Mutter überlastet oder körperlich schwach und depressiv ist, dann können Eltern kaum ein passendes Milieu für ein schwieriges Kind schaffen. Höchstwahrscheinlich entwickelt sich unter diesen Umständen ein schwieriges Baby auch zu einem schwierigen Schulkind.

Im allgemeinen ist es so, daß ein Kind, das Verhaltensweisen entwickelt hat, die ziemlich gut zu seinem Temperament passen, sich von negativen Erfahrungen eher erholt als ein Kind, das in einer Umgebung aufwächst, die ihm nicht liegt.

In Anlehnung an die Untersuchungen von STELLA CHESS und THOMAS entwarf der Kinderarzt CAREY eine Reihe von Fragebögen, mit denen er Eltern das Temperament ihrer Kinder beschreiben ließ, um sie hinsichtlich der optimalen Vorgehensweise besser beraten zu können. Selbstverständlich haben Eltern ein subjektiv gefärbtes Bild von ihren Kindern. Diese Beschreibungen, vor allem, wenn sie in Abständen wiederholt werden, sind jedoch sinnvoll, da sie die Elternberatung erleichtern.

PLOMIN entwickelte zusammen mit BUSS eine Theorie, in der sie – nach anfänglich vier – nun drei angeborene Temperamentsmerkmale unterscheiden: Aktivität, Emotionalität und Soziabilität. FEY macht darauf aufmerksam, daß eine auffallende Übereinstimmung zwischen den Merkmalen von HEYMANS, EYSENCK, BUSS und PLOMIN besteht. Sie richten sich jedoch hauptsächlich auf Persönlichkeitsunterschiede bei Erwachsenen, während sich die Einteilung von STELLA CHESS und THOMAS auf Kinder konzentriert.

In letzter Zeit wird – u.a. von BATES – Kritik laut, um Begriffe wie 'schwierig' und 'problemlos' als Merkmale von Kindern zu verwenden, wie das STELLA CHESS und THOMAS und deren Anhänger tun. Es konnte nämlich festgestellt werden, daß viele Kinder, die bei Untersuchungen 'schwierige' Verhaltensmerkmale aufwiesen, von ihren Eltern keinesweg als schwierig eingestuft wurden. Aber auch das Gegenteil war der Fall: Ein objektiv gesehen 'problemloses' Kind können die Eltern als schwierig erfahren. BATES hat darum auch den Begriff *perceived difficultness* eingeführt, der ausdrücken soll, daß seiner Meinung nach ein schwieriges oder unproblematisches Temperament etwas ist, das in den Augen der Eltern besteht. Man sollte sich jedoch darüber im klaren sein, daß ein schwieriges Verhalten nicht automatisch zu Verhaltens*störungen* führt, d.h. zu einem das Kind kennzeichnenden Verhalten, das den Umgang mit anderen Kindern erschwert (z.B. ein aggressives Verhalten). In den Niederlanden hat FREA SWETS eine Gruppe von 58 Kindern einige Jahre lang beobachtet. Kinder, die im Alter von zwei Jahren nach der Methode von BATES als schwierig eingestuft worden waren, hatten im Kindergarten verhältnismäßig öfter Verhaltensprobleme. Dies galt jedoch nicht für *alle* Kinder mit einem schwierigen Temperament.

Ungeachtet der Tatsache, daß die Meinung der Eltern immer subjektiv ist, steigt die Zahl der Forscher, die davon ausgehen, daß die Temperamentsunterschiede - sowohl hormonale als auch neurologische - durch die Veranlagung bedingt sind und daß Menschen darum unterschiedlich auf verschiedene Reize reagieren, aktiv sind, soziale Kontakte suchen usw. Darum richten sich ihre Untersuchungen auch speziell auf Babys, da bei den Allerjüngsten der soziale Einfluß auf Veranlagungsmerkmale noch am geringsten ist, und man so beobachten kann, wie sich Temperament in seiner *unverfälschten* Art äußert. Für die Amerikanerin MARY ROTHBART ist die Reaktivität das wichtigste Temperamentsmerkmal. Aufgrund von Untersuchungen bei Tieren und Erwachsenen kam der polnische Psychologe STRELAU zu derselben Schlußfolgerung. Die Reaktivität ist das Tempo und die Intensität, mit der ein Baby auf Reize reagiert.

Wir haben im vorangegangen Abschnitt nun verschiedene Temperamentscharakteristika besprochen. Jeder Forscher scheint jedoch wieder neue Einteilungen hinzuzufügen oder die bestehenden Einteilungen mit neuen Namen zu versehen. Als man den Psychologen MCCALL bat, als unparteiischer Außenstehender den größten gemeinsamen Nenner der Charakteristika der verschiedenen Forscher anzugeben, kam er zu folgendem Ergebnis: Aktivität, Reaktivität, Emotionalität und Soziabilität.

Die *Aktivität* hängt mit der Intensität, der Kraft und dem Tempo der Bewegungen, der Sprache und des Denkens zusammen und nicht mit deren Inhalt. *Reaktivität* beinhaltet die Stärke und die Schnelligkeit, mit der auf die Reize reagiert wird, aber auch, inwieweit man für Reize offen ist oder sich ihnen verschließt. Weiterhin gehört dazu, ob ein Kind Aufmerksamkeit und Interesse für Reize aufbringt und sich auf diese konzentrieren kann oder nicht. *Emotionalität* wird in verschiedene Arten unterteilt: Wut, Niedergeschlagenheit, Furcht, Freude, Abscheu, Überraschung, Zufriedenheit. Sie äußern sich in Gesichtsausdrücken und Körperbewegungen: Lachen, Weinen, Stampfen usw. Es bestehen jedoch Unterschiede in der Häufigkeit, mit der Kinder Emotionen äußern. Auch die Zeitspanne, in der sich - durch die Eltern oder andere bedingt - ein Stimmungswechsel vollzieht, ist unterschiedlich. *Sozialbilität* bedeutet, ob ein Kind gern in der Nähe anderer Kinder oder Erwachsener ist, mit ihnen etwas unternehmen will, wie es auf sie reagiert usw.

Erziehungsstil, Familienklima

Interessant ist eine recht moderne Theorie, die bei der Erziehung, die ein Kind erhält, nicht so sehr das in Betracht zieht, was die Eltern tun, sondern weniger faßbare Dinge, wie Familienklima und Atmosphäre zuhause. Der Amerikaner SCHAEFFER, der sich als erster damit befaßte, unterscheidet zwei Eigenschaften eines Erziehungsstils: ob ein Kind beherrscht wird oder Freiheit hat (mit allen Abstufungen, die dabei möglich sind) und ob ein Kind geliebt wird oder als Hindernis empfunden wird (wieder mit allen möglichen Abstufungen).

Wie bei EYSENCK sind auch bei der Theorie von SCHAEFFER Kombinationen möglich. Eltern, die ihr Kind lieben und ihm so viel Freiheit wie möglich lassen, bieten ein demokratisches Erziehungsklima. Eltern, die ihr Kind ablehnen und ihm Freiheit gewähren, rufen ein Klima der Verwahrlosung hervor. Auf die gleiche Weise führt liebevolle Beherrschung zu einem allzu beschützenden Familienklima und lieblose Beherrschung zu autoritären Familienverhältnissen.

Andere Forscher haben diese Grundideen weiter entwickelt und andere Eigenschaften des Familienklimas gefunden. Auffallend ist, was die finnische Psychologin PITKÄNEN in ihrer groß angelegten Untersuchung herausgefunden hat. Sie unterscheidet drei Eigenschaften eines Familienklimas: ob ein Kind ermutigt wird in dem, was es unternimmt, ob die äußeren Lebensumstände der Familie sich oft oder selten ändern und ob die Familienmitglieder oft oder selten miteinander und füreinander beschäftigt sind.

Das Vorhandensein oder Fehlen dieser drei Eigenschaften scheint deutlich bei der Ausprägung einer der vier Persönlichkeitsmerkmale mitzuwirken, die EYSENCK beschrieben hat. Extravertierte, stabile Kinder kamen laut der Untersuchung von PITKÄNEN hauptsächlich aus ausgeglichenen Familien mit vielen innerfamiliären Kontakten und vielen Ermutigungen. Introvertierte, stabile Kinder kamen aus ausgeglichenen Familien mit wenig Kontakt untereinander, aber doch mit Ermunterung. Extravertierte, labile Kinder fand PITKÄNEN in unbeständigen Familien mit viel Kontakt, aber geringer Ermunterung, introvertierte, labile Kinder in unbeständigen Familien, in denen die Menschen nebeneinander herlebten und das Kind niemals ermuntert wurde.

LEA PULKKINEN will damit andeuten, daß die Persönlichkeitsunterschiede nicht nur angeboren sind, sondern auch durch einen bestimmten Erziehungsstil entwickelt und verstärkt werden können.

Verschiedene Untersuchungen haben deutlich gemacht, daß Kindern nicht damit gedient ist, wenn es an Regeln und Regelmäßigkeit mangelt, denn offensichtlich fühlen sie die Gleichgültigkeit der Eltern. Freiheit innerhalb bestimmter Grenzen – auch wenn diese Grenzen durch Eigeninteressen der Eltern bestimmt werden – scheint bei Kindern zu einem Gefühl der Sicherheit und dadurch zu mehr Lebensmut zu führen.

Vergleiche hiermit die Beobachtung aus dem 1. Kapitel, daß die Väter ihre Babys beim Spielen mehr anspornen, als Mütter dies tun. Vergleiche ebenso im 5. Kapitel, daß Kinder zwischen 2 und 3 Jahren, die zu ihrem Vater eine intensive Beziehung aufweisen, in der Regel gegenüber Fremden unbefangen sind, während die Qualität der Beziehung zur Mutter nichts darüber aussagt.

Als wichtige Eigenschaft heranwachsender Kinder ergibt sich aus diesem Kapitel ihre zunehmende Selbständigkeit, das Wagen und das Beherrschen der verschiedensten Tätigkeiten. WEISS vergleicht die Unterschiede im Familienklima bei selbständigen und unselbständigen Kindern. Auch er stellt jenen guten Mittelweg heraus, bei dem Selbständigkeit entwickelt wird, wenn Eltern ihre Kinder unterstützen, ohne ihnen alles aus den Händen zu nehmen. Unselbständige Kinder kommen bei seiner Untersuchung in ‹unvollständigen› Familien vor oder dort, wo der Vater sich kaum um die Kinder kümmert. Väter scheinen sowohl für die Söhne wie für die Töchter beim Selbständigwerden eine wichtige Rolle zu spielen. Denn im allgemeinen fördern sie die Selbständigkeit ihrer Kinder und geben ihnen zu erkennen, daß sie ihnen etwas zutrauen. Der Ausstrahlungseffekt könnte bei Vätern größer sein als bei Müttern.

Untersuchungen von WEISS ergaben weiterhin, daß Kinder von Eltern, die eine deutliche Haltung hinsichtlich ihrer Vater- bzw. Mutterrolle hatten und nicht gedankenlos und stereotyp der Tradition folgten, viel selbständiger waren. Es scheint sich auch günstig auf die Entwicklung der Selbständigkeit des Kindes auszuwirken, wenn die Eltern nicht versuchen, Familienstreitigkeiten unter allen Umständen zu vermeiden.

Das Erziehungsklima hat auch einen wichtigen Einfluß darauf, wie

Kinder lernen, mit Streß umzugehen. Etwas paradox ausgedrückt, könnte man sagen, daß Kinder aus ausgeglichenen, demokratischen Familien z.B. am besten die Folgen einer Scheidung verkraften können, obwohl gerade in diesen Familien die Gefahr, daß es dazu kommt, relativ klein ist.

FREUDs psychoanalytische Persönlichkeitstheorie

Die berühmteste und einflußreichste Persönlichkeitstheorie, die wir kennen, die psychoanalytische, von FREUD am Ende des vergangenen Jahrhunderts entwickelte ist eine interaktionelle Theorie im wahrsten Sinne des Wortes. Darin ist die Rede von bestimmten Anlagen, die durch bestimmte Erfahrungen zu bestimmten Persönlichkeitsformen modelliert werden. Bei dem Begriff Anlage ging FREUD von einer physiologischen Kraftquelle in jedem neugeborenen Menschen aus: das instinktive Bedürfnis nach so viel sexuellem Genuß wie möglich. Er nannte diese Kraftquelle «Es». Den Begriff sexuell gebrauchte er in viel breiterer Bedeutung als wir das gewöhnlich tun. Er bedeutet bei FREUD eher Ganzheit körperlicher Sinnlichkeit, Lusterfahrung gleich welcher Art, größter Genuß mittels aller die Sinne reizenden Möglichkeiten.

S. FREUD *(1856 bis 1939) war Psychiater in Wien. Er kam in seinem Werk zu dem Schluß, daß ein großer Teil dessen, was Menschen bewegt, sich im Unbewußten abspielt. Der Begriff «Unbewußtes» ist seitdem aus der Psychologie nicht mehr wegzudenken.*

Die Energie des «Es» nannte FREUD *Libido. Später unterschied er zwischen Lebens- und Todestrieb.*

Die Erfahrung mit der Umgebung leitet dieses Es in viele Richtungen. Dieser Prozeß vollzieht sich in Phasen, wobei ein stets höherer Grad an Reifung erreicht wird. Sobald die Reifung in einer bestimmten Phase vollendet ist, gelangt das Kind in die nächste, die es dann wieder zu bewältigen hat.

Die früheste Art eines Menschen, körperlich Genuß zu erfahren, ist das Saugen mit dem Mund. Der Mensch befindet sich dann in der *oralen* Phase. Danach entdeckt er, wie lustvoll es ist, seinen Stuhlgang aufzuhalten. Das ist die *anale* Phase. Und mit ungefähr vier Jahren entdeckt er die Geschlechtsteile als etwas, womit man lustgewinnend spielen kann. Das ist die *genitale* Phase. Natürlich verbittet es sich die Umwelt des Kindes absolut, daß es sich nur mit seinen körperlichen Lustgefühlen und sexuellen Bedürfnissen beschäftigt. Sie konfrontiert es mit vielen nicht-sexuellen Forderungen. Weil seine Umgebung lebenswichtig ist – es ist immerhin von guter Fürsorge und Zuneigung von Vater und Mutter abhängig –, übernimmt es allmählich die Forderungen. Sie werden zu seinem *Über-Ich*. Das sind die nicht-sexuellen Forderungen, die es an sich selbst stellt. Es ist klar, daß dem Kind hier Konflikte drohen: auf der einen Seite ist die Anlage, die ein möglichst großes Lusterleben anstrebt, auf der anderen Seite sind die Normen der Umwelt, die es sich zu eigen gemacht hat und die verlangen, daß es den Wunsch nach Lustgewinn unterdrückt. Als Lösung entwickelt das Kind in jeder Phase ein Muster von verdeckten, quasi absolut nicht-sexuellen Verhaltensweisen, die allerdings letzten Endes doch auf indirektem Weg allesamt auf die Befriedigung sexueller Bedürfnisse gerichtet sind. Das Verhaltensmuster, die Art und Weise, womit ein Mensch zwischen Es und Über-Ich laviert, ist nach FREUDS Auffassung seine Persönlichkeit, sein Ich.

Das Über-Ich läßt sich am ehesten mit dem Begriff «Gewissen» vergleichen.

Vom Ich sagt FREUD, *daß es dem Realitätsprinzip anhängt. Im modernen Sprachgebrauch kann man sagen, daß es die Wünsche aus dem Es zu bekommen versucht, die gegenüber den Forderungen des Über-Ich durchzusetzen sind. Zum Begriff des Ich siehe auch Kapitel 7.*

Unterschiede in der Persönlichkeit entstehen, weil das Durchlaufen der verschiedenen Phasen nicht glatt und gleichmäßig vor sich geht. Es kann sein, daß die Erfahrungen einer bestimmten Phase ein Kind mehr beeindrucken können als die der vorangegangenen oder der darauffolgenden. Diese Phase prägt dann seine Persönlichkeit besonders. FREUD unterschied deswegen den oralen, den analen und den phallischen (oder genitalen) Charakter.

Eine besondere Charakterprägung kann entstehen, wenn ein Kind eine bestimmte Phase als zu schön erlebt und sich sträubt, in die folgende hineinzuwachsen. Es bleibt dann *fixiert*. Zum Beispiel gibt ein Kind, dem die Eltern jeden Wunsch von den Augen ablesen, dieses angenehme Leben nicht gerne zugunsten einer nachfolgenden Phase auf, in der mehr Selbständigkeit von ihm erwartet wird. Seine Persönlichkeit ist dann von einer bestimmten Abhängigkeit gekennzeichnet. Zum Beispiel bleibt es in seinem Leben von der Zustimmung seitens der Autoritäten abhängig.

Eine weitere auffällige Charakterprägung kann entstehen, wenn ein Kind in einer bestimmten Phase nicht genügend Beachtung findet und deswegen *frustriert* wird. Es bleibt dann in gewissem Sinne in dieser Phase hängen. So kann bei jemandem, der als Kind eine zu geringe körperliche Befriedigung erfahren hat, das übermäßige Streben danach ein beherrschendes Kennzeichen seiner Erwachsenenpersönlichkeit bleiben.

Ein Kind, das in einer bestimmten Phase frustriert wird, kann auch in eine frühere Phase zurückfallen, in der es glücklicher war *(Regression)*. Vorübergehende Regressionen sind oft zu bemerken, wenn plötzlich neue Forderungen an ein Kind gestellt werden, wie zum Beispiel bei der Aufnahme ins Krankenhaus oder bei der Geburt eines Brüderchens oder Schwesterchens.

Wenn es zum Beispiel dem oralen Stadium schon entwachsen war, findet es jetzt erneut Trost und Lust in allerlei Formen des Saugens und Beißens. Es ist klar, daß aus einer zeitlich begrenzten Regression eine bleibende Fixierung entstehen kann, wenn die Umstände ungünstig sind. Oft wird Rauchen und Naschen als eine gemilderte Form oraler Fixierung erklärt, die entweder aus oraler Frustration, oraler Überstimulierung oder aus analer Frustration mit Regression entstanden ist.

Abwehrmechanismen

Edle Eigenschaften oder Handlungen werden von FREUD als eigentlich auf destruktiven Neigungen fußend angesehen, die um jeden Preis verborgen und verändert werden müssen. Metzger und Chirurg sind seiner Ansicht nach verwandte Berufe. Diese Erscheinung heisst Sublimation.

FREUDS Tochter ANNA hat die Theorie ihres Vaters um ihre Theorie der Abwehrmechanismen erweitert. In jeder Phase entwickelt das Kind Techniken, um Versuchungen aus dem Es zu entgehen, die für die Umgebung und später für sein wachsendes Über-Ich nicht akzeptabel sind. Das *Verdrängen* ist von FREUD selbst schon untersucht worden und zu einem sehr bekannten Abwehrmechanismus geworden. Die Versuchung bleibt dann unbewusst. Ein anderes Verfahren besteht darin, die Versuchung nur in der *Phantasie* zuzulassen. Wieder ein anderes ist das Umsetzen ins Gegenteil *(Reaktionsbildung)*, wie bei dem kleinen Jungen, der das neugeborene Schwesterchen streichelt und dabei beschwörend sagt: «Ach, wie bist du lieb, was hab ich dich so lieb.» Er kann auch die Aggression auf jemand anderes richten. Er geht dann seinem

Freund statt seinem Schwesterchen an die Kehle. Bestimmte Verhaltensweisen können zur zweiten Natur werden. So entstehen bestimmte Persönlichkeitsbilder von Menschen mit demselben Muster von Abwehrmechanismen.

Ödipuskomplex und Identifikation

Nach FREUDS Theorie ist das Kind in den ersten drei Phasen auf sich selbst ausgerichtet. Es erlebt Lust an sich selbst *(autoerotisch)*. Es ist mit sich selbst beschäftigt, wobei es seine Mutter jedoch einbezieht. Sie gibt die Brust, säubert das Kind und wäscht das Geschlechtsteil. Sie vor allem ermöglicht sinnliche Gefühle. Sie wird von FREUD darum auch das erste Liebesobjekt genannt. Wenn nach dem vierten Lebensjahr die Kinder entdecken, daß die Mutter eigentlich zum Vater gehört, entsteht für sie ein großes Problem, das Angst hervorruft. Das Problem heißt *Ödipuskomplex* nach einer Figur aus der griechischen Mythologie: Ödipus tötete seinen Vater und heiratete seine Mutter unwissentlich. Er entdeckte erst später, daß es sein Vater und seine Mutter waren. So lebt nach FREUDS Meinung in Kindern das Verlangen, den Vater verschwinden zu lassen und damit die Mutter für sich allein zu haben. Die Kinder befürchten, daß der Vater ihre Wunschträume entdecken und sie strafen wird, indem er ihnen den Penis abschneidet oder das sogar schon getan hat, je nachdem, ob sie Jungen oder Mädchen sind. Diese Angst heißt *Kastrationsangst*. Jungen wissen schon sehr gut, wieviel Lust sie durch den Penis gewinnen. Mädchen sind dann noch zu klein, um phantasieren zu können, daß sie früher auch einen gehabt hätten. Einfach zwischen den Beinen zu reiben, macht wohl auch Spaß, ist aber nicht so handlich wie so ein herausragender Penis.

Mädchen entwickeln einen sogenannten Penisneid. Sie sind eifersüchtig und neidisch, daß der Vater, der Bruder und Jungen allgemein ihren Penis noch behalten durften. Nach psychoanalytischer Auffassung verachten sie sogar manchmal ihre Mutter, weil sie auch keinen Penis mehr hat.

Dieses Dilemma spielt sich übrigens ganz im Unbewußten ab. Wie das bei Regungen aus dem Es so üblich ist, sind nur ganz verschleierte Äußerungen davon zu bemerken, zum Beispiel, daß man nur von Mama ins Bett gebracht werden will oder erklärt: «Später heirate ich Mama, wenn Papa tot ist.» Den Prozeß, der dann in Gang kommt, um dieses Problem zu lösen, hat FREUD *Identifikation* genannt. Der Junge versucht, genauso zu werden, wie sein Vater, das Mädchen so wie seine Mutter. Und damit ist ein neues Element hinzugekommen. Eine Reihe von Charakterzügen und Handlungsweisen werden vom Kind ganz einfach übernommen.

Siehe hierzu Kapitel 12.

Identität, Intimität, Produktivität

Nach FREUD spielt sich die Persönlichkeitsformung in den ersten fünf Lebensjahren ab. Danach ist sie festgelegt und könnte nur mit Hilfe einer sehr intensiven und zeitraubenden Psychoanalyse verändert werden. Nicht alle seiner Schüler waren damit einverstanden, besonders die nicht, die weniger an die physiologische Basis glaubten und den typisch menschlichen Einflüssen von außen mehr Bedeutung einräumen wollten.

ERIKSON fügte der ersten oralen Phase als treibende Entwicklungskraft den Begriff des *Urvertrauens* (basic trust) hinzu. Ein Kind, das

Vergleiche hiermit Kapitel 5.

sich sicher fühlt, wagt es, sich in neue Entwicklungsphasen zu begeben. Diese Sicherheit wird von der Umwelt geboten. Für FREUD spielt die Umwelt insoweit eine Rolle, als sie der ungehinderten, instinktiven Genußsucht Grenzen setzt und dem Kind ein sozial akzeptables Verhalten abnötigt. Für ERIKSON ist der soziale Einfluß positiver er gibt dem Kind etwas, das es nicht hat: Sicherheit und ein zunehmendes Vertrauen auf das eigene Können durch Ermutigung und Bestätigung dessen, was es tut. Die Persönlichkeitsbildung läuft bei ERIKSON nach den Kinderjahren noch kräftig weiter. Er übernimmt FREUDS Identifikationsbegriff, füllt ihn aber mit neuem Inhalt. Nachdem die Eltern Modell gestanden haben, geht es vielmehr darum, eine eigene Charakterform zu finden und diese unter stets wechselnden Umständen zu behalten. «Sich selbst treubleiben» ist ein Ausdruck des modernen Sprachgebrauchs, der von ERIKSON geprägt wurde. Nach der Kindheit mit den FREUDschen Phasen unterscheidet ERIKSON die *Adoleszenz* als die Periode, in der jemand seine eigene *Identität* sucht, indem er sich auch außerhalb des Elternhauses Vorbilder sucht.

Ideologien und Werte werden abwechselnd bejaht und verworfen. Ständig tauchen Fragen auf wie: Wie will ich sein? Paßt das zu mir? Verleugne ich mich selbst, wenn ich das tue? Wenn eine bestimmte Identität erreicht ist, folgt die Phase der *Genitalität*, in der man die *Intimität* mit jemand anderem wagt. Man wagt es, sich in einem anderen zu verlieren, ohne noch länger zu befürchten, daß das der eigenen Identität Abbruch tut. Man ist selbstsicher genug. Das Erwachsenenalter ist die Phase, in der die *Produktivität* und die *Sorge für andere* im Zentrum stehen. Die Persönlichkeit eines Menschen wird nach ERIKSON durch das Maß und die Form gekennzeichnet, womit es ihm geglückt ist, Identität, Intimität und Produktivität zu erreichen.

Minderwertigkeit

Über die Rolle von Bruder und Schwester beim Entstehen von Minderwertigkeitsgefühlen siehe Kapitel 8.

M. MEAD *(1901 bis 1976) wurde als Anthropologin berühmt durch ihre Vergleiche verschiedener Kulturen. In ihrem Buch ‹Geschlecht und Temperament in drei primitiven Gesellschaften› beschreibt sie unter anderem den Arapesh- Stamm, in dem jede Form von Rivalität fehlt.*

Ein Schüler FREUDS, dem in der letzten Zeit mehr Aufmerksamkeit zuteil wird, ist ADLER. Er suchte nach einer typischeren menschlichen Kraftquelle und einem typischeren menschlichen Antrieb, als sie der physiologisch bestimmte Sexualtrieb darstellt. Er meinte, diese darin gefunden zu haben, daß ein Kind sich seiner Minderwertigkeit gegenüber den Erwachsenen peinlich bewußt ist. Seiner Meinung nach wird die Persönlichkeit von den aufeinanderfolgenden Handlungsweisen geformt, mit denen ein Kind lernt, die Minderwertigkeit zu kompensieren. Es ist sicher kein Zufall, daß diese Theorie in einer Zeit wieder auflebt, in der man viel von Leistungsgesellschaft redet. In einer Gesellschaft, in der Leistung und Konkurrenz im Mittelpunkt stehen, spielt das Kind natürlich keine Rolle.

Es wird bald das Gefühl bekommen, daß es gewissermaßen ein Anhängsel ist und beim großen Geschehen des echten Lebens nicht mitzählt. ADLER nimmt an, daß diese Vorstellung für ein Kind untragbar ist und daß es sie kompensieren will. In Kulturen, in denen Leistung und Konkurrenz keine Rolle spielen, wie in dem von MEAD beschriebenen Arapesh-Stamm, hätte eine solche Persönlichkeitsentwicklung keine Chance.

Stabilität

Im täglichen Leben gehen wir davon aus, daß jemand hinsichtlich seiner Persönlichkeit bleibt, wie er ist. Wenn wir jemanden nach Jahren wiedertreffen, stellen wir zufrieden fest, dass er noch derselbe ist wie früher, ganz der Alte. Wenn er nun doch verändert ist, nehmen wir an, daß er wohl sehr einschneidende Lebenserfahrungen gemacht hat, denn anderenfalls wäre eine solche Veränderung nicht möglich gewesen. Auf der anderen Seite will die alltägliche Lebensweisheit uns einreden, daß mit dem Alter sich auch bestimmte Persönlichkeitsmerkmale verändern. Wir sprechen von der Unbesonnenheit der Jugend und der Bedachtsamkeit des älteren Menschen. Wenn man jung ist, wagt man Experimente und Risiken, ist man jedoch älter, denkt man an seine Sicherheit.

Es ist einleuchtend, daß Psychologen gerne feststellen würden, welche dieser unwissenschaftlichen Ansichten wahr ist. Das Untersuchen der Stabilität ist allerdings schwierig, weil sich während eines Menschenlebens in Kultur und Gesellschaft so viel verändern kann, daß bestimmte allgemeine Charaktereigenschaften in den Hintergrund treten oder sich besonders bemerkbar machen. Man darf beispielsweise annehmen, daß die sexuelle Freizügigkeit in den letzten zwanzig Jahren eine mehr in den Vordergrund tretende Eigenschaft geworden ist, wie auch mit dem zunehmenden Wohlstand der Begriff «geizig» eine andere Bedeutung bekommen hat. Dieses letzte Problem versucht man zu lösen, indem man Menschen ständig miteinander vergleicht und beobachtet, ob sich Verschiebungen bei zunehmendem Alter bemerkbar machen. Alle Menschen sind immerhin in gleichem Maße kulturellen und altersgebunden-biologischen Einflüssen ausgesetzt. Wenn ihre Einstellungen unverändert bleiben, kann man sagen, daß ihre Persönlichkeit stabil geblieben ist.

Schaie & Parham stellten bei Erwachsenen in der Tat große Stabilität fest. Allerdings fanden sie auch zwei Ausnahmen: in höherem Alter scheinen Menschen schneller erregt zu werden (excitability) und sie werden schneller von menschlichen Problemen berührt (humanitarian concern).

Außerdem muß man bei solchen Stabilitätsuntersuchungen berücksichtigen, daß bestimmte Persönlichkeitsmerkmale sich im Laufe des Lebens verändern müßen. Ein Kind muß zum Beispiel weniger abhängig und weniger rauflustig werden, um nur zwei Dinge zu nennen. Interessant ist es dann, zu erforschen, ob bestimmte Eigenschaften aus der Jugendzeit mit bestimmten anderen Eigenschaften aus dem späteren Leben zusammenhängen. Ein überabhängiges Kind verliert beim Erwachsenwerden die stärkste Abhängigkeit. Entwickelt es aber stattdessen andere Merkmale, die typisch sind für Menschen, die als Kind besonders abhängig waren? Eine erste Untersuchung wurde von Ryder durchgeführt, der folgende Zusammenhänge herausfand:

Ein Kind, das zwischen sechs und zehn Jahren das Risiko und das Abenteuer suchte und gegen Widerstände rebellierte, schien auch im Erwachsenenalter noch immer einen bestimmten Wagemut zu haben, wenn auch in anderer Form. Es hat keine Schwierigkeiten hinsichtlich des sozialen Umgangs und des Anknüpfens von sexuellen Kontakten. Fehlende körperliche Aggression im Alter von sechs bis zehn Jahren in Verbindung mit Wettbewerbsdrang hing mit auf Leistung ausgerichtetem Verhalten im Erwachsenenalter zusammen. Drittens fand Ryder einen Zusammenhang zwischen Introversion und intellektuellem Interesse im Alter von zehn bis vierzehn Jahren und der Neigung, im Erwachsenenalter sein Können zu zeigen.

7. Kapitel
Selbstbewußtsein und Selbsterkenntnis

Vielleicht noch undeutlicher und schwieriger in Worte zu fassen als der Begriff «Persönlichkeit» sind die Begriffe «Ich» oder «Selbst». Erwachsene haben ein «Ich-bin-ich-Gefühl» (oft verbunden mit dem resignierten «So-bin-ich-nun-mal»), aber man frage sie nicht, was das bedeutet. Allgemeinbegründungen wie: «Nun ja, ich bin eben ich selbst, ich fühle mich als ich, ich empfinde mich als ich», sind nicht aus der Luft gegriffen.

Aber auch ohne genau erläutern zu können, was der Inhalt bedeutet, steht fest, daß es sehr wichtig ist, daß Menschen sich als «Ich» erleben. Das wird zum Beispiel deutlich, wenn dieses Gefühl fehlt, wie das bei manchen psychisch Kranken der Fall ist. Ihre Erlebnisse sind gestört, weil sie lose nebeneinander stehen. So gibt es bei ihnen kein erlebtes «Ich-Gefühl». Vielleicht ist es deshalb für nicht gestörte Erwachsene schwierig, zu erklären, was das «Ich-Empfinden» für sie bedeutet, weil es so selbstverständlich ist, sich als «Ich» zu erleben.

Für Psychologen ist es auch ein schwieriges Gebiet, weil sie dabei in starkem Maße von dem abhängig sind, was Menschen über sich selbst sagen und über sich selbst zeigen. Bevor man es merkt, beschäftigt man sich mit philosophischen Betrachtungen statt mit wissenschaftlich fundierten Kenntnissen. Beide als solche sind wertvoll, müssen aber natürlich auseinandergehalten werden.

Wir werden hier einige Aspekte abhandeln, über die philosophiert und theoretisiert und über die Untersuchungen angestellt wurden. Dabei müssen wir die Bemerkung von NASH berücksichtigen, daß sein Inkonsequenz-Prinzip *(principle of inconsequentiality)* nirgendwo in der Psychologie so zutreffend ist wie beim Ich. Dieses Prinzip besagt: je wichtiger ein psychisches Phänomen ist, desto geringer sind die Kenntnisse, die man darüber gesammelt hat. Das Ich ist für das Begreifen von Menschen von wesentlicher Bedeutung, aber die Kenntnisse darüber erscheinen im Vergleich zur Kenntnis über andere Phänomene gering und unzusammenhängend. Über die Ich-Entwicklung bei Kindern ist, wie NASH meint, verhältnismäßig wenig bekannt.

Wir müssen bei der Behandlung des Ich zwei Seiten unterscheiden: das *Selbstbewußtsein* und die *Selbsterkenntnis*. Selbstbewußtsein ist das Gefühl eigener Kontinuität in dem eigenen Existieren, losgelöst von anderen Menschen. Selbsterkenntnis ist das Wissen um das eigene Äußere, um Kapazitäten, Charakterzüge und Motive. Selbstbewußtsein geht in der Entwicklung größtenteils der Selbsterkenntnis voraus.

Bewußtsein im allgemeinen

Was FREUD über die Entstehung des menschlichen Bewußtseins geschrieben hat, ist auch für denjenigen annehmbar, der sich in der gesamten psychoanalytischen Gedankenwelt nicht auskennt. Das liegt vielleicht daran, daß er sich ziemlich genau dem Denken der Evolutionslehre anschließt.

Der Mensch ist wie alle lebenden Organismen ein sehr komplexes Energiesystem. «Lebend» bedeutet, daß der Organismus abwechselnd im Gleichgewicht ist und durch die biologischen Prozesse, die sich in ihm abspielen, aus dem Gleichgewicht gerät. Eine solche Störung des biologischen Gleichgewichts entsteht, wenn im Laufe des biologischen Prozesses ein Mangel an einem bestimmten Stoff auftritt. Die Umgebung muss dem Organismus diesen Stoff liefern. Geschieht das nicht, stirbt der Organismus ab.

Je niedriger nun der Organismus strukturiert ist (zum Beispiel bei einem Einzeller), desto fließender verläuft der Wechsel zwischen Störung und Wiederherstellung des biologischen Gleichgewichts, weil aus der Umgebung automatisch die notwendigen Stoffe geliefert werden.

Im Laufe der Evolution sind höhere Organismen entstanden, die der absoluten Abhängigkeit von der Umwelt entwachsen sind. Einige Organismen, bei denen das biologische Gleichgewicht nicht unmittelbar von der Umgebung wiederhergestellt wurde, starben trotzdem nicht ab. Vermutlich gehörten sie zu den stärksten Organismen. Sie gerieten durch das Fortbestehen des Mangels in Spannung. Diese Spannung lieferte die Energie für das Absuchen der weiter entfernten Umgebung. Auf diese Weise entstanden in der Urzeit Organismen, die auf die Suche nach solchen Stoffen gingen, die sie nötig hatten, sobald ihr biologisches Gleichgewicht gestört war. Diese Fähigkeit zum Suchen ist zu stets komplexeren instinktiven Verhaltensmustern ausgebildet worden, womit man das Entstehen von immer höheren Tierarten meint erklären zu können. So bekommt ein Tier zu festgesetzten Zeiten den Impuls, auf die Suche nach Nahrung zu gehen. Und am Ende dieser Kette sind die Menschen entstanden. Bei ihnen ist das Moment des Mangels und das Finden des nötigen Stoffes so weit auseinandergeraten, daß ein Prozeß dazwischengeschoben ist: das Bewußtsein vom Mangel und das bewußte Suchen nach dessen Behebung. Das Bewußtsein vom Mangel nannte FREUD *Bedürfnis*. Den bewußt erlebten Moment, in dem es erfüllt wird, nannte er *Befriedigung*.

In Kapitel 6 wird erläutert, daß nach der Theorie von FREUD *der unbeschränkte sexuelle Genuß das wichtigste menschliche Bedürfnis ist.*

Das Bewußtsein von Bedürfnissen und Befriedigungen entwickelte sich, nachdem es einmal in der Urgeschichte der Menschheit geweckt war, zu stets höheren Ordnungen. Menschen haben zwischen den Basisbedürfnissen (Licht, Luft, Wasser, Nahrung) und ihrer Befriedigung immer mehr Zwischenschritte entwickelt, die selbst wieder Bedürfnisse geworden sind. So sind endlose Bedürfnisverzweigungen entstanden (was kann ein moderner Mensch nicht alles als Bedürfnis empfinden). Genauso sind auf der Seite des Suchens endlose Zwischenschritte entstanden. Menschen können die Umgebung verändern und ihren Bedürfnissen anpassen, sie können improvisieren, sie können zeitweise von der Befriedigung absehen, und dabei damit rechnen, daß der Aufschub ihnen eine bessere Befriedigung bringen wird. Menschen können auch, und das ist vielleicht doch das größte Wunder, vorausdenken über Dinge, die es noch nicht gibt. Und die äußerste Konsequenz davon ist nach FROMM, daß Menschen wissen, daß sie einmal sterben werden und daß ihre Existenz endlich ist, ein Wissen, das ihr ganzes Leben durchzieht.

Alle die oben erwähnten Verzweigungen von Bedürfnissen und Befriedigungsweisen sind den Menschen bewußt. Sie bilden zusammen sein Ich, geben ihm das Gefühl «mein Leben» und schließlich «mein

Tod». Das hat sich so entwickelt, weil sich die Menschen in der Evolution immer weiter von dem unbewußten Ablauf von Störung und Wiederherstellung des biologischen Gleichgewichts im ewigen Kreislauf zwischen Organismus und Umwelt entfernt haben. Bewußtsein im allgemeinen und Selbstbewußtsein im besonderen werden als die fundamentalsten menschlichen Eigenschaften angesehen, die sie von anderen Lebewesen unterscheidet. Bei Menschen ist das Bewußtsein sehr ausgeprägt, aber es gibt zum Beispiel nach Ansicht des Genetikers DOBZHANSKY bei einigen Tieren Andeutungen von ganz rudimentären Formen des Bewußtseins von sich selbst.

Im folgenden Zitat von FRAIBERG wird der Unterschied zwischen Mensch und Tier anhand eines Gesprächs mit einem Kind schön in Worte gefaßt:

«Weiß eine Maus, daß sie eine Maus ist?» fragte Rutger mich einmal, als er fünf war.

«Wie meinst du das?» fragte ich.

«Nun, wie ich weiß, daß ich ich bin. Weiß die Maus, daß sie eine Maus ist?»

«Was glaubst du?» fragte ich.

«Nun, ich denke, daß eine Maus nicht weiß, daß sie eine Maus ist, aber ich weiß nicht, warum ich das weiß.»

Rutger dachte sich noch etwas aus: «Ein Hund, nicht war, der ist schlauer als eine Maus. Weiß ein Hund, daß er ein Hund ist?» Er sah dabei nachdenklich aus.

Aufschub und Abwechslung

Welch eine Entwicklung mag so ein kleiner Junge wie Rutger durchlaufen haben, daß er sich mit fünf Jahren solche Fragen stellt? Ein Baby in der Gebärmutter weiß nicht um die eigene Existenz. Es bildet noch eine völlige Einheit mit der Umwelt, in die es eingebettet ist, ohne selbst denken zu können. Die Geburt ist der erste Augenblick, in dem es buchstäblich körperlich aus der Einheit, in der es kein Denken gibt, befreit wird.

Nach JANOV ist zum Beispiel der Kampf, den ein Kind führen muß, um aus der Mutter zu kommen, bestimmend für die Art und Weise, mit der es später auf Probleme reagieren wird. In einer modernen Therapie, die sich darauf gründet, müssen Menschen ihre Geburt erneut erleben. Dabei ist das Ausstoßen des Urschreis ein wichtiges Moment.

Wer könnte darüber Auskunft geben, was die Geburt für das Kind bedeutet? Darüber gibt es die abenteuerlichsten Spekulationen. Im Zusammenhang dieses Buches ist es nur wichtig, zu konstatieren, daß mit dem Durchschneiden der Nabelschnur die wichtigste Voraussetzung für ein menschliches Baby geschaffen ist, zum Bewußtsein im allgemeinen und zu Selbstbewußtsein und Selbsterkenntnis im besonderen zu kommen. Seine biologischen Bedürfnisse werden nicht mehr automatisch befriedigt.

Die Theorie von AINSWORTH bezüglich des Weinens besagt, daß eine Tiermutter sofort auf das Piepsen ihres Jungen reagieren muß, um es zu beruhigen. Anhaltendes Piepsen würde Raubtiere anlocken.

Nun könnte man einwenden, daß auch Tierbabys diesen Vorgang durchmachen und doch nicht zu einem Bewußtsein kommen, das dem des Menschen vergleichbar ist. Es gibt jedoch zwei Unterschiede. Erstens liegt in der menschlichen Erbmasse die im Laufe der Evolution erreichte Fähigkeit zur Bewußtseinsbildung beschlossen, in der Erbmasse der Tiere dagegen nicht. Zweitens werden Menschen anders aufgezogen als Tiere. Man kommt der Wahrheit wohl am nächsten, wenn man sagt, daß eine Menschenmutter durch ihren eigenen hohen Grad der Bewußtseinsentwicklung einen viel größeren Spielraum im Umgang mit den Bedürfnissen und Befriedigungen ihres Kindes hat als eine Tiermutter. In der Tierwelt reagiert die Mutter nach einem festgelegten, instinktiven Verhaltensmuster auf ihr Junges. Abweichungen davon, wenn sie gelegentlich vorkommen, sind meistens tödlich. Ein Tierjunges bleibt daher dem Urstadium der automatischen Triebbefriedigung viel näher. Eine Menschenmutter dagegen bringt Aufschübe und Abwechslungen ein. Sie kann es sich erlauben, ein wenig zu warten – auch wenn ihr Kind vor Hunger weint. Sie weiß ja, daß sie es später ganz bestimmt füttern wird. Sie kann das Stillen kurz unterbrechen, weil sie weiß, daß sie es sicher bald fortsetzen wird, usw. Außerdem sind die Unterschiede, mit denen die Mutter und die Umwelt sich dem Kind zu erkennen geben, um ein Vielfaches größer, als das bei Tieren möglich ist: Die Mutter hat bei Erkältung eine andere Stimme, mal ist sie unbekleidet und hat beim anderen Mal etwas Kratzendes an. Die Flasche ist manchmal wärmer als sonst. Die Wiege ist das eine Mal etwas mehr dem Licht zugedreht als das andere Mal. Die Abwechslungen im Leben eines Menschenbabys sind viel häufiger als im Leben eines Jungtieres. Darum gibt es eine Reihe kurzer Augenblicke im Leben eines Babys, die die gleichmäßige Folge von Bedürfnis und Bedürfnisbefriedigung unterbrechen. Dies nennt man seit FREUD meistens Frustration.

Gefühl für die Körperlichkeit

Selbstbewußtsein beginnt als körperliches Gefühl. Man kann nur darüber spekulieren, wie dies in der ersten Zeit nach der Geburt aussieht. Vermutlich kann das Baby Unterschiede seines körperlichen Befindens wahrnehmen. Es wird undeutlich unterscheiden können zwischen nasser und trockener Windel, zwischen kaltem Wickeltisch und warmer Mutterbrust. Durch solche schockartig auftretenden Unterschiede wird das Baby mit seiner eigenen Körperlichkeit konfrontiert.

In Kapitel 2 liest man, daß ein Kind durch die körperliche Berührung mit seiner Mutter wahrscheinlich die ersten konkreten Gefühle des Da-Seins bekommt.

Bei einigen psychisch Kranken geht der Verlust des Ich-Gefühls so weit, daß sie ihre eigenen Gliedmaßen nicht mehr als zu sich gehörig erfahren.

Nach der Ansicht von NASH ist es wahrscheinlich sehr wichtig, wie ein Kind seinen eigenen Körper räumlich erfährt, das heißt fühlt, wo es sich im Raum im Verhältnis zu anderen Menschen und zu Dingen befindet. Der Tastsinn und das Gefühl für Körperhaltung spielen dabei eine wichtige Rolle.

Anfänglich erfahren Babys ihre eigenen Körperteile nicht als Teil ihrer selbst. Ein Baby von vier Monaten zum Beispiel, kann nach seinen sich bewegenden Händchen schauen und sehr überrascht sein, wenn sie wieder in sein Gesichtsfeld zurückkehren, nachdem es sie zuvor zur Seite bewegt hatte. Es merkt offensichtlich noch nicht, daß es das selbst verursacht hat. Viele Babys beißen sich auch selbst, fühlen sich selbst aber nicht als Verursacher des Schmerzes. Wenn solche Körpererfahrungen allerdings regelmäßig in Kombination auftreten (Drehgefühl in der Hand, Bewegung vor den Augen, Schmerzgefühl in der Hand, Beißgefühl im Mund) lernt das Kind, daß es selbst alles ausgelöst hat. Ein halbjähriges Baby ist nicht mehr über seine sich bewegende Hand überrascht. Es kann sie schon gezielt steuern. Das Kind macht nämlich auch Erfahrungen mit Bewegungen vor seinen Augen und Beißgefühl im Mund, ohne dabei andere Körpererfahrungen zu haben. Denken wir an ein Mobile oder einen Beißring. Durch endlose Wiederholung lernt es hierbei den Unterschied zwischen «Ich» (Hand) und «Nicht-Ich»

(Mobile, Beißring) kennen. Man kann sich vorstellen, daß ein aktives Baby öfter die Gelegenheit hat, auf diese Weise sich selbst kennenzulernen und eine Ahnung von «Ich» zu entwickeln.

Das körperliche Ich-Gefühl wächst im ersten Jahr vor allem anhand von Erfahrungen, bei denen das Kind die Handlungen selbst ausführt. Wenn es auf eine bestimmte Weise weint, bekommt es zu essen, wenn es auf andere Art weint, wird es aufgenommen, um Bäuerchen zu machen. Wenn es seine Händchen lachend ausstreckt, wird es lachend hochgenommen, wenn es seine Finger öffnet, verliert es die Rassel. Je regelmäßiger die Reaktionen der Umwelt sind, desto einfacher ist es für das Kind, zu entdecken, daß es sie selbst in Gang setzt. Dieses Gefühl ist der Kern, um das sein weiteres Selbstbewußtsein wächst.

Experiment mit Spiegel und Film

Der amerikanische Psychologe LEWIS hat verschiedene Untersuchungen durchgeführt, mit denen man das wachsende Körperbewußtsein zu Beginn des zweiten Jahres feststellen kann. Die einfachste Methode ist, zu schauen, ob Kinder sich selbst im Spiegel erkennen. LEWIS ließ sie zuerst in den Spiegel gucken und setzte sie dann auf den Schoß der Mutter, die ihnen die Nase putzt und ihnen dabei heimlich einen Tupfer roter Farbe auf die Nase schmierte. Danach wurden sie wieder vor den Spiegel gesetzt. Ein Hinweis darauf, daß das Kind sein Spiegelbild erkannte, war die Tatsache, daß es beim Anblick der roten Nase im Spiegel sich an die eigene Nase faßte. Keines der Kinder zwischen 9 und 15 Monaten tat das. Aber von den Kindern zwischen 15 und 18 Monaten taten es 24%, von denen zwischen 18 und 24 Monaten 88%. Aber noch etwas fiel auf. Alle Kinder, die an dem Experiment teilgenommen hatten, auch die ganz kleinen, betasteten ihren Körper nachher öfter, als sie es sonst üblicherweise taten. Es schien fast so, als sei auch bei den gerade neun Monate alten Babys eine unbestimmte Unruhe aufgekommen: Es gibt mich!

Eine schwierigere Aufgabenstellung sah folgendermaßen aus: Von einem Baby wurde eine Video-Aufnahme gemacht, während sich ihm jemand von hinten näherte. Eine Woche später wurde ihm dann bei einem erneuten Besuch bei LEWIS folgendes gezeigt: 1. die Aufnahme vom vergangenen Mal, 2. die Aufnahme eines gleichaltrigen Babys, dem sich von hinten ein Erwachsener näherte, 3. eine direkte Videoaufnahme von sich, während sich ihm von hinten jemand näherte und 4. eine Video-Aufnahme, bei der niemand von hinten auf es zukam. Ab 12 Monaten begannen die Babys, sich öfter umzusehen, wenn sie sich selbst erblickten, als wenn sie ein gleichaltriges Baby sahen (und zwar sowohl bei der Aufnahme von der Vorwoche, als auch bei der Direktaufnahme). Je älter die Babys waren, desto öfter drehten sie sich bei ihrem eigenen Anblick in der Direktaufnahme und weniger beim Anblick der Aufnahme der Vorwoche um. Also bemerkten sie den Zusammenhang zwischen ihrem eigenen augenblicklichen Zustand und demjenigen, den sie auf dem Bildschirm sahen, ständig deutlicher. Man nimmt an, daß diese Verbindung durch ein bestimmtes Ich-Gefühl hergestellt wird, auch wenn das Kind das Wort «Ich» noch nicht kennt.

Siehe hierzu Kapitel 14.

Andere Menschen als Spiegel

Das Ich-Gefühl steht anfangs allerdings noch auf wackligen Füßen. Das bedeutet, daß ein Kind von anderthalb Jahren sich selbst nur als «Ich» empfinden kann, wenn es konkret mit sich konfrontiert wird. Das ist in solchen Spiegelexperimenten möglich, aber auch, wenn andere Menschen als Spiegel fungieren. NASH weist nämlich darauf hin, daß der eigene Anblick im Spiegel keine Vorbedingung für die Entwicklung des Ich-Gefühls ist. Ganze Völkerstämme kennen keine Spiegel und kaum spiegelnde Wasseroberflächen und erreichen doch das Stadium des Selbstbewußtseins und der Selbsterkenntnis. Ein Spiegel kann aber ein Hilfsmittel sein, um dem wachsenden Ich-Gefühl bei einem Kind auf die Spur zu kommen.

Eine Parallele hierzu ist bei der Entwicklung des Gewissens zu beobachten. Hier tritt ebenfalls eine Phase auf, in der ein Kind nur im Beisein der Mutter weiß, daß es etwas nicht darf. Wenn die Mutter nicht da ist, gibt es für sein Gefühl auch kein Verbot.

Wahrscheinlich sind andere Menschen der wichtigste Spiegel für ein Kind, wichtiger als der Spiegel an der Wand. Die größte Bedeutung haben die Menschen seiner engeren Umwelt und sein Verhalten zu ihnen. Besonders die Mutter oder ihre ständige Vertreterin ist der immer anwesende, selbstverständliche Hintergrund, vor dem das Kind sich selbst als existent empfinden kann. Es gleicht hierin dem Diapositiv auf der Leinwand. Ein kleines Kind erfährt sich selbst, weil Mama auf es reagiert und somit einen Spiegel für es darstellt. Die Psychoanalytikerin MARGARET MAHLER beschrieb die Mutter als das *Hilfs-Ich* für das kleine Kind. Dies kann sie sein, da zwischen drei und sechs Monaten sie und ihr Baby noch ein symbiotisches Verhältnis haben und ihre Wesen ineinander übergehen. Weder die Mutter noch das Kind ziehen scharfe Trennungslinien zwischen Du und Ich. Die Mutter tut all die Dinge, wozu das Kind selbst noch nicht in der Lage ist. Sie vertreibt die Ursachen seiner Ängste und Unruhe, sorgt dafür, daß Forderungen in Übereinstimmung sind mit seinen Möglichkeiten, befriedigt seine körperlichen Bedürfnisse usw. Diese *gute Mutter* hinterläßt in dem Kind ein Bild, eine erste Ahnung von Menschlichkeit, die es mit zunehmender Reife verinnerlicht und imitiert. *Ich* im Sinne einer beherrschten und dosierten Lebensmeisterung ist also eine Kunst, die ein Kind unbemerkt abguckt. Wo die gute Mutter fehlt, ist die Gefahr, daß ein schwaches Ich-Gefühl entsteht, größer.

MARGARET MAHLER nannte ihr Buch *The psychological birth of the child*. Damit versucht sie deutlich zu machen, daß die biologische Geburt nur die Hälfte der Menschwerdung darstellt. Die Loslösung aus der Symbiose mit der Mutter beschreibt sie als Prozeß der Trennung und Individuation, der ungefähr im dritten Lebensjahr abgeschlossen ist. Erst dann steht ein Menschenkind auch psychisch auf eigenen Füßen, d.h. es begreift, daß es ein eigenes Leben führt.

INGE BRETHERTON sieht die Entstehung des Ich-Gefühls im Zusammenhang mit der Bindung. Für ein Ich-Gefühl und später für das Selbstvertrauen ist ein sicheres Bindungsverhalten notwendig. Das Bild der Mutter, das in einem Kind zurückbleibt, nennt sie ein *innerliches Arbeitsmodell*, d.h. es handelt sich um etwas, daß Veränderungen und Entwicklungen durchmacht. Durch den Niederschlag von Erfahrungen der Sicherheit im Verhältnis mit der Umwelt *wächst* ein innerliches Selbstwertgefühl. INGE BRETHERTON verweist in diesem Zusammenhang auf eine Anzahl noch unbeantworteter Fragen. Wenn ein Kind sich – wie wir gesehen haben – an verschiedene Menschen binden kann, entstehen dann auch verschiedene *Ichs*? Zum Beispiel ein 'Ich' im Verhältnis zur Mutter und eines im Verhältnis zum Vater? Oder überwiegt das eine, und wenn ja, welches? Oder verschmelzen die verschiedenen Ichs zu *einem* Ichgefühl?

Am Ende seines ersten Lebensjahres weiß das Kind, daß Gegenstände und Menschen erhalten bleiben, auch wenn sie nicht immer sichtbar sind. Auf sich selbst wendet es dieses Wissen noch nicht an: Wenn sich niemand mit ihm beschäftigt, ist es wahrscheinlich schwierig für ein Kind, fortwährend das Gefühl dafür zu behalten, daß es dasselbe Kind bleibt. Es dauert wohl bis zum Ende des zweiten Lebensjahres, bis es sich darüber im Klaren ist, daß es als feste Gegebenheit existiert, gleichgültig, was sich konkret um es herum abspielt.

Eine wichtige Hilfe bei der Ausbildung dieses Gefühls ist die Tatsache, daß es in der zweiten Hälfte des zweiten Lebensjahres in rasch zunehmendem Maße Fertigkeiten entwickelt. Immer mehr Dinge kann es ohne fremde Hilfe tun. Solche Erfahrungen bringen ihm schließlich zu Bewußtsein, selbst jemand zu sein, der auch losgelöst von anderen lebt und erlebt.

HARLOW hat darauf hingewiesen, daß die Geburt eines Brüderchens oder eines Schwesterchens diesen Durchbruch des Ich-Gefühls forcieren kann. Das Kind merkt überdeutlich, daß diejenige Person, von der die Sicherheit seines Bestehens abhängt, oftmals das andere Kind bevorzugt. Es erfährt, *daß es dann trotzdem einfach weiterexistiert.* Es entwickelt dabei zwar Haßgefühle, aber diese verstärken vielleicht nur das Wissen um das eigene Bestehen. Schließlich spielt auch die Sprachentwicklung eine Rolle. Das Kind lernt, daß es ein festes Wort gibt, womit nur es und sonst niemand bezeichnet wird: sein Rufname. Während einer bestimmten Phase braucht es ihn selbst auch.

Siehe hierzu Kapitel 8.

Die Worte «Ich» und «meins»

Das dritte Lebensjahr beginnt. Und irgendwann in diesem Jahr kommt der Tag, an dem das Kind «Ich» sagt. Anfangs wird es noch mit «du» verwechselt. Das Kind meint damit aber nicht den anderen, sondern sich selbst, weil es so von anderen angesprochen wird. FRAIBERG zitiert den zweieinhalbjährigen Laurens, der sagt: «Ich will das du selber machen.» Die Entdeckung des «Ich» hat, wie NASH sagt, einen Ausbruch von Egozentrismus zur Folge. Aus einem ich-losen Wesen wird jetzt eines, das alles aus seiner ichhaften Sicht betrachtet. Es verfügt noch nicht über eine andere Sichtweise. Es setzt seinen Verstand noch nicht ein. Es regiert die Welt nach seinen Bedürfnissen. Aus diesem Grund können große Probleme entstehen, wenn Kinder dieses Alters miteinander spielen. Um das gerade erworbene Ich-Gefühl zu vergrößern, eignet das Kind sich alles an, dessen es habhaft werden kann. Primitives Revier- und Besitzverhalten sind zu beobachten. Das Wort «meins» kann äußerst triumphierend ausgesprochen werden. Das Gefühl, daß der andere sich ebenfalls als Ich mit dem zugehörigen Besitz empfindet, ist in diesem Alter noch nicht zu erwarten. Die Begriffe «du» und «deins» entstehen erst ungefähr ein Jahr nach «ich» und «meins».

Wichtiger als die Auswirkung im Umgang mit Altersgenossen ist die Wirkung gegenüber den Eltern, besonders gegenüber der Mutter. Bis

Möglicherweise hängt das mit der Tatsache zusammen, daß ein Kind dieses Alters sich noch nicht in Gruppen mit gleichen Eigenschaften einzuordnen vermag. Es sieht einen anderen noch nicht als Artgenossen, der dasselbe Recht hat wie es selbst.

jetzt hat das Kind mit ihr durchweg im Frieden gelebt. Sie war so wichtig für sein Wohlbefinden, daß es ein elementares Motiv seines Tuns und Lassens war, sie als Freundin zu behalten. Sobald es seine «Eigenmächtigkeit» entdeckt, schlägt das ins Gegenteil um. AUSUBEL hat diesen Lebensabschnitt als *Alter des Negativismus* bezeichnet. Das Kind neigt prinzipiell dazu, sich querzustellen, gleichgültig, wie freundlich die an es gerichtete Aufforderung auch ist. Das Wort «nein» wird überall eingeflochten. Das Kind ist «im Machtrausch», so überwältigend wirkt sich seine Entdeckung aus, daß es selbst jemand ist, daß es selbst ein Ich ist und Dinge geschehen oder nicht geschehen lassen kann.

Es bestehen jedoch große individuelle Unterschiede zwischen den Kindern. Im allgemeinen werden Jungen als etwas ungehorsamer beurteilt, aber die Gruppenunterschiede sind kleiner als die Unterschiede zwischen Mädchen untereinander und Jungen untereinander.

Daß das eigene Ich alles beherrscht und nur eigene Gefühle gelten läßt, kann man auch daran erkennen, wie Dreijährige miteinander umgehen oder an der rauhen, grausamen Art, wie sie sich gegenüber Tieren verhalten. Das Argument: «Dir würde es bestimmt auch nicht gefallen, wenn ein anderes Kind zu dir so grausam wäre», läßt es ziemlich kalt. Genauso wenig bewirkt die Bemerkung: «Wenn ich dich so am Haar ziehe, tut dir das doch auch weh.» Solange ein Dreijähriges Kummer oder Schmerzen nicht selbst fühlt, scheint es sie als nicht existent anzusehen.

Nach FRAIBERG *entstehen in dieser Periode Fragen des Typs «Wo komme ich her?» und «Wo war ich früher, als ich noch nicht bei euch war?»*

Zwischen dem dritten und dem vierten Geburtstag festigt sich (wie FRAIBERG meint) das Ich-Gefühl so weit, daß es den ausschließlichen Charakter verliert und auch für das, was anderen Freude macht, Spielraum läßt.

Kenntnis des eigenen Äußeren

Wann kennt ein Kind sich selbst? In jedem Fall nach dem Bewußtwerden des eigenen Ich. Für letzteres reicht es aus, sich selbst als Kontinuität zu erfahren. Für die Selbsterkenntnis ist es notwendig, die eigene Kontinuität kritisch zu betrachten. Damit sind folgende Fragen verbunden: «Wie sehe ich aus?», «Was sind meine starken Seiten», «Was denken andere Menschen von mir?», «Warum tue ich dieses oder jenes?»

Über das Fremdeln vergleiche Kapitel 5.

LEWIS meint, das Wissen um das eigene Äußere ist in den Grundzügen bereits bei sechs Monate alten Babys zu sehen, die in der Phase des Fremdelns sind. Wenn sich ihnen ein Fremder nähert, finden sie das offensichtlich sehr unangenehm. Wenn sich ihnen allerdings ein fremdes Kind nähert, reagieren sie weniger ängstlich. LEWIS meint deshalb, daß das Baby schon eine Ahnung von seiner Körpergröße (oder besser seiner Kleinheit) habe, und das andere Kind weniger als Bedrohung empfindet, weil es dieses als gleichartig einschätzt. Das ist freilich spekulativ, aber nicht von der Hand zu weisen. Für ein schlummerndes Gefühl der Gleichartigkeit ist natürlich das Ich-Gefühl Voraussetzung. Um zu beweisen, daß die Körpergröße tatsächlich bei der Reaktion von Babys eine Rolle spielt, ließ LEWIS danach einen Liliputaner auf die Kinder zulaufen. Was würde hier den Ausschlag geben, das Erwachsenengesicht oder die kindliche Körpergröße? LEWIS stellte fest, daß Letzteres bei den Babys den Ausschlag gab, denn die Kleinen reagierten auf den Liliputaner weniger ängstlich als auf Erwachsene. LEWIS meinte aber Zeichen der Überraschung bei den Kleinen zu sehen. Im allgemeinen sperrten sie ihre Augen weit auf, zogen die Augenbrauen hoch und formten mit dem Mund ein o, als ob sie merkten, daß hier etwas nicht stimmte, daß hier Kopf und Körper nicht zusammenpaßten. Weiterhin kann man des Gefühl für das eigene Äußere an der Tatsache ablesen, daß die meisten Zweijährigen wissen, ob sie Junge oder Mädchen sind und das auch an anderen unbekleideten Kindern sehen können.

Siehe hierzu Kapitel 12.

Damit hört das Wissen über das eigene Äußere zunächst auf. Das genaue Betrachten seiner äußeren Erscheinung ist für ein Kind noch nicht aktuell. In diesem Alter akzeptiert es sich noch als eine selbstverständliche Gegebenheit. Die äußere Erscheinung und ihre Beurteilung spielen erst zu Beginn der Pubertät eine alle Dimensionen sprengende Rolle, wenn sich der Körper in kurzer Zeit stark verändert. Der Pubertierende kann nicht mehr unbefangen mit seinem eigenen Körper umgehen.

Das Wachstum der Geschlechtsmerkmale macht den Körper, der in den Jahren vorher nur langsam wuchs, dem Jugendlichen plötzlich unheimlich und fremd. Das vorher Vertraute ist verschwunden. Eine der Folgen davon ist die eckige, schlacksige Art der Bewegungen bei den Pubertierenden.

Selbsterkenntnis

Um die eigenen Fähigkeiten, Charakterzüge und Motive zu beobachten, muß ein Kind noch mehr als bei der Betrachtung des eigenen Äußeren Abstand von sich selbst nehmen können. Es muß in der Lage sein, sich vorzustellen, daß es auch anders sein könnte, zum Beispiel ein anderes Kind. Aus diesem Blickwinkel heraus muß es sich dann selbst betrachten und beurteilen können. Solch eine kritische und relativierende Einstellung zu sich selbst können Kinder verstandesmäßig noch nicht erbringen, ganz abgesehen davon, daß sie noch zu wenig Erfahrung haben, um Informationen über sich selbst zu sammeln.

Untersuchungen über Motive bei Kindern sind nicht durchgeführt worden. Ob das möglich ist, weiß man nicht. Über die Kenntnis der eigenen Fähigkeiten und den Eindruck, den man auf andere macht, gibt es in bezug auf Kinder nur bruchstückhafte Untersuchungen. Sozialpsychologen erklären Selbsterkenntnis als das Bild, das andere einem vorhalten: so bist du! Von der Kindergartenzeit an kommt ein Kind in zunehmendem Maße in Berührung mit anderen Menschen, die ihm ein solches Bild vorhalten. NASH warnt in diesem Zusammenhang allerdings vor Einseitigkeit. Sie würde einen Menschen allzu abhängig von dem machen, was andere über ihn meinen. Er zitiert KIPLING: If you can trust yourself when all men doubt you... Das bedeutet, daß man an das eigene Können und den eigenen Charakter auch dann weiterhin glauben kann, wenn andere beides nicht besonders hoch einschätzen. Damit ist die positive Bedeutung des Wortes «Dünkel» gemeint. Oft werden die Worte Selbstvertrauen oder Selbstwert in diesem Zusammenhang gebraucht. Wie lernt ein Kind ein solches Selbstvertrauen? In früheren Kapiteln ist schon auf die Bedeutung einer Umwelt hingewiesen worden, die sich an dem orientiert, was das Kind tut. Wenn es

R.J. KIPLING *(1865 bis 1936) war ein englischer Schriftsteller.*

von frühester Zeit an die Erfahrung macht, daß alles, was es tut, eine bestimmte Wirkung in der Umwelt hat, wird sein Gefühl der Kompetenz geweckt. Nach Goldschmidt hat die Umgebung auch noch einen viel unmittelbareren Einfluß. Bei Kindern aus Minderheitengruppen hängt das Selbstwertgefühl offensichtlich vom Grad des Willens zur Selbstbehauptung ab, den die Eltern aus ihrer Minderheitenposition heraus haben. Hier könnte man von Lernen am Modell sprechen!

Über das Lernen am Modell siehe Kapitel 4.

Nash betont nachdrücklich, daß ein Erziehungsstil, der der Freude über die eigene Leistung viel Raum gibt, eher zu Selbstvertrauen führt als einer, der viel Belohnung von außen spendet. Er gibt aber auch zu, daß einige Kinder ständig Ermutigung und Selbstbestätigung von außen brauchen. Harriet Rheingold konstatierte bei Kindern im Alter von zwei Jahren schon deutliche Zeichen von Stolz, wenn sie (in einer experimentellen Situation) bei häuslichen Arbeiten der Erwachsenen helfen konnten. Bei Gesellschaftsspielen machte Lütkenhaus dieselben Beobachtungen bei Dreijährigen. Es kommt dabei immer darauf an, inwieweit die Erwachsenen das Kind etwas selbständig tun lassen, es ermutigen und unterstützen. Coopersmith untersuchte Jungen zwischen zehn und zwölf Jahren und ermittelte als wichtigsten Faktor für ihr Selbstwertgefühl die Haltung der Eltern, zum Beispiel ob diese sich für Tun und Treiben ihrer Kinder interessierten und deren Fortschritte verfolgten. Besitz und Erziehungsstil der Eltern waren dabei völlig unwichtig.

Wattenberg und Clifford untersuchten bei Kindergartenkindern die Selbsterkenntnis-Bildung in bezug auf Fähigkeiten. Das Ausmaß ihres Selbstvertrauens schien direkt zusammenzuhängen mit der Art und Weise, mit der sie zwei Jahre später lesen lernten. Bei Kindern mit wenig Selbstvertrauen spricht man auch von *Versagensangst*. Es geht dabei nicht darum, daß sie nicht die Fähigkeiten haben, bestimmte Leistungen zu vollbringen, sondern daß sie denken, daß sie bestimmte Leistungen nicht erbringen könnten. Daraus wird deutlich, daß Selbsterkenntnis ein sehr subjektives Urteil über sich selbst mitbeinhaltet. Das Wort Erkenntnis ist eigentlich irreführend, weil es objektive Wissenschaftlichkeit suggeriert.

Hermanns *untersuchte in den Niederlanden die Folgen der Versagensangst in der Schule. Auch er stellte einen Zusammenhang zur Haltung der Eltern fest. Eltern, die ihr Kind herumwerkeln lassen und nicht reagieren, wenn ihm etwas gut gelungen ist, verunsichern es hinsichtlich des eigenen Könnens.*

Alles in allem ist noch nicht viel von echter Selbsterkenntnis bei Kindern zu spüren. Vielleicht hat Allport recht, daß man Humor haben muß, um sich selbst zum Objekt des eigenen kritischen Blickes zu machen. Hier ist nicht der Slapstick-Humor gemeint, den Kinder sehr gerne mögen, sondern das leichte Spöttische, das er in Ansätzen bereits bei Neunjährigen feststellte. Um für Selbsterkenntnis zugänglich zu sein, ist – so Allport – ein wenig Selbstironie notwendig. Manchen Menschen bleibt sie zeitlebens fremd.

8. Kapitel
Die Stellung in der Geschwisterreihe

Ein kleines Kind nimmt am sozialen Leben außerhalb der Familie noch nicht selbständig teil. Es wird nur mit dem konfrontiert, was direkt oder indirekt in die Familie hineinwirkt. Deshalb ist das Familienleben die Ausgangsbasis für das spätere Leben. Was ein Kind dort sieht und erlebt, bestimmt zu einem wesentlichen Teil, wie es über sich und die Welt denken wird. Es bestimmt auch sein geistiges Niveau innerhalb der durch die Veranlagung gegebenen Grenzen. Wie ein Kind seine Familie erfährt und was es zu Hause erlebt, hängt jedoch unter anderem von der Anzahl der Kinder in der Familie, ihrem Altersunterschied und davon ab, das wievielte Kind es ist.

Man faßt diesen letzteren Tatbestand unter dem Begriff «Stellung in der Geschwisterreihe» zusammen. Das kann zu Mißverständnissen führen, weil es nicht so sehr darum geht, ob das Kind das älteste, mittlere oder jüngste ist, sondern darum, welche Erfahrungen das Kind in dieser Stellung macht und wie die familiären Faktoren zusammenspielen.

Kinder aus ein und derselben Familie entwickeln sich ganz verschieden. Einerseits ist dies durch Unterschiede der Anlage zu erklären, andererseits dadurch, daß sie in der Familie unterschiedliche Rangplätze einnehmen. Bei drei Kindern sieht die Familie für die älteste Schwester ganz anders aus als für den jüngsten Bruder. Sie haben unterschiedliche Erlebnisse, und wenn sie dasselbe erleben, erleben sie es auf verschiedene Weise.

Erforschung und Theorie der Stellung in der Geschwisterreihe beschäftigen sich mit der *charakterlichen* und *geistigen* Entwicklung des Kindes.

Selbstwertgefühl und Geschlechtsunterschiede

Der Begriff «Stellung in der Geschwisterreihe» findet sich zum ersten Mal bei ADLER. Für ihn war der Ausgangspunkt für die charakterliche Entwicklung die tatsächlich untergeordnete Position des Kindes im Vergleich zu den Erwachsenen. In seiner Umwelt befinden sich jedoch auch andere Kinder. In welchem Maße fühlt es sich seinen Geschwistern gegenüber unter- beziehungsweise überlegen? Es kann mehr als das jüngere und weniger als das ältere Kind. Das ist der Ausgangspunkt, von dem aus es seinen eigenen Wert einschätzen kann. Diese Stellung im Vergleich zu den anderen Geschwistern ist ebenso wie das Geschlecht eine Gegebenheit, der sich das Kind nicht entziehen kann.

Siehe hierzu Kapitel 6.

Der Lebensstil eines Menschen ist ADLER zufolge das Resultat seiner Versuche, mit diesen beiden unveränderlichen Gegebenheiten leben zu lernen.

Der deutsche Psychologe TOMAN hat das Zusammenspiel von Geschlecht und Stellung in der Geschwisterreihe eingehend untersucht. Er argumentiert etwa folgendermaßen:

Es gibt eine Gruppe von Menschen, die sich von mir unterscheiden: das andere Geschlecht. Wer andersgeschlechtliche Geschwister hat, wird schon im Elternhaus mit ihnen vertraut. Wer jedoch nur gleichgeschlechtliche Geschwister hat, bekommt leicht ein verzerrtes Bild von der Wirklichkeit. Für ein kleines Kind muß es überall so sein wie bei ihm zu Hause. Das andere Geschlecht bleibt dann etwas Rätselhaftes.

Anhand dieser charakteristischen Eigenschaften meint TOMAN *auch die Chancen für eine glückliche Ehe aufzeigen zu können. Bestimmte Kombinationen von Erfahrungen in der Geschwisterreihe von Mann und Frau scheinen sich vorteilhaft zu ergänzen. Andere sind einander entgegengesetzt und führen oft zu Ehescheidung, wie zum Beispiel eine Ehe zwischen einem Ältesten, der nur Brüder hatte, und einer ältesten Tochter, die nur Schwestern hatte.*

Auch den zweiten grundlegenden Unterschied lernt das Kind zu allererst zu Hause kennen: Die einzelnen Familienmitglieder sind nicht gleich stark. Je früher es in der Geschwisterreihe steht und je mehr Geschwister nach ihm kommen, desto mehr wird es dominieren. Das ältere Kind kann und weiß fast immer mehr als das jüngere.

Durch die Kombination von Geschlechts- und Dominanzunterschieden entstehen für jedes Kind einer Familie typische Erlebnismuster, die mit der Zeit zu charakteristischen Eigenschaften werden.

Dazu einige typische Beispiele: ein Junge, der nur jüngere Schwestern hat, wird die Vorstellung bekommen, daß Männer über Frauen dominieren. Ein Mädchen mit lauter jüngeren Brüdern wird jedoch zu der Ansicht kommen, daß Frauen vielleicht nicht stärker, wohl aber klüger sind als Männer. Wer als Mädchen einen älteren Bruder hat, wird sich wahrscheinlich mit dem Gedanken anfreunden, daß Jungen ihr immer helfen können. Jungen mit einer älteren Schwester lernen, daß Mädchen und Frauen Wesen sind, die Hilfe und Unterstützung anbieten.

Seelische Verwandtschaft

Aufgrund seiner Forschungsergebnisse meinte TOMAN, auch bestimmte Beziehungsmuster zwischen Eltern und Kindern entdeckt zu haben. Ihm zufolge fällt es Vater und Mutter am leichtesten, zu dem Kind eine Beziehung aufzubauen, das in der Geschwisterreihe dieselbe Stellung einnimmt, die sie einst innehatten. Andererseits besteht die Gefahr, das Kind nicht zu verstehen, das von einem anderen Platz in der Geschwisterreihe aus eine ganz andere Erlebniswelt hat. Vor allem, wenn das betreffende Kind dasselbe Geschlecht hat, kann dies zu Auseinandersetzungen führen. Ein stereotypes Beispiel ist der Vater, der als Ältester einer großen Familie die Überzeugung gewonnen hat, daß der Mann der Stärkere ist. Sein Sohn ist der Jüngste nach zwei oder drei Mädchen. Dessen Vorstellungen von Junge- und Mannsein sind viel eher von Gedanken der Abhängigkeit und Nachgiebigkeit geprägt. Sein Vater, der einen tüchtigen Jungen erwartet (wie er es selbst war), findet, sein Sohn tauge nichts.

In Kapitel 6 wurde gezeigt, wie in der psychoanalytischen Auffassung der gleichgeschlechtliche Elternteil die Identifikationsfigur für das Kind ist. TOMAN *fragt sich, ob bei der Wahl einer Identifikationsfigur seelische Verwandtschaft nicht wichtiger als das Geschlecht ist. Dies könnte zum Beispiel die Persönlichkeitsentwicklung mancher Homosexueller erklären.*

Der umgekehrte Fall kann natürlich auch vorkommen. Zwischen Mutter und Tochter kann sich dasselbe abspielen. Eine Mutter, die das verwöhnte Nesthäkchen war, kann sich schwer in die Gefühlswelt ihrer energischen ältesten Tochter einfühlen. Die Art, wie dieses Mädchen auftritt, kann sie verwirren, weil sie darin sehr wenig von ihrem eigenen Mädchensein wiedererkennt.

Laut TOMAN ist es nun so, daß Vater oder Mutter dasjenige unter den Kindern am besten verstehen, das in der Geschwisterreihe einen ähnlichen Platz einnimmt, *auch wenn es vom anderen Geschlecht ist.* Der oben erwähnte Vater wird sich also mit seiner ältesten Tochter innerlich verwandt fühlen, und die oben erwähnte Mutter mit ihrem jüngsten Sohn. Es handelt sich aber nicht nur um Wiedererkennen und Sich-Einfühlen. Auch der Einfluß auf das Kind, das den ähnlichsten Platz in der Geschwisterreihe hat, ist am größten sie sind einander seelisch verwandt. Das bedeutet nicht, daß die Beziehung problemlos ist. Gerade weil sie vieles gemeinsam haben, können sie emotional stark aufeinander reagieren. TOMAN zufolge gehen die Eltern am nachgiebigsten mit den Kindern um, die den Platz ihrer Geschwister einnehmen. Die seinerzeit erlernten Umgangsformen behalten sie bei. Der oben erwähnte Vater hat keinerlei Mühe, gegenüber seinem Sohn väterlich und beschützend aufzutreten. Gegenüber kleinen Kindern findet er automatisch den richtigen Ton. Die oben erwähnte Mutter wird sich nach TOMANS Auffassung zu ihrer ältesten Tochter so verhalten wie einst zu ihren älteren Geschwistern. Mit dem Heranwachsen der Kinder können die Rollen vertauscht werden: die Tochter kann dazu übergehen, ihre Mutter sorgsam zu «bemuttern» - zu beider Zufriedenheit!

Die «großen» Grossen und die «kleinen» Kleinen

TOMAN hat also versucht, allgemeine Beziehungsmuster zu erforschen. Viel Aufmerksamkeit gilt der Entdeckung und Erklärung spezifischer Charakterzüge, die Kinder auf demselben Platz in der Geschwisterreihe entwickeln, um Aussagen über das «typische» Älteste, Jüngste usw. zu erhalten.

Eltern sehen ihre Kinder nie voneinander isoliert. Unwillkürlich erleben sie ein Kind stets vor dem Hintergrund der anderen. Das älteste Kind kann mehr als die anderen, während das Jüngste dagegen noch sehr unbeholfen ist. Dies geht so weit, daß die Eltern ihre ältesten Kinder in jeder Entwicklungsphase als größer und klüger behandeln als die jüngeren Kinder in derselben Phase. Die älteren sind scheinbar schon ‹so groß›, die jüngeren ‹noch so klein›. Die Eltern ermutigen die älteren Kinder zu selbständigem Auftreten: ‹Nur zu, das kannst du sehr gut›, während die jüngeren, wenn sie *dasselbe* Alter erreicht haben, oft hören müssen: ‹Tu das lieber noch nicht, dazu bist du noch zu klein›. Die älteren Kinder sind dann nämlich schon ein großes Stück weitergekommen. Die Erziehung der jüngeren Kinder ist also dadurch gekennzeichnet, daß der Drang zur Selbständigkeit gebremst wird. Ihnen wird mehr abgenommen.

Das eine Kind wird aus der Perspektive des anderen gesehen. KAGAN meint dasselbe, wenn er sagt, daß das älteste Kind bei der Geburt eines zweiten in die Selbständigkeit gedrängt werde.

Einzelkinder

Die meisten Vorurteile gibt es wahrscheinlich über Einzelkinder: Ein Einzelkind ist bedauernswert, einsam, verwöhnt, ist in Gefahr, egoistisch zu werden, und es hat Schwierigkeiten im Umgang mit anderen Menschen. Der amerikanische Psychologe FALBO, der das Einzelkindproblem eingehend studiert hat, warnt jedoch vor diesen stereotypen Vorstellungen sie könnten die Forschung behindern. Sobald die Befragten wissen, daß es um die Untersuchung der Einzelkindproblematik geht, äußern sie alle diese Vorurteile, die nichts über die wirklichen Eigenschaften von Einzelkindern aussagen müssen.

Nach einer Untersuchung von SOLOMON geben Eltern als wichtigstes Motiv für ein zweites Kind an, daß es für das Älteste besser sei, ein Geschwisterchen zu haben.

Er weist auch darauf hin, daß man bestimmte Eigenschaften nicht ohne weiteres auf die Situation als Einzelkind zurückführen darf, sondern daß auch andere Faktoren eine Rolle spielen können. Einzelkinder haben zum Beispiel viel öfter keinen Vater als die anderen Kinder. Mütter von Einzelkindern sind häufiger nicht so fruchtbar, und das Wissen darum, daß sie keine weiteren Kinder bekommen werden, kann ihr Verhalten zu ihrem Kind beeinflussen. Dies alles könnte laut FALBO wichtigere Folgen für das Einzelkind haben als die Tatsache, daß es keine Geschwister hat.

Das Vorurteil, Einzelkinder hätten im Umgang mit anderen Menschen Schwierigkeiten, wurde durch seine Untersuchungen nicht bestätigt; sie zeigten sogar eine größere Bereitschaft, mit anderen zusammenzuarbeiten. FALBO erklärt dies damit, daß sie es als Kind nicht gelernt haben, sich vor anderen (den Geschwistern) in acht zu nehmen; die Eltern haben nämlich niemanden bevorzugt. Er stellt sogar die Frage, ob das Vorhandensein von Geschwistern nicht eher zu konkurrierendem als kooperativem Verhalten führt.

Laut ELEONOR MACCOBY können sich Einzelkinder an ihre Altersgenossen gut anpassen, sie sind gut gegen Frustrationen gewappnet und haben Durchsetzungsvermögen. Alle diese Eigenschaften kann man jedoch nur dann entwickeln, wenn man sich nicht bedroht fühlt.

Andererseits wird manchmal eine gewisse soziale Ungeschicklichkeit bei Einzelkindern festgestellt. Sie müssen sich innerhalb der Familie weniger behaupten, erhalten auf ihr Verhalten weniger Feedback und können darum die Folgen ihres Handelns schlechter einschätzen.

Vergleiche hiermit, was oben über das Älteste gesagt wird, das im allgemeinen ein großes Bedürfnis nach Zuneigung von anderen Menschen hat.

ROSENFELD zeigte, daß Einzelkinder im allgemeinen weniger Kontaktbedürfnis zeigen. Laut CORNERS leiden sie auch weniger an Mangel an Zuneigung und Freundschaft. Diese Aspekte kann man wie folgt zusammenfassen: Einzelkinder sind in einem geringeren Maße sozial, was man jedoch nicht mit egozentrisch gleichsetzen darf. Interessant sind in diesem Zusammenhang Untersuchungen aus China, einem Land mit einer Bevölkerungspolitik, die ein Kind pro Familie anstrebt. JIAO und Mitarbeiter stellten bei Kindern im Alter zwischen vier und zehn Jahren fest, daß Einzelkinder oft als egozentrisch eingestuft wurden, während Kinder mit Geschwistern beliebter waren und ihr kooperatives Verhalten gelobt wurde. Die Lebensumstände waren für beide Gruppen die gleichen. Es ist jedoch undeutlich, wie diese Ergebnisse mit den oben erwähnten Untersuchungesergebnissen aus der westlichen Welt zu vereinbaren sind. Man kann eigentlich nur darauf hinweisen, daß bei diesen Untersuchungen nicht berücksichtigt wurde, ob die Eltern der offiziellen Bevölkerungspolitik folgten oder nicht. LESHAN entdeckte, daß Einzelkinder in jeder Phase ihrer Entwicklung schon etwas weiter sind als andere Kinder. Sie brauchen nämlich nicht mit Geschwistern zu konkurrieren, sondern haben es immer mit den Eltern zu tun, und die können eine ganze Menge mehr als Geschwister. Aber die Eltern sind keine Konkurrenten, wie etwa Geschwister es wären. Von ihnen geht für das Kind vielmehr ein Entwicklungsstimulans aus: der Ansporn, ebenso tüchtig zu werden wie sie, ohne daß dies zu Rivalisierung führt wie unter Geschwistern. Manche Einzelkinder werden deshalb ziemlich eifrig und artig.

Die amerikanische Psychologin FORER erwähnt einige weitere charakteristische Eigenschaften von Einzelkindern, denen sie in ihrer Praxis begegnet ist. Einzelkinder erleben nicht so schnell das Gefühl der Eifersucht, wenn sie erwachsen sind, weil sie das «Verdrängtwerden» nicht kennen. Einsamkeit empfinden sie jedoch ziemlich stark, wenn sie das Zusammensein ihrer Eltern erleben, weil sie – und das ist für Kinder in einer bestimmten Entwicklungsphase wichtig – immer zusammen schlafen, während das Kind nachts immer alleine liegt. Einzelkinder heiraten dann laut Forer oft früh, um nicht mehr alleine zu sein.

Vor allem in der Periode der Alpträume im dritten Lebensjahr. Siehe Kapitel 9.

Weil das Kind nur mit Erwachsenen zusammenlebt, lernt es früh, daß es sie sich als Freunde erhalten muß. Es ist ja kein anderes Kind da, bei dem man Unterstützung suchen, dem man die Schuld zuschieben oder hinter dem man sich verbergen könnte. Im allgemeinen akzeptieren sie deshalb auch die Autorität der Eltern es gibt weniger Autoritätskonflikte als in Familien mit mehreren Kindern. Manchmal behindert dies die Entwicklung einer eigenen Identität. Als Erwachsene bleiben sie dann gerne in der Nähe von Menschen, die ihnen den Weg zeigen. Diesen können sie dann jedoch selbständig verfolgen.

Leider ist nur sehr wenig über Geschlechtsunterschiede bei Einzelkindern bekannt. ROSENBERG vermutet aufgrund seiner Untersuchungen, daß mehr negative Effekte bei Mädchen als bei Jungen auftreten, hat hierfür jedoch keine Erklärung.

Das älteste Kind

Jedes älteste Kind ist eine Zeitlang ein Einzelkind. Es entwickelt in dieser Phase eine starke Zuneigung zu den Eltern und wird empfänglich für ihre Autorität. Sie sind das Zentrum seines Daseins.

Aber dann kommt das zweite Kind, und das Älteste fühlt sich – um mit ADLER zu sprechen – entthront. Das paßt genau zu ADLERS Denken in «Wertigkeiten». Man kann aber auch von der Angst und Unsicherheit ausgehen, die das neue Kind beim Ältesten auslöst. Dies um so mehr als viele zweitgeborene Kinder zu einem sehr ungünstigen Zeitpunkt auf die Welt kommen, nämlich dann, wenn das Älteste ein oder zwei Jahre alt ist. Es ist dann in einem Alter, in dem es die ersten Konflikte mit seinen Eltern riskiert, um seine Selbständigkeit unter Beweis zu stellen. Nun kann sich die Angst einstellen, daß die Eltern sich ein neues Baby angeschafft hätten, weil es selbst wegen seines dauernden Nein-Sagens nicht mehr geliebt werde. Von allen Kindern aus einer Geschwisterreihe ist das Älteste das einzige, das diese Angst erlebt. LANGENMEYER gibt eine Übersicht über verschiedene Untersuchungen, aus denen hervorgeht, daß die ältesten Kinder in der Regel mehr Ängste durchmachen müssen als andere Kinder. FESTINGER nimmt an, daß die Angst bei der Geburt des zweiten Kindes das Urvertrauen beeinträchtigt. KONNER berichtet in Zusammenhang mit ihren Beobachtungen von Buschmännern, die sehr lieb und geduldig zu ihren Kindern sind, daß erwachsene Frauen in ihren Alpträumen immer noch die Angst, Wut und Einsamkeit erleben, die sie als Älteste bei der Geburt eines Geschwisterchens empfunden hatten.

Zu dieser Phase von Negativismus siehe Kapitel 7.

1965 fiel während einer langen Zeit in New York das Licht aus. ZUCKERMAN fragte Menschen danach, wieviel Angst sie gehabt hätten. Erwachsene, die als Älteste geboren worden waren, gaben häufiger zu, Angst gehabt zu haben, als solche, die andere Plätze in der Geschwisterreihe eingenommen hatten.

Laut SCHACHTER haben älteste Kinder aufgrund dieser Erfahrung ein starkes Bedürfnis nach Kontakt und wollen «brave Kinder» sein. Ihr Suchen nach Beruhigung hört nie auf. SCHACHTER hält dies für den wesentlichen Unterschied zwischen Einzelkindern und ältesten Kindern.

Parallel dazu gewinnen andere Menschen für ein ältestes Kind ziemlich viel Bedeutung, zuerst die Eltern, später andere. Es hat oft Angst, die jedoch durch die Anwesenheit anderer gemildert wird. Andere Menschen haben für sein Wohlbefinden einen großen Wert.

KAGAN weist darauf hin, daß das älteste Kind keinen einzigen Anhaltspunkt zur Erklärung für seine Wut auf das neue Baby hat. Das Baby ist klein, hilflos und tut ihm nichts. Das Älteste ist deshalb über seine Bosheit beunruhigt. Es versucht, den Zorn seiner Eltern, den es mit «häßlichen Gedanken» heraufbeschwört, so weit wie möglich zu besänftigen, indem es nach ihren Regeln und Wertvorstellungen lebt. Älteste Kinder scheinen stärker an dem zu hängen, was ihnen zu Hause beigebracht worden ist.

Älteste Kinder bringen es im allgemeinen weiter als die anderen Kinder aus der Geschwisterreihe. Unter führenden Wissenschaftlern und Politikern sind sie öfter zu finden, als ihrem Anteil an der Gesamtbevölkerung entsprechen würde. Auf ihrem Fachgebiet neigen sie eher zu Konservativismus als zu Erneuerung. Interessant ist in diesem Zusammenhang die Analyse SULLOWAYS *über große Wissenschaftler. Sie zeigt, daß die, die revolutionierende Ideen hatten (wie* DARWIN *und* FREUD*), keine ältesten Kinder waren. Dagegen waren es die Ältesten, die sich am vehementesten gegen Neuerungen auf ihrem Fachgebiet wandten.*

Das Bild, das das Älteste von sich hat, wird auch durch die Tatsache bestimmt, daß es vieles besser kann als seine Geschwister. Es ist wichtig, daß sich das Älteste dazu keine Mühe geben muß. Es kann logischerweise früher radfahren oder rechnen. Diese Selbstverständlichkeit trägt dazu bei, daß das Älteste häufiger in eine überlegene Stellung hineinwächst. Seine Unsicherheiten liegen auf der emotionalen Ebene (halten Papa und Mama mich für brav?), seine Stärken auf der motorischen und geistigen Ebene.

Manche ältesten Kinder versuchen, die verlorengeglaubte Liebe ihrer Eltern dadurch zurückzugewinnen, daß sie sehr «tüchtig» sind. Das erklärt ihren Ehrgeiz und die für sie oft typische Neigung, den anderen stets voraus sein zu wollen.

Untersuchungen von MENDELSON und LAURIE GOTTLIEB zeigen, daß für das älteste Kind vor allem die Zeit, die es mit der Mutter oder dem Vater alleine verbringt, drastisch abnimmt. Es geht nicht so sehr darum, daß nun weniger mit ihm unternommen wird, sondern es ist nun recht eigentlich Teil eines 'Systems', einer 'Gruppe'. Dies gilt nicht nur für das Dreiecksverhältnis Mutter–ältestes Kind–Baby, sondern es erlebt auch den Vater in zunehmenden Maße im Beisein des Babys. Und ein Jahr nach der Geburt des zweiten Kindes ist das älteste Kind nur noch ganz selten mit den Eltern alleine. Dieses Vorrecht ist dann anscheinend für immer vorbei. Dies galt jedenfalls für die 32 Mädchen zwischen zwei und vier Jahren aus dieser Untersuchungsgruppe. Dies ähnelt der Beobachtung von WAGNER, daß vor allem Kinder, die im Alter nicht weit auseinander liegen, von ihren Eltern mehr als *Gruppe* und nicht als *einzelne Kinder* behandelt werden, so daß die Eigenart jedes einzelnen Kindes weniger zu ihrem Recht kommt.

Dabei ist aber wichtig, daß beim ältesten Kind ein gewisses Gruppengefühl entsteht. Untersuchungen von YVONNE SCHÜTZE haben gezeigt, daß es ausschlaggebend ist, ob es den Eltern gelingt, ein solches *Vierergefühl* zu schaffen, indem sie dem ältesten Kind helfen, Kontakt zu dem Baby zu finden, und ihm die Möglichkeit geben, das neue Wesen auf seine Art und Weise zu studieren. Vor allem wenn die Eltern dies zu verhindern versuchen, können aggressive Gefühle bei dem älteren Kind entstehen. Es betrachtet das Baby dann als eine exklusive Angelegenheit der Eltern und fühlt sich ausgeschlossen. Bemerkenswert ist in diesem Zusammenhang die Beobachtung von NINA HOWE, daß das Maß, mit dem das älteste Kind sich *direkt* an das Baby richtet, um zu erfahren, wie dieses sich fühlt ('Hast du Hunger?' 'Das gefällt dir, nicht?'), mit der Stärke des (positiven) Verhältnisses zusammenhängt, während diese Korrelation beim Gespräch *mit der Mutter* darüber, wie das Baby sich fühlt, nicht gefunden wurde.

DUNN stellt fest, daß nach der Geburt des zweiten Kindes der körperliche Kontakt mit den Eltern seltener wird; wichtiger wird nun der verbale Kontakt. Auch das könnte eine Verstärkung der geistigen auf Kosten der emotionalen Entwicklung zur Folge haben. DUNN stellt außerdem fest, daß die Mutter nach der Geburt des zweiten Kindes dem Ältesten gegenüber strenger und weniger nachgiebig wird, wenn sich der Vater bis zu diesem Zeitpunkt wenig um das Älteste gekümmert hat. Sie verhält sich so, als fühlte sie sich in ihrer Erziehungsaufgabe zu wenig unterstützt. Für das Älteste wird die Geburt des Zweiten dadurch ein besonders schwerwiegendes Erlebnis.

Auch laut FORER ist die Rolle des Vaters entscheidend für die Fähigkeit des Ältesten, die Geburt des zweiten Kindes zu verarbeiten. Es fühlt sich nämlich vor allem von der Mutter im Stich gelassen. Sie war immer so lieb zu ihm, und nun hat ausgerechnet sie in ihrem Bauch ein neues Kind wachsen lassen. Es wendet sich von ihr ab – in gewissem Sinn als Strafe für ihre Treulosigkeit. Papa ist viel lieber. Ist es ein Junge, und nimmt ihn der Vater liebevoll an, ohne daß ihm die Mutter das Gefühl gibt, ihn abgeschoben und an Vater übergeben zu haben, dann kann für das Kind die neue Beziehung nur vorteilhaft sein. Der Vater wird sein Vorbild; es entsteht ein neues Gleichgewicht. Dadurch können die Haßgefühle gegenüber der Mutter vergehen.

Ist das Älteste ein Mädchen, so entsteht die typische Bindung zwischen dem Vater und seiner großen Tochter. Dann kann es sein, daß der Vater in ihr die männlichen Eigenschaften stimuliert, bei denen geistige Fähigkeiten und Leistungsdenken eine große Rolle spielen. Die Frage ist also, wie schwer es der ältesten Tochter fällt, die Erwartungen ihres Vaters zu erfüllen. Denn genau das möchte sie ja nur allzu gerne tun.

Hier spielt die schon erwähnte seelische Verwandtschaft natürlich mit.

Hilft der Vater nicht mit, und wird die Mutter immer strenger, dann kann sich das Älteste eine lange Zeit hindurch verstoßen fühlen. Ein Teufelskreis kann entstehen. Das Älteste will Aufmerksamkeit erregen, notfalls dadurch, daß es lästig fällt. Das führt zu Strafen. Nun fühlt es sich noch mehr verraten – das Kleine wird niemals bestraft – und es wird noch lästiger usw. So entsteht in der Familie die typische Rollenverteilung des lästigen älteren und des leicht erziehbaren jüngeren Kindes. Kein Wunder, daß ein Ältestes mit solchen Erfahrungen bis ins Erwachsenenalter hinein Eifersuchtsgefühlen leicht zum Opfer fällt und daß sein Gefühlsleben sich zwischen Empfindsamkeit, Ernst und Niedergeschlagenheit bewegt.

Das Älteste wird mitunter zum Miterzieher der anderen Kinder. CICIRELLI stellte in Untersuchungen fest, daß Mütter jüngeren Kindern in der Familie öfter helfen, wenn das Älteste ein Junge ist. Mütter gehen stillschweigend davon aus, daß die älteste Tochter auch einen Teil der Erziehungsarbeit leisten kann.

Hier muß man auch bedenken, daß die erste Schwangerschaft oft schwieriger ist als die anderen. Es dauert länger, bis die Mutter ihr emotionales Gleichgewicht wieder erreicht hat. Das Kind kann durch eine schwere Schwangerschaft verwundbarer und empfindlicher werden. Das beeinflußt die Interaktion zwischen Mutter und Kind, so wie es in Kapitel 1 schon besprochen worden ist. Ein anderer körperlicher Faktor wurde von MACCOBY & JACKLIN *gefunden. Erstgeborene scheinen in ihrem Blut mehr Hormone zu haben, und zwar ein Mehr sowohl an männlichem Testosteron als auch an weiblichem Progesteron. Ob und was das für die Persönlichkeitsentwicklung bedeutet, ist jedoch noch nicht klar.*

Im allgemeinen sind die Eltern beim zweiten Kind entspannter. Laut McGillycuddy *vor allem deshalb, weil sie beim ältesten Kind die Erfahrung gemacht haben, daß sich hinterher viele Sorgen als unbegründet herausstellten.*

Zweites Kind

Für das Zweite ist es normal, daß noch ein Kind in der Familie ist. Für das Älteste war auf einmal ein anderes Kind da. Je besser das Zweite sehen kann, desto besser lernt es dieses kennen. Somit stellt ein anderes Kind für das Zweite keine Gefahr dar. Deshalb ist das Zweite nachgiebiger, argloser und hat weniger Bedürfnisse, denn seine Sicherheit ist nie bedroht. In den Niederlanden hat Vuyk Zweikinderfamilien mit zwei Jungen untersucht und ist zu zwei verschiedenen Persönlichkeitsentwicklungen gekommen. Die Ältesten waren im allgemeinen nachdenklicher, die zweiten eher unbekümmert.

Das bedeutet nicht, daß das Zweite keine Probleme kennt. Es muß zum Beispiel eine Antwort auf die unumstößliche Tatsache finden, daß ein Kind neben ihm ist, das mehr kann. Das kann ihm sehr zu schaffen machen. Kagan weist darauf hin, daß es die aggressiven Gefühle, die daraus resultieren, gut rechtfertigen kann. Während das Älteste sich wegen der Aggression gegenüber dem unschuldigen Kleinen schuldig fühlt, besteht für das Zweite eine reale Basis für Haßgefühle: Das Älteste ist ihm immer überlegen; es darf auch allerlei Dinge tun, zu denen das Zweite noch nicht fähig ist. Die Aggression findet ein für das Kind verständliches Ventil in aggressivem Benehmen und geht nicht wie beim Ältesten in Form von Schuldgefühlen verloren.

Laut Forer ist es wichtig, ob beide Kinder dasselbe Geschlecht haben oder nicht. Hat das Zweite ein anderes Geschlecht als das Älteste, dann hat es «von Natur aus» soviel Eigenständigkeit, daß es keine Angst zu haben braucht, vom Ältesten überflügelt zu werden. Bei zwei Kindern mit demselben Geschlecht ist ein ständiger Vergleich eher zu erwarten. Eine Reihe von Faktoren führt beim zweiten Kind zu einer fortdauernden Rivalität; es will ebenso tüchtig sein. Das Älteste ist eher zu Kompromissen bereit.

Der wichtigste Faktor ist dabei das Maß, in dem das Zweite hinter das Älteste zurückgesetzt ist, oder besser gesagt, sich zurückgesetzt fühlt. In einer Familie mit zwei Kindern desselben Geschlechts entsteht auf diese Weise mitunter die Situation, daß das Zweite in seinem Kampf gegen das Älteste einen Elternteil zu Hilfe ruft. Der andere Elternteil gibt seine Unterstützung beinahe automatisch dem Ältesten. Bevor die Eltern es merken, ist laut Forer die Familie gespalten.

Zwischen zwei gleichgeschlechtlichen Kindern kann es auch weniger hart zugehen, wenn das Älteste nicht allzu dominant ist. Es ist dann eher ein stimulierendes Vorbild. Im günstigsten Fall kommt das Jüngere zu der Einsicht: «Wer nicht stark ist, muß schlau sein.» Es lernt, sich mit Reden, Überreden und auf Umwegen durchzusetzen, wo es in rein körperlicher oder geistiger Hinsicht unterlegen wäre. Das ist für seine soziale Entwicklung ein Pluspunkt.

Während ein Ältestes später sein Selbstvertrauen eher durch direktes Zusteuern aufs Ziel aufrechterhält, findet das Zweite im allgemeinen mehr Sicherheit in seinen Fähigkeiten zum Nachdenken.

Mittleres Kind

Wird ein drittes Kind geboren, dann wird aus dem Zweiten ein mittleres Kind. Dabei ist der Altersunterschied wichtig. Sind es viele Jahre, dann bilden die beiden älteren Kinder das Muster, das auch in einer Zweikinderfamilie zu sehen ist. Folgt das dritte Kind schnell auf das zweite, dann scheint das Zweite dadurch die Chance zu haben, unter ausgewogenen Verhältnissen aufzuwachsen. Es lernt dann, sowohl dem Überlegenen gegenüber einen Standpunkt zu beziehen, als auch gegenüber einem Unterlegenen, der seine Hilfe gut brauchen kann. In günstigen Fällen profitieren mittlere Kinder von dieser Position, in ungünstigen jedoch können sie sich durchaus verloren vorkommen. Sie sind weder groß noch klein, erfahren weder die Privilegien des Ältesten noch die Verzärtelungen des Jüngsten. Der Schwede BILLING fand in seinen Untersuchungen, daß solche mittleren Kinder öfter durch Problemverhalten (zum Beispiel stehlen) stärkere Aufmerksamkeit auf sich lenken wollen. Aus denselben Gründen können mittlere Kinder aggressiv sein, wegen des geringsten Anlasses um sich schlagen, um doch noch einigermaßen zur Geltung zu kommen. Laut FORER hat dabei das Geschlecht der Kinder einen gewissen Einfluß. Ein Mädchen zwischen zwei Jungen beziehungsweise ein Junge zwischen zwei Mädchen hat natürlich bereits etwas, was sie beziehungsweise ihn von den beiden anderen fundamental unterscheidet, und braucht sich deshalb keine besondere Mühe zu geben, sich von der unauffälligen Neutralität der Mitte loszureißen. Das Mädchen mit einer älteren Schwester und einem jüngeren Bruder, der Junge mit einem älteren Bruder und einer jüngeren Schwester – sie haben mit dem Gefühl, ein «Nichts» zu sein, zu kämpfen. Das Älteste und das Jüngste haben beide etwas, was zu spezifischen Bindungen an die Eltern führt, denn sie sind verschieden. Das Mittlere, das dasselbe Geschlecht hat wie das Älteste, war für die Eltern bei der Geburt eine kleinere Überraschung als das Dritte, das ein anderes Geschlecht hat als das Älteste. FORER nennt die Aggression, die dazu dient, sich von diesem Druck von zwei Seiten her zu befreien, bei Jungen kämpferisch und bei Mädchen zänkisch. Sie trumpfen oft auf und gehen in ihrem Tun und Lassen Risiken ein. Schließlich ist es, laut FORER, für Mädchen mit einer älteren Schwester schwieriger, das Mittlere zu sein, als für Jungen mit einem älteren Bruder, weil von den Eltern der stille Vorwurf ausgeht, daß das Zweite wieder kein Junge war.

Zu dem Ältesten haben die Eltern eine spezielle Beziehung, weil alles, was es tut, für sie stets überraschend ist. Sie sind mit ihm auch am längsten vertraut. Beim Jüngsten geraten sie schnell in die verzärtelnde Haltung, die der Beziehung eine eigene Färbung gibt. Die Beziehung zum mittleren Kind ist nicht durch Besonderheiten gekennzeichnet. Die Eltern müssen bewußter nach etwas suchen, um eine Beziehung zu dem Mittleren aufzubauen. Das fällt manchen Eltern nicht so leicht.

Das ist natürlich nur für solche Leute richtig, die lieber einen Jungen als ein Mädchen haben wollen. Aber solche Menschen scheint es immer noch zu geben.

Es ist wichtig, darauf hinzuweisen, daß die Auffassungen FORERS nicht auf systematische Untersuchungen zurückgehen, sondern auf Eindrücke aus der therapeutischen Erfahrung. Deshalb sind ihre Aussagen nicht allgemeingültig, denn die Leute, mit denen man es in der Therapie zu tun hat, sind nicht typisch für die ganze Bevölkerung. Die Beobachtungen FORERS lassen sich jedoch gut nachvollziehen.

Jüngstes von mehr als zwei Kindern

Über die jüngsten Kinder wurden nur wenige Untersuchungen angestellt. Auffallenderweise wurden die meisten Untersuchungen vom Gesichtspunkt des Ältesten aus unternommen. Das führt zu Ergebnissen wie: «Das Älteste zeigt im allgemeinen mehr Angst als das Jüngste»

De Fee & Himmelstein *stellten zum Beispiel fest, daß erwachsene Älteste beim Zahnarzt mehr Angst haben als andere Kinder aus der Geschwisterreihe. Das paßt zu dem Bild, das man sich von den Ältesten schon macht, sagt über die Jüngeren aber noch nicht viel aus.*

Vergleiche hiermit, was über das Eingehen auf die Bedürfnisse des Kindes in Kapitel 3 und 6 gesagt wird.

– daraus darf man jedoch nicht ableiten, daß das Jüngste keine Ängste hat. MacDonald stellte fest, daß jüngste Kinder im Gegensatz zu den Ältesten ihre Ängste lieber alleine bewältigen wollen. Laut Schachter könnte dies auch erklären, daß unter erwachsenen Alkoholikern relativ mehr jüngste Kinder zu finden sind. Schwierigkeiten hinunterzuspülen ist ein Zeichen, daß man wenig Vertrauen in die Hilfe anderer hat. Zunächst klingt dies alles unerwartet. Machen nicht gerade Jüngste von Geburt an die Erfahrung, daß andere für sie sorgen? Ist nicht immer jemand in der Familie, der ihnen bei diesem oder jenem hilft? Laut Forer ist entscheidend, ob die anderen Familienmitglieder bei ihren Bemühungen um das «Kleinchen» auf dessen wirkliche Bedürfnisse eingehen. Wenn dem so ist, kann es einen gewissen Lebensoptimismus entwickeln. Es gibt nämlich immer verständige und stärkere Menschen, auf die es zurückgreifen kann. Es gibt aber auch jüngste Kinder, die buchstäblich die Spielpuppe der Familie sind. Diese werden verzärtelt, aber so, wie es für die verschiedenen Familienmitglieder am angenehmsten ist. Solche Kinder werden laut Forer eher verwahrlost als verwöhnt. Niemand geht von dem aus, was sie wirklich brauchen, was sie wirklich beschäftigt. Solche Kinder haben später wenig Vertrauen in die Hilfe anderer.

Familiengröße

Neben dem Platz in der Geschwisterreihe hat die Größe der Familie einen wesentlichen Einfluß auf die Entwicklung des Kindes. *Im Zusammenhang mit der geistigen Entwicklung* hat man die Aufmerksamkeit mehr auf die Familiengröße als auf den Platz in der Geschwisterreihe gerichtet.

Man muß bedenken, daß bis vor zehn bis fünfzehn Jahren Familienplanung und Verhütungsmittel nur von wenigen angewendet wurden.

Laut dem australischen Psychologen Marjoribanks waren schon 1925 Zusammenhänge zwischen Familiengröße und Entwicklung der Intelligenz bekannt. Kinder aus großen Familien waren im großen und ganzen weniger intelligent als Kinder aus kleinen Familien. Man brachte dies lange Zeit in Verbindung mit zwei anderen Fakten: Kinder aus niedrigerem sozialökonomischem Milieu waren im allgemeinen weniger intelligent als Kinder aus höheren Schichten, und Leute aus niedrigerem Milieu haben im allgemeinen größere Familien.

Die Kinder waren also nicht deshalb weniger intelligent, weil sie aus größeren Familien kamen, sondern weil diese großen Familien hauptsächlich in einem niedrigen sozialökonomischen Milieu angesiedelt waren.

Erst 1975 führten Marjoribanks und Markus neue Gesichtspunkte ein. Die Untersuchung von Marjoribanks an 185 elfjährigen Jungen zeigte, daß in einer großen Familie die Anzahl der Stimulantien, die die Eltern ihren Kindern geben können, pro Kind kleiner ist. Als «Maßeinheit» für die Menge an Stimulantien, die die Eltern ihren Kindern geben können, führte er den Begriff ‹umgekehrte Familiengröße› ein. Das ist der Reziprokwert der Anzahl der Kinder: Je weniger Kinder, desto größer der Quotient, desto größer das Stimulans. Marjoribanks argumentiert folgendermaßen: Eltern können entsprechend ihren Fähigkeiten und der Lage der Familie ihren Kindern eine bestimmte Menge an Stimulation bieten. Dies darf man nicht zu direkt sehen.

Auch hier liegt ein komplizierter Interaktionsprozeß vor, bei dem man sich folgendes vorstellen muß: In einer Familie mit einem Kind ist bei jeder Interaktion, an der das Kind teilnimmt, ein Erwachsener miteinbezogen. Entweder sind die Eltern miteinander beschäftigt, oder es beschäftigen sich Vater oder Mutter mit dem Kind. Die Teilnahme eines Erwachsenen erhöht natürlich das «intellektuelle Niveau» der Interaktion. Das ist für ein Kind stimulierend. Mit jedem Kind, das dazukommt, nehmen nicht nur die Kombinationsmöglichkeiten zu. Die Eltern nehmen dann an den Interaktionen, die das Kind miterlebt, seltener und die Geschwister öfter teil. Aber wie schön das gemeinsame Spiel auch sein mag – Geschwister haben intellektuell einander nicht so viel zu bieten. Mit dem letzten Gedankengang sind ZAJONC & MARKUS nicht ganz einverstanden, wie wir gleich sehen werden. Der niederländische Psychologe VROON nennt das die «Suppentheorie»: Je größer die Familie, desto dünner die intellektuelle Suppe.

MARJORIBANKS entdeckte einen deutlichen Zusammenhang zwischen sprachlicher und rechnerischer Begabung einerseits und Familiengröße andererseits. Das bedeutet nicht, daß die Rolle der sozioökonomischen Situation der Familie bei näherem Hinsehen nicht mehr wichtig ist und daß die Familiengröße alles dominiert. Im Gegenteil, MARJORIBANKS stellte fest, daß der Zusammenhang zwischen Familiengröße und intellektueller Leistung der Kinder umso stärker ist, je niedriger der Beruf des Vaters ist. Je höher dagegen der Beruf des Vaters ist, desto schwächer ist dieser Zusammenhang. Bei den obersten Klassen verschwindet er fast ganz. In intellektuellen Kreisen ist die Suppe offensichtlich so dick, daß sie trotz Verdünnung noch stark genug ist, um als Stimulans wirksam zu sein. In sozial niedrigem Milieu ist das Vorhandensein von Geschwistern ein zusätzliches intellektuelles Handikap. Das stimmt mit den Ergebnissen von POOLE und KUHN überein, die an englischen Universitäten unter Studenten Untersuchungen durchgeführt haben. Studenten aus mittleren oder höheren Schichten stammten sowohl aus kleinen als auch aus großen Familien. Studenten, deren Vater Arbeiter war, waren im allgemeinen Einzelkinder oder stammten aus einer Familie mit zwei Kindern.

Hierbei muß man bedenken, daß die Unterschiede klein sind und nur dann sichtbar werden, wenn man Durchschnitte großer Gruppen berechnet. Viele Kinder und Erwachsene können von den gefundenen Mustern abweichen!

Geburtenreihenfolge

Die Amerikaner BELMONT und MAROLLA haben von 1973 an in den Niederlanden bei 400 000 neunzehnjährigen Rekruten eine einzigartige Untersuchung durchgeführt. Auch hier ergab sich ein Zusammenhang zwischen Familiengröße und Intelligenz. Sekundär war jedoch auch ein Zusammenhang zwischen Intelligenz und Platz in der Geschwisterreihe festzustellen. Die Ergebnisse lassen sich wie folgt skizzieren:

Je höher die jungen Männer in der Geschwisterreihe standen, desto besser waren ihre Testergebnisse. Aber es war auch zu erkennen, daß die Testresultate umso schlechter ausfielen, je mehr Geschwister die jungen Männer hatten. Zum Beispiel erzielten diejenigen, die zu Hause das Zweite waren, bessere Ergebnisse als die, die zu Hause das dritte oder vierte Kind waren. Aber von denen, die zu Hause das Zweite waren, erzielten die aus einer Zweikinderfamilie bessere Resultate als die aus einer Dreikinderfamilie und diese wiederum bessere als die aus ei-

Tatsächlich handelte es sich um eine viel größere Untersuchung. Die beteiligten Rekruten waren im Kriegswinter oder zwei Jahre danach gezeugt beziehungsweise geboren worden. Man wollte wissen, ob Nahrungsmängel in jener Zeit bis ins spätere Leben nachwirkten. Da die Untersuchung innerhalb einer so großen Gruppe durchgeführt wurde, in der alle Ränge,

Stände und Glaubensrichtungen vertreten waren – alle jungen Männer müssen zum Heer –, lag es auf der Hand, daß man die Testresultate auf andere Zusammenhänge untersuchte, die ursprünglich nicht zum Thema gehörten.

ner Vierkinderfamilie. Diese Erscheinung trat in allen drei Milieus auf, die entsprechend dem Beruf des Vaters (Akademiker, Arbeiter, Bauer) unterschieden wurden. BELMONT & MAROLLA hatten dafür keine Erklärung. Mehrere Psychologen haben jedoch versucht, Erklärungen zu finden.

MARJORIBANKS und WALBERG fanden in ihrer kanadischen Untersuchung ebenfalls einen Zusammenhang zwischen dem Platz in der Geschwisterreihe und rechnerischen und sprachlichen Leistungen. Die älteren Geschwister zeigten in diesen Fächern bessere Leistungen.

Bei der Interaktion zwischen Eltern und Kind unterscheiden sie die folgenden Aspekte: die Ermutigung zu Leistungen, zu allerlei Aktivitäten und zu Unabhängigkeit das Ausmaß an Denkarbeit, die sich abspielt den Sprachgebrauch schließlich, ob sich die Mutter oder der Vater mehr um das Kind kümmert.

Diese Faktoren machen zusammen das intellektuelle Niveau aus, das die Eltern ihren Kindern bieten. MARJORIBANKS und WALBERG verneinen aufgrund ihrer Forschungsergebnisse, daß dieses Milieu für alle Kinder aus einer Familie dasselbe ist. Für das älteste Kind ist die Interaktion mit den Eltern stärker bestimmt durch Ermunterung zu Leistungen und Aktivität, zu Denkarbeit die Eltern sprechen öfter mit ihm und der Vater wendet sich ihm häufiger zu. Dies alles nimmt mit jedem folgenden Kind allmählich ab. Nur das Maß, in dem die Mutter sich mit dem Kind beschäftigt, und das Maß, in dem das Kind zur Unabhängigkeit angespornt wird, ist für alle Kinder einer Geschwisterreihe konstant.

Wesentlich ist laut MARJORIBANKS und WALBERG das Niveau, auf dem die Eltern mit ihrem Ältesten anfangen. Ist es hoch, so nimmt es bei den folgenden Kindern zwar etwas ab, bleibt aber immer noch höher als bei Eltern, die ihrem Ältesten von vorneherein weniger zu bieten haben. Damit könnte man die Unterschiede zwischen den sozio-ökonomischen Niveaus erklären.

Das deutet darauf hin, daß begabte Familien nicht nur in finanzieller, sondern auch in intellektueller Hinsicht eine größere Tragfähigkeit haben. Erst wenn ein fünftes Kind geboren wird, ist dies in begabten Familien einigermaßen zu spüren. In Arbeiter- und Bauernfamilien ist jedes weitere Kind eine intellektuelle Belastung. Zusammen mit dem Unterschied im Anfangsniveau führt dies zu großen sozialen Ungleichheiten. Beim Intelligenztest von 400000 Rekruten war das im Durchschnitt erreichte Resultat eines siebten Kindes aus einer Intellektuellenfamilie mit neun Kindern genauso hoch wie das eines Ältesten aus einer Arbeiterfamilie mit zwei Kindern.

Altersunterschiede

MARKUS & ZAJONC gehen auch davon aus, daß sich bei der Geburt eines jeden Kindes die intellektuelle Interaktion verändert. Sie arbeiten ihre Theorie zu einem «Konfluenzmodell» aus. Mit diesem Wort wollen sie andeuten, daß eine Familie nicht aus voneinander isolierten Individuen besteht, sondern mehr ist als die Summe der einzelnen Glieder. Interaktionen zwischen zwei Familienmitgliedern finden immer innerhalb des Familienganzen statt dieses verändert sich bei der Geburt eines jeden

Kindes. Für jedes Kind bedeutet der Begriff «bei mir zu Hause» etwas anderes, weil es das Familienleben aus seiner speziellen Situation heraus erlebt. Es sind immer die anderen, die für es «zu Hause» bedeuten.

Diesem Konfluenzmodell, in dem Familiengröße und Geburtenreihenfolge eine große Rolle spielen, fügen MARKUS & ZAJONC als weiteres Element den Altersunterschied der Kinder hinzu. Ein großer Altersunterschied sorgt dafür, daß die schon vorhandenen Kinder eine längere Zeit in einer kleineren (und deshalb stärker stimulierenden) Familie aufwachsen als die Kinder, die schon früh jüngere Geschwister bekommen. Außerdem wird jedes weitere Kind in eine Familie hineingeboren, in der das intellektuelle Entwicklungsniveau schon eine höhere Ebene erreichen konnte als in einer Familie, in der alle Kinder kurz nacheinander geboren wurden. Große Altersunterschiede sind deshalb für die intellektuelle Entwicklung der Kinder von Vorteil.

So scheint das Nesthäkchen im allgemeinen intelligenter zu sein als das zweitjüngste Kind aus derselben Familie.

Man kann das jedoch auch von einer anderen Seite sehen. Es ist für Kinder auch stimulierend, jüngeren Kindern all das zu vermitteln, was sie selbst schon kennen und können. Es ist für sie eine Prüfung, ob sie es schon vollständig beherrschen als Vorbild müßen sie sich anstrengen, es so gut wie möglich zu machen. Es zeigt sich auch, daß diese Lehrerrolle von Kindern bei kleinen Altersunterschieden das meiste abverlangt. MARKUS & ZAJONC interpretieren dies anhand der Entwicklung von Einzelkindern. Diese hinkt im allgemeinen der der ältesten Kinder hinterher. Ein Einzelkind hat eben kein Kind unter sich, gegenüber dem es als Lehrer auftreten könnte.

MARJORIBANKS *fand heraus, daß ein intelligenteres Kind einem Geschwisterchen öfter etwas erklärt als ein weniger intelligentes Kind. Wenn das Geschwisterchen weniger intelligent ist, dann wird ihm auch weniger erklärt. Der Lehrer profitiert von dem Ganzen mehr als der Schüler.*

Es ist also noch nicht klar, welchen Einfluß der Altersunterschied letztendlich hat.

9. Kapitel
Kinderängste

Wir verwenden die Begriffe «Furcht» und «Angst» undifferenziert nebeneinander. Das wird nicht immer gemacht. Manchmal reserviert man «Furcht» für Fälle, wo eine deutliche Ursache vorhanden ist und «Angst» für eine Gemütserregung, die keine klar erkennbare Ursache hat.

Die Angst ist etwas Nützliches. Sie ist ein Alarmzeichen für drohende Gefahr. Man kann sie mit dem Schmerz vergleichen, der auch unangenehm ist. Trotzdem wäre unser Leben bedroht, wenn wir nie Schmerzen hätten. Der Schmerz ist ein Alarmzeichen dafür, daß etwas im Körper nicht in Ordnung ist. Die Angst ist ein Zeichen dafür, daß etwas von außen droht. Sie steht wie der Schmerz im Dienst des Überlebens. Keine Angst zu kennen, ist gefährlich.

In einem frühen Stadium der Evolution handelte es sich um Gefahren, die das Leben direkt bedrohten: ein wildes Tier, Feuer, tiefes Wasser. Je weiter die geistige Entwicklung des Menschen voranschritt, desto mehr verlagerten sich die Ängste auf eine andere Ebene: die Angst, ausgelacht zu werden, die Arbeitsstelle zu verlieren oder ungewollt schwanger zu werden. Es handelt sich nicht mehr um Bedrohungen des leiblichen, sondern des psychischen Wohlergehens und des Selbstwertgefühls.

Aber auch für diese Gefahren hat die Angst ihre Signalfunktion behalten. Deshalb ist es wichtig, daß ein Kind lernt, nicht vor seiner eigenen Angst zu erschrecken. Wie wir gleich sehen werden, erlebt ein normales Kind in seiner Entwicklung ziemlich viele Ängste. Daß die Angst ein Urerlebnis ist, kann man daran sehen, daß der ganze Körper davon betroffen ist. Wenn die vor der Gefahr warnenden Signale von den Sinnen aufgefangen werden, dann wird über den Hypothalamus und das autonome Nervensystem mittels des Hormons Adrenalin dafür gesorgt, daß das Herz schneller schlägt und die Milz mehr Blut ausstößt der Blutdruck und der Zuckergehalt werden erhöht, die Verdauung wird gestoppt, und den inneren Organen wird soviel Blut wie möglich entzogen und in den Kopf, in die Beine und in die Arme geschickt. Dies alles dient der Urreaktion auf die Gefahr für Leib und Leben: kämpfen oder wegrennen.

Beispiele

Bei den heutigen psychischen Ängsten hilft diese primitive Reaktion nicht mehr; aber die körperlichen Reaktionen laufen immer noch gleich ab. Man denke nur an das Erröten (Blut wird in den Kopf geschickt) in peinlichen Situationen oder an die Magengeschwüre von Menschen, die fortwährend unter Druck arbeiten: ihre Verdauung wird ständig blockiert, weil das autonome Nervensystem den Verdauungsprozessen soviel Blut wie möglich zugunsten der Angstbekämpfung entzieht.

Ängste als Folgen der Entwicklung

Die Ängste, welche auch bei normaler Entwicklung auftreten, lehren das Kind, mit der Tatsache zu leben, daß es manchmal Angst hat. Beim Heranwachsen lernt es deren warnende Funktion kennen. Herbert schreibt: «Die Kinder entwachsen ihren Ängsten von selbst, ebenso wie sie bestimmten Spielzeugen entwachsen.»

Wir werden vorerst die Ängste besprechen, die ein Kind in seiner Entwicklung erlebt, ohne daß etwas Besonderes vorliegt oder Anlaß zu Besorgnissen besteht. Es wird sich zeigen, daß das Auftreten einer bestimmten Angst oft mit einer bestimmten Stufe der emotionalen und geistigen Entwicklung zusammenhängt.

Die Trennungsangst, wie sie in Kapitel 5 beschrieben wird, ist hierfür ein Beispiel.

Körperliche Angstreaktionen, die dem Ich-Bewußtsein vorangehen

Angst ist das Gefühl einer Person, die sich ihres Daseins bewußt ist, oder, wie FREUD es gesagt hat: Angst gehört zum Ego, zu einem erlebenden Ich. In der Entwicklung eines Kindes können Ängste deshalb erst dann auftreten, wenn ein bestimmtes Maß an Ich-Bewußtsein erreicht ist, wenn die Bedrohung für das eigene Ich wahrgenommen werden kann.

Über das Ich-Bewußtsein siehe Kapitel 7.

Das heißt nicht, daß in den vorangehenden Entwicklungsphasen keine Ängste auftreten. Wir haben ja gesehen, daß auch der Körper auf eine Drohung von außen reagiert. Die ersten Angstreaktionen sind instinktiv, ohne daß das Kind ahnt, was vor sich geht. Sie sind anfänglich Reaktionen auf Bedrohungen des leiblichen Wohlergehens.

FREUD *pflichtet einer Hebamme bei, die trotz des Gelächters ihrer Kolleginnen sagte, daß Babys bei der Geburt manchmal Exkremente ausscheiden, «weil sie Angst gehabt haben».*

Man vermutet, daß die früheste Angst bei der Geburt auftritt, wenn das Kind in die grelle, kalte und lärmende Welt hinausgetrieben wird. Es fängt dann erbärmlich zu schreien an. Daß dies keine von Natur aus notwendige Reaktion ist, zum Beispiel um die Lungen in Gang zu setzen, wird von LEBOYER gezeigt. Er versucht, die Umgebung der gebärenden Mutter möglichst warm, ruhig und dämmerig zu halten. Babys schreien dann viel weniger oder überhaupt nicht. Man darf aber nicht vergessen, daß viele Kinder ihr Leben technischen Hilfen bei der Entbindung verdanken, wobei man nicht darauf achten konnte, ob die Umgebung nun angenehm ist oder nicht. Diese frühesten schlimmen Erfahrungen faßt man unter dem Begriff des Geburtstraumas zusammen.

Ein Trauma ist ursprünglich ein medizinischer Ausdruck und bedeutet «Verletzung». In der Psychologie bezeichnet man damit ein schockierendes Erlebnis, das das psychische Gleichgewicht erschüttert.

Während der Säuglingszeit sieht man weitere körperliche Angstreaktionen bei plötzlich auftretenden lauten Geräuschen, Bewegungen und Lichtblitzen, beim Verlust von Unterstützung, beim Hinfallen und bei Schmerzen. Diese und andere Babyängste hat JERSILD in einer sorgfältigen Untersuchung zusammengefaßt. Er stellte für alle Ängste das Ausmaß fest, in dem sie bis zum sechsten Lebensjahr auftreten. So kann er Ängste, die mit dem Alter zunehmen, von solchen unterscheiden, die mit dem Alter abnehmen. Die oben genannten Ängste nehmen ab, außer der Angst vor Lichtblitzen. Diese nimmt bis zum Alter von vier Jahren zu und erst danach ab. Die Angstreaktion auf Schmerz nimmt bis zu diesem Alter ab, danach wieder zu. Die auffallendste körperliche Angstreaktion ist ein beschleunigter Herzschlag. Dieser läßt sich auch am leichtesten messen.

Die Erhöhung der Pulsfrequenz ist die auffälligste körperliche Reaktion auf Angst. Sie ist am leichtesten zu messen. Vergleiche damit auch die schützende Funktion mancher Reaktionen, die in Kapitel 3 beschrieben werden.

Von ungefähr acht Monaten an ist bei fast allen Kindern die *Trennungsangst* zu beobachten. Diese Angst kann ein Kind erst dann erleben, wenn es zwischen bekannten und unbekannten Menschen unterscheiden kann.

Ängste in der frühesten Periode des Ich-Bewußtseins

Oft kann Wasserangst von Zweijährigen damit erklärt werden. Sie haben keine Angst vor dem Wasser als solchem, sondern vor der großen Fläche, vor der sie stehen.

Wenn im zweiten Lebensjahr das Selbstbewußtsein erwacht, bringt das neue Ängste mit sich. Die Entdeckung, daß es Ereignisse auslösen kann, mag dem Kind ein Machtgefühl geben.

In diesem Stadium hat es sehr viel Angst vor den *Naturerscheinungen*, auf die es ja keinen Einfluß hat. So beginnt mit anderthalb Jahren die Angst vor Gewittern, Sturm, Dunkelheit, großen offenen Flächen und großen Wasserflächen. In der Urgeschichte der Menschheit waren das wie die oben erwähnten Babyängste reelle Bedrohungen. Sowohl das Bild von dem, was drohend ist, als auch von dem, was man als Reaktion darauf tun kann, sind in der menschlichen Erbmasse vorhanden. Es scheint so, als müsse jedes Kind dies aufs neue erleben.

Oft kann *Wasserangst* von Zweijährigen hiermit erklärt werden. Es ist weniger das Wasser als solches, vor dem sie Angst haben, sondern mehr die Fläche, vor der sie stehen.

Über das Wissen um das eigene Aussehen siehe Kapitel 7.

Dasselbe könnte man von der Angst vor fremden Tieren denken. Sie beginnt in dem Alter, in dem das Kind selbständig umherläuft. Das Urkind blieb wahrscheinlich von den bizarresten Geschöpfen so lange unbeeindruckt, als seine Mutter keine Anzeichen von Angst erkennen ließ. Sobald es anfing alleine herumzulaufen, mied es zunächst am besten alles, was fremd war. So ist auch bei den heutigen zweijährigen Kindern zu beobachten, daß sie vor fremden Tieren Angst haben, jedoch nicht vor Haustieren, mit denen sie aufgewachsen sind.

Eine «höhere» Angst aus dieser Periode, die ebenfalls mit der zunehmenden Selbständigkeit zusammenhängt, ist die Angst vor dem *Verlassenwerden.*

In Kapitel 8 wird beschrieben, wie das Älteste nach der Geburt des Zweiten unter Verlassenheitsangst leiden kann.

Es ist naheliegend, daß auch Kinder Angstträume haben können. Dies läßt sich kaum feststellen, weil kleinen Kindern das Erzählen noch so schwer fällt. Untersuchungsergebnisse von FOULKES *scheinen darauf hinzuweisen, daß Drei- und Vierjährige jedoch ziemlich «unschuldig» träumen.*

Ein zweijähriges Kind kann zwar seine Mutter aus dem Auge verlieren, weil es ein Phantasiebild von ihr festhalten kann, mit dem es die Trennungsperiode überbrückt, aber diese Periode darf nicht zu lange dauern. Das Kind muß jedoch bestimmen können, wann es die Mutter wieder zu sehen bekommt. In dem Augenblick, in dem es die Mutter sucht und sie nicht findet, bekommt es Angst. Wohl jedes Kind macht eine heftige Form dieser Angst durch, denn es passiert jedem Kind, daß es seine Mutter verliert (Supermärkte sind dafür berühmt). Eine spezielle Form davon ist das *weinende Aufwachen in der Nacht*, eine Kombination der Angst vor der Dunkelheit und der Verlassenheitsangst. Wenn die Mutter ans Bettchen kommt, ist alles vorbei. Dieses Geschrei um nichts kann in ihr begreiflicherweise das Mißverständnis erwecken, daß das Kind unartig ist.

Die Angst vor dem Verlassenwerden kann auch dadurch verstärkt werden, daß sich das Kind im ersten Trotzalter von seiner Mutter absetzt. Es läuft weg oder schickt sie weg. Wenn dann in einem bestimmten Augenblick die Mutter wirklich weg ist, kann es dies als direkte Folge seines Verhaltens auffassen.

Man kann die Ursache von Kinderängsten nicht ergründen, weil man ihren gewundenen Gedankengängen nicht immer folgen kann.

Eine andere Ursache für die Angst in dieser Periode ist das *mangelnde Verständnis.* Viele Kinder haben zum Beispiel Angst, im WC, in der Dusche oder im Bad weggespült zu werden. Sie sehen vieles darin verschwinden. Weil sie kein Gefühl für Maße haben, ist es ihnen nicht bewußt, daß ihnen da nichts droht.

Sprachliche Mißverständnisse können auch zu Angst führen. FRAIBERG erzählt von einem zweijährigen Mädchen, das vor Ameisen Todesangst hat. Einerseits könnte das die normale Angst vor unbekannten Tieren sein. Aber wichtiger schien, daß das Mädchen die Oma, die vor dem Küchenschrank stand, sagen hörte: «Immer wieder diese Ameisen, sie fressen wirklich alles auf». Alles, also auch ein kleines Mädchen. Man kann nicht immer hinter die Ursache bestimmter Kinderängste kommen. Dies liegt teilweise daran, daß man den kindlichen Gedankensprüngen nicht immer folgen kann.

Ängste bei der Bedrohung des Ich

Im Alter von vier Jahren haben die meisten Kinder das Bewußtsein von einem eigenständigen, unabhängigen Ich erreicht. Zu der Frage: ‹Woher komme ich?› gesellen sich nun auch Fragen wie «Was wird mit mir geschehen»? STONE & CHURCH nennen dies das Bewußtsein von der Verletzbarkeit des eigenen Ich. In diesem Alter achtet das Kind sorgsam auf seinen Körper. Es gerät in Panik, wenn es eine Wunde hat.

Ein Kind in diesem Alter kann sich darüberhinaus von dem, was wirklich geschieht, freimachen und sich vorstellen, was passieren könnte. Viele von diesen Vorstellungen konzentrieren sich auf die körperliche Verwundbarkeit. Es kann sein, daß es bestimmte Spiele nicht mitmachen will aus *Angst, sich zu schädigen.* Die *Kastrationsangst*, an deren Existenz die Psychoanalytiker glauben, ist eine Form dieser Angst vor der Verwundung.

Es ist sogar nicht unmöglich, daß man auf den Gedanken der Kastrationsangst gekommen ist, nachdem man festgestellt hatte, daß kleine Jungen mit sich selbst ziemlich vorsichtig umgehen. An Stelle einer allgemeinen Angst vor körperlicher Beschädigung mißt man dem jedoch eine spezielle sexuelle Bedeutung bei.

Es kann Angst bekommen zu sterben, auch wenn es noch kein Bewußtsein von der Unwiderruflichkeit des Todes hat. Vor allem Kinder, denen man erklärt hat, daß sterben nichts anderes ist als sehr lange zu schlafen, haben oft Angst vor dem Einschlafen.

Im Kindergartenalter ist es auf den ersten Blick merkwürdig, daß Kinder vor ihren eigenen Phantasieprodukten – selbsterdachten bösen Menschen und Ungeheuern – Angst bekommen. STONE & CHURCH nennen diese Phantasiegestalten *Angstböcke*, in Analogie zu dem Begriff «Sündenböcke». Es treiben zahlreiche Ängste ihr Unwesen, für die das Kind noch keinen Begriff hat; körperliche Spannungen treten auf, deren Ursache es noch nicht kennt. Unbestimmte Gefühle sind schwer zu ertragen. Man hat das Bedürfnis, zu wissen, woher ein Gefühl kommt. Deshalb phantasiert sich das Kind böse Männer und abscheuliche Ungeheuer zusammen: sie machen ihm Angst. Natürlich weiß es nicht, was und warum es das tut, es hat wirklich Angst vor seinen Phantasiegestalten.

Vorstellung

Am Ende dieser Periode ist das Kind jedoch besser in der Lage, Wirklichkeit und Phantasie auseinanderzuhalten. Man spricht vom *Realitätsbewußtsein.* Das Kind entdeckt die Wirklichkeit. Sie ist eine neue Angstquelle, denn die Wirklichkeit ist kompliziert und unübersichtlich. Das Kind merkt allmählich, daß es letzten Endes mit allem alleine zurechtkommen muß. Ungefähr vom siebten Lebensjahr an kann das Kind Angst und Unsicherheit erleben, was sich unter anderem in Schlaflosigkeit und Alpträumen äußert.

Im Schulalter beginnen sich die Kinder bestimmte Situationen vorzustellen. HERBERT spricht in diesem Zusammenhang von einer «Ausdünnung» der Angst. Nun treten die konkreten Angstquellen gegenüber den erdachten Situationen in den Hintergrund. Es stellt sich vor, daß

Ein Mensch leidet oft am meisten durch das Leiden, das er fürchtet.

es verunglückt, daß Papa stirbt, daß es sitzenbleibt, daß man es auslacht, daß es in den verkehrten Zug einsteigt. Laut HERBERT ist ein neuerlicher Anstieg von Ängsten bei Elfjährigen zu beobachten, möglicherweise als Folge der Veränderungen, die der Beginn der Pubertät mit sich bringt. Der Zwang, sich in neue Situationen zu begeben und neuen Anforderungen zu genügen, ist für Kinder und Erwachsene eine Quelle der Angst. Gerade Kinder, die im Laufe ihrer Entwicklung neuen Forderungen begegnen, müssen viel *Anfänger-Angst* durchleben.

Vergleiche damit, was über konsonante und dissonante Umwelt und über Regressionserscheinungen in Kapitel 6 gesagt wird.

Wenn sie dabei Mißerfolge haben – meistens weil die Anforderungen zu hoch sind oder weil zuviel auf einmal verlangt wird –, können sie eine *Versagensangst* entwickeln. Das Kind wird mutlos und wagt nicht mehr, auf sein eigenes Können zu vertrauen. Es denkt immer öfter «das kann ich sowieso nicht» und fängt mit neuen Sachen schon gar nicht mehr an. Ein Teil der Lernschwierigkeiten findet hier seine Ursache. Das Kind kann sein Selbstvertrauen zurückgewinnen, indem man mit Dingen beginnt, die es schon beherrscht, und die Aufgaben mit minimalen Schritten schwerer macht, so daß es wieder Erfolgserlebnisse hat.

Angstempfindlich durch Veranlagung

Kinder sind nicht alle in gleichem Maße ängstlich. Sie unterscheiden sich in der Erregbarkeit des Nervensystems. Schon das kann zu unterschiedlichen Angsterlebnissen führen. Ein Kind, das schneller errötet, sich schneller warm fühlt und plötzlich einen Druck auf den Magen bekommt, wird eher auf die Idee kommen, daß «da etwas ist» und es eher mit dem Phänomen «Angst haben» zu tun bekommen.

Was hier beschrieben wird, betrifft eigentlich immer denselben Kindertyp. Wie Kapitel 1 zeigt, wird dabei ein und dieselbe Erscheinung von verschiedenen Seiten betrachtet.

Folglich werden Kinder, die entsprechend der Temperamenteinteilung von THOMAS & CHESS zu den «schwierigen Kindern» gehören, schneller aus der Fassung geraten, wenn sie einmal Angst haben, und nur mühsam zu ihrem emotionalen Gleichgewicht zurückfinden; sie lassen sich weniger leicht beruhigen.

Kinder, die laut EYSENCK ihrer Anlage nach zu den emotionalen Labilen gehören, werden schnell von ihren eigenen Gefühlen überrollt. Dadurch werden sie eher als die anderen von Angstgefühlen beherrscht.

Ein schnell begreifendes Kind wird vielleicht nicht so lange von Ängsten belästigt werden, die durch Mißverständnisse entstehen. Ein Kind mit einer lebendigen Phantasie schafft sich leicht angsteinflößende Ungeheuer. Eingebildete Ängste beunruhigen es eher als ein Kind, das mehr Sinn für die Realität hat.

CATTELL hat *Angstempfindlichkeit* (‹anxiety proneness›) mit Ichstärke in Zusammenhang gebracht. Je besser jemand sein Gefühlsleben beherrscht, desto besser ist er in der Lage, die Angst zu meistern. Je weniger ein Kind sich bei seiner augenblicklichen Beschäftigung von der Angst ablenken läßt, desto schneller verschwindet sie, so daß es ruhig weiterspielt. Ein Kind dagegen, dessen Aufmerksamkeit sich voll auf die Angst richtet, wird von ihr *gelähmt* und kann nicht mehr weiterspielen. Es fehlt ihm also die Erfahrung, daß die Angst unbegründet war. Beim nächsten Mal wird es ihr erneut unterliegen. Den Prozeß, mit großen und kleinen streßvollen Ereignissen fertig zu werden, nennt man in der englischsprachigen Literatur *coping*. Mit zunehmendem Alter verändern sich Qualität und Quantität des Copingverhalten und der

Copingstrategien. Was man von einem Dreijährigen noch nicht aus eigener Kraft erwarten kann, stellt für einen Sechsjährigen kein Problem mehr dar. Aber das Alter alleine besagt noch nicht alles. Ein Kind muß auch ein gewisses Maß an Selbstvertrauen haben. Wie wir bereits bei FREUD gesehen haben, gehören die Begriffe Selbstvertrauen und Ichstärke jedoch dem Grenzgebiet zwischen Veranlagung und Umwelt an. Die Stabilität eines Kindes ist zwar z.T. durch seine Veranlagung bedingt, wird aber auch durch die Lebenserfahrung beeinflußt. Wie wir im folgenden sehen werden, ist es notwendig, daß die Eltern ihre Forderungen an das Kind an seine Möglichkeiten anpassen.

Das bewußt erlebende Ich laviert zwischen den Wünschen aus dem Es und den Forderungen des Über-Ich.

Reale Angst, neurotische Angst, moralische Angst

Wie und in welchem Maße trägt die Umwelt dazu bei, daß ein Kind Angst bekommt? Wir beschränken uns hier auf allgemein auftretende Formen der Kinderangst.

Für ein gutes Verständnis ist die FREUDsche Dreiteilung wichtig. Er unterscheidet zwischen *realer Angst, neurotischer Angst* und *moralischer Angst.*

Reale Angst entsteht durch objektiv bedrohliche Situationen in der Umgebung. Es versteht sich von selbst, daß ein Kind vor einem Bügeleisen Angst bekommt, wenn es sich einmal daran verbrannt hat, und es ist verständlich, daß es einen Staubsauger unheimlich findet, wenn es noch nicht begreift, daß dies «nur» ein Staubsauger ist und nicht ein lauerndes Ungeheuer. Es ist logisch, daß ein Kind vor dem Einschlafen Angst hat, nachdem es einmal im Dunkeln erwacht war und seine Eltern nicht zu Hause waren. Reale Ängste sind aber auch nützlich, denn sie lehren, aus Angst vor Wiederholung Gefahren zu vermeiden: Nicht mehr auf eine wacklige Treppe gehen, nicht mehr zu schnell fahren, nicht mehr auf zu dünnem Eis Schlittschuh laufen. Vor allem bei kleinen Kindern bilden sich um die reale Angst eine Reihe von Verallgemeinerungen, die die eigentliche Quelle der Angst verdrängen. Manche Kinder haben zum Beispiel Angst davor, in die Nähe des Schrankes zu kommen, in dem das Bügeleisen steht. Oder sie werden quengelig, wenn die Mutter Kaffee trinkt, weil sie danach immer staubsaugt.

Siehe Kapitel 4.

Durch zufällige Ereignisse können Ängste, die in der Entwicklung des Kindes in der Regel auftreten, heftiger oder früher erlebt werden. Ein Kind, das unerwartet von einem Hund angesprungen wird, wird vor Tieren früher und intensiver Angst haben. Das «Darüberhinauswachsen» – nach HERBERT der normale Gang der Dinge – verläuft dann meistens etwas mühsamer.

Ein Erwachsener kann ebenso wie ein Kind durch Anfechtungen aus dem Es Angst bekommen. Vor allem aggressive Neigungen können zu Ängsten Anlaß geben, weil man nicht weiß, ob man die eigenen Impulse wirklich beherrschen kann. Wünsche aus dem Es sind Quellen *neurotischer Ängste.*

Moralische Ängste treten auf, wenn man davor Angst hat, den Normen seines Gewissens nicht genügen zu können. Erwachsene wie Kinder können sich aus diesem Grunde schuldig fühlen. Wie wir bereits sahen, entsteht das Gewissen, das Über-Ich dadurch, daß das Kind sich die Forderungen der Umwelt zu eigen macht.

Strenge, gleichgültige, überbehütende und ängstliche Eltern

CAMERON bringt die zwei letztgenannten Formen der Angst in Zusammenhang mit zwei Erziehungsstilen. *Eltern, die strenge Forderungen* an ihr Kind stellen, bewirken, daß es ein strenges Gewissen bekommt und oft das Gefühl hat, daß es sich nicht so benimmt, wie es sich eigentlich gehört. Dazu kommt dann noch die Angst, daß es die Liebe der Eltern verliert, wenn es sich nicht an ihre Regeln hält. *Eltern, die alles gut finden,* beschützen das Kind nicht gegen seine eigenen Impulse. Sie setzen keine Grenzen, und das Kind hat das Gefühl, daß ihm niemand einen Halt gibt, wenn es sich nicht selbst an der Hand hält. Eltern können durch Strenge oder Interesselosigkeit beim Kind moralische, beziehungsweise neurotische Ängste schüren. Es wird sich nicht nur schnell schuldig fühlen, beziehungsweise als mangelhaft empfinden, sondern auch dauernd unter Spannung stehen und sich nicht zu äußern wagen, weil es Angst davor hat, etwas Falsches zu sagen.

Weiter unten werden wir sehen, daß die Angst auch ernsthaftere Formen annehmen und zu Verhaltensstörungen bei Kindern führen kann.

Auch *übermäßig behütende* Eltern können ihr Kind angstempfindlich machen. Ein Kind, von dem alles irgendwie Angst Einjagende ferngehalten wird, lernt nicht, mit Ängsten umzugehen. Wenn es dann jedoch in einem bestimmten Moment in einer ungewohnten Situation zurechtkommen muß, wie zum Beispiel vor dem ersten Gang zur Schule, steht es bangen Gefühlen wehrlos gegenüber. Die Haltung der Eltern ist auch in anderer Hinsicht wichtig, denn Angst ist offensichtlich ansteckend. Bei den Bombardierungen in England während des Krieges entdeckte man bei Untersuchungen einen deutlichen Zusammenhang zwischen der Angst der Kinder und dem Maß, in dem *die Mütter ihre eigene Angst* beherrschen konnten. Aber auch in weniger dramatischen Situationen ist das Vorbild wichtig. Eltern, die immer sagen: «Paß auf, schau dich um, tu das nicht, das ist gefährlich», erwecken in ihren Kindern das Gefühl, daß das Leben voller Gefahren steckt. JONES zeigte durch Untersuchungen, daß Kinder durch Nachahmung Angst kriegen können. Sie brachte ein Kind, das vor Kaninchen keine Angst hatte, mit einem zusammen, das sich vor Kaninchen fürchtete. Als sie das Kaninchen hereinbrachte, reagierte das ängstliche Kind mit ängstlichem Benehmen, und das andere Kind übernahm dieses Verhalten. Es dauerte zwei Tage, bis diese erlernte Angst wieder verschwunden war. Wenn solche Kinder regelmäßig zusammen sind, entsteht für das zuerst nicht ängstliche Kind eine permanente Angst. HERBERT gibt Beispiele dafür, daß auch das Umgekehrte der Fall sein muß. Ein Kind, das vor irgend etwas Angst hat, kann seine Angst verlieren, wenn es sieht, daß andere davor keine Angst haben.

Hier spielen sowohl Imitation als auch Lernen am Modell eine Rolle. Dazu mehr in Kapitel 4.

Schwere Formen der Angst

Das durch Veranlagung schon angstempfindliche Kind ist natürlich eher in Gefahr, durch eine angstfördernde Umwelt beeinflußt zu werden.

Die Angst überschreitet die Grenzen des Normalen, wenn ein Kind so von ihr in Beschlag genommen wird, daß seine normale Entwicklung bedroht ist. Bestimmte Erziehungsstile können solche ernstzunehmenden Ängste zur Folge haben, wenn sie stark ausgeprägt sind. Ein Kind kann ratlos werden, wenn es zum Beispiel seine Aggressionen ungehindert ausleben darf. Nach FRAIBERG bekommt ein Kind eine Angst, wenn es sich nicht beherrschen kann und ihm niemand hilft. Ängste, deren Ursprung in dem Verhältnis zwischen Eltern und Kind liegt, äußern sich häufig durch langanhaltende Schlafstörungen. So entsteht schnell ein Teufelskreis, da durch die Schlafstörungen neue Spannungen zwischen Eltern und Kind entstehen. Man darf diese Argumentation jedoch nicht umkehren und sagen, daß ein Kind mit Schlafstörungen ein schlechtes Verhältnis zu den Eltern hat. Ebenso wie Bettnässen können Schlafstörungen ganz normale Phasenprobleme sein. Wenn Eltern nicht adäquat auf diese Probleme reagieren, können diese sich jedoch festigen und das Verhältnis zwischen Eltern und Kind ernstlich belasten. Andere Impulse aus dem Es sind sexueller Natur. Wenn sie sehr stark sind und viel Angst einjagen, kann ein Kind laut FREUD eine andere Angst vorschieben, um die erste nicht spüren zu müssen, auch wenn ihm diese noch nicht bewußt ist. Ein bestimmter Gegenstand, ein Tier oder eine Situation, wird mit «Angst» besetzt. Laut FREUD ist das die Ursache von kindlichen Phobien. Jene Angst wird so stark vorherrschen, daß die wirkliche Angstquelle, die starken sexuellen Neigungen, völlig in Vergessenheit geraten. Überstrenge Eltern machen ihr Kind lebensunsicher, denn nie macht es etwas richtig, immer fehlt irgend etwas. Man muß bedenken, daß das Kind sich von einem bestimmten Zeitpunkt an mit den von außen herangetragenen Forderungen seiner Eltern identifiziert, weil es dann an ihren Wert glaubt. Wenn es diesen Forderungen nicht entspricht, dann ist es von sich selbst enttäuscht. Das kann zu Depressionen führen.

Siehe Kapitel 11.

Auch übermäßig behütende Eltern können zu «weit» gehen. Sie können jede Angst, wie real sie auch sein mag, wegreden. Dadurch nehmen sie dem Kind das weg, was FRAIBERG «Vorbereitungsangst» nennt. Wenn man im voraus erkennt, daß etwas Unheimliches bevorsteht, hat man die Gelegenheit, ein wenig Angst vor dem Kommenden noch zuzulassen man kann sich daran gewöhnen und Selbstschutzstrategien überdenken, so dass man in jedem Fall dem Unheimlichen einigermaßen gewappnet gegenübertritt. Wenn Eltern dies durch beruhigende Worte systematisch behindern, kommt das Kind wehrlos in Situationen, die durchaus Angst auslösen können. Der Einfluß der Eltern ist so groß, daß sich auch das Kind in solchen Situationen einredet, es sei kein Grund zur Angst vorhanden. Es fühlt sich stark. FRAIBERG beschreibt Anton, der bei Opas Tod, beim Zahnarzt, bei einer Blinddarmoperation usw. überhaupt keine Angst hat. Aber in der Nacht äußert sich die Angst in Alpträumen.

Das ödipale Verlangen nach einem der Eltern wird mit Hilfe einer Phobie verdrängt. FREUDS berühmter Patient Hansi war dafür ein Beispiel. Behavioristen sehen die Phobie hingegen als einen Lernprozeß an, der auf ein traumatisches Erlebnis zurückgeht, etwa eine äußerst strenge Form von Strafe, auf die Vermeidungsverhalten folgt. Siehe dazu auch Kapitel 4.

EISENBERG bringt auch die Schulangst in Zusammenhang mit übermäßig behütenden Eltern. Das Kind ist so an die Mutter gebunden, daß es sich nur in ihrer Nähe sicher fühlt. Ohne sie hat es vor der Schule Angst. Es weigert sich, von der Mutter wegzugehen. Wichtig ist nun, wie das Kind an der Schule aufgenommen wird und ob man sich dort vorstellen kann, welche Mühe es die Trennung von der Mutter kostet.

Bei der Bekämpfung der Angst eines Kindes scheint Verständnis sehr wichtig zu sein, wie überflüßig seine Angst für die anderen auch scheinen mag. Zwingen und Überreden bewirken immer das Entgegengesetzte. Wenn man das Kind Schritt für Schritt an das gewöhnt, was es so unheimlich findet, hilft man ihm weiter. In schweren Fällen jedoch sollte man über mögliche Ursachen nachdenken. Meistens ist dann die Beziehung zu den Eltern gestört.

10. Kapitel
Gewissensbildung

Ein selbständiger Mensch zeichnet sich nicht nur dadurch aus, daß er aus eigener Kraft etwas tun kann, sondern besonders dadurch, daß er in bestimmten Situationen beurteilen kann, was in moralischer Hinsicht richtig und was falsch ist. Er muß zwischen Gut und Böse unterscheiden. Dieses innere Bewußtsein nennt man das *Gewissen*. Da heißt nicht, daß man sich immer in Übereinstimmung mit seinem Gewissen verhält. MATTHÄUS umschreibt das so: «Der Geist ist willig aber das Fleisch ist schwach.» Man weiß zwar, was getan werden muß, aber Wissen und Handeln sind zweierlei. Verhält man sich nicht nach seinem Gewissen, dann wird man von *Schuldgefühlen* belastet. Man sagt: «Das Gewissen drückt». Um dies zu verhindern, versucht man also, auf sein Gewissen zu hören.

Das Gewissen wird auch als «innere Richtschnur» oder als «Kompaß» beschrieben. Es ist ein System von Normen und Werten, an das man glaubt und auf das man sein Verhalten abzustimmen sucht.

Wie entsteht in einem Kind diese Stimme des Gewissens, die es an Stelle der Eltern darauf hinweist, was lieb und frech, gut und böse ist? Drei Aspekte dieser Frage werden wir in diesem Kapitel behandeln: zunächst verschiedene Theorien über die Entstehung des Gewissens, dann, wie man am Verhalten eines heranwachsenden Kindes die Gewissensbildung beobachten kann, und schließlich, welche Probleme bei der Gewissensbildung auftreten können.

Vier Ansatzpunkte

J. J. ROUSSEAU, 1712–1778, war ein Genfer Philosoph. In seinem Buch «Emile» stellte er seine Auffassung über die Erziehung dar. Er ging davon aus, daß die Natur (und somit das neugeborene Kind) vollkommen sei.

ROUSSEAU ging davon aus, daß das Kind von Natur aus gut ist. Es spüre von Natur aus, was es tun und was es lassen muß. Erst durch den Umgang mit Zivilisation verliere das Kind dieses natürliche Gespür. Die Welt der Erwachsenen sei schlecht, sie nehme dem Kind seine natürliche Tugend.

Obwohl die Philosophie ROUSSEAUS das moderne Denken über Kinder stark beeinflußt hat, gibt es nicht viele Entwicklungspsychologen, die darin mit ihm übereinstimmen. KOHLBERG steht ihm mit seiner Theorie der Idee des «natürlichen Wissens von Gut und Böse» am nächsten. Man kann die Gewissensbildung unter vier verschiedenen Blickwinkeln betrachten: von der Lerntheorie, besonders dem Behaviorismus aus von der Psychoanalyse aus vom sozial-interaktionalen Denken aus von den Theorien über die geistige Entwicklung aus.

Die drei ersten sind im vorigen Kapitel schon behandelt worden. Der letzte Ansatzpunkt ist in Kapitel 17 wiederzufinden.

Gewissensbildung als Lernprozeß

Wer sich bei seinen Vorstellungen über die Gewissensbildung von rein behavioristischen Prinzipien leiten läßt, geht davon aus, daß das Gewissen aus einem System von Regeln besteht, die das Kind durch Belohnung und Strafe kennenlernt. Wenn manche Dinge, die es tut, «brav» genannt werden, hat dies viele angenehme Folgen. Manches wird als «böse» bezeichnet und führt zu Unannehmlichkeiten. Allmählich stellt das Kind fest, welche Verhaltensweisen angenehme Folgen haben. Diese Summe von Regeln macht in ihrer Gesamtheit sein Gewissen aus. Die Quelle eines solchen Gewissens ist also nicht sehr hochstehend. Es ist reiner Eigennutz, der ein Kind dazu treibt, einen Unterschied zwischen Gut und Böse zu machen. Es ist nur darauf aus, soviel Unannehmlichkeiten wie möglich zu vermeiden. Die behavioristische Erforschung der Gewissensbildung hatte deshalb Belohnung und Strafe zum Gegenstand. Wie muss man sie einsetzen, damit ein Kind von sich aus in einem bestimmten Augenblick bestimmte Dinge tut oder läßt? In einer Untersuchung fragte sich zum Beispiel ANDRES, wie schnell eine Strafe auf eine Übertretung folgen müsse, damit ein Kind sie beim nächsten Mal von sich aus unterläßt. Bei Kindern im Schulalter schien eine Zwischenzeit von vier Stunden die Strafe schon nutzlos zu machen.

Eine direkte Verbindung zwischen Verhalten und Strafe kann nicht stattfinden, weil in der Zwischenzeit andere Dinge geschehen sind; das Gesetz der Wirkung geht nicht auf. ANDRES *fand heraus, daß die Strafe half, wenn kurz, bevor sie erteilt wurde, eine Video-Aufnahme von der Übertretung abgespielt wurde.*

An der Gewissensbildung sind außer Strafe und Belohnung auch andere Lernprinzipien beteiligt. BANDURA lenkt zum Beispiel die Aufmerksamkeit auf das Lernen am Verhaltensvorbild. Selbstbeherrschung ist ein Aspekt des Gewissens. Man verzichtet auf eine bestimmte Bedürfnisbefriedigung, weil später eine größere Belohnung zu erwarten ist. Die Belohnung kann auch in dem Gefühl der Zufriedenheit darüber bestehen, daß man stärker war als die Versuchung. Für die Behavioristen ist auch hier keine höhere Triebfeder vorhanden. Es ist eine nüchterne Buchhaltung des Kindes darüber, was ihm auf lange Sicht am meisten Befriedigung liefert.

Diese Zufriedenheit ist eine Form intrinsischer Motivation, wie sie in Kapitel 4 beschrieben wurde.

Die Fähigkeit, einer Versuchung zu widerstehen und die Befriedigung eines Bedürfnisses aufzuschieben, weil dann eine größere Belohnung winkt, war das Thema einer Studie von SKINNER. Er hat es in dem Buch *Futurum Zwei* beschrieben, in dem er eine Phantasiegesellschaft skizziert. Dort bekommen die Kinder jeden Morgen einen Lutscher, dürfen aber nicht daran lecken. Nur wer das den ganzen Tag durchhält, darf am Abend den Lutscher verzehren. Solche Übungen nach dem Lohn-Strafe-System durchziehen laut SKINNER das ganze Leben eines Kindes. Er meint, daß das viel systematischer geschehen müße, wenn Menschen effektiv zu Gewissenhaftigkeit erzogen werden sollen.

In Kapitel 4 wurde schon erwähnt, daß es Gegner dieser ziemlich mechanistischen Auffassung von den menschlichen Werten gibt.

Eine der Schlußfolgerungen aus der Lerntheorie ist die, daß es völlig willkürlich ist, was ein Kind als gut oder schlecht zu empfinden lernt. Das ist abhängig von den Normen und Werten der Kultur, in der es aufwächst. Moralische Maßstäbe sind relativ und können sich von Gruppe zu Gruppe unterscheiden. Unter dem Einfluß dieser Gedankengänge ging die Erforschung der Gewissensbildung immer mehr in der sozialen Entwicklung auf. Die Entwicklung der Moral war nur ein Prozeß der sozialen Anpassung. An dieser eher philosophischen als psychologischen Auffassung beginnt man heute zu zweifeln. Man fragt sich, ob es nicht doch so etwas wie das Gute und das Böse gibt.

Laut BANDURA *ist Gewissensbildung nichts anderes als das Erlernen von Unterscheidungsvermögen innerhalb der sozialen Umwelt.*

Gewissen als Über-Ich

Obwohl die psychoanalytische Auffassung den Prozeß der Gewissensbildung ganz anders sieht, ist sie ebenso «wertfrei» wie die lerntheoretische. Auch laut FREUD ist ein Kind in Fragen über Gut und

Vergleiche hierzu Kapitel 6.

Böse neutral. Es hat keine Vorstellungen von allgemeinen und ewigen menschlichen Werten. Es übernimmt die Werte von seinen Eltern, *wie sie auch beschaffen sein mögen*, weil sie von seinen Eltern stammen und nicht, weil es von sich aus ein Bedürfnis nach Normen hat. FRAIBERG sagt: Die Gewissensbildung ist kein natürlicher Prozeß in dem Sinn, daß in den Genen Normen angelegt sind. Die Normen bilden für das Kind den einzigen Ausweg aus dem emotionalen Konflikt mit seinen Eltern. In der psychoanalytischen Auffassung sind in erster Linie die Eltern die Schlüsselfiguren für die Entwicklung des Kindes. Sie sind es auch für seine Gewissensbildung. Die Wünsche aus dem Es eines Kindes sind für die Eltern bei weitem nicht alle annehmbar. Ein Höhepunkt des Konfliktes tritt bei der Entwicklung ödipaler Gefühle auf. Diese Gefühle rufen Angst hervor um sie zu bannen, setzt die Identifikation ein. Das Mädchen identifiziert sich mit seiner Mutter, der Junge mit seinem Vater. Die Angst, vom Vater kastriert zu werden (der Sohn wünscht ihn oft weg, um die Mutter für sich alleine zu haben) oder von der Mutter verachtet zu werden (die Tochter denkt, schon kastriert zu sein und deshalb von der Mutter weniger als ein Junge geachtet zu werden) wird dadurch gedämpft. Indem man den Eltern gleich wird, werden sie wohlwollend gestimmt. Zu einem wichtigen Teil besteht die Identifikation in den Normen und Werten der Eltern. Ihre Moral wird zur Moral des Kindes. Die Forderungen, die sie an das Kind stellen, stellt es allmählich an sich selbst. Dadurch nimmt es ihnen den Wind aus den Segeln. Wie zufrieden werden sie mit ihm sein, wenn es schon von sich aus ihrem Verlangen nachgibt! Die Angst, vor den Eltern nicht brav genug zu sein, wird zur Angst, vor dem eigenen Gewissen zu versagen. Der Prozeß, bei dem die Forderungen der Eltern zu eigenen Normen und Werten werden, heißt *Verinnerlichung.* Das Gewissen wird in der Psychoanalyse als *Über-Ich* bezeichnet. Es ist das Gesetz, die Norm für das Ich.

Zu diesem Identifikationsprozeß siehe Kapitel 12.

Siehe dazu Kapitel 8.

Ein Kind ist von Zeit zu Zeit sich selbst gegenüber strenger als seine Eltern. «So, wie früher ein Verbrecher manchmal zum fanatischsten Kreuzfahrer wurde», schreibt FRAIBERG. So erklärt sie das Ausdenken von Kobolden und Monstern. Das Kind phantasiert sie sich zusammen, um sich Angst einzujagen und sich in Zaum zu halten. Es sind Hilfsmittel für sein vielleicht noch wankelmütiges Über-Ich.

Gewissensbildung als Mittel, um dazuzugehören

Sowohl die behavioristische als auch die psychoanalytische Erklärung für die Entstehung des Gewissens gehen von einander widerstreitenden Interessen des Kindes und seiner Umgebung aus. Das Kind ist ein kleiner Anarchist, der durch die Normen und Werte der Umgebung in Zaum gehalten werden muß. Die sozial-interaktionell ausgerichteten Psychologen, wie zum Beispiel AINSWORTH, glauben, daß ein Kind seiner Veranlagung nach sozial eingestellt ist und dazu neigt, sich seiner Umgebung entsprechend zu verhalten. Die Aneignung der Normen geschieht nicht aus Angst vor Strafe (lerntheoretisch) oder Angst vor eigenen sexuellen Wünschen (psychoanalytisch), sondern um dabeizusein. In diesem Prozeß haben Lernen und Identifikation zwar eine Funktion, die Motivation ist jedoch eine andere. Aus Mutters Stimme entwickelt

Das ist mit dem zu vergleichen, was in Kapitel 7 steht: die Eltern sind ein Spiegel, mit dessen Hilfe ein kleines Kind sich selbst erfährt.

sich zwar eine Stimme des Gewissens, aber ein Kind erlebt dies nicht als Freiheitsberaubung, sondern eher als Bereicherung.

Auch hier sind die Eltern die Schlüsselfiguren. Ein Kind bekommt das Gefühl, daß es etwas wert ist, wenn die Eltern es lieben. Die Liebe der Eltern führt zur Selbstliebe und Selbstachtung. In Augenblicken, in denen die Eltern verärgert sind, sinkt auch das Eigenwertgefühl des Kindes. Um dieses auf gleich hohem Niveau zu halten, bemüht sich ein Kind, immer besser nach den elterlichen Richtlinien zu leben.

Der Lernprozeß, um den es hier geht, ist nicht die Konditionierung sondern vor allem das Modellernen. Für BANDURA ist dieser Prozeß von großer Bedeutung: Kinder nehmen ohne weiteres das Verhalten von Menschen an, mit denen sie viel und intensiv verkehren. Dazu gehören die Eltern. Wichtig für die Gewissensbildung ist, was die Eltern tun, nicht, was sie sagen. Predigen hilft nicht. Entscheidend ist das, was vorgelebt wird. Im Laufe der Zeit übernimmt ein Kind die Normen, die es im Verhalten der Eltern sieht. Wenn ein Vater, der sagt, daß man mit den Sachen anderer sorgfältig umgehen müsse, ein fremdes Auto verbeult und schnell wegfährt, so hinterläßt dies einen stärkeren Eindruck als seine Worte.

HARTSHORNE & MAY fanden bei Kindern übrigens einen ähnlichen Unterschied. Sie waren mit den Normen und Werten, die sie im Munde führten, scheinbar standhaft, aber beim Einhalten der Regeln ziemlich schwankend.

MISCHEL weitete den sozialen Lernprozeß auf die Altersgenossen aus. Durch Beobachtung und Teilnahme an Aktivitäten anderer lernt ein Kind sich in Übereinstimmung mit bestehenden Normen zu verhalten. So erwirbt es sich Ansehen, vielleicht sogar Führerschaft, zumindest aber Teilnehmerschaft. BANDURA ließ die Kinder Filme sehen, in denen Erwachsene vor dieselbe Wahl gestellt waren: ein Schachspiel aus Plastik jetzt oder ein schöneres aus Holz nach einer Woche zu bekommen. Diese Erwachsenen sagten auch immer, warum sie sich für das eine oder andere entschieden: «Haben ist haben» oder «Ich warte lieber auf etwas, das ich schöner finde». Außerdem lasen die Kinder Geschichten über Leute, die solche Jetzt-oder-später-Wahlen treffen mußten. Kinder, die schon etwas Selbstbeherrschung gelernt hatten, bekamen Filme und Geschichten über Leute, die sich für das Jetzt entschieden hatten. Mit den anderen Kindern wurde umgekehrt verfahren. Danach wurden die Kinder wieder vor solche Entscheidungen gestellt. In beiden Gruppen hatten sich die Kinder geändert: Sie folgten in starkem Maße dem Vorbild der Erwachsenen, die sie gesehen und über die sie gelesen hatten. Entsprechend zeigten sie mehr oder weniger Selbstbeherrschung. Dieser Einfluß war noch nach einem Monat vorhanden. MISCHEL hat dieses «Wartenkönnen» im Rahmen des Lernens am Modell untersucht. Er arbeitete mit ungefähr neunjährigen Kindern, die er vierzehnmal zwischen etwas Kleinem, das sie sofort, und etwas Großem, das sie erst nach einer Woche bekommen konnten, wählen ließ, zum Beispiel zwischen einem Stück und einer ganzen Tafel Schokolade, einem wertlosen Plastikspielzeug und einem Spielzeug, von dem das Kind wirklich etwas hatte. So konnte er die Kinder in zwei Gruppen aufteilen: in Kinder mit und ohne Selbstbeherrschung.

HERBERT unterscheidet hinsichtlich Moral und Gewissen vier Gesichtspunkte. Erstens die moralische Bremse, die es ermöglicht, der Versuchung, sich danebenzubenehmen, zu widerstehen; zweitens das Schuldgefühl, das einen befällt, wenn man gegen sein Gewissen verstoßen hat; drittens den Altruismus als Sammelbezeichnung für alles, was man für andere tut, wenn man dabei ein gewisses Opfer bringt und schließlich die moralischen Maßstäbe, die man bei der Beurteilung anderer anlegt. HERBERT weist darauf hin, daß diese vier Eigenschaften in einer Person in verschiedenem Maße vorhanden sind. Jemand kann sehr altruistisch sein und bei seinem sonstigen Verhalten eine schwache moralische Bremse haben. Manche können sich selbst gegenüber streng sein und nachsichtig bei der Beurteilung anderer. HERBERT schreibt sogar, daß die meisten Menschen in einer dieser vier Eigenschaften «spezialisiert» sind. Er vermutet, daß die Eltern einen sehr großen Einfluß darauf haben, welche dieser Eigenschaften in ihrem Kind am stärksten entwickelt wird. Dabei spielen der richtige Zeitpunkt der Strafe und die Erklärung, die zu einem Verbot gegeben wird, eine Rolle.

«Eingeschränktes Schuldgefühl» bedeutet, daß man sich selbst Vorwürfe macht, die der eigenen Übertretung angemessen sind und daß man sich selbst vergeben kann.

Eine der stabilsten Kombinationen ist laut HERBERT eine große Selbstbeherrschung und ein eingeschränktes Schuldgefühl. Dies erreichen Eltern dadurch, daß sie eine milde Ermahnung oder Strafe geben, kurz bevor das Kind etwas Verkehrtes tut. Das hat einen doppelten Effekt: Das Kind lernt, sich zurückzuhalten und dadurch, daß die Untat verhindert wird, weiß es nicht, wie schön die Ausführung gewesen wäre es entsteht keine Motivation zur Wiederholung.

Über das Gesetz der Wirkung siehe Kapitel 4.

Zimmerpflanzen abzupflücken bringt zwar Strafe ein, aber die verschiedenen Farben auf dem Fußboden gefallen ihm. Es ist nun fraglich, was mehr Eindruck macht, und das bestimmt das weitere Verhalten des Kindes. Verhindert man die Tat, dann wirkt nur der als negativ empfundene Tadel nach.

CHEYNE verglich die Wirkung eines Verbotes mit der eines Verbotes plus Erklärung. Er verglich dabei Vorschulkinder und Drittkläßler. Er verbot ihnen, ein bestimmtes Spielzeug zu berühren und ließ sie damit alleine. Kinder, denen das Verbot erläutert worden war, berührten das Spielzeug weniger, und es dauerte auch länger, bis sie es taten. Bei den Vorschulkindern wurde ungefähr die Hälfte von der Erklärung zu dem Verbot beeindruckt. Bei den Drittkläßlern akzeptierten fünfmal so viele das Verbot, wenn es erklärt worden war, als wenn es nicht erklärt worden war. In diesem letzten Fall berührten sie das Spielzeug sofort, so daß CHEYNE den Eindruck erhielt, daß die großen Kinder beleidigt waren, ein derartiges Verbot befolgen zu sollen. Durch das unmittelbare Handeln protestierten sie gegen diese Behandlung.

Die Körperstrafe ist für den, der an die Interaktionstheorie der Gewissensbildung glaubt, das denkbar schlechteste Mittel. Es bringt nämlich Aggression in die Beziehung. Die Eltern werden als Identifikationsfiguren für das Kind weniger wert. Es wird weniger dazu motiviert, ihre Regeln als begehrenswertes Symbol dafür, daß es zu ihnen gehört, zu übernehmen. Ebenso wie der behavioristische und der psychoanalytische Erklärungsansatz kommt auch die Theorie des Sozialen Lernens zu der Schlußfolgerung, daß das, was ein Kind als gut oder schlecht erfährt, von den Normen und Werten der Kultur abhängt, in der es aufwächst. Moralische Maßstäbe sind relativ und können von Gruppe zu Gruppe verschieden sein. Die moralische Entwicklung war nämlich nicht mehr als ein Prozeß der sozialen Anpassung. Obwohl dies mehr eine philosophische als eine psychologische Frage ist, beginnt man stets mehr an dieser Auffassung zu zweifeln. Man beginnt zu fragen, ob es nicht doch so etwas gibt wie ein absolutes *Gut und Böse.* Die Nazis in Deutschland hatten sich sozial sehr gut angepaßt, aber moralisch entwickelt waren sie nicht.

Gewissensbildung als geistiger Reifungsprozeß

Wenn man die Entwicklung des Gewissens an die geistige Entwicklung gekoppelt sieht, dann hebt man die Tatsache hervor, daß für das Verständnis von Gut und Böse eine bestimmte geistige Reife erreicht sein muß. Man kann es besser umgekehrt sehen: Zu jeder Phase der geistigen Entwicklung gehört eine sich spontan mitentwickelnde moralische Fähigkeit. Die Gesetzmäßigkeiten der Gewissensbildung folgen den Gesetzmäßigkeiten der Entwicklung. Hier tritt die Rolle der Eltern als Identifikationsfiguren und Verteiler von Lohn und Strafe völlig in den Hintergrund. Die Umwelt ist nur insoweit von Bedeutung, als sie Erfahrungen vermittelt, anhand derer die gesetzmäßige Entwicklung ihren Weg nehmen kann. Hier wird zum ersten Mal die Auffassung deutlich, daß einem Kind die Pflicht zur Einhaltung der Normen nicht beigebracht zu werden braucht. Diese Einsicht reift im Kinde entsprechend seiner geistigen Entwicklung heran. Diese Entwicklung vollzieht sich laut PIAGET als Trennung von einem egozentrischen Weltbild es ist dadurch gekennzeichnet, daß das Kind davon ausgeht, daß die anderen die gleiche Sicht der Dinge haben wie es selbst. Diese Trennung vollzieht sich in Phasen. In jeder Phase wendet das Kind etwas höhere geistige Ordnungsprinzipien an, um seine Erlebnisse zu verstehen. Das wichtigste Merkmal dieser Theorie ist, daß sie die Entwicklung als universale menschliche Entwicklung betrachtet – unabhängig von der Kultur, in der das Kind zufällig aufwächst. Das ist ein wesentlicher Unterschied zu den schon behandelten Ausgangspunkten, die die Moral als etwas Relatives ansehen – am stärksten der Behaviorismus. Nach PIAGET ist die allmähliche Übernahme von Auffassungen über Gut und Böse ein Prozeß, der untrennbar mit dem Menschsein verbunden ist. Ein Mensch besitzt die Fähigkeit, durch Erfahrungen zu dem Schluß zu kommen, daß bestimmte Regeln notwendig sind, um eine *soziale Logik* zu garantieren. Das Wort Logik ist hier zutreffend, da es in der Theorie von PIAGET nicht um die affektive Basis des *Guthandelns* geht. Er argumentiert, daß es allen Menschen eigen ist, bei ihrem Handeln ein gewisses Gleichgewicht anzustreben. Oder einfach ausgedrückt: Ein Kind entdeckt, daß Regeln notwendig sind, da ansonsten dauernd etwas schief geht (aus dem Gleichgewicht gerät).

J. PIAGET, *1896–1980, war ein Schweizer Psychologe, der aufgrund sehr genauer Untersuchungen eine solide Theorie über Wahrnehmung und Denken von Kindern entwickelt hat. Diese Theorie ist die Grundlage für die Arbeit vieler anderer Psychologen.* PIAGET *ist damit wahrscheinlich der einflußreichste Kinderpsychologe unserer Zeit.*

Gegen diese Theorie wird eingewendet, daß sie den Anschein erwecke, die Moral eines Menschen stehe umso höher, je höher er sich geistig und intellektuell entwickle. Dies widerspricht jedoch der praktischen Erfahrung. KOHLBERG, der PIAGET nahesteht, hat deshalb so argumentiert: Ein bestimmtes geistiges Niveau ist Voraussetzung für ein bestimmtes moralisches Niveau. Das Umgekehrte gilt jedoch nicht. Ein hohes geistiges Niveau hat nicht von selbst ein hohes moralisches Niveau zur Folge.

Angeborenes Gerechtigkeitsempfinden

Laut KOHLBERG *unterscheiden sich Kulturen in ihren Gewohnheiten. Die Bedeutung dieser Gewohnheiten ist ihm zufolge in allen Kulturen dieselbe.*

KOHLBERG ist der Psychologe, der sich am deutlichsten gegen die Auffassung ausgesprochen hat, die moralischen Vorstellungen hingen vollständig von der Kultur ab, in der ein Kind aufwächst. Eigentlich vertauscht er die Rollen. Nicht die Umwelt erzieht das Kind zur Moral, sondern das Kind hat ein angeborenes moralisches Empfinden und versucht, damit die Erfahrungen zu ordnen, die es im Laufe seiner Erziehung macht. Die Art und Weise der moralischen Ordnung ist in allen Kulturen gleich und reift in drei Stadien heran, die jede für sich wieder in zwei Phasen aufzuteilen sind. Diese Reifung in sechs Phasen ist weder ein Teil der sozialen noch der geistigen Entwicklung. KOHLBERG sieht sie als ein eigenständiges Spezifikum der menschlichen Entwicklung. Er gibt natürlich zu, daß es kulturelle Unterschiede hinsichtlich der *Gewohnheiten* gibt, jedoch bleibt deren Funktion und Bedeutung, die moralische Grundlage, überall gleich.

Die ersten beiden Phasen bilden zusammen das *präkonventionelle* Stadium: Gut und rechtschaffen ist das, was ein Kind aus seiner Erfahrungswelt als angenehm für sich selbst erlebt. Im *konventionellen* Stadium ist gut und rechtschaffen zuerst das, was die engere Umwelt so bezeichnet. Dies gilt bis zum Alter von etwa zwölf Jahren. In der Pubertät bestimmen dann die offiziellen Autoritäten, was gut und was böse ist.

Im *postkonventionellen* Stadium entsteht erst in Phase fünf die Einsicht, daß es noch etwas Höheres gibt als die soziale Norm, nämlich die universalen menschlichen Werte. Mit diesen Werten muß man überprüfen, ob die herrschenden sozialen Normen gerechtfertigt sind. In Phase sechs entsteht schließlich das Bewußtsein der *eigenen* Verantwortung bei der Entscheidung, an welche Regeln man sich halten will und an welche nicht. Dies ist dann von persönlichen Prioritäten abhängig.

Dieser Pessimismus erhielt zusätzliche Nahrung (und nicht nur bei KOHLBERG*) durch die berühmten Experimente von Milgram, der Versuchspersonen Elektroschocks an Menschen verabreichen ließ, die sie zwar nicht sehen konnten, jedoch bei jedem Schock vor Schmerz aufschreien hörten. Dies war natürlich alles nur inszeniert, was die Versuchspersonen jedoch nicht wußten. Einige von ihnen hatten zwar Bedenken, die meisten führten den Auftrag jedoch aus. Sie gehorchten dem Leiter der Untersuchung und lehnten jegliche Eigenverantwortung ab. Nur ganz wenige weigerten sich, den Auftrag auszuführen!!*

Wenn ein Studium durchlaufen ist, kommt das Kind von selbst in das nächste. Es kann keines ausgelassen werden. Die Umwelt kann jedoch verhindern, daß das Kind zum nächsten Stadium gelangt, indem ihm kein Erfahrungsmaterial für die aktuelle Phase angeboten wird. KOHLBERG behauptet zum Beispiel, daß die amerikanische Gesellschaft den meisten Bürgern keine Chance gebe, zur postkonventionellen Phase zu gelangen. Er schätzt, daß nicht mehr als 10% der Bevölkerung bis Phase 5 kommen; Phase 6 ist ohnehin eine ziemlich theoretische Idealphase, die kaum jemand erreicht. Aufgrund dieses Pessimismus hat KOHLBERG geholfen, Programme für Schulen zu entwickeln, anhand derer die Kinder die höheren Formen der Moral erlernen können.

Über die Theorie von KOHLBERG wird viel diskutiert, wobei verschiedene Aspekte kritisiert werden. Erstens geht es bei dieser Theorie um das moralische Argumentieren, d.h. wie man sich in einer bestimmten Situation moralisch am besten verhalten sollte. Sie behandelt nicht, ob ein systematischer Zusammenhang mit dem tatsächlichen Handeln besteht. Zum zweiten wurde die Idee der Phasen in Zweifel gestellt. Sicherlich bestehen verschiedene Niveaus, auf denen man etwas abwägen kann. Geschieht dieses Abwägen jedoch immer auf dem jeweils höchsten Niveau? Wahrscheinlicher ist, daß man, den Umständen entsprechend, auch auf der Grundlage einer primitiveren Argumentation zu einer moralischen Entscheidung kommen kann, ein anderes Mal jedoch wieder höhere Prinzipien bemüht. Zum dritten vermißt man die Rolle der Gefühle. Aus zwei Gründen wird KOHLBERGS Theorie manchmal auch *kühl* genannt: (1) Die Gewissensbildung stützt sich in keinerlei Weise auf die affektive Verbundenheit zwischen dem Kind und anderen Menschen, wie beispielsweise bei der psychoanalytischen Erklärung und der Theorie des Sozialen Lernens. (2) In seiner Theorie ist die emotionale Verbundenheit auch für das spätere moralische Handeln bedeutungslos. HOFFMAN hingegen sieht z.B. die angeborene menschliche Empathie als Voraussetzung dafür, daß ein Mensch überhaupt darüber nachdenkt, was gut oder schlecht sein könnte.

Das Fehlen der Gefühle in dieser Theorie veranlaßte CAROL GILLIGAN, hier von einem typisch männlichen Entwicklungsverlauf zu sprechen. Frauliche Eigenschaften kommen darin jedenfalls kaum zu ihrem Recht. Laut KOHLBERG werden moralische Überlegungen in den höheren Phasen abstrakter. Dies erfordert emotionale, kühle Distanz. CAROL GILLIGAN protestiert, daß dies eine höhere Form des Abwägens sein soll. Man kann bei moralischen Fragen auch die emotionalen Aspekte heranziehen (was mehr dem fraulichen Wesen entspricht) auch wenn das bedeutet, daß man auf einem konkreteren Niveau argumentiert. Eigentlich will sie damit folgendes ausdrücken: Wenn ein Mann auf einem konkreten Niveau etwas moralisch abwägt, bedeutet das vielleicht, daß er sich moralisch nicht weiterentwickelt hat. Für eine Frau gilt dies jedoch nicht. Um ihre moralischen Entscheidungen einschätzen zu können, muß man auf andere Dinge achten.

BLOCK und JEANNE BLOCK konstatierten hinsichtlich des Selbstbeherrschungsaspekts des Gewissens vergleichbare Geschlechtsunterschiede. Jungen, die sich im Kindergarten gut beherrschen konnten, waren als Schulkinder weniger verlegen und gehemmt als Jungen, die sich nur mühsam beherrschen konnten. Dies galt nicht für die Mädchen. Selbstbeherrschung hat also für Jungen und Mädchen unterschiedliche *Bedeutung*. Dasselbe könnte man von der Rolle von Emotionen bei moralischen Abwägungen sagen.

Ein weiterer Kritikpunkt ist, daß KOHLBERG sehr stark von westlichen Normen und Werten ausgeht – vielleicht sogar nur von der urbanisierten Mittelklasse – und daß seine Theorie nicht, so wie er sagt, universell für alle Kulturen gilt. SNAREY erstellte eine Übersicht von 45 kulturvergleichenden Untersuchungen, die bisher durchgeführt worden sind. In westlichen Gesellschaften ist es tatsächlich ein Zeichen von Weisheit und Verantwortungsbewußtsein, wenn ein Individuum selbst abwägt, an welche Gesetze und Befehle man sich hält und an welche nicht – mit allen Konsequenzen, die damit verbunden sind. Viele östliche Kulturen hingegen sehen es als höchstes Ideal an, daß das Individuum in einem allumfaßenden Ganzen von Mensch und Universum aufgeht. Nicht der analysierende, individuelle eigene Entschluß, sondern das Abstimmen auf Ewigkeitswerte und die Versöhnung mit kontrovers erscheinenden Dingen sind Zeichen des Erwachsenseins. Die letzte von KOHLBERGS Phasen müßte nach Meinung vieler sicherlich ausführlicher und differenzierter ausgearbeitet werden.

Beobachtungen bei Kindern

Bisher haben wir über Erklärungen gesprochen, die für die Entstehung des Gewissens gegeben werden. Nun wollen wir einige der auffallendsten Beobachtungen erwähnen, die jeder, der mit kleinen Kindern zu tun hat, machen kann.

Mit ungefähr zweieinhalb Jahren wissen die Kinder schon recht gut, was die Eltern gut finden und was nicht. Aber sie gehen davon aus, daß das nur gilt, wenn die Eltern dabei sind. Wenn Vater und Mutter es nicht sehen, dann ist das, was sie tun, nicht unartig. Was sie in Gegenwart der Eltern nie tun, tun sie unbekümmert, wenn sie alleine sind. Das wirkt etwas hinterhältig. «Es weiß ganz gut, daß es das nicht darf», sagen die Eltern dann. Aber das stimmt wahrscheinlich nicht. Es «weiß» es nur dann, wenn Vater und Mutter dabei sind.

Der nächste Schritt besteht darin, daß ein Kind sich selbst immer wieder sagt, es dürfe das nicht, wenn es mit etwas Verbotenem beschäftigt ist. Es kann das Verbotene noch nicht unterlassen, aber der Einfluß der Eltern ist jetzt schon etwas stärker und macht sich auch dann bemerkbar, wenn sie nicht da sind. «Pfui, pfui, das darf ich nicht», sagt ein Kind zu sich selbst. Aber es macht dabei ruhig weiter.

Wenn die Kinder sich weiterentwickelt haben, dann schieben sie die Schuld auf andere. Fraiberg gibt ein Beispiel von einem Mädchen, das vom Kuchen genascht hatte und dann dem Hund die Schuld gab. Das ist noch keine richtige Lüge. Es ist ein Zeichen dafür, daß das Kind weiß, daß es das nicht hätte tun dürfen, es aber dennoch getan hat. Dadurch ist es verwirrt und verliert den Blick dafür, wie es wirklich gewesen ist. Es konstruiert einen Hergang: der Hund hat es getan. Bei einigen Kindern ist die Verwirrung so groß, daß sie zwar zugeben, der Hund sei es nicht gewesen, aber nicht einsehen, daß dann sie selbst es gewesen sein müssen.

Mit ungefähr vier Jahren haben die meisten Kinder zwar schon eine schwache innere Bremse, wenn sie auf freundliche, aber bestimmte Weise an Regeln gewöhnt werden; sie machen sie von den Eltern ein wenig unabhängig. Aber die Kinder verstehen die allgemeinen Prinzipien, die den Ge- und Verboten zugrundeliegen, noch nicht. So halten sich Kinder manchmal so streng an die Regeln, daß dies die umgekehrte Wirkung hat. Ein Junge hat gelernt, daß er anderen nichts wegnehmen darf. Wenn die Mutter ihn tadelt, daß er nicht eingegriffen hat, als das Schwesterchen mit den Zündhölzern spielte, sagt er mit dem größten Erstaunen: «Aber ich darf doch nichts wegnehmen!» Das ist darin begründet, daß er die Normen noch voneinander isoliert erlebt und sie nicht vergleichen kann. Deshalb kann er in einer bestimmten Situation noch nicht abwägen, welcher Norm er den Vorrang geben muß. Im vorliegenden Fall sind es die Normen «etwas wegnehmen ist unartig» und «verhindern, daß jemand etwas Gefährliches tut». Er muß die Rangordnung der moralischen Werte noch kennenlernen und lernen, wie man sie gegeneinander abwägt.

Das Gewissen eines Kindes ist auch dadurch eingeschränkt, daß das Kind noch nicht zwischen guter und böser Absicht und guter und böser Tat unterscheiden kann: Was zählt, ist das Ergebnis. Piaget ließ sich durch folgende Geschichte zu einer Untersuchung inspirieren: Sie handelt von John, der seiner Mutter beim Abwasch hilft und dabei fünf

Tassen zerbricht, und von Henri, der beim heimlichen Naschen im Schrank eine Tasse zerbricht. Kinder der ersten Grundschulklasse sind sich darin einig, daß John viel unartiger als Henri ist, weil er so viele Tassen zerbricht. Johns gute und Henris böse Absicht zählen bei der Beurteilung des Verhaltens der beiden Jungen noch nicht mit. Die Kinder sehen nur das, was geschehen ist.

Laut CHURCH sind die Kinder im Grundschulalter jedoch ausgesprochene Moralisten. Sie sind wütend über jede vermeintliche Unehrlichkeit und starr in der Anwendung der Regeln der Gerechtigkeit. «Das ist nicht ehrlich», liegt ihnen dauernd auf der Zunge. Durch diese starre Moral können sie sich laut CHURCH wahrscheinlich besser im Zaum halten. In diesem Alter besitzt das Kind schon die geistigen Fähigkeiten, um zum Beispiel zu lügen und zu betrügen. Es muß strenge Prinzipien anwenden, um sich dagegen zu wehren, und es erwartet von anderen, daß auch sie nach dem Buchstaben des Gesetzes leben.

Das Gewissen kann zu schwach oder zu stark entwickelt sein. Das zeigen die folgenden Beobachtungen.

Schwaches Gewissen

Ein Kind mit einem zu schwachen Gewissen wird selten oder nie von Schuldgefühlen belastet. Es geht, von einer inneren Bremse nicht behindert, nach eigenem Belieben seinen Weg. Nicht selten endet dies in verbrecherischem Verhalten.

Lerntheoretisch kann man sagen: Wenn Belohnung und Strafe so willkürlich gehandhabt werden, daß das Kind darin keine Linie erkennen kann, dann entsteht auch keine innere Richtschnur, an die es sein Verhalten anpassen kann. Psychoanalytiker suchen die Ursache eines mangelhaften Gewissens vor allem darin, daß die Eltern jedem Konflikt mit den Kindern aus dem Weg gegangen seien.

Das Über-Ich entwickelt sich nämlich in der Konfrontation zwischen dem Es des Kindes und den Forderungen der Eltern. Aus Angst vor ihrer Strafe bemüht es sich, so gut wie möglich nach ihren Forderungen zu leben. Wenn das geringste Zeichen dafür fehlt, daß die Eltern ihm böse sind, nicht einmal bei ödipalen Wünschen, dann ist das Über-Ich überflüssig.

Ein Beispiel für ein weitgehendes Zugeständnis an ödipale Wünsche ist es, wenn Kinder im Ehebett schlafen dürfen, und zwar so, daß ein Elternteil buchstäblich das Feld räumen muß.

Aus dem Interaktionsmodell kann man folgern: Die Eltern müssen für ihre Kinder wertvoll sein, damit die Kinder das Verlangen haben, so wie sie werden zu wollen. Kühle, abweisende und aggressive Eltern machen die Gewissensbildung bei ihren Kindern fast unmöglich, weil sie nicht attraktiv sind. Wer den Zusammenhang zwischen Verstand und Moral betont, wird die Ursache eines schwach entwickelten Gewissens darin sehen, daß die Trennung vom egozentrischen Weltbild nicht stattgefunden hat.

Das braucht nicht dem zu widersprechen, was in Kapitel 5 gesagt worden ist: Solche Eltern können durchaus Anhänglichkeitsverhalten zeigen.

KOHLBERG geht davon aus, daß die Umwelt die Reifung des Gewissens bremsen kann, wenn sie ihm zu wenig Gelegenheit zum Aufbau moralischer Prinzipien anbietet.

Strenges Gewissen

Vergleiche damit, was in Kapitel 6 über den Unterschied zwischen intro- und extravertierten Kindern steht.

Kinder mit einem schwach ausgebildeten Gewissen sind eine Belastung für ihre Umwelt. Die Regulierung ihres Verhaltens muß zum großen Teil von außen gesteuert werden. Kinder mit einem strengen Gewissen sind dagegen eine Belastung für sich selbst. Sie haben ständig Angst, daß sie nicht tun, was sie eigentlich tun müßten.

Von welchem Gesichtspunkt man das auch betrachtet, es läuft immer darauf hinaus, daß die Eltern sehr beherrschend sind. Für FRAIBERG ist ein von den Eltern hervorgerufenes Schuldgefühl, das nie im Verhältnis zu der Übertretung steht, dafür verantwortlich. Für alles erhält das Kind maximale Strafen. HERBERT weist auf die Gefahr einer ausschließlichen Verbindung zwischen dem Kind und einem Elternteil hin. Wenn von diesem Elternteil hohe Forderungen ausgehen, sei es durch Strenge oder durch Beleidigtsein, dann ist ihm das Kind mit Haut und Haaren ausgeliefert. Mit großen Anstrengungen versucht das Kind, mit diesem Elternteil befreundet zu bleiben. Es macht sich dessen Forderungen zu eigen. Wenn es erwachsen ist und das elterliche Joch abgeworfen hat, dann ist das keine Befreiung: Das eigene Gewissen ist dann oft mindestens genauso fordernd.

11. Kapitel
Aggression

Aggressives Verhalten von Kindern ist Anlaß für viele Klagen. Sie selbst, ihre Eltern und ihre Lehrer sind davon betroffen. Aggressionen bei Erwachsenen sind natürlich noch viel schlimmer. Deshalb beschäftigen sich viele mit der Frage: Woher kommen Aggressionen und wie kann man sie verhindern?

Schon der Begriff «Aggression» bereitet Schwierigkeiten. Damit werden sehr verschiedenartige Phänomene bezeichnet: Ein kleines Kind greift einen Altersgenossen mit der Schaufel an; ein Schulkind überhäuft einen Klassenkameraden mit Schimpfworten; Fußballfans zertrümmern auf dem Nachhauseweg die Innenausstattung eines Zuges. All das sind Erscheinungen, die unter den Begriff «Aggression» fallen. Es ist schwierig, wenn nicht gar mißverständlich, so viele verschiedene Erscheinungen auf einen Nenner zu bringen. Eine weitgefaßte Definition von Aggression ist: Verhalten von Mensch und Tier, das darauf abzielt, andere Lebewesen oder Dinge zu beschädigen oder zu vernichten.

In der englischsprachigen Literatur faßt man aggressives Verhalten auch unter dem Begriff *antisocial behaviour* zusammen, mit dem sich in den letzten Jahren viele Forscher beschäftigt haben. Es hatte sich nämlich herausgestellt, daß viele Personen, die mit dem Gesetz in Konflikt gekommen waren, sich als Kind oft aggressiv verhalten hatten. (Man muß hierbei jedoch betonen, daß man dies auf keinen Fall umkehren und sagen darf: Aggressive Kinder werden Kriminelle). Will man etwas zur Vorbeugung tun, so muß man die Ursachen der frühen Aggression zu erkennen suchen.

Woher kommt die Aggression?

In den Theorien über Aggression lassen sich zwei verschiedene Richtungen unterscheiden. Die eine geht davon aus, daß jedem Menschen und jedem Tier neben guten auch aggressive, destruktive Neigungen angeboren seien, die ein Ventil suchten. Die Umwelt müsse deshalb bei der Erziehung für genügend ungefährliche Möglichkeiten zum Ausleben sorgen. Die aggressiven Neigungen verhielten sich nämlich wie der Dampf in einem Kessel. Wenn sie nicht abgelassen würden, werde der Druck schließlich so groß, daß es zu einer Explosion komme. Die Entladung von Aggression - in kontrollierter oder explosiver Form - wird *Katharsis* genannt.

Die andere Richtung geht davon aus, daß der Mensch seiner Veranlagung nach gut und sozial sei. Bei der Erziehung hindere ihn die Umwelt jedoch daran, den konstruktiven Kräften, die in ihm steckten, Ausdruck zu verleihen. Im ersten Fall führt das Schlechte von Anfang an im Menschen ein Eigenleben. Im zweiten Fall wird das Schlechte als eine Entartung, eine Verlotterung des Guten gesehen.

Wie wir in Kapitel 10 schon gesehen haben, ist die Frage nach der Entstehung von Gut und Böse eine philosophische und keine psychologische Frage. Man tut jedoch gut daran, sich bei der Beschäftigung mit einer bestimmten Aggressionstheorie immer zu fragen, von welchem Menschenbild diese Theorie ausgeht. Deshalb werden hier beide Richtungen erwähnt.

Jeder geht davon aus, daß Aggression normal ist. Manche Leute behaupten, daß einige Aggressionsformen ein Glück im Unglück sind, zum Beispiel in den Fällen, wo aufkeimende Wut uns die Energie liefert, uns gegen Unrecht zu verteidigen.

Es ist unmöglich zu beweisen, woher das Böse in der Welt kommt, wo die Aggression ihre Wurzeln hat. In der Psychologie begnügt man sich deshalb mit der Feststellung, daß in jedem Menschen die Möglichkeit zu aggressivem Verhalten vorhanden ist und daß es auch von der Umwelt abhängt, in welchem Maße es zu Aggression kommt. Allgemein akzeptiert ist auch die Auffassung, daß die Art und Weise, in der sich Aggression beim Menschen äußert, eine Entwicklung durchmacht. Ein kleines Kind bringt seine Aggression direkt körperlich zum Ausdruck. Nach einiger Zeit entdeckt ein Kind den Nutzen von Werkzeugen, zum Beispiel (siehe oben) den einer Schaufel. Schließlich lernt es die Kraft der verbalen Aggression kennen. Wenn neue Formen dazugelernt werden, gehen die alten nicht verloren.

Hypothalamus und Hirnrinde

KONRAD LORENZ, *1903–1988, ist ein Verhaltensforscher, der aufgrund intensiven Studiums des Verhaltens verschiedener Tierarten glaubt, Parallelen zum menschlichen Verhalten ziehen zu können.*

Wer an angeborene Neigungen zur Aggression glaubt, wird der Rolle der Umwelt nicht so viel Gewicht beimessen. LORENZ betrachtet die Aggression als einen universalen Kampfinstinkt bei Mensch und Tier, als eine biologische Grunderscheinung wie Hunger und Durst.

Wer aber daran glaubt, daß die Aggression in jedem Menschen durch bestimmte Erfahrungen geweckt werden muß, hält auch eine Umwelt für möglich, in der es nie oder kaum jemals so weit kommt, in der also die Möglichkeit des Menschen zur Aggression schlummert, ohne nennenswert nach außen zu treten. So hat SZEGAL in Kinderkrippen viele Beobachtungen durchgeführt, um herauszufinden, wann und wodurch ein Kind zum ersten Mal aggressiv wird.

Niemand zweifelt daran, daß die Möglichkeit zu aggressivem Verhalten in jedem Menschen vorhanden ist. Dafür gibt es viele physiologische Beweise. DELGADO hat bei Tierversuchen entdeckt, daß bestimmte Hirnzentren auf Aggression spezialisiert sind. Wenn diese Teile des Gehirns durch Elektroden erregt werden, dann wird das Tier aggressiv. Die Stärke der Aggression wird von der Stärke des Reizes bestimmt. Wird der Strom abgeschaltet, dann wird das Tier sofort wieder ruhig.

In Kapitel 1 wird geschildert, wie Sinnesreizungen im Gehirn verarbeitet werden.

Im Alltag werden die Hirnzentren durch Sinnesreize erregt. Der Hypothalamus ist das Regulierzentrum, das den ganzen Körper auf eine Reaktion wie die Aggression vorbereitet. Die Frage, ob, wie und wann man aggressiv wird, hängt jedoch von der Steuerung durch die Hirnrinde ab. Hierin ist die typisch menschliche Möglichkeit begründet, nach eigenem Gutdünken Gefühle zurückzuhalten oder ihnen freien Lauf zu lassen. Vor allem die Prozesse in der Hirnrinde erhalten durch Lernen und Vergessen im Laufe der Erziehung ihren Charakter, ihre Linien und Muster. Hier kommt der Einfluß der Erziehung zur Geltung. Damit finden wir zum alten Thema von Veranlagung und Umwelt zurück.

Veranlagung und Umwelt

Die Veranlagung der Kinder ist hinsichtlich der Erregbarkeit des Aggressionsmechanismus verschieden. Das eine Kind benötigt mehr Reize als das andere, damit sein Nervensystem reagiert. Das eine Baby ist jähzorniger als das andere, was von einigen als eine frühe Form der Aggression gedeutet wird. Die Aggression ist ein nach außen gerichtetes Verhalten. Es liegt also auf der Hand, daß extravertierte Kinder sich öfter aggressiv verhalten als introvertierte Kinder. Das heißt nicht, daß ein introvertiertes Kind keine aggressiven Gefühle hat. Es setzt sie nur nicht so leicht in entsprechendes Verhalten um. Wenn man die Umwelt als Auslöser von Aggression sieht, dann wird ein Kind, das mehr auf die Außenwelt gerichtet ist, eher von ihr beeinflußt werden. Ein extravertiertes Kind hat mehr Kontakte mit ihr und erlebt somit auch mehr Konflikte. Ein in sich gekehrtes Kind hat im allgemeinen etwas weniger Zusammenstösse mit der Umwelt.

In Kapitel 6 wird gezeigt, daß extravertierte Problemkinder stark aggressives Verhalten an den Tag legen. Im Gegensatz dazu sind introvertierte Problemkinder vor allem ängstlich.

Bei der Entstehung von Aggressionsunterschieden können auch andere Persönlichkeitsmerkmale eine Rolle spielen. Bei einem Kind mit einem schwierigen Temperament ist die Gefahr größer, daß es zu angespannten, gereizten und auch aggressiven Auseinandersetzungen mit den Eltern kommt. KOHNSTAMM verweist auf die großen individuellen Unterschiede bei der Beschreibung von unproblematischen und schwierigen Kindern.

Es ist bekannt, daß man schneller aggressiv wird, wenn man müde ist. Jeder Lehrer kann dies bestätigen. In der letzten Schulstunde werden die Kinder unausstehlich.

Es ist aber auch möglich, daß bestimmte, durch die Veranlagung gegebene Hormonverhältnisse eine erhöhte Aggression zur Folge haben. Man denkt in diesem Fall an das männliche Hormon Testosteron. Denn Männer sind im allgemeinen aggressiver als Frauen, und bei Jungen in der Pubertät findet eine schnelle Vermehrung des Hormons Testosteron statt. Es gibt aber nur wenig empirische Beweise für diese Theorie. OLWEUS stellte einen interessanten Unterschied bei sechzehnjährigen schwedischen Jungen fest: Es scheint ein signifikanter Zusammenhang zwischen dem Testosterongehalt im Blut und aggressivem *Reagieren* auf Unannehmlichkeiten und Provokationen zu bestehen. Beim *Aus-sich-selbst-heraus-aggressiv-Werden* konnte dieser Zusammenhang jedoch nicht gefunden werden.

Im allgemeinen kann man also sagen, daß die Veranlagung auf zweierlei Weise auf die Aggression einwirken kann: Biologische Faktoren können einerseits dafür verantwortlich sein, daß die Aggression schnell aufflammt, und andererseits dafür, daß es einem Kind schwer fällt, sich zu beherrschen. Alle Forscher stimmen darin überein, daß die an der Aggression beteiligten biologischen Veranlagungsfaktoren nicht unabhängig von Erfahrung und Umwelt sind. Dies zeigt sich allein schon in der Tatsache, daß z.B. der Hormongehalt nicht konstant ist, sondern sich in einer aggressiven Situation erhöht.

Ein Kind wächst mit einer bestimmten Neigung zu Aggression auf, und dies in einer Umwelt, die dafür verantwortlich ist, ob es seine Aggressionen zu äußern oder zu beherrschen lernt. Die Prozesse in der Hirnrinde, die sein Verhalten mitbestimmen, werden von der Umwelt geprägt, so daß es nicht mehr nur von seinem autonomen Nervensystem angetrieben wird.

Die Eltern

Es wird erwogen, ob nicht vielleicht auch die Eltern Einfluß auf das Entstehen einer anhaltenden Aggression haben, da sie möglicherweise die dazu notwendige Veranlagung an ihre Kinder weitergeben. Betrach-

Die aussagekräftigsten Untersuchungen hinsichtlich der Erblichkeit der Aggression berücksichtigen nur rückfällige, kriminelle Erwachsene, also sehr extreme Beispiele. Untersuchungen von Mednick *mit Adoptivkindern haben hingegen ergeben, daß diejenigen, die später wiederholt kriminell wurden, signifikant öfter biologische Eltern hatten, die dieselben Verhaltensmuster aufwiesen – ungeachtet der nicht-kriminellen Adoptiveltern.*

tet man die biologische Grundlage, dann wäre dies nicht verwunderlich. Möglicherweise besitzen die Eltern dasselbe schwierige Temperament oder denselben risikoerhöhenden Hormonhaushalt. Oder vielleicht haben sie dieselbe neurologische Struktur, die eine Kontrolle durch die Hirnrinde erschwert. Doch dies sind alles nur Hypothesen. Untersuchungen erweisen sich allein schon dadurch als außergewöhnlich schwierig, weil Kinder, die durch ihre biologischen Eltern erzogen werden, auch täglich davon beeinflußt werden, was die Eltern *tun*.

Wie werden nun in der täglichen Erziehungspraxis Aggressionen bei einem Kind geweckt? Es lassen sich drei Erklärungen unterscheiden: Das Elternhaus kann aggressionfördernd sein, da das Kind fortwährend frustiert wird. Es kann auch sein, daß die Eltern selbst sehr aggressiv auftreten und das Kind dieses Verhalten imitiert. Oder aber die Eltern verwenden einen bestimmten Erziehungsstil, der es dem Kind schwer macht, soziales Verhalten zu erlernen. Es werden ihm keine sozialen Fertigkeiten beigebracht. So lernt es z.B. nicht, die Intentionen eines anderen richtig einzuschätzen, nachzudenken, nachzufragen, wenn es etwas nicht verstanden hat usw. Erleben und Verhalten bleiben dann leicht in einem primitiven Schema schneller Unlustgefühle stecken, die impulsiv abreagiert werden.

Frustration

Obwohl diese Richtungen nicht parallel laufen, kann man so ungefähr nachfühlen, welche psychologische mit welcher philosophischen Richtung am meisten verwandt ist.

Vergleiche damit, was in Kapitel 6 über die Kollision zwischen Verlangen aus dem Es und den Forderungen der Eltern steht. In Kapitel 10 wird betont, daß die Eltern nicht jede Aggression zulassen, aber auch nicht alles verbieten dürfen. Im ersten Fall bekommt das Kind vor seiner Aggression Angst, im zweiten vor seinem Gewissen.

Lies in Kapitel 7 über Frustration als Bedingung für die Bewußtseinsbildung.

Aristoteles, *384–322 v. Chr., war ein griechischer Philosoph.*

Auch bei der Erklärung der *Entstehung* kindlicher Aggressionen gibt es zwei Richtungen.

Die eine Richtung, deren bedeutendster Vertreter Freud ist, sieht *Frustration* als ausschlaggebendes Erlebnis eines Kindes an. Die andere hält *Imitation* für das ausschlaggebende Erlebnis. Der bekannteste Vertreter dieser Richtung ist Bandura. Die meisten Psychologen berücksichtigen beide Erlebnisse, halten aber eines davon für das bedeutendere. Die Frustrationstheorie geht jedoch davon aus, daß Aggression dann entsteht, wenn die Befriedigung eines wichtigen Bedürfnisses behindert wird. In den aufeinanderfolgenden Stadien werden durch Frustration sexueller Bedürfnisse charakteristische Formen von Aggression geweckt. Im oralen Stadium ist es zum Beispiel das Beißen, im analen das Zerstören und Beschmutzen und im phallischen sind es aggressive Phantasien.

Von hier breitet sich die Aggression in unzähligen abgeleiteten Formen aus. Diese Theorie schreibt den Eltern die Hauptrolle zu. In der frühkindlichen Entwicklung sind es immerhin sie, die ihr Kind mit Frustration überhäufen. Sie wecken seine Aggression, die sich dann auf sich richtet. Weil diese Theorie mit dem philosophischen Gedanken verwandt ist, dass die Aggression bereits im Kinde lebt *und nach aussen gelangen muss*, stellt sie die Eltern vor die Aufgabe, dem Kind beizubringen, wie es auf sinnvolle Weise sein Ziel erreicht, indem es die Aggression zu etwas Unschuldigem, Konstruktivem umlenkt. Ein konstruktives Ventil für einen rauflustigen Jungen ist zum Beispiel Judo: er darf kämpfen dies ist jedoch von strengen Regeln beherrscht. Eine weitere Form eines «unschuldigen» Ventils ist das Miterleben der Aggression anderer. Aristoteles fand, man könne sich von aufgestauter Angriffslust reinigen, indem man bei grausamen Vorstellungen zuschaue (Katharsis). Moderne Psychologen wie NOBLE vertreten dieselbe Meinung. Sie sehen Mord- und Kriegsfilme in Fernsehen und Kino als ein Mittel an, eine große Menge von Aggressionen abzureagieren. Dahinter steckt die Idee, daß Aggressionen, die auf eine solche Weise abgelassen werden können, für aggressive Taten gegen Mitmenschen nicht mehr zu gebrauchen sind.

Damit das Miterleben von Aggression ein unschuldiges Aggressions-Ventil sein kann, müssen einige Kriterien erfüllt sein. Die Aggression muß zum Beispiel ein möglichst stilisiertes, symbolisches Phantasieprodukt sein und keine wirkliche Aggression. Außerdem führt Zuschauen im Dunkeln zu einem Identitätsverlust der Zuschauer, wodurch die visuell wahrgenommene Aggression auf sie überschlägt und somit nicht länger ein unschuldiges Ventil ist.

Nicht jede Frustration führt von sich aus zu Aggressionen. Die meisten Erwachsenen und Kinder können einiges aushalten. Die Frustrationen summieren sich jedoch. Ein Kind wird aggressiv, wenn ihm den lieben langen Tag hindurch alles und jedes verboten wird.

Aggression als direkte Folge einer Frustration wird in einer Atmosphäre der Konkurrenz und in einer emotionalisierten Atmosphäre leichter geweckt. Man erträgt dann nicht so viel. Eine emotionalisierte Atmosphäre kann zum Beispiel entstehen, wenn viel geschimpft wird. SLABY zeigte durch eine Untersuchung, daß Kinder, die einander schimpfen dürfen, eher zum Raufen übergehen, wenn ihnen etwas nicht gefällt (Frustration). ROCHA & ROGERS untersuchten den Einfluß von Konkurrenz auf das Aggressionsverhalten. Vorschulkinder und Erstklässler wetteiferten zu zweit miteinander, wer den höchsten Turm bauen könne. Beim ersten Durchgang waren Bauklötze in Überfluß vorhanden, beim zweiten gab es nur eine beschränkte Anzahl von Bauklötzen. Beim zweiten Durchgang waren körperliche Aggression und gegenseitiges Behindern siebenmal so groß wie beim ersten.

«Competition breeds aggression» (Konkurrenz erzeugt Aggressivität) sagen diese Forscher. Andere moderne Psychologen wie PERLS glauben, daß gespeicherte Aggressivität nach innen umschlägt und zu Aggression gegen einen selbst wird. In unserer Zeit, in der Eigenliebe groß geschrieben wird, sieht man im Äußern von Aggressionen auch Selbstschutz.

Hier hat die Mode des Selbstbehauptungstrainings ihren Ursprung. «Seine eigenen Interessen wahrnehmen» ist eine recht aggressive Art, mit anderen umzugehen.

Imitation

Auch die Psychologen, die bei der Entstehung von Aggression Imitation als entscheidendes Moment ansehen, können sich auf einen griechischen Philosophen berufen. PLATO fand, daß das bloße Sehen aggressiver Schauspiele die Menschen zu aggressiven Handlungen anstiften könne. Hier erkennen die Gegner von Gewalt im Fernsehen ihre Ideen wieder.

PLATO, *427–347 v. Chr., war ein griechischer Philosoph.*

Aggression läßt sich lernen. BANDURA zeigte, daß Kinder dazu neigen, Aggression, die sie gesehen haben, nachzuahmen, wenn die Situation dazu geeignet ist. Dabei müsse man zwischen der latenten Aufnahme aggressiver Vorbilder und der vom Kind realisierten Aggression deutlich unterscheiden. Er führte Kindern ein lebensgroßes Stehaufmännchen namens Bodo im Film vor, in dem jemand versucht, das Männchen auf dem Boden zu halten und dabei sehr aggressiv wird. Es gab zwei Versionen. In dem einen Film wurde der Jemand für seine Versuche bestraft, im anderen belohnt. Danach ließ man die Kinder in einen Raum gehen, in dem sich ein solches Männchen befand. Diejenigen, die die Belohnungsversion gesehen hatten, imitierten das Vorbild des Films öfter als die, die die Strafversion gesehen hatten. BANDURAS Theorie sagt jedoch, daß die zweite Gruppe dieser Kinder nicht weniger

Zu Lernen am Modell siehe Kapitel 4.

Aggression gesehen hat. Die Situation war für sie am Ende des Films nicht günstig, da sie Angst hatten, wie das Vorbild im Film bestraft zu werden. Aber als BANDURA sie dann für jeden Klaps, den sie Bodo gaben, belohnte, legten sie sofort das ganze Verhalten an den Tag, das sie im Film gesehen hatten. Sie hatten es also latent gelernt.

Vergleiche damit, was in Kapitel 4 steht: Die Belohnung muß einen gewissen Seltenheitswert behalten, aber die Bestrafung muß immer konsequent folgen.

WALTERS und BROWN zeigten, daß die Kinder sich am aggressivsten gegen Bodo benahmen, wenn sie manchmal eine Belohnung erhielten und manchmal nicht (intermittent reinforcement). LIEBERT weist darauf hin, daß in der täglichen Erziehungspraxis der Eltern gerade dieses Belohnungssystem besonders häufig ist; denn sie sind nicht immer dabei, wenn die Kinder sich aggressiv verhalten, und deshalb können sie nicht konsequent eingreifen.

Aggressives Verhalten von Eltern gegenüber dem Kind ist Anlaß zum Lernen von Aggression am Modell. Der Erziehungsstil scheint also auch wichtig zu sein.

PITKÄNEN *entdeckte in ihrer Untersuchung, daß aggressive Kinder aus unbeständigen Familien kamen, in denen zwar viel gegenseitiger Kontakt, aber wenig Ermunterung vorhanden war.*

Auch HERBERT hält inkonsequentes Reagieren auf kindliche Aggression (intermittent reinforcement) für verhängnisvoll. Die meisten aggressiven Kinder kommen ihm zufolge aus Familien, in denen die Eltern aggressives Verhalten mit Schlägen bestrafen. Dieser Gipfel an Inkonsequenz macht Kinder unsicher und feindselig. Auch nachgiebige Eltern, die beim Bestrafen gleich zuschlagen, wecken Aggression gemäß dem Imitationsmodell. In den beiden letzten Fällen bilden die Eltern also das Modell für ihre Kinder und erreichen das Gegenteil von dem, was sie erreichen wollen.

Auch der norwegische Psychologe OLWEUS sagt es deutlich: Eltern, deren Verhalten durch körperliche Strafen charakterisiert wird, und die ihre körperliche Überlegenheit zur Durchsetzung ihres Willens ins Spiel bringen, haben oft aggressive Kinder.

Eine freundliche, aber bestimmt zurückweisende und konsequente Haltung gegenüber kindlichen Äußerungen von Aggression ist seiner Meinung nach das beste Mittel, um zu verhindern, daß Aggression ein typischer Charakterzug des Kindes wird. Weiter unten werden wir sehen, wie wichtig dies ist, weil einmal gefestigte aggressive Verhaltensweisen außergewöhnlich hartnäckig zu sein scheinen.

Der Erziehungsstil der Eltern wird natürlich von ihrer Persönlichkeit in hohem Maß bestimmt. Aber auch sie werden ihrerseits von Umweltfaktoren beeinflußt. Einer dieser Faktoren, die man in Zusammenhang mit der Aggression untersucht hat, ist der Wohnbereich. In der Untersuchung von ROY wird deutlich, daß bei kleinem Wohnraum mehr Strafe ausgeteilt wird. Kinder sind dann den Eltern mehr im Weg, und die Eltern sehen dann auch mehr Unartigkeiten als in einem großen Haus.

BECKER fand heraus, daß in kleineren Wohnungen auch öfter körperlich bestraft wird. Vielleicht ist man da gereizter und reagiert impulsiver. Zuschlagen ist eine einfache impulsive Reaktion. Will man eine sinnvolle, begründbare Strafe überdenken, braucht man dazu meistens etwas Ruhe. Umgekehrt fand MURRAY tatsächlich heraus, daß die Kinder, die von Klassenkameraden als aggressiv bezeichnet wurden, in der Regel aus Familien stammten, in denen pro Person am wenigsten Wohnraum vorhanden war.

Nicht nur der Wohnraum scheint eine Rolle zu spielen. Es ist anscheinend wichtig, ob man im Parterre oder in einer höheren Etage wohnt, wo Aggressionen leichter auftreten. Zwar sind in Hongkong, wo die umfangreichsten Untersuchungen darüber (von MITCHELL) durchgeführt wurde, die Lebensverhältnisse völlig anders als in einer westlichen Gesellschaft, aber dieser Vergleich dürfte trotzdem zulässig sein. Als Erklärung wird genannt, daß es im Parterre leichter ist, für Eltern wie für Kinder, sich dem gegenseitigen Einfluß zu entziehen: man kann mal schnell nach draußen laufen.

Der Einfluß des Erziehungsstils

Wir haben bis jetzt nur einige Facetten des Erziehungsstils beleuchtet. Es gibt aber noch mehr. PATTERSON hat sie unter dem Begriff *Erziehungsohnmacht* zusammengefaßt, d.h. die Eltern sind nicht in der Lage, das Verhalten ihrer Kinder in soziale Bahnen zu lenken. Auf positive Dinge, die das Kind tut, wird nicht systematisch eingegangen, und auf ein störendes Verhalten wird inadäquat reagiert. Hierbei wird folgendes Schema sichtbar: Es wird sporadisch - aus einer Gemütswallung heraus - eine strenge Strafe verhängt; das Kind reagiert darauf immer gleichgültiger; einmal ist etwas erlaubt, ein andermal wieder nicht; man läßt den Dingen ihren Lauf; die Eltern geben auf. Aufgrund dieser Erkenntnisse entwickelte PATTERSON Elternkurse, in denen sie lernen, adäquater auf das Verhalten ihrer Kinder zu reagieren.

An verschiedenen Stellen dieses Buches taucht der Begriff *Informationsverarbeitung* auf. Dabei ging es vorwiegend um Prozesse der Sinnesorgane. Jedoch geht es auch bei zwischenmenschlichen Kontakten um Dinge, die die Sinnesorgane wahrnehmen und darum, wie man mit Worten, Gebärden und Bewegungen darauf reagiert. Dazwischen liegt ein Informationsverarbeitungsprozeß im Gehirn. Man hat den Eindruck, daß dieser Prozeß bei aggressiven Kindern undifferenzierter ist als bei *normalen* Kindern. Dies könnte teilweise an neurologischen Bedingungen liegen, es kann aber auch die Folge einer Erziehung sein, in der die Eltern ihren Kindern nur wenige soziale Fähigkeiten beigebracht haben. Diese Kinder haben von ihren Eltern nur eine begrenzte Anzahl oberflächlicher Kategorien im Umgang mit Dingen und Menschen gelernt. Ihre soziale Kognition ist unzureichend, um richtig einschätzen zu können, was mit ihnen und um sie herum geschieht. Bei Kindern, die zur Aggression neigen, haben diese wenigen Kategorien eine aggressive Färbung. DODGE, der in den USA eine bedeutende Reihe von Untersuchungen über die Verarbeitung sozialer Informationen durch aggressive und nicht-aggressive Kinder leitet, zeichnet folgendes Profil von aggressiven Kindern: In einer Skala von Ereignissen nehmen sie selektiv das Aggressive wahr; sie sind einseitig und das Handeln anderer wird schnell feindlich beurteilt; sie reagieren impulsiv, oberflächlich und haben nur ein begrenztes Repertoire, mit dem sie reagieren können. Dies führt gewissermaßen zu einem Teufelskreis, da die Gedächtnisinhalte dieser Kinder immer wieder mit diesem stereotypen Schema angefüllt werden. Die Prognosen sind darum auch sehr pessimistisch, da soziale Kontakte für diese Kinder keine Bedeutung erhalten haben. Ihr Selbstwertgefühl wurzelt nicht in der Anerkennung durch andere Menschen, sondern höchstens in dem Effekt, den sie zustande bringen, auch wenn dieser negativ ist. Das Instrument der Aner-

Soziale Kognition ist der psychologische Begriff für Menschenkenntnis. In Teil 2 wird im Kapitel 'Klassenkameraden' näher darauf eingegangen.

kennung ist unzureichend, um diesen Kindern beizubringen, sich sozialer zu verhalten.

Der Erziehungsstil der Eltern wird jedoch zu einem großen Teil durch ihre Persönlichkeit bestimmt, denn auch sie werden ihrerseits durch Umgebungsfaktoren beeinflußt. Ein solcher Faktor, der im Zusammenhang mit der Aggression untersucht wurde, sind die Wohnverhältnisse. In Untersuchungen von ROY wurde deutlich, daß folgender Zusammenhang besteht: Je kleiner die Wohnung ist, desto mehr wird gestraft. Dies ist nicht ganz unbegreiflich, denn in einer kleinen Wohnung kommt man sich eher ins Gehege. Auch wenn die Kinder etwas anstellen, fällt dies eher auf als in einem großen Haus.

BECKER stellte fest, daß in bescheidenen Wohnverhältnissen öfter Schläge als Strafe ausgeteilt werden. Die Umstände bedingen wahrscheinlich, daß die Eltern schneller gereizt sind und daher impulsiv reagieren. Schläge formen eine simple, impulsive Form der Reaktion. Um eine sinnvolle, begründete Strafe zu bedenken, muß man erst zu Ruhe kommen können. MURRAY stellte fest, daß Kinder, die von ihren Klassenkameraden als aggressiv abgestempelt wurden, tatsächlich relativ häufiger aus Familien mit bescheidenen Wohnverhältnissen kamen.

In verschiedenen Untersuchungen wurde auch ein Zusammenhang zwischen Wohnverhältnissen und Kindesmißhandlungen gefunden.

Es ist aber nicht nur die Größe der Wohnung, die eine Rolle spielt. Wichtig scheint auch zu sein, auf welcher Etage man wohnt. Die umfassendste Untersuchung hierüber (von MITCHELL) wurde in Hongkong durchgeführt. Ungeachtet der Tatsache, daß die Lebensumstände dort ganz anders sind als in der westlichen Welt, lassen sich doch Vergleiche ziehen. Wenn man Parterre wohnt, ist es sowohl für die Eltern als auch für die Kinder leichter, sich dem Einfluß des anderen zu entziehen, indem man eben nach draußen läuft. In einer kleineren Untersuchung in den Niederlanden kam der Betriebsarzt Moll Van Charante zu vergleichbaren Ergebnissen. In Wohnungen, die über dem vierten Stock lagen, nahmen die emotionalen Probleme zu.

Altersgenossen

Neben Eltern und Massenmedien üben auch Altersgenossen einen Einfluß aus. PATTERSON weist darauf hin, daß Altersgenossen dadurch verführend wirken, daß herrschsüchtige, aggressive Kinder in der Klasse ein ziemlich großes Ansehen genießen, obwohl sie nicht beliebt sind. Dieses Ansehen macht sie zum Vorbild für andere Kinder. Der Prozeß des Lernens am Modell kann beginnen, wie wir dies schon beim Film und beim Erziehungsstil der Eltern gesehen haben. So können ein oder zwei aggressive Kinder in einer Klasse auf unangenehme Weise ansteckend wirken. In der Theorie BANDURAS lautet das: Die latente Aggression, die die Kinder über Imitation aufbauen, wird realisiert, sobald die Situation dafür günstig ist.

OLWEUS hat die gegenseitige Aggression innerhalb einer Schulklasse am intensivsten untersucht. Der Effekt einer «günstigen Situation» wird darin deutlich. Ein Kind zeigt in einer Klasse seine Aggressivität dann am ehesten, wenn ein Angsthase in der Klasse ist, der sich alles gefallen läßt. Dieses Kind «weckt» die latente Aggression beim anderen, es gibt Gelegenheit, macht die Situation günstig. Je mehr sich eine Klasse für die Aggression eines oder mehrerer Kinder anbietet, desto eher werden aggressive Handlungen auftreten. Laut Olweus ist schnelles Eingreifen vonnöten, weil einmal gefestigte Aggressionsmuster praktisch nicht mehr abzubauen sind. Dieses Eingreifen ist wirksamer, wenn es sich nicht so sehr gegen die aggressiven Kinder richtet, sondern darauf, daß die anderen wehrbar gemacht werden, so daß sie nicht mehr als Opfer herhalten müssen.

Aggressionen sind notwendig

Aggression ist normal. Gelegentlich wird sie jedoch zum Problem.

Nach Szegal können sich hinter einer aggressiven Tat sechs verschiedene Motive verbergen: «einfach so»; Erkämpfen von Besitz; Verteidigen von Besitz; Aufmerksamkeit erregen; einen anderen für eine aggressive Tat bestrafen; drohen. Es scheint ihm wichtig, bei der Beurteilung auf das Motiv zu achten. Ein Kind, das ein anderes für seine Aggression bestraft, betätigt sich eigentlich sozial. Verteidigende Aggression muß anders beurteilt werden als angreifende.

Blurton Jones unterscheidet zwischen spielerischer und feindlicher Aggression. Dabei erkennt man in «spielerisch» die Auffassung von einer angeborenen Neigung zu Energieentladung wieder. Feshbach unterscheidet zielgerichtete und zufällige Aggression, wobei letzteres eine unbeabsichtigte Nebenerscheinung einer bestimmten Tat ist.

Weiterhin ist es wichtig, darauf zu achten, ob ein Kind beim Aggressivwerden einigermaßen selektiv vorgeht. Wenn es immer aggressiv wird, auch wenn von vorneherein klar ist, daß dies nachteilig ist, dann deutet dies auf einen Zwang hin, der nicht zur normalen Entwicklung gehört. In der normalen Entwicklung muß ein Kind seine aggressiven Impulse immer besser beherrschen können. Fraiberg sagt, daß ein bestimmtes Maß an Verdrängung nicht neurotisch ist. Nach Herbert muß man berücksichtigen, daß Kinder verschiedener Entwicklungsphasen unterschiedlich aggressiv sind. Vor allem zwischen drei und fünf Jahren ist eine Zunahme zu beobachten. Das ist das Alter, in dem eine Beschleunigung der sozialen Entwicklung zu beobachten ist. Das Kind sorgt immer mehr für sich selbst. Dabei könne das Kind laut Herbert nicht immer deutlich die Grenze zwischen den eigenen Wünschen und denen anderer sehen. Das kann zu aggressivem Verhalten führen.

Siehe dazu Kapitel 18.

Obwohl die Kinder bestimmten aggressiven Verhaltensweisen entwachsen, hält Herbert es für gefährlich, diesem Verhalten keine Grenzen zu ziehen. Herbert erinnert an das Sprichwort: «Der Appetit kommt beim Essen.» Man kann ihm zufolge verhindern, daß ein Kind aggressiv wird, indem man es daran hindert, sich aggressiv zu benehmen. Es muß lernen, seine aggressiven Gefühle auf andere Weise zu äußern oder sie nicht zu äußern, sondern zu verarbeiten.

Hieraus spricht die Auffassung, daß bei der Äußerung von Aggression ein gewisses Lustgefühl erlebt wird. Das liegt auf einer Linie mit der Auffassung von Lorenz, daß Kämpfen ein instinktives Bedürfnis ist wie Essen und Trinken.

Auch Olweus plädiert für das Verhindern aggressiven Benehmens. Unabhängig davon, ob Aggression angeboren ist oder nicht, hat er festgestellt, daß ein Kind, das einmal aggressiv ist, das auch bleibt. Dies wird auch im Erwachsenenalter eine seiner stabilen Eigenschaften sein. Laut Olweus ist die Anzahl aggressiver Handlungen bis zum dritten Lebensjahr eine gute Voraussage für aggressives Verhalten bis zu zwanzig Jahre später. Die einzige andere vergleichbar stabile Eigenschaft des

Menschen ist die Intelligenz. Diese ist in den verschiedenen Lebensphasen ebenfalls beinahe konstant.

Man weiß zwar immer mehr, aber die Möglichkeiten, von den Erfahrungen der Altersgenossen zu profitieren, bleiben relativ konstant. Siehe Kapitel 16: zum Glück gibt es auch in diesem Sinne Instabilität, daß ein Kind auch in der Intelligenz Fortschritte machen kann.

Zehnjährige, die – als eine Form der verbalen Aggression – viel schimpfen, tun dies auch noch als Dreißigjährige. Deshalb darf man laut Olweus nicht denken, daß dies schnell wieder vorübergehe. Die Umwelt hat bei der Entstehung aggressiven Verhaltens möglicherweise einen großen Einfluß; wenn dieses einmal da ist, ist sie fast unfähig, es zu verändern. Menschen, die bei Untersuchungen von Aggressionen teilgenommen hatten, hatten im Laufe ihres Lebens allerlei unterschiedliche Lebenserfahrungen durchgemacht; ihre aggressiven Eigenschaften hatten sich jedoch nicht verändert. Sie waren so geblieben, wie sie als kleines Kind gewesen waren: aggressiv oder nicht. Dabei hält Olweus es für möglich, daß sich jeder bis zu einem gewissen Grad seine Lebensumstände selbst schafft. Ein aggressives Kind oder ein aggressiver Erwachsener wird Situationen, die für andere nicht aggressiv sind, einen aggressiven Charakter geben. An die Möglichkeit einer Therapie glaubt Olweus nach seiner Analyse nicht so recht.

12. Kapitel
Die sexuelle Entwicklung

Sexualität ist Suchen und Erleben intensiven körperlichen Genusses. Alle Zonen des Körpers, insbesondere die Geschlechtsorgane, sind empfänglich für angenehme Berührungen. Wahrscheinlich gilt diese Definition von Sexualität für Kinder genauso wie für Erwachsene. Im Laufe der Entwicklung verändern sich jedoch die Heftigkeit des sexuellen Verlangens und die Art, in der es befriedigt wird. Wir werden zwischen der körperlichen und der geistigen Seite der Entwicklung unterscheiden, wenn man auch beim sexuellen Erleben des Erwachsenen nicht weiß, wo die «Lust» aufhört und die «Liebe» anfängt. Will man jedoch die Sexualität als Phänomen studieren und sehen, wie sie sich beim Kind entwickelt, dann erhält man ein klareres Bild, wenn man diese beiden Aspekte so gut wie möglich auseinanderhält.

Möglichkeiten körperlichen Genusses

Bei einem neugeborenen Baby ist die Haut ein Tastorgan, das auf Berührung sehr empfindlich reagiert. Für Babys ist es wahrscheinlich äußerst unangenehm, wenn man sie kräftig anfaßt. Zartes Streicheln ist für sie dagegen sehr lustvoll. Schreiende Babys beruhigen sich meistens, wenn man sie streichelt, liebkost und sie ganz fest an sich drückt.

Lies dazu Kapitel 2.

Es gibt keine Hinweise darauf, daß ein Säugling beim Streicheln seiner Geschlechtsteile mehr Genuß empfindet als beim Streicheln anderer Körperteile. Die Sinnlichkeit kristallisiert sich erst anhand von Erfahrungen heraus. Laut FREUD ist ein Kind seiner Veranlagung nach *«polymorph pervers»*. Das bedeutet, daß ihm alle Formen der Lustbefriedigung recht sind. Erst im Laufe seiner Entwicklung wird das Kind wählerisch es bilden sich sogenannte *erogene Zonen* heraus, Stellen am Körper, die ihm speziellen Genuss verschaffen.

Natürlich ist es nicht gleichgültig, welche Stellen es sind. Es sind die Körperzonen mit den empfindlichsten Tastnerven.

Aufgrund welcher Erfahrungen bilden sich beim heranwachsenden Baby die besonders lustempfänglichen Stellen heraus, die anfangs diffus über den ganzen Körper verteilt sind? FREUD hat sie als erster benannt. Die erste wichtige Tätigkeit eines Kindes ist das Trinken. Die meiste Zeit, die es nicht schläft, verbringt es trinkenderweise. Sein Mund wird durch diese Erfahrung immer sensibler. Das Kind reagiert immer empfindlicher auf Berührungen des Mundes. Wenn es mit dem Trinken fertig ist, dann lutscht es am Daumen, um weitergenießen zu können. Ob mit oder ohne Schnuller - im ersten Jahr bleibt der Mund die bedeutendste Quelle der Lust für das Kind, auch wenn es sich Streicheln am übrigen Körper gerne gefallen läßt.

Vergleiche hiermit Kapitel 2: Der Gebrauch der Sinne stimuliert ihre Reifung, Entwicklung und Verfeinerung. Ein Kind steckt alles in den Mund, um es kennenzulernen.

Im zweiten Jahr kommt eine neue Erfahrung hinzu. Das Kind lernt allmählich, seine Darmschließmuskeln zu beherrschen. Es spürt, daß die Durchführung des Geschäftchens ihm ein angenehmes Gefühl vermittelt. Neben der oralen Lustbefriedigung, die etwas in den Hintergrund tritt, eröffnet sich ihm nun eine interessante neue Befriedigung: die Betätigung der Schließmuskeln.

Wenn das Kind im Laufe der Zeit selbständiger wird, erhält es durch

Vergleiche damit, was über die Kenntnis des eigenen Äußeren in Kapitel 7 steht.

viele Erfahrungen ein Ich-Bewußtsein. Das Ich wird vom dritten Lebensjahr an immer deutlicher erkannt. Das Kind probiert die Grenzen seines Könnens aus, es schaut, wie weit es seinen Willen durchsetzen kann, und es interessiert sich stark dafür, wie der Körper empfindet und wie er aussieht; er wird als etwas sehr Lustvolles empfunden. «Das Kind beschäftigt sich dauernd mit sich selbst» lautet eine prüde Umschreibung für «das Kind befriedigt sich selbst». Das Nervensystem des Kindes ist für einen Orgasmus noch nicht reif, daher kann man bei den meisten Kindern nicht von Masturbation sprechen, auch wenn sie sichtlich Lust empfinden.

Man kann bei Kindern auch die berühmten Doktorspiele beobachten, ganz offen oder indem man heimlich durch die Badezimmer- und Schlafzimmertür schaut. Das Kind scheint einen unersättlichen Wissensdrang zu haben, ob die anderen Kinder gleich aussehen wie es selber, und auch die Eltern sieht es bei jeder sich bietenden Gelegenheit interessiert an.

So entsteht laut SLABY zwischen dem dritten und fünften Lebensjahr ein Bewußtsein der eigenen Geschlechtlichkeit. SLABY unterscheidet drei Phasen: Kinder mit zwei oder drei Jahren wissen meistens, ob sie ein Junge oder ein Mädchen sind. Mit ungefähr drei Jahren begreifen sie, daß ein Junge später ein Mann wird und ein Mädchen eine Frau. Im Laufe des fünften Lebensjahres erfassen sie allmählich, daß Junge- beziehungsweise Mädchensein unwiderruflich ist. Bis zu dieser Zeit können Jungen noch davon träumen, daß sie später ein Mädchen sein werden und umgekehrt.

Ein Vorschulkind hat bei verhältnismäßig ungestörter Entwicklung eine feine Abstufung an sinnlichen Gefühlen, an erotisch gefärbten Erfahrungen. Der ganze Körper steht sinnlichen Empfindungen offen: das Gesicht im leichten Regen mit den bloßen Füßen im kribbeligen Sand nach dem Pipimachen wieder ins warme Bett zurück. Außerdem hat das Kind das lustvolle Dösen beim Saugen und Lutschen kennengelernt. Vor allem wenn es müde oder unglücklich ist, tröstet es sich wieder auf diese Weise. Aus Erfahrung weiß das Kind, daß es schön ist, den Darm zu entleeren, sich zu entspannen, alles seinen Lauf nehmen oder sich gehen zu lassen. Es weiß auch eine Stelle zu finden, an der es sich besonderen Genuß verschaffen kann. Diese erotischen Möglichkeiten verschaffen ihm viel Freude; sie sind auch die Basis für sein sexuelles Leben als Erwachsener.

Eine «verhältnismäßig ungestörte» Entwicklung läßt noch einiges zu wünschen übrig. Durch Strenge können die Eltern die sexuellen Bedürfnisse des Kindes frustrieren und seine sexuelle Neugierde blockieren. Wenn sie dem kindlichen Bedürfnis nach Genuß jedoch zuviel nachgeben, bewirken sie, daß das Luststreben die Überhand gewinnt. Es ist schwierig abzuschätzen, wieweit heutzutage Kinder ihrer sexuellen Sinnlichkeit unbefangen gegenüberstehen. Was darüber geschrieben wird, beruht eher auf Ideologien als auf Wissen. Auch bei Erklärungsversuchen für sexuelle Hemmungen von Erwachsenen ist es zu einfach, nur auf Kindheitserfahrungen hinzuweisen. Es besteht zwar ein Zusammenhang, aber er ist selten so direkt und einfach, wie ihn die populärwissenschaftliche Literatur beschreibt. Zwischen Kindheit und Erwachsensein sammelt ein Kind gerade hinsichtlich der körperlichen Seite der Sexualität reiche Erfahrungen, durch die es vieles lernt.

Die Fortpflanzung als biologische Basis

Außer dem körperlichen gibt es auch den beziehungsmäßigen Aspekt der Sexualität. Hier wirken Kindheitserfahrungen wahrscheinlich viel länger nach als bei der rein körperlichen Sexualität. Sie werden zu einem festen Bestandteil der Persönlichkeit.

Im Laufe seiner Entwicklung lernt ein Kind, seine sexuellen Bedürfnisse auf andere zu richten. Bevor wir diese Entwicklung unter die Lupe nehmen, sollten wir uns klarmachen, daß auch der Aspekt, daß Sexualität eine Beziehung zwischen zwei Menschen zum Ausdruck bringt, eine biologische Basis hat. In der Evolution ist alles auf die Erhaltung der Art ausgerichtet. Das gilt auch für das Sexualverhalten. Die Menschen können dabei noch andere, «höhere» Erlebnisse haben, es ist trotzdem so, daß die dabei auftretenden Körperprozesse noch alle charakteristischen Eigenschaften ihrer Fortpflanzungsfunktion aufweisen. Die Menschen von heute sind Teil der Entwicklung der Primaten, die vor ungefähr 65 Millionen Jahren begonnen haben muß. Die frühesten Menschen lebten vor etwa 40000 Jahren. Die kulturelle Entwicklung der Menschheit ist also noch so jung, daß ‹Liebe und Treue› in den Genen wahrscheinlich noch nicht vorhanden sind.

Die Primaten bilden die höchste Wirbeltierordnung; zu ihr gehören die Affen.

Das bedeutet, daß die biologischen Geschlechtsmerkmale immer noch keinem anderen Ziel als dem der Fortpflanzung dienen. Daß der Mensch Verhütungsmittel erfunden hat, tut dem keinen Abbruch.

Populär ausgedrückt, bedient sich die Natur eines «Tricks»: durch das sexuelle Lusterlebnis werden Mensch und Tier dazu gebracht, sich zu paaren. An der Paarung nehmen zwei Geschlechter teil: das männliche und das weibliche. Ihre Geschlechtsmerkmale, wie wir sie jetzt noch kennen, beruhen auf einer Aufgabenverteilung bei der Fortpflanzung. Der Mann muß befruchten, die Frau muß gebären und stillen. Stets werden die Kinder als Junge oder Mädchen geboren. Schon im Augenblick der Befruchtung fällt darüber die Entscheidung.

Dazu gehören zwei verschiedene Körper und zwei verschiedene Körperprozesse. Dieser Unterschied entsteht dadurch, daß bei Mann und Frau der Hormonhaushalt unterschiedlich arbeitet. Hormone sind die chemischen Botschafter, die auf Initiative des Nervensystems hin ausgesandt werden. Entsprechend ihrer Botschaft reagieren verschiedene Organe im Körper auf äußere oder innere Reize.

Endokrinologie ist die Wissenschaft, die sich mit der Funktion der Hormondrüsen beschäftigt.

Ursprünglich dachte man, daß in Mann und Frau verschiedene Hormone vorhanden sind, *Androgene* beim Mann und *Östrogene* und *Progesteron* bei der Frau. Die moderne Endokrinologie nimmt an, daß beide Arten von Hormonen in beiden Geschlechtern vorhanden sind, daß jedoch das eine Geschlecht auf Botschaften einer der Hormonarten schneller reagiert als das andere. Zum Beispiel: im männlichen Körper sind mehr Androgene vorhanden, weil der männliche Organismus auf Androgene träger reagiert. Deshalb benötigt er mehr davon.

Mädchen, die vor ihrer Geburt männliche Hormone erhielten, weil ihre Mutter Medikamente mit solchen einnahm, waren zwischen ihrem vierten und sechzehnten Lebensjahr nicht nur äußerlich jungenhafter, sondern verhielten sich auch in vielerlei Hinsicht wie ein Junge (vgl. dazu die Untersuchung von MONEY *und* EHRHARDT*).*

Die Gehirnprozesse, die diesen Hormonhaushalt steuern, sind für das männliche und weibliche Geschlecht auch verschieden. Darüber hinaus ist der Aufbau des Gehirns – und dadurch auch die ganze Funktionsweise – bei beiden verschieden. Bei den Frauen ist zum Beispiel die linke Hälfte besser entwickelt, bei den Männern die rechte. Das erste erklärt das größere Sprachvermögen der Frauen, das zweite das bessere räumliche Wahrnehmungsvermögen der Männer.

Die Verbindung zwischen den Gehirnhälften scheint bei Frauen weiter entwickelt zu sein, bei Männern scheint die Steuerung verschiedener Prozesse und Vorgänge im Gehirn stärker voneinander getrennt vor sich zu gehen. Vielleicht ist das eine Erklärung für die Tatsache, daß Frauen im allgemeinen besser an zehn Dinge zugleich denken können und Männer im allgemeinen besser dazu in der Lage sind, sich auf eine Sache zu konzentrieren. Der Hypothalamus ist bei Männern und Frauen unterschiedlich geformt. Als Regelzentrum des autonomen Nervensystems und eine fundamentale Rolle spielend bei Aggression, Sexualität und Versorgung von Jungen, könnte dieser Unterschied des Hypothalamus auch zu Geschlechtsunterschieden beitragen.

Der Unterschied zwischen Jungen und Mädchen besteht also nicht nur darin, daß die einen einen Penis haben und die anderen nicht, daß man ein Kind gebären kann oder nicht. Der ganze Organismus ist davon bestimmt. Es ist daher ganz natürlich, daß sich dies in unterschiedlichem Verhalten ausdrückt.

Man muß sich hier allerdings vor zu starkem Schwarz-Weiss-Denken hüten. Obwohl - von seltenen Ausnahmen abgesehen - die Kinder als Jungen oder als Mädchen geboren werden, gibt es graduelle Unterschiede in der Reaktionsbereitschaft ihres Organismus auf männliche und weibliche hormonale Prozesse. Aber je nach Kultur werden bestimmte Verhaltensweisen als männlich oder weiblich angesehen. Es gibt keine Kultur, in der es gleichgültig ist, wie ein Mann oder eine Frau sich verhalten. Rossi sagt es ungefähr so: Es ist verständlich, daß ein gewisser Unterschied der Verhaltensweisen entstanden ist, denn der unterschiedliche Organismus macht das Erlernen des einen Verhaltens leichter als das des anderen. Die meisten Kulturen, auch die unsere, gehen bei ihren Erwartungen an Jungen und Mädchen, Männer und Frauen davon aus, was ihnen in biologischer Hinsicht am leichtesten fällt. In Zusammenhang mit der Emanzipation der Frau ist es ein interessanter Gedanke, daß es prinzipiell möglich ist, daß das Verhalten der Geschlechter einander ähnlicher wird.

Wie in Kapitel 3 dargelegt wurde, fällt es Männern leichter, schwere Arbeit zu verrichten. Frauen tun sich dagegen mit Präzisionsarbeiten leichter.

In der emanzipatorischen Literatur taucht immer wieder die folgende Streitfrage auf: Was sind die biologischen Unterschiede, die mit soziokulturellen Unterschieden Hand in Hand gehen und die deshalb nicht (oder nur mit großem Aufwand) zu überwinden sind?

Und was sind die soziokulturellen Verhaltensunterschiede, die nur zufällig so gewachsen sind, von einer Generation zur nächsten weitergegeben werden und daher zu durchbrechen sind? Die Sozialpsychologin Bettina Götz weist darauf hin, daß diese zwei Quellen - die biologische und die soziokulturelle - nur schwer voneinander zu trennen sind und daß man in feministischen Kreisen darüber nicht zu oberflächlich denken sollte. Man muß auch bedenken, daß umgekehrt bestimmte Erfahrungen Einfluß auf den Hormonhaushalt haben können. So hat man zum Beispiel bei Tieren beobachtet, daß die Erfahrung, anderen unterworfen zu sein, die Produktion von Geschlechtshormonen vermindert. Bei Menschen führt sowohl soziale Isolation als auch zu enger Kontakt mit zu vielen Menschen zu einer Erhöhung der Nebennierenfunktion und dadurch zu einer erhöhten Neigung, aggressiv zu sein.

Wenn wir zurückdenken an das, was zum Beispiel im Kapitel über Aggression steht, kann diese Frage auch so gestellt werden: Inwieweit kann die Hirnrinde ein Gegengewicht gegen die Wirkung des Hypothalamus bilden?

Im ersten Kapitel haben wir bereits gesehen, daß Mädchen und Jungen als Babys von Anfang an unterschiedlich auf die Außenwelt reagieren und dementsprechend auch anders behandelt werden, wodurch die angeborenen Verhaltensunterschiede durch die Kultur gefestigt und verstärkt werden. Wir haben schließlich gesehen, daß Erwachsene Babys unterschiedlich behandeln, wenn sie glauben, es mit einem bestimmten Geschlecht zu tun zu haben, auch wenn es sich in Wirklichkeit um das andere Geschlecht handelt und das Baby wahrscheinlich die Verhaltensweisen seines Geschlechtes zeigt. Denkt man an die Regel, daß man so viel wie möglich auf die Signale des kleinen Kindes eingehen sollte, so erscheint das zuletzt genannte Verhalten natürlich nicht ideal. Doch eine Erziehung, die, getrieben vom Wunsch nach Überwindung der Geschlechtsunterschiede, die geschlechtsspezifischen Signale negiert, ist es ebenso wenig.

Die Mutter als erste Geliebte

Während seiner körperlichen sexuellen Entwicklung ist das Kind stark auf sich selbst gerichtet. FREUD nennt dies die autoerotische Phase. In ihr verschafft sich das Kind selbst körperlichen Genuß an Mund, After und Geschlechtsteil. Das stimmt jedoch nur zum Teil; denn da die Sexualität auf einer Beziehung der verschiedenen körperlichen Voraussetzungen beruht, vollzieht sich zum Beispiel auch die Beziehung zwischen Mutter und Kind körperlich sexuell. Die Mutter gibt dem Kind zu trinken und ermöglicht ihm oralen Lustgewinn; sie hält das Kind dazu an, die Entleerung seines Darms aufzuschieben und sie auf dem Topf zu erledigen; sie weckt beim Waschen des Geschlechtsteils dort die ersten Lustgefühle. Man könnte sagen, alle diese wichtigen körperlichen und sexuellen Entdeckungen macht ein Kind zu einer Zeit, in welcher es in zunehmendem Maße an einen einzigen Menschen gebunden ist, an seine Mutter. Es ist daher natürlich, daß sich diese beiden Prozesse vermischen. Für Jungen und für Mädchen ist die Mutter die erste große Liebe, und auch ihre ersten körperlichen Genußerlebnisse hängen auf irgendeine Weise mit ihr zusammen.

Lies zum Prozeß der Anhänglichkeit Kapitel 5.

Die meisten Psychologen sind mit Freud darin einig, daß die allerersten sexuellen Erfahrungen eines Kindes stark vom Verhalten der Mutter beeinflußt werden. Man kann jedoch verschiedener Meinung sein darüber, ob diese ersten sexuellen Erfahrungen unbedingt bis in die Sexualität des Erwachsenen ihre Wirkung haben, oder ob sexuelle Frustrationen der Kindheit nicht doch auch wieder überwunden werden können.

Läßt die Mutter ihr Kind nach Herzenslust saugen und wehrt es nur so stark ab, daß es auch andere Formen der Lust entdecken kann? Oder bekommt es gar nur die abgemessene Menge und darf nicht daumenlutschen? Liebkost die Mutter es bei der als angenehm empfundenen Darmentleerung, aber wiederum nicht so übertrieben, daß es darauf fixiert bleibt? Oder ruft sie: «Pfui, schmutzig, weg damit!», so daß beim Kind der Eindruck entsteht, es habe etwas Böses getan? Reibt die Mutter beim Abtrocknen genauso über das Geschlechtsteil wie über den übrigen Körper? Oder trocknet sie es nur ganz flüchtig ab? Der Atmosphäre, in der sich das alles abspielt, kommt eine große Bedeutung zu.

Identifikation und latente Phase in der traditionellen Familie

Im vierten Lebensjahr ist ein Kind von dem Bewußtsein durchdrungen, ein selbständiges Wesen zu sein. Als es kleiner war, erlebte es sich mehr oder weniger als Anhängsel der Mutter. Man kann sich vorstellen, daß die Anerkennung dieses endgültigen Bruches ein Kind mit Stolz erfüllt, es aber auch zum ersten Mal wirkliche Einsamkeit erleben läßt. Früher, als es kleiner war, fühlte sich das Kind zwar auch oft alleine und verlassen, aber sobald die Mutter wieder da war, war dieses Gefühl weg; denn es gehörte zu ihr, es war ein Teil von ihr. Mit zunehmendem Selbstbewußtsein merkt das Kind jedoch, daß es sich auch in Gegenwart der Mutter alleine fühlen kann, weil die Mutter eine andere Person ist, die nie ganz so fühlt und denkt wie es. Die Ausstrahlung der Mutter verliert an Kraft, je stärker das Kind wird. Es wird mächtiger, aber auch einsamer.

Im Kapitel 7 werden andere Menschen als Spiegel beschrieben, durch die ein Kind sich selbst erfährt und so zum Bewußtsein seiner eigenen Existenz kommt.

Vielleicht ist es dieses Bewußtsein der Einsamkeit, das in einem Kind das Verlangen, die Mutter ganz für sich haben zu wollen, weckt – wie früher, aber doch anders, weil es sich jetzt seiner selbst bewußt ist. Früher war es ein Teil seiner Mutter, jetzt soll die Mutter ein Teil von ihm werden. Ähnlich wie der Vater die Mutter beansprucht, so will das Kind das auch, es kann aber der Mutter den Vater nicht ersetzen. Die Gefühle der Mutter und ihr Tun und Lassen ihm gegenüber unterscheiden sich von Grund auf von ihrem Umgang mit dem Vater. Die Art und Weise, in der das Kind diese unabänderliche Tatsache akzeptiert und mit der Zeit die große Liebe Mutter aufgibt, wird als zentraler Durchbruch seiner sexuellen Identität betrachtet.

Nach FREUD *spielen für die Art und Weise der Lösung des ödipalen Problems Penisneid und Kastrationsangst eine wichtige Rolle. Im Kapitel 6 wurden beide Phänomene schon kurz erwähnt. Es handelt sich dabei nicht um Tatsachen, die jedes Kind erleben muß, sondern um Phantasien, die nur gelegentlich vorkommen.*

Wie geschieht dieser Durchbruch? Das Kleinkind «weiß» jetzt drei Dinge:

- es ist ein Mädchen oder es ist ein Junge;
- als Mädchen wird es später genauso, wie Mutter jetzt ist, oder als Junge wird es später genauso, wie Vater jetzt ist;
- Vater und Mutter gehören zusammen, es kann sich nicht dazwischen drängen.

Jungen und Mädchen finden beide ihre eigene Lösung für diese unabänderliche Tatsache. Hier hat der Junge es leichter. Er kann den Vater zwar nicht ersetzen, aber er kann versuchen, ihm möglichst ähnlich zu werden. So wird er Mutters Gunst doch gewinnen, denn die Mutter liebt jemanden, der so ist wie der Vater. Deshalb wird er Mutters Verehrer, ein Miniatur-Mann, der versucht, seinen Vater möglichst genau zu imitieren. Er identifiziert sich mit seinem Vater, den er jedoch auch manchmal aus tiefstem Herzen wegen seiner überlegenen, für ihn unerreichbaren Stellung verwünscht. Diese ambivalenten Gefühle machen ihm von Zeit zu Zeit große Angst.

Siehe hierzu Kapitel 9.

Dennoch ist die Entwicklung bei den Jungen gradliniger als bei den Mädchen. Für das Mädchen kann die Mutter nicht die große Liebe bleiben. Es muß eine Kehrtwendung machen, zum Beispiel indem es die Mutter imitiert. Es freut sich über Vaters Komplimente, weil die ihm beweisen, daß es ihm gelingt, genauso schön und lieb wie die Mutter zu sein. Gelegentlich verdrängt es die Mutter sogar von ihrem Platz: «Wenn ich groß bin, heirate *ich* Papa.» Aber niemand weiß genau, wie sich diese Kehrtwende vollzieht, wie es kommt, daß, obwohl Junge und Mädchen anfangs beide eine Frau lieben, das Mädchen in der Lage ist, seine Zuneigung auf einen Mann zu verlagern. Man kann sich zumindest vorstellen, daß der Vater hierbei eine große Rolle in dem Sinne spielt, daß er weibliches Verhalten bei seiner Tochter unbewußt stimuliert, indem er darauf sehr positiv reagiert. Auf jeden Fall haben Vorschulkinder und Erstkläßler ein starkes Bedürfnis, Erwachsenen des anderen Geschlechts zu gefallen.

Daran schließt sich eine Phase an, in der Kinder ihre Aufmerksamkeit vor allem auf Altersgenossen des eigenen Geschlechts richten. FREUD nennt sie *latente Phase*, in der Annahme, daß die Sexualität im Schulalter ruht und erst in der Pubertät wieder erwacht. Es ist jedoch wahrscheinlicher, daß die Sexualität als sinnliche Erfahrung nicht an Kraft verliert, sondern sich im Umgang der Freunde und Freundinnen untereinander äußert. Man kann sich des Eindrucks nicht erwehren, daß dabei viel Erotik im Sinne von körperlicher Aufmerksamkeit füreinander im Spiel ist.

Nachdem das Vorschulkind seine Identifikation endgültig gewählt hat («Ich werde wie Mama», «Ich werde wie Papa»), zieht es sich zeitweilig in die Gruppe der «Schicksalsgenossen» zurück, um gemeinsam das jungenhaft-männliche oder das mädchenhaft-weibliche Verhalten einzuüben.

GRUSEC hat in einer Untersuchung gezeigt, daß die Orientierung am eigenen Geschlecht sehr wichtig ist. Er führte Sechs- und Siebenjährigen Filme von Jungen und Mädchen, Männern und Frauen vor, die verschiedene Tätigkeiten ausübten. Im Nachhinein erinnerten sich die Kinder am besten an die Tätigkeiten, die sie bei einem Geschlechtsgenossen gesehen hatten, auch wenn es Dinge waren, die nicht als traditionell männlich oder weiblich angesehen werden.

Im täglichen Umgang merkt man, daß Jungen anfangen, Mädchen «langweilig» zu finden, und Mädchen finden Jungen «blöd». Sie sind zu sehr mit ihren eigenen Identifikationen als Junge oder Mädchen beschäftigt, als daß sie sich um das andere Geschlecht kümmern könnten. Wenn sie die eigene Rolle einigermaßen beherrschen, erwacht bei den älteren Schülern das Interesse für das andere Geschlecht wieder. Durch die körperliche Reifung nimmt das sexuelle Verlangen in der Pubertät an Heftigkeit zu. Die Entwicklung der sekundären Geschlechtsmerkmale unterstützt dabei die manchmal noch etwas unsichere sexuelle Identität.

Sekundäre Geschlechtsmerkmale sind zum Beispiel die Brust bei Mädchen, Bartwuchs bei Jungen und die Schamhaare bei beiden.

Väter

Obwohl die Mutter in der traditionellen Familie die erste Bezugsperson darstellt, ist es der Vater, der letztendlich die Entwicklung des geschlechtsspezifischen Verhaltens und Erlebens bei seinen Kindern abrundet. Oder wie FREUD es sich vorstellt: Gerade dadurch, daß der Vater einen wesentlich geringeren konkreten Anteil an der Erziehung hat und so einen gewissen Seltenheitswert besitzt, ist sein potentieller Einfluß größer.

Im allgemeinen achten Mütter bei den Anforderungen, die sie in der täglichen Erziehungspraxis an ihre Kinder stellen, weniger auf das Geschlecht als die Väter. Ihnen geht es um die Kinder. Das soll nicht bedeuten, daß Mütter ihren Kindern geschlechtsneutral gegenüberstehen, im Gegenteil. HINDE ist beispielsweise zu der Überzeugung gekommen, daß depressive Mütter gegenüber ihren kleinen Töchtern freundlicher sind als gegenüber ihren Söhnen und daß sie auch mehr von ihren Mädchen zurückbekommen. (Girls are comforting objects for their mothers.) Seiner Untersuchung zufolge scheinen schüchterne Mädchen im allgemeinen eine weniger komplizierte Beziehung zu ihrer Mutter zu haben als selbstbewußte. Bei den Jungen war dies genau umgekehrt. Aber das sind keine bewußten Erwartungen von geschlechtsspezifischem Verhalten bei den Kindern.

Laut BRONFENBRENNER sind es vor allem die Väter, die an Jungen und Mädchen unterschiedliche Erwartungen richten. Deutlich ist dies in Spielsituationen, in denen die Mütter viel größere Abweichungen vom geschlechtsspezifischen Spiel erlauben als die Väter. Diese können es beispielsweise nicht ausstehen, wenn ihre Söhne mit Puppen spielen. Väter sind gegenüber ihren aufwachsenden Söhnen fordernder und strenger, gegenüber den Mädchen affektiver und freigebiger mit Lob. Maskuline Väter geben ihren Töchterchen Gelegenheit, die Rolle eines mädchenhaften Verhaltens im Umgang mit Männern zu üben. Sie flirten mit ihren Töchterchen und liebkosen sie, so daß diese lernen, Männern zu gefallen. Jungen, die das Lob ihres Vaters verdienen wollen, müssen sich wie kräftige Männer verhalten. Auf diese Weise unterscheiden die Väter die Geschlechtsrollen schärfer als die Mütter.

Wenn ein Vater von einem Jungen Kraft erwartet, so bedeutet dies nicht, daß er seinem Sohn gegenüber hart und gefühllos ist. Laut HETHERINGTON und anderen ist gerade viel väterliche Wärme nötig, um bei einem Sohn Männlichkeit zu entwickeln. Mütterliche Wärme ist dabei weniger bedeutend, während für die Entwicklung der Weiblichkeit bei einem Mädchen väterliche und mütterliche Wärme gleich wichtig sind. Alles deutet darauf hin, daß ein Junge sowohl die allgemeine männliche Rolle wie auch den Umgang mit Frauen von seinem Vater abguckt. Bei einem Mädchen ist das verteilt: Die Identifikation mit der Frauenrolle läuft über die Mutter, die Übung im Umgang mit Männern über den Vater.

Für die Nachahmung der Frauenrolle, wie auch für den Umgang miteinander, ist Wärme – oder in jedem Fall zumindest eine positive Beziehung – mit dem betreffenden Elternteil günstig. CHODOROV sieht hierin eine mögliche Erklärung für die Tatsache, daß Jungen und Männer im allgemeinen selbständiger und in emotioneller Hinsicht unabhängiger als Frauen sind. Jungen müssen sich völlig von ihrer Mutter lösen, mit ihrer frühkindlichen Verbundenheit mit der Mutter brechen. Mädchen brauchen sich nur zum Teil von der Mutter zu lösen. An jemandem zu hängen, bleibt für sie eine allgemeine Lebenshaltung. Dies zeigt sich u.a. daran, daß Mädchen bei Konflikten eher ein Harmoniemodell anstreben (Nachgeben um des Friedens willen), während Jungen eher die Konfrontation suchen (um Konflikte auszufechten).

Vergleiche hiermit die Auffassung von JEANNE BLOCK *in dem Kapitel 'Elemente der Persönlichkeit', wonach von Mädchen mehr Anpassung erwartet wird.*

Fundierte Kritik an den verschiedenen entwicklungspsychologischen Theorien über Geschlechtsunterschiede kommt von CAROL GILLIGAN. Ihrer Meinung nach sind die meisten Theorien auf den männlichen Entwicklungsgang gerichtet, wobei die Entwicklung von Mädchen als Abweichung betrachtet wird (etwa so wie Eva aus Adams Rippe entstand).

Die männliche Entwicklung ist dementsprechend die Norm, die frauliche Entwicklung davon abgeleitet.

Für Jungen ist es notwendig, sich aus der Symbiose mit der Mutter zu lösen und sich mit dem Vater zu identifizieren. Individuation wird damit zur Norm. Die frauliche Entwicklung wird dann wie folgt beschrieben: Mädchen haben Schwierigkeiten mit der Individuation, da sie sich nicht von der Mutter lösen müssen. Aber warum sollte der eine Entwicklungsgang dem anderen überlegen sein? Warum hat Loslösung einen höheren Stellenwert, als verbunden zu bleiben? CAROL GILLIGAN plädiert dafür, daß das typisch Eigene des fraulichen Entwicklungsganges zu seinem Recht kommt und auch positiv formuliert wird: Frauen neigen im allgemeinen dazu, sich in einen anderen Menschen hineinzuversetzen und sich zu einigen, wenn Gegensätze auftreten. Dies ist keine mißglückte Individuation, sondern eine andere, vollwertige Manier, das Leben zu meistern.

Der elterliche Einfluß ist für Jungen und Mädchen auch noch auf eine andere Weise unterschiedlich. Die Identifikation mit dem Vater ist für einen Jungen einfacher, wenn dieser eine dominierende Stellung in der Familie einnimmt. Ist die Mutter die Überlegene, dann glückt die Identifikation häufig nicht, und die traditionelle Männlichkeit bildet sich beim Jungen in geringerem Maße. Für die Entwicklung der Weiblichkeit ist es bei einem Mädchen nicht so wichtig, wer von den Eltern die dominierende Person ist. Für einen Jungen ist die einfache Tatsache, daß sein Vater ein maskuliner Mann ist, also nicht hinreichend, um auch selbst einer zu werden. Dazu ist es auch notwendig, daß der Vater ihn mit Zuneigung erzieht, Zeit für ihn und in der Familie eine Vorrangstellung hat. Für ein Mädchen ist dieser Zusammenhang gradliniger: Es gibt eine Korrelation zwischen väterlicher Männlichkeit und Weiblichkeit der Tochter. Laut LAMB ist dies ein Hinweis darauf, daß jedenfalls bei Mädchen die Entwicklung einer Geschlechtsrolle nicht allein eine Frage der Identifikation mit dem gleichen Geschlecht ist, sondern auch eine Frage der Entwicklung einander ergänzender Rollen. Das Mädchen spricht mit ihrem weiblichen Verhalten auf die Männlichkeit ihres Vaters an, ein Verhalten, das sie bei ihrer Mutter abguckt.

Wenn Mädchen versuchen, sich von den stereotypen weiblichen Verhaltensmustern zu lösen, so ist es auch dann von entscheidender Bedeutung, wie der Vater darauf reagiert. Selbst dann, wenn das Mädchen das emanzipierte Verhalten von der Mutter abguckt, ist der Vater mehr oder weniger der Prüfstein dafür, ob es erlaubt ist. Wenn Jungen sich dagegen von stereotypen Verhaltensweisen lösen, liegt das nach Untersuchungen von GRACE BARUCH an einer unkonventionellen, weniger traditionellen Einstellung der Mutter.

Heterosexuell oder homosexuell

Im Laufe seiner Entwicklung lernt das Kind sowohl seine eigene Rolle in einer sexuellen Beziehung kennen, als auch die des Partners. Die natürlichste Entwicklung ist die, daß sich zum Beispiel ein Mädchen zur Befriedigung seiner sexuellen Bedürfnisse allmählich Jungen zuwendet. Es ist deshalb am natürlichsten, weil das biologische System, auf dem das Sexualleben beruht, auf die Erhaltung der Art abzielt und die beiden Geschlechter dazu bringt, sich zu vereinigen. Dieses heterosexuelle Verhalten wird noch dadurch verstärkt, daß die Kinder in ihrer Umgebung das Vorbild dafür haben. Aber nicht immer geschieht das Natürlichste zum Beispiel kann ein Junge eine Entwicklung durchlaufen, in der ihn nur andere Jungen sexuell anziehen. Das Kind ist dann homosexuell. Es wird viel darüber gemutmasst, wie ein Mensch homosexuell wird. Den Homosexuellen selbst wäre es lieber, daß nicht so sehr nach Ursachen gesucht wird, als daß sie von den Mitmenschen akzeptiert würden.

In der Entwicklungspsychologie sucht man jedoch nach Entstehungsprozessen für alles, auch für akzeptierte Erscheinungen. Die häufigsten Erklärungen beziehen sich auf die biologische Grundlage, auf Identifikationsprozesse in der Familie und auf Kombinationen beider Erklärungen.

Allmählich geht aus den Untersuchungen die Erkenntnis hervor, daß durch kleinste Veränderungen im Gehirn und im Hormonhaushalt das typische Geschlechtsverhalten beeinflußt werden kann. Es ist nicht unwahrscheinlich, daß eine etwas zum weiblichen hin neigende Veranlagung bei einem Mann – oder eine männliche bei einer Frau – recht häufig vorkommt. Betrachtet man dies von der Beziehungsseite der Identifikation her, dann kann man sich vorstellen, daß einige Kinder durch ihren Charakter eine Neigung zum andersgeschlechtlichen Elternteil fühlen, so daß Mädchen sich mit ihrem Vater und Jungen sich mit ihrer Mutter zu identifizieren beginnen. Bestimmte Familienverhältnisse können dazu beitragen. Und wo Biologie, Charakter und Familienverhältnisse in der gleichen Richtung wirken – weg von dem Geschlecht, das das Kind hat – wird Homosexualität wahrscheinlicher. Dies bleibt jedoch noch größtenteils Mutmaßung.

Die Zuneigung zwischen Eltern und Kind von unterschiedlichem Geschlecht ist auch im Kapitel «Der Platz in der Geschwisterreihe» zur Sprache gekommen.

Abweichungen von der Normalfamilie

Im Laufe der obengenannten Entwicklung ergeben sich für ein Kind viele Möglichkeiten, von der Norm abzuweichen.

Wie gestaltet sich die ödipale Situation in einer Familie, in der an Stelle der Mutter der Vater die liebevolle, versorgende Person für die Kinder ist, auch wenn die Mutter den Haushalt versorgt? Muß dann der Junge statt des Mädchens sein Liebesobjekt wechseln? Was geschieht, wenn es keinen Vater gibt und die Kinder die Mutter nicht mit ihm teilen müssen? Entfällt dann der Zwang, der zur Identifikation führt? PILLING macht auf die interessante Tatsache aufmerksam, daß der Identifikationsprozess sich nach dem Tod des Vaters normaler vollzieht als nach einer Scheidung. Man könnte das so erklären, daß sich im Verhältnis der Kinder zu ihrer Mutter nichts verändert, weil sie dann gegen die Erinnerung an den Vater ankämpfen müssen, während dieser nach einer Scheidung für die Mutter an Bedeutung verloren hat und somit als Rivale ausfällt.

Wie kann ein Junge in einer Familie ohne Vater Nachahmung und Identifikation lernen? MUSSEN fand heraus, daß in solchen Fällen die Identifikation sich manchmal nur in betont männlichen Verhaltensweisen äußert, die der Junge nicht in seiner Persönlichkeit verarbeitet hat.

Es ist wichtig, daß es andere Männer in seinem Leben gibt, die ihm ein Vorbild sein können. Und wie entwickeln sich Mädchen ohne Vater? Werden sie in ihrem weiblichen Verhalten genügend stimuliert?

Nach HETHERINGTON zeigte sich bei den Mädchen im Verhalten zum anderen Geschlecht ein Unterschied bei Ehescheidung und bei Tod des Vaters. Mädchen geschiedener Eltern suchen in der Pubertät viel Kontakt zu Jungen. Töchter, deren Vater gestorben ist, sind im allgemeinen verlegen und gehemmt gegenüber Jungen. Könnte im ersten Fall die Rede von der Suche nach einem Ersatz für den Vater sein und im zweiten von der Treue zu ihm? Die Probleme bleiben beschränkt auf die Beziehung zu Jungen. Die vaterlosen Mädchen in der Untersuchung von HETHERINGTON hatten keine Mühe mit der weiblichen Rolle. Sie identifizierten sich mit ihrer Mutter. Für Jungen wie für Mädchen gilt, daß der Einfluß der Abwesenheit des Vaters größer ist, wenn er bereits vor ihrem fünften Lebensjahr ausfällt. Für die Mädchen ergeben sich Probleme während der Pubertät, bei den Jungen in den ersten Schuljahren. Sie nehmen beim Aufwachsen unter dem Einfluß anderer Männer ab, lediglich das überkompensierende männliche Verhalten bleibt manchmal zurück.

Wie ist es in einer Familie, in der Vater und Mutter sich gegenseitig das Leben schwer machen? Auf diese Beziehung wird ein Kind kaum eifersüchtig werden, und es wird sie auch nicht zum Vorbild nehmen.

Es ist erstaunlich, daß trotz vieler Abweichungen vom harmonischen Familienleben die meisten Kinder zu einigermaßen gut funktionierenden hetero- oder homosexuellen Erwachsenen heranwachsen. Hier erhebt sich die Frage, ob es nicht von kleinen Dingen abhängt, ob ein Kind seine Geschlechtsrolle beherrschen lernt, Kleinigkeiten, die das Kind trotz einer wenig idealen Familiensituation mitbekommt. Außerdem sind die eigene Körperlichkeit und Vorbilder aus der außerfamiliären sozialen Umwelt sicherlich eine große Hilfe.

13. Kapitel
Phantasie

Phantasie wird nicht hoch bewertet. Sie wird als etwas Zusätzliches, aber nicht Notwendiges betrachtet, als ein hübscher Schmuck fürs tägliche Leben. Phantasie sei deshalb eher etwas für Kinder, die noch nicht genug Verstand haben. Künstler, die ihr ganzes Leben hindurch ihre Phantasie gebrauchen, werden oft als ein «bißchen kindlich» angesehen. Ein erwachsener Mensch hat in erster Linie seinen Verstand zu gebrauchen. Es stimmt jedoch nicht, daß Phantasie und Verstand Gegensätze sind. Phantasieren ist eine wichtige Form des Denkens.

Konkrete Phantasie

Die einfachste Form des Phantasierens ist das Denken in Bildern, die nicht die momentane Wirklichkeit widerspiegeln. Man erlebt sie als Wirklichkeit. Dies ist wichtig, denn sonst wäre Phantasie nichts weiter als Erinnerung. Beim Phantasieren verhält oder fühlt man sich, als handle es sich um Wirklichkeit. Man kann sich zu einem beliebigen Zeitpunkt daran erinnern, wie schön es war, Schlittschuh zu laufen. Wenn jedoch jemand, der sich elend fühlt, sich bewußt vorstellt, wie er gestern Schlittschuh gelaufen ist, und dabei dasselbe Glücksgefühl wie auf dem Eis erlebt, dann phantasiert er in diesem Moment. Er befindet sich nämlich nicht auf dem Eis; das Glücksgefühl hat also nichts mit der momentanen Realität zu tun. Diese einfache Form der Phantasie kommt wahrscheinlich zum ersten Mal im zweiten Lebensjahr vor, wenn ein Kind das Bild seiner Mutter in sich trägt, so daß es kurze Trennungen ertragen kann. Wenn die Mutter nicht da ist, phantasiert es Mutter. Es stellt sie sich vor. Dann scheint sie doch da zu sein, besser gesagt: sie ist tatsächlich da, denn man ist sich darin einig, daß ein Kind bis ins Vorschulalter kaum trennen kann zwischen dem, was wirklich ist, und dem, was es in seiner Phantasie erlebt. Dies ist ein wichtiger Unterschied zwischen kindlicher und erwachsener Phantasie. Für ein kleines Kind sind die Bilder aus der Wirklichkeit und der Phantasie gleichermaßen wahr und lebendig. Ein Erwachsener muß jedoch immer genau wissen, ob er sich in Gedanken mit der Phantasie oder der Wirklichkeit beschäftigt.

Dieses Phänomen wird als wichtiger Schritt in der Entwicklung der Selbständigkeit in Kapitel 5 beschrieben.

Jemanden, der auf Phantasiebilder reagiert, als seien sie real, nennt man psychotisch. Seine Phantasien nennt man Wahnvorstellungen.

Kreative, produktive, neue Kombinationen

Phantasie reicht aber weiter. Man kann sich auch etwas vorstellen, was man in Wirklichkeit nie gesehen oder erlebt hat. Daraus wird deutlich, das Phantasieren eine hohe Stufe des Denkens in dem Sinne ist, daß man nicht an das, was ist und was man kennengelernt hat, gebunden bleibt, sondern sich vorstellt, wie es sein könnte. Man kann Zeichnen als eine mögliche Äußerung der Phantasie betrachten. Zeichnet ein Kind ein lila Pferd, dann ist das Ausdruck seiner Phantasie, denn es hat nie ein lila Pferd gesehen. In seinem Kopf sind aber Erinnerungsbil-

In den Zeichnungen kann sowohl die Phantasie als auch die Wirklichkeit ausgedrückt werden. Siehe hierzu Kapitel 15.

der von Pferden, die es schon gesehen hat. Mit Hilfe der Farbe Lila bildet es selbst eine neue Kombination, es wird kreativ. Manchmal entstehen dabei produktive Kombinationen, es werden wichtige Entdeckungen gemacht. So behauptet zum Beispiel der englische Kinderanalytiker NAGERA, daß Phantasie mit Intelligenz eng zusammenhängt. Wer eine schöpferische Phantasie hat, ist in der Lage, das, was er aufgrund seiner Erfahrungen weiß, phantasierend in Gedanken zu verändern und neu zu kombinieren. Dadurch entdeckt er Dinge, von denen er noch nicht wußte. Phantasie ist keine Fälschung oder Verstümmelung, sondern eine Bereicherung der Wirklichkeit. Wer sagt: «Das ist doch nur Phantasie!» verkennt die Kraft und Macht von Phantasievorstellungen. Ohne sie wäre die Entwicklung der Menschheit anders verlaufen.

Das ändert nichts daran, daß Phantasie im Leben von Kindern eine größere Rolle spielt als im Leben von Erwachsenen. Erwachsene haben mehr Erfahrung von den Dingen und ihren Zusammenhängen, so daß sie nicht mehr so sehr der Phantasie bedürfen. Ein kleines Kind besitzt diese Erfahrung nicht, es kennt nur Bruchstücke der Wirklichkeit, und das Fehlende ersetzt es durch Phantasie. Dabei wird es nicht durch das Wissen von Gesetzmäßigkeiten behindert, die ältere Kinder und Erwachsene als unwiderruflich kennengelernt haben. Es weiß nicht, ob etwas möglich oder unmöglich ist; noch erscheint ihm alles möglich.

Das Verstehen- und Lösen-Wollen von Unerklärlichem ist eine wichtige menschliche Triebfeder. PAPOUŠEK *beobachtete, daß sogar Babys von vier bis fünf Monaten schon Zeichen von Zufriedenheit zeigten, wenn sie ein bestimmtes Spiel verstanden hatten.*

Laut PIAGET rückt das von der Phantasie bestimmte Denken erst mit ungefähr sieben Jahren in den Hintergrund. Die Denkstrukturen des Kindes sind dann von der Wirklichkeit so geprägt, daß es neue Informationen passend hinzufügen kann. Es gibt immer weniger Unverstandenes, das es mit Phantasie ausfüllen muß. Dies ist der zweite Unterschied zwischen Phantasie bei Kindern und Erwachsenen: Kinder brauchen sie mehr als Erwachsene.

Viel Phantasie und wenig Erfahrung

Durch die Unterschiede zwischen kindlicher und erwachsener Phantasie kann es durch Fülle der Phantasien und deren Wirklichkeitsferne zu Problemen kommen.

Es gibt Phasen, in denen die Phantasien die Überhand über das Bewußtsein von der Realität zu gewinnen scheinen. FRAIBERG schildert überzeugend, wie vielen für sie völlig unerklärlichen Erscheinungen Klein- und Vorschulkinder im täglichen Leben begegnen, bei denen sie all ihre Phantasie mobilisieren müssen, um darin wenigstens einen gewissen Zusammenhang zu erkennen. Ein einfaches Beispiel ist der Staubsauger. Mit großem Getöse läßt er alles, was auf dem Boden liegt, verschwinden. Alles? Nein, Tische, Stühle und Spielzeug bleiben an ihrem Platz. Warum? Sie wissen es ja noch nicht, daß der Durchmesser des Saugrohres etwas damit zu tun hat. Also phantasieren sie sich eine Erklärung zusammen. Vielleicht ißt der Staubsauger nur das, was ihm schmeckt. Aber kann man denn wissen, ob dem Staubsauger kleine Kinder nicht auch ganz gut schmecken? Deshalb verschwinden sie lieber, wenn die Mutter anfängt staubzusaugen. Auch der Schrank, in dem der Staubsauger abgestellt ist, muß immer gut verschlossen sein. STONE & CHURCH weisen darauf hin, daß Kinder in diesem Alter eigentlich noch nichts merkwürdig finden. Deshalb sind sie ein undankbares Publikum für Zauberer und für das Vorlesen phantastischer Geschichten.

Im täglichen Leben passieren so viele für sie erstaunliche Dinge, daß die paar Kunststücke des Zauberers und phantastische Geschichten sie nicht mehr besonders in Erstaunen versetzen. Kochende Milch steigt im Topf immer höher und strömt schließlich über den Rand. «Logisch», sagt ein Erwachsener, oder: «Tja, das ist so». Für ein Kleinkind ist das jedoch genauso merkwürdig oder genauso wenig merkwürdig wie ein Kaninchen, das aus einem Hut hervorgezaubert wird.

Man kann erst erstaunt sein, wenn man dazu in der Lage ist, Erlebnisse durch bereits bekannte Tatsachen zu erklären. Erstaunen beruht ja auf der Erkenntnis, daß die eigenen Erklärungen hier nicht passen. Mit ungefähr fünf Jahren kennt das Kind eine ganze Reihe von Gesetzmäßigkeiten. Es hat die festen Regeln, denen Geschehnisse und Erscheinungen unterworfen sind, durch Erfahrung gelernt. Dann erst rufen Zauberer und Märchen in ihm Erstaunen hervor.

Trennung von Phantasie und Wirklichkeit

Auch die Wirklichkeitsnähe von Phantasien kann zu Problemen führen. STONE & CHURCH sagen, daß Realität und Phantasie bis ins Vorschulalter austauschbar sind. Das ist wahrscheinlich auch der Grund dafür, daß Kinder Angst vor ihren eigenen Phantasien bekommen können. Das wäre unmöglich, wenn es ihm bewußt wäre, daß es «nur Phantasie» ist. Wenn zwei Kleinkinder einander angst machen: «Ich bin ein großer, starker Bär...», kann es passieren, daß eines von ihnen plötzlich ganz schnell zur Mutter oder Kindergärtnerin hinrennt.

Diese Art des Schwindelns darf man nicht mit dem späteren Lügen verwechseln, wenn ein Kind genau weiß, daß das, was es erzählt, nicht der Wahrheit entspricht.

Die Vermischung von Phantasie und Realität kann auch den Eindruck entstehen lassen, daß ein Kind viel lügt. Wenn es etwas erzählt, läßt es durch nichts erkennen, daß es sich nur um eine Phantasie handelt. Ein Dreijähriges erzählt mit unbeweglicher Miene, daß im Garten ein Baby sei, während man als Erwachsener sicher weiß, daß dem nicht so ist. Man muß sich jedoch dessen bewußt sein, daß die Phantasiebilder für das Kind dieselbe Bedeutung wie die Wirklichkeitsbilder haben. Erst mit vier Jahren wächst langsam das Bewußtsein, daß die wirkliche Welt und die Phantasiewelt nicht identisch sind. Es kann aber noch zwei Jahre dauern, bis ein Kind sie definitiv auseinanderhalten kann.

In diesem Alter kann man meistens auch in den Kinderzeichnungen eine Verarmung der Phantasie feststellen. Oft wird das dann der Schule, die die Phantasie unterdrücke, zugeschrieben. Es ist jedoch wahrscheinlicher, daß das Kind selbst phantasieloser wird, weil es sich mehr und mehr der Wirklichkeit anschließen kann und will.

In dieser Zeit ist es andauernd damit beschäftigt, sich zu fragen, ob etwas wirklich so ist oder nicht. Es stellt jetzt ununterbrochen Fragen: Wie funktioniert das? Wodurch kommt das? Ist das wirklich so? Ist das tatsächlich möglich?

Manchmal stiften Erwachsene in dieser Phase bei den Kindern Verwirrung, indem sie hartnäckig an gewissen Phantasiegeschichten festhalten, wie zum Beispiel, daß Knecht Rupprecht durch den Kamin klettert. Wenn die Kinder einmal eingesehen haben, daß das praktisch unmöglich ist, und die Erwachsenen ihnen dennoch einreden wollen, daß es wahr sei, wird der mühsame Trennungsprozeß gestört. Vielleicht sind dann die anderen Dinge auch wahr, zum Beispiel die gruseligen Märchen.

Man nimmt an, daß ein Kind von ungefähr sieben Jahren ein Gefühl für den Unterschied von Realität und Phantasie entwickelt hat. Es wird so von der Realität vereinnahmt, daß die Phantasie für einige Zeit ziemlich vernachläßigt wird. Es gibt so viel Richtiges zu entdecken, daß die Phantasie dabei nur hinderlich wäre.

In diesem Zusammenhang ist die Auffassung von MONTESSORI über Phantasie interessant. Nach ihrer Meinung erschwert die Phantasie von Anfang an das Entstehen der Einsicht in die wahren Zusammenhänge der Wirklichkeit. Ein Kind phantasiert von Natur aus, woran man es nicht hindern darf, aber man sollte es allerdings nicht auch noch darin bestärken. Man muß ihm helfen, die Welt nach den Gesetzmäßigkeiten der Wirklichkeit zu ordnen. Das MONTESSORI-Spielmaterial ist folglich auf die von Menschen geordnete Wirklichkeit abgestimmt. Wenn das Kind damit spielt, wird es die wirklichen Ordnungen entdecken und von sich aus seine Phantasie als immer weniger brauchbare beiseite schieben. Im traditionellen MONTESSORI-Unterricht wurde (im Gegensatz zu anderen Unterrichtsformen) deshalb auf den sogenannten freien Ausdruck wenig Wert gelegt.

Magisches Denken

Ein charakteristisches Phänomen ist das sogenannte magische Denken. Weil ein Kind einerseits ein allgemein menschliches Bedürfnis nach Erklärung seiner Erlebnisse hat und andererseits noch nicht genug Verstand zum Durchschauen der wahren Zusammenhänge besitzt, phantasiert es eine Ursache. Oft sucht es die Ursache in sich selbst. Das Magische daran liegt in seiner Annahme, daß die Dinge auf seinen Wunsch hin geschehen. Von dem Wunsch geht eine Kraft aus, die die Welt in Bewegung setzt. Daß das Kind diesen Eindruck hat, ist gar nicht so verwunderlich. Das Kleinkind bittet um ein Plätzchen, und es bekommt eins. Es dreht das Radio an, und es kommt Musik. Es tritt der Katze auf den Schwanz, und sie faucht. So erlebt es sich oft als Verursacher. In seiner Unwissenheit verallgemeinert es dies, wobei es die Rolle der Technik übersieht. Das Fernsehen zeigt Bilder, weil das Kind das so will (und nicht, weil diese Sendung auf dem Programm steht); das Auto fährt, weil es des Kindes Wunsch ist. Manchmal glaubt es jedoch, daß auch Dinge, die völlig ohne sein Zutun stattfinden, auf seinen Wunsch hin geschehen, was zu Schuldgefühlen führen kann. Die Mutter ist krank, oder das Nachbarskind ist gefallen, und das Klein- oder Vorschulkind fühlt sich schuldig, weil es in Augenblicken der Wut ihnen dieses Unglück gewünscht hat. Damit ist das eingetreten, was es gewünscht hat. In einzelnen Fällen kommt magisches Denken auch bei Erwachsenen vor, nämlich in dem Ausdruck: «Red es nicht herbei!», wenn jemand von einem möglichen Unglück spricht.

In Kapitel 7 wird beschrieben, wie die Erfahrung, Verursacher zu sein, zum Entstehen des Ichbewußtseins beiträgt.

Die entgegengesetzte Form dieses magischen Denkens tritt vor allem im Grundschulalter auf. Das Kind denkt oder tut bestimmte Dinge, gerade weil es Schwierigkeiten beschwören möchte: Wenn man nicht genau auf der Bordsteinkante geht, passiert etwas Schlimmes. Wenn Erwachsene sich so verhalten, zum Beispiel nie jemandem vor seinem Geburtstag gratulieren, nennt man das Aberglauben. Dahinter steckt der Glaube, daß das eigene Denken und Wünschen etwas auslösen kann.

Beweggründe des Phantasierens

Schließlich kann man verschiedene Beweggründe unterscheiden, die ein Kind zum Phantasieren veranlassen. *Sich selbst beruhigen:* Ein Baby, das sich das Bild seiner Mutter vorstellt und ein Klein- oder Vorschulkind, das sich, wenn es allein im Bett liegt, vorstellt, daß jemand im Zimmer ist, um die Einsamkeit zu vertreiben, tun das, um sich selbst zu beruhigen.

Diese Phantasie wurde schon in den Kapiteln 6 und 12 kurz erwähnt.

Eine *Erklärung finden* für etwas Unverständliches: Warum läßt der Staubsauger den Knopf verschwinden und den Stuhl nicht? Vielleicht könnte man dieser erklärenden Phantasie auch die Phantasie über das Vorhandensein eines Penis zuordnen. Die erstaunliche Erklärung, die manche Kleinkinder sich ausdenken (nach FREUD tun das alle), lautet, daß Mädchen und die Mutter zuerst auch einen Penis hatten, der ihnen dann jedoch abgeschnitten worden ist. Zu dieser Vorstellung können sie gelangen, wenn sie die Eltern beim Geschlechtsverkehr haben stöhnen hören, was ihnen verständlicherweise das Gefühl gibt, daß da etwas Schmerzliches passiert. Wenn sie außerdem Blutspuren von Mutters Menstruation gesehen haben, folgt für sie daraus die Erklärung, daß der Vater der Mutter den Penis abgeschnitten hat und daß das weh tat. Jungen bekommen dann Angst, daß ihnen das auch geschehen könnte, und Mädchen gehen davon aus, daß ihnen das schon passiert ist.

Siehe hierzu Kapitel 9.

Eine vage Angst konkret machen: Im allgemeinen ist es schwieriger, eine unbestimmte Angst zu ertragen, als eine genaue Ursache der Angst zu wissen. Ein Kleinkind ist nicht in der Lage zu durchschauen, woher seine Angstgefühle kommen. Das macht es unsicher. In seiner Phantasie sieht es gruselige Ungeheuer, die ihm Angst einflößen, so daß es seine eigene Angst verstehen und zuordnen kann.

Außerdem gibt es Phantasien *zur Beherrschung einer Angst*. FRAIBERG erzählt von dem Lachtiger der zweijährigen Jannie. Dieses Tier, das sie sich ausgedacht hatte und mit dem sie auch redete, hatte keine Zähne und keine Klauen und alle Charakterzüge eines gutmütigen Trottels. In Wirklichkeit hatte Jannie Angst vor großen, bissigen Tieren. Ihre Phantasie erfand ein Tier, bei dem alle angsteinflößenden zu ungefährlichen Eigenschaften umgeformt worden waren. Mit einem solchen Tier konnte Jannie leben lernen, weil sie ihm überlegen war. So besiegte sie in ihrer Phantasie die Angst vor großen bissigen Tieren.

Dieses könnte man in gewissem Sinne als eine Form von Desensibilisierung auffassen, wie sie in Kapitel 4 beschrieben wurde.

Phantasie kann auch dazu eingesetzt werden, *einen unmöglichen Wunsch wenigstens teilweise zu erfüllen*. Ein Beispiel von vielen sind die Tagträume, die bis ins Erwachsenenalter bestehen bleiben. Bei einem Kind kann sich das zum Beispiel so äußern, daß es sich an Stelle des gewünschten Fahrrades auf den Gartenzaun setzt und ein quergelegtes Holz als Lenkstange benutzt. Verschiedene Nachahmungsspiele beruhen sicherlich auch auf Wünschen. Das Kind spielt Busfahrer mit einem Klavierhocker als Lenkrad oder Verkäuferin mit Glaskugeln als Süssigkeiten. Es ist schwierig, das Kind davon abzubringen, weil es ganz darin gefangen ist. So stark ist der Einfluß der Phantasie.

Lies hierzu Kapitel 14.

Mit Hilfe der Phantasie kann man auch versuchen, *ein emotionales Problem zu verarbeiten*. FREUD hat erklärt, daß ein Kind sehr viele emotionale Erfahrungen passiv erlebt. In seiner direkten Umwelt geschehen eine Menge Dinge, die das Kind beeinflussen, denen es jedoch ratlos gegenübersteht. In seiner Phantasie erlebt es nun ähnliche Erfahrungen, bei denen es jedoch eine aktive Rolle übernimmt. VAN DER BURG beschreibt das Beispiel eines Jungen, der nach dem Tod seines Großvaters immer Beerdigung spielt. Der Tod des Großvaters ist diesem zugestoßen er ist ein hilfloses Opfer. Im Spiel jedoch beerdigt der Junge tote Menschen und Tiere. Da Kinder oft nichts ausrichten können, erleben sie Vieles nur als passive Zuschauer, zum Beispiel etwas so Unwiderrufliches wie den Tod. In der Phantasie lenkt das Kind die Geschehnisse so kann das Gleichgewicht wiederhergestellt werden. VAN DER BURG nennt das die dienende Funktion der Phantasie. Damit steht sie im Dienst der spielenden Verarbeitung von Emotionen. Auf diesem Prinzip beruht auch die Spieltherapie, bei der Kinder, die durch familiäre Schwierigkeiten emotional gestört sind, die Rollen tauschen und selbst Regie führen. Sie schreien ihre Puppen an, so wie Vater und Mutter einander anschreien, während sie als Kinder nichts zu sagen haben und nur Zuschauer sind. Im Phantasiespiel jedoch ist es umgekehrt.

Ein Kind löst zum Beispiel seine ödipale Wut gegen die Eltern, indem es phantasiert, es sei ein Findelkind. Das ist ein Kompromiß, denn wenn es seinen Eltern den Tod wünschte, müßten sie ganz verschwinden. Sie werden jedoch als nicht leibliche Eltern beiseite geschoben.

Hier müssen wir auch die Phantasie nennen, *die der Stärkung des eigenen, noch schwachen Ichs dient*. Diese handelt meistens von imaginären Freunden. Darauf wollen wir nun noch näher eingehen.

Auch bei der Phantasie spielt die Imitation eine Rolle, wie sie in Kapitel 4 beschrieben wurde.

Phantasiegefährten

Ein Kind steht den unbegreiflichen Geschehnissen um es herum oft hilflos gegenüber. Viele Kinder phantasieren sich deshalb einen Freund, der in allem ein bißchen besser ist als sie. Außerdem können sie, was vielleicht noch mehr zählt, ihm die Schuld zuschieben, wenn etwas schief gegangen ist. VAN DER BURG zitiert SPERLING, der von einem Jungen namens Rudy und seiner Schöpfung Rudyman erzählt. «Rudyman ist noch größer als Rudys Vater. Rudy will ihm gehorchen, den Eltern jedoch nicht mehr. Wenn die Mutter sagt, daß er seinen Teller leer essen muß, sagt Rudy, daß er erst Rudyman fragen muß. Er wendet sich dem leeren Stuhl neben sich zu und fragt nach Rudymans Meinung. In der Stille hört nur Rudy, daß er seinen Teller leer essen soll, und folgt diesem Befehl getreu.» Mit derselben Leichtigkeit kann ein Kind jedoch auch beschließen, daß sein Freund anderer Meinung sei, und dann gehorcht es den Eltern nicht. Dies ist ein deutliches Beispiel für die Suche nach Unterstützung beim Erwerb der Selbständigkeit. FRAIBERG berichtet von dem vierjährigen Steef, der einen phantasierten Freund namens Gerard hat. Als Steef einmal die Pfeife seines Vaters zerbrochen hat, zieht er seinen Freund Gerard zur Verantwortung, indem er mit ihm schimpft. Dies mag heuchlerisch erscheinen, aber laut FRAIBERG hilft es Steef bei der Entwicklung seines Gewissens. VAN DER BURG drückt es so aus: Es ist leichter, gegen das Falsche außerhalb von mir als gegen das Falsche in mir zu kämpfen. Dieser Umweg muß einem Kind gestattet sein. FREUD würde sagen: sie spielen selbst die Rolle des Über-Ichs gegenüber dem Ich ihres phantasierten Freundes. Dabei üben sie ihr eigenes Über-Ich.

STONE & CHURCH nennen die relative Einsamkeit von Kindern als dritten Grund für die Entstehung eines Phantasiefreundes. Bei Einzelkindern und Nesthäkchen sei dies im Verhältnis zu den anderen Kindern öfter zu beobachten.

Das Ehepaar SINGER, das in Amerika das Phänomen des Phantasiefreundes untersucht hat, kommt jedoch zu dem Ergebnis, daß es nicht nur diese spezielle Gruppe betreffen kann: 65 Prozent der von ihnen befragten Kinder erzählten, daß sie eine Zeitlang einen Phantasiefreund gehabt hätten. Bei 55 Prozent wußten auch die Eltern davon. Das Ehepaar SINGER stellte dabei erstaunlicherweise fest, daß den Kindern diese Freundschaft anscheinend gut bekam. Im Vergleich zu ihren Altersgenossen ohne Phantasiefreund waren sie weniger aggressiv, aber kooperativer und konzentrierter. Sie lachten öfter und langweilten sich weniger. Ihre Sprache war weiter entwickelt, und sie schauten weniger Fernsehen. Das Ehepaar SINGER äußert sich selbst nicht über Ursache und Wirkung. Man kann nicht ohne weiteres sagen, daß ein Phantasiefreund die Ursache von günstigen Eigenschaften sei. Es könnte auch sein, daß Kinder, die diese günstigen Eigenschaften haben, eher dazu neigen, sich einen Freund auszudenken. NAGERA vertritt die Ansicht, daß die Erschaffung solch einer Phantasiefigur eine Tat der kreativen Intelligenz ist und intelligente Kinder in der Lage sind, sich dieser Phantasiefigur als Hilfsmittel für ihre weitere Entwicklung zu bedienen. Gemeinsam sind sie besser für die Aufgaben des Lebens gerüstet.

14. Kapitel
Die Entwicklung des Spielens

Obwohl die Begriffe «Spiel» und «Ernst» in unserer Sprache Gegensätze ausdrücken, ist Spielen für ein Kind doch eine ernsthafte Tätigkeit das heißt, daß es zwar nicht länger spielt, als des Lust hat, daß das Spiel aber dennoch für seine Entwicklung, auch für die spätere, von Bedeutung ist. Spielen ist Lernen. Die psychologische Literatur über das Kinderspiel geht nicht eindeutig darauf ein. Spielen ist lebenswichtig für ein Kind, aber es tut es zum Spaß. Auch in diesem Kapitel wird deutlich, daß diese Kombination nicht mit einer einzigen Theorie erklärt werden kann.

Vier Merkmale des Spielens

Spielen als Tätigkeit kann folgendermaßen charakterisiert werden: Wenn ein Kind spielt, *will es damit nichts Bestimmtes erreichen*; die Tätigkeit selbst ist das Ziel. GARVEY ist der Meinung, daß weder Sport noch bildnerisches Gestalten (Zeichnen, Töpfern) zum Spiel gerechnet werden dürfen, weil ein Kind dabei doch meistens ein Ergebnis erreichen will.

Zeichnen fängt manchmal an als «einfach nur tätig sein», indem das Kind einfach mit Buntstift oder Bleistift herumkritzelt und sieht, daß Formen und Farben entstehen. Siehe hierzu Kapitel 15.

Beim Spielen ist ein Kind *aktiv*. Obwohl es schön ist, vorgelesen zu bekommen, fernzusehen oder zu träumen, sind diese «Beschäftigungen» zu passiv, um als Spiel bezeichnet werden zu können.

Ein Kind *hat Spaß an dem, was es tut*. SNIJDERS-OMEN sagt, daß ein Kind spielt, weil und solange es Lust hat.

Man kann nur dann von Spielen sprechen, wenn ein Kind etwas *freiwillig tut*. Es ist unmöglich, es zum Spielen zu zwingen. Man kann es zwar stimulieren und durch Ideen anregen, aber den Ablauf des Spieles selbst muß das Kind von sich aus bestimmen, andernfalls führt es nur einen Auftrag aus. Wenn auch das Kind Spaß daran findet, ist das noch kein Spiel, denn es dient ja in diesem Fall der Erfüllung eines von außen herangetragenen Wunsches.

Jedes dieser vier Merkmale gilt auch für andere Tätigkeiten. Ihr gemeinsames, kombiniertes Auftreten macht jedoch das Spielen aus. In der Praxis ist es nach MILLAR jedoch nicht immer einfach zu wissen, ob ein Kind spielt oder nicht. Sie nennt ein Beispiel eines Dreijährigen, der damit beschäftigt ist, mit Klötzen eine Brücke zu bauen, die immer wieder zusammenfällt. Weil niemand ihn zum Weitermachen zwingt, denken wir, daß er es deshalb tut, weil es ihm Spaß macht. Also ist es Spiel. Aber es kann auch sein, daß der Junge sich selbst zwingt, nicht aufzuhören, weil er will, daß es gelingt, auch wenn es keinen Spaß mehr macht. Hier verschwimmt die Grenze zwischen Spiel und Ernst. Wenn ein Kind sich selbst antreibt, auch wenn es die Lust an der Sache verloren hat, kann man dann noch von Spiel reden? MILLAR schlägt vor, für bestimmte Aktivitäten an Stelle des Verbs ‹spielen› das Adjektiv ‹spielerisch› zu gebrauchen. Ein Kind kann sich sowohl spielerisch als auch ernsthaft mit seiner Puppe, seinem Xylophon oder seinem Dreirad beschäftigen. Nicht alles, was ein Kind tut, ist Spiel. GARVEY weist dar-

In diesem Sinne können Erwachsene auch noch spielerisch tätig sein.

auf hin, daß Kinder auch nicht immer miteinander spielen, wenn sie sich miteinander beschäftigen. Sie können auch «einfach» sozialen Kontakt haben, wobei «einfach» nicht spielerisch bedeutet.

Wie kommt ein Kind zum Spielen? Wodurch wird es angetrieben? Eigentlich fragt man damit nach dem Ziel des Spielens. Ein Charakteristikum des Spiels war jedoch gerade, daß es selbst das Ziel ist. Wie stimmt das überein? Im Sinne der Evolution ist alles menschliche Handeln ursprünglich zielgerichtet. Kinder spielen auch von Natur aus, instinktiv; somit muß Spielen auch einen Zweck haben. Hier ist also ein gewisser Widerspruch vorhanden. Man könnte sagen, daß ein Kind sich nicht des Zwecks und der Bedeutung seiner spielerischen Tätigkeit bewußt ist. Es läßt sich einfach vom Spaß an der Sache antreiben, ohne zu wissen, daß es seinem Besten, seiner Entwicklung dient.

Veraltete Ansichten

Über den Sinn des Spiels für die kindliche Entwicklung gibt es in der Psychologie unterschiedliche Ansichten. Einige Theorien sind bereits veraltet, andere immer noch aktuell. Es gab zum Beispiel die Theorie, das Spielen diene dazu, *überschüssige Energie loszuwerden*. Diese Idee wurde in der Mitte des vorigen Jahrhunderts von dem englischen Philosophen SPENCER vertreten. Bei niederen Tierarten wird fast alle Zeit und Energie auf die Suche nach Nahrung verwendet. Bei deren Jungen ist das nicht anders. Je höher die Art und je effektiver die Nahrungssuche verläuft, um so mehr Zeit und Energie bleiben übrig. Vor allem gilt das für die Jungtiere, denn sie werden eine Zeitlang versorgt. Bei den Menschen tritt das am deutlichsten in Erscheinung. Ein Kind braucht für seinen Lebensunterhalt nicht selbst zu sorgen; dadurch hat es viel Energie übrig, die es auf irgendeine Art und Weise loswerden muß. Dann ist das Spiel selbst das Ziel, wenn nur Energie verbraucht wird. Wie das geschieht, ist unwichtig, und ein weiteres Ergebnis ist nicht notwendig.

HERBERT SPENCER, *1820–1903, war ein englischer Gelehrter und Soziologe.*

Eine weitere, jetzt veraltete, aber dennoch eingängige Theorie ist die *Wiederholungstheorie*, die HALL am Anfang dieses Jahrhunderts formuliert hat: Im Spiel erlebte das Kind gerafft die Urgeschichte der Menschheit noch einmal, so wie es im Mutterleib alle Stadien der stammesgeschichtlichen Entwicklung durchläuft. An seiner Freude am Spiel mit Wasser erkenne man die Abstammung von den Wassertieren. Am Bäumeklettern sei die Abstammung vom Affen zu sehen usw.

Eine dritte Theorie aus dem vorigen Jahrhundert ist ebenso von der Evolutionslehre Darwins inspiriert; sie sah das Spiel als Einübung des instinktiven Verhaltens an. Wie jede Tierart habe auch der Mensch die besten Überlebenschancen, wenn er sich an veränderte Gegebenheiten anpassen könne. Je mehr Gelegenheiten ein Tierjunges zur Einübung instinktiver Verhaltensweisen bekomme, um so größer sei die Chance, daß es über mehr Variationsmöglichkeiten verfüge, auf die es später zurückgreifen könne, wenn sich seine Lebensbedingungen verändern. Obwohl diese Theorie von GROOS veraltet ist, bauen manche moderne Spieltheorien dennoch auf ihr auf, wie wir gleich sehen werden.

Dann muß noch die Theorie von BÜHLER genannt werden, die den Zweck des Spielens in der Befriedigung der «Funktionslust» des Kindes sah. Es erlebe Freude und Genuß an der Bewegung als solcher, am blossen Beschäftigt-Sein. Besondere Lust bereite es ihm, sich selbst in der Bewegung als Verursacher von Ereignissen zu erfahren. Obwohl diese Theorie in den heutigen Lehrbüchern nur kurz oder gar nicht behandelt wird, klingt vor allem die Beschreibung des Kindes als Verursacher dennoch sehr modern. Nach TOUWEN sucht ein Baby aktiv nach weiteren Erlebnissen. Nach RISKEN-WALRAVEN machen Baby- und Kleinkinderspiele den größten Spaß und haben den größten Lerneffekt, wenn die Mutter sich auf das, was das Kind tut, einläßt und das Kind der «Spielleiter» ist. Bei der Entwicklung des Ichs sieht man das Auslösen von Geschehnissen als wichtige Triebfeder des Selbstbewußtseins an. Eines der Grundprinzipien von BÜHLER bezüglich des Spiels wirkt also in verschiedenen Formen weiter.

Siehe hierzu die Kapitel 2, 3 und 7.

Es sieht so aus, als ob die *Behavioristen* immer Schwierigkeiten mit spielerischem Verhalten gehabt hätten. Ihrer Meinung nach ist ja Belohnung wesentlich für das Fortbestehen von Verhalten. Aber worin liegt die Belohnung beim Spiel? Sie nahmen an, es gebe einen «Orientierungsreflex», die unwillkürliche, instinktive Reaktion auf alles Neue. Er versetze den Körper in einen Zustand der Aufmerksamkeit für die Untersuchung des Neuen. Das Spielverhalten bleibe dadurch weiterbestehen, daß immer neues Spielzeug zum Untersuchen auffordere. Bekomme ein Kind beim Spielen auch noch eine Belohnung von außen, zum Beispiel in Form eines Lobs, oder dadurch, daß es Spielen als eine sehr angenehme Situation erlebe, dann sei das ein zusätzlicher, sekundärer Ansporn. Vor allem in der Sowjetunion scheint diese Theorie ziemlich populär zu sein.

Moderne Ansichten

Von den heute gültigen Spieltheorien sollen an dieser Stelle vier vorgestellt werden. Da gibt es zunächst die *psychoanalytische* Spieltheorie. Der allgemeine Zweck des Spielens ist nach FREUD die verhüllte Befriedigung von Bedürfnissen, die in der Realität zu kurz kommen. Diese Bedürfnisse sind, wie wir bereits festgestellt haben, sexueller Natur und folgen einer bestimmten Entwicklung, die zu einer bestimmten Persönlichkeitsstruktur führt. Man kann also sagen, daß das Spiel die Persönlichkeitsentwicklung unterstützt, weil ein Kind dabei seinen Bedürfnissen und Gefühlen Ausdruck geben kann. Seifenblasen-Pusten zum Beispiel ist ein orales Spiel, in dem ein Kind seine oralen Bedürfnisse auf eine für die Umwelt akzeptable Art und Weise befriedigen kann. Das Matschen mit Sand und Wasser ist ein Spiel, das anale Bedürfnisse befriedigt. Anstatt mit seinem eigenen Kot zu spielen, matscht es mit einem ähnlichen, aber erlaubten Material. Das Spielen mit Puppen gewinnt vor allem in der ödipalen Phase an Bedeutung, weil dem Kind dadurch eine Möglichkeit gegeben wird, die Gefühle und Frustrationen gegen Eltern und Geschwister endlos neu zu erleben und damit zu bewältigen.

Siehe hierzu die Kapitel 6 und 12.

Vergleiche hierzu Kapitel 13.

PIAGET ist der Meinung, daß das Spielen vor allem der geistigen Entwicklung der Kinder zugute komme. Sein Gedankengang läßt sich kurz zusammenfassen: Der Kontakt zwischen einem Organismus und seiner Umwelt besteht aus einem Wechsel gegenseitiger Anpassungsprozesse,

In Kapitel 17 wird hierauf näher eingegangen.

nämlich aus Assimilation und Akkommodation. Bei der Assimilation formt der Organismus seine Umwelt. Bei der Akkommodation paßt er sich der Umwelt an. Bei jedem Kontakt des Menschen mit seiner Umwelt sind diese beiden Anpassungsprozesse beteiligt. Beim Spielen mit Gegenständen lernt das Kind zu assimilieren, sie zu beherrschen. Beim Nachahmen von anderen lernt es vor allem zu akkommodieren, ganz wie der andere zu sein. Alles, was ein Kind erlebt, wiederholt es viele Male im Spiel, um es sich geistig anzueignen.

Im Unterschied zur Auffassung von PIAGET, *daß die Entwicklung der verschiedenen Funktionen letztlich im Dienste der geistigen Entwicklung steht (vergleiche hierzu das, was in Kapitel 10 und 17 als Kritik an* PIAGET *angeführt wird), wird hier jede menschliche Funktion als an sich wertvoll angesehen.*

Während bei FREUD und PIAGET das Spiel als ein bestimmter Aspekt des Menschseins betrachtet wird, nehmen die beiden folgenden Theorien einen eher allgemeinen Standpunkt ein. So gibt es die Auffassung, daß Spielen dazu dient, alle Funktionen zu entwickeln. SHERIDAN, die sich auf das Kinderspiel der ersten drei Lebensjahre spezialisiert hat, nennt vier Funktionsübungsgebiete:

(1) Körperhaltung und Bewegung, (2) Sinnesorgane, (3) Sprache und Denken und (4) Sozialverhalten. Diese Funktionen werden im Spiel nach und nach geübt. Körper, Verstand und Persönlichkeit brauchen das Spiel; denn die Möglichkeiten, die das Kind durch Wachsen und Reifen bekommt, müssen genutzt werden, damit sie sich voll entfalten können.

Schließlich gibt es die Kultur-Simulationstheorie von BRUNER und GARVEY. Im Spiel bekommt ein Kind Gelegenheit, die Verhaltensweisen und Gefühle zu üben, die zu der Kultur gehören, in der es lebt. Im Unterschied zu der oben erwähnten Funktionstheorie bietet hier die Umwelt dem Kind die Möglichkeiten zur Entwicklung seiner individuellen Fähigkeiten. Bei der Kultur-Simulationstheorie hat die Umwelt mehr als eine dienende, unterstützende Funktion, sie bestimmt nämlich für ein Kind, was wert ist, im Spiel gelernt zu werden. Im Spiel wird ein Kind Mensch unter Menschen seiner Kultur. Dabei geht es nicht so sehr um das Üben bestimmter Fertigkeiten, sondern vielmehr um eine allgemeine Lebenseinstellung. Im Spiel wird ein Kind u.a. aktiv, erfinderisch, sensibel für das, was von anderen kommt, und es wird sich seines eigenen Könnens bewußt. Für BRUNER zeichnen sich spielerische Tätigkeiten vor nicht spielerischen dadurch aus, daß ein Kind nur im Spiel das machen kann, was es will, ohne die Konsequenzen für sein Tun tragen zu müssen. Deshalb bezeichnet er Spiel als «Simulation». Diese Theorie kann als eine Erweiterung der Instinkttheorie von GROOS betrachtet werden. «Instinktspielen» ist natürlich viel begrenzter als «Kulturspielen». Aber beiden ist gemeinsam, daß neben den Möglichkeiten des Kindes (oder des Tierjungen) die Forderungen der Umwelt einen ebenso großen Raum einnehmen. Die Umwelt stellt nicht nur Übungsmaterial zur Verfügung, das ein Kind oder Tierjunges nach Belieben für seine Entwicklung gebrauchen kann, sondern sie stellt es durch ihre Beschaffenheit auch vor sehr spezielle Probleme, für die es im Spiel Lösungen finden muß. Die Kultur-Simulationstheorie wurde auch in hohem Maße von der Arbeit der Tierpsychologen beeinflußt. Da dabei besonders die Beobachtung von Affen eine Rolle spielt, ist es vielleicht interessant, zuerst etwas über das Spiel der Affen zu berichten.

Das Spiel der Menschenaffen

Bahnbrechende Erkenntnisse auf dem Gebiet der Verhaltensforschung lieferten die Beobachtungen von Schimpansen in freier Wildbahn in Tansania durch VAN LAWICK-GOODALL. Sie stellte fest, daß ein Schimpanse während der ersten vier bis fünf Lebensjahre in engem Kontakt mit seiner Mutter bleibt und ständig versorgt wird. Niederere Affenarten müssen oft schon im zweiten Lebensjahr selbständig sein, während höhere Affenarten wie die Schimpansen mehr Zeit haben, das Verhalten von Erwachsenen zu beobachten und das Gesehene in ihrem Spiel zu verarbeiten. VAN LAWICK-GOODALL zeigt an einem überzeugenden Beispiel, wie das Tier das, was es sieht, in ein Spiel umsetzt und dadurch Geschicklichkeit fürs Erwachsenenleben erwirbt. Das macht deutlich, wie die Umwelt bestimmt, was ein Kind sich im Spiel aneignet, um sich den typischen Gewohnheiten seiner Rasse, seines Stammes, seines Volkes und seiner Kultur anzupassen.

In diesem Sinne müßte man sich sogar fragen, ob der Mangel an Platz zum Draußen-Spielen zum Beispiel ein Kind nicht dazu zwingt, Spiele zu entwickeln, die seinem Leben jetzt (und später) in einem dichtbebauten Stadtviertel besser angepaßt sind.

Erwachsene Schimpansen haben eine raffinierte Art, Termiten zu fangen. Sie schälen die Rinde von einem Ast, machen ihn mit Spucke naß und stecken ihn in einen Termitenhügel. Die Termiten kleben an dem Stock, und die Affen lecken sie anschließend ab. Junge Schimpansen lernen die Kunst des Termitenfangens im Spiel. Unter dem sicheren Schutz der Mutter lernen sie auf spielerische Art und Weise, wie sie die Rinde von dem Ast schälen müssen und wie sie verschieden lange Stöcke machen können, was später für unterschiedlich große Termitenhügel von Bedeutung ist. Sie lutschen an den Stöcken, und kleine Zweige und Blättchen bleiben daran hängen. Die Erfahrungen aus diesem Spiel sind später die Grundlage für die Fertigkeit im Termitenfangen. Melvin, der seine Mutter mit zwei Jahren verloren hatte und von älteren Geschwistern aufgezogen wurde, konnte laut VAN LAWICK-GOODALL längst nicht so gut Termiten fangen wie die anderen. Er hatte nicht genug Gelegenheit gehabt, erwachsene Affen in Ruhe zu beobachten und im Spiel verschiedene Einzelheiten nachzuahmen. Es scheint wesentlich zu sein, daß kein Zweck oder eine Notwendigkeit dahinterstehen müssen. Für Tiere bedeutet das, daß es nicht nötig ist, selbst für Futter sorgen zu müssen. Wenn ein Affenjunges unbekümmert spielen darf, kommt viel mehr dabei heraus als das bloße Üben von verschiedenen routinemäßigen Fertigkeiten, die später dann das Standardverhalten prägen. Die jungen Affen entdecken spielend immer neue Variationen, die immer neue Spielkombinationen ermöglichen.

Dieses ist übrigens eine andere Spielsituation als die von PIAGET anvisierte, als er schrieb, daß im Spiel die Assimilation vorherrsche. Bei dieser Art von Spielen kommen sowohl Assimilations- als auch Akkommodationsprozesse deutlich zum Zuge.

Auch andere stellten am Beispiel von Affen fest, daß das spielerische Verhalten zunimmt, wenn die Sorge um die Futtersuche abnimmt. Daraus folgt, daß Spielen mit Zwängen unvereinbar ist. Wenn Forscher dafür sorgen, daß in der Nähe der Affen reichlich Futter vorhanden ist, regt das das Spielen an, wodurch sie immer neue Dinge lernen. In einer japanischen Untersuchung streuten die Forscher Maiskolben für die Affen auf den Strand. Als die Kolben während des Spieles mit dem Seewasser in Berührung kamen, spülte das Wasser den Sand ab. Diese beim Spielen gemachte Entdeckung brachte die Affen dazu, auf die Dauer jedes Futter im Wasser abzuspülen. Dabei bekamen sie immer größeren Gefallen am Spiel im Wasser. Schließlich lernten sie sogar schwimmen, und bald schwammen sie zu anderen Inseln hinüber, was sie zuvor noch nie getan hatten.

Hier ist also der Begriff «Simulation» zutreffend, wie er von BRUNER in der Bedeutung nicht wirklich gebraucht wird.

Dies ist ein auch bei Menschen bekanntes Phänomen: Wenn man älter wird, wird man im allgemeinen konservativer.

Es liegt auf der Hand, daß vor allem verspielte Junge neue Dinge entdecken und ausprobieren. Die ältesten erwachsenen Männchen leisten am längsten Widerstand, wenn die Gruppe sich mit neuen Dingen beschäftigt. Aber der französische Forscher FADY brachte sogar die streitsüchtigen erwachsenen Männchen dazu mitzumachen, wenn es darum ging, einen schweren Stein wegzurollen, unter dem Futter lag. Das gelang jedoch nur, wenn es *nicht* um dieses Futter ging, wenn die Affen schon gut gegessen hatten und außerdem noch anderes Futter vorhanden war! Wer spielt, braucht nichts zu erreichen und braucht sich überhaupt keine Sorgen ums Überleben zu machen. Man muß sich im Spiel verlieren können.

Erstes gemeinsames Spielen

In neuen Entwicklungsphasen entstehen neue Arten des Spielens. Das Alte bleibt zwar bestehen, es tritt jedoch in den Hintergrund. Im allgemeinen unterscheiden sich die vier Spieltheorien hinsichtlich der beobachteten Spielformen nur geringfügig. Das ist auch nicht anders zu erwarten, weil jeder das Spiel von Kindern sehen kann. Ein Kind im Laufstall spielt noch nicht Vater und Mutter, und ein Dreijähriges strampelt nicht mehr einfach nur mit den Beinen. Darüber, was ein Kind tut, sind kaum Meinungsunterschiede möglich. Die Unterschiede liegen in der Bedeutung, die man den einzelnen Spielformen hinsichtlich der Entwicklung beimißt.

In verschiedenen Übersichten von Spielformen wird gemeinsames Spielen oder soziales Spiel als gesonderte Kategorie aufgeführt. GARVEY zufolge ist das unrichtig, weil die Einteilung in Einzelspiel und gemeinsames Spielen nicht der Einteilung nach Spielformen entspricht. Jedes Spiel, das ein Kind im Laufe seiner Entwicklung lernt, kann es entweder alleine oder mit anderen zusammen spielen. GARVEY ist aufgrund ihrer Untersuchungen davon überzeugt, daß das Zusammenspielen die «älteste» Art des Spielens ist und bereits im Babyalter anfängt. Die ersten Bewegungsspiele macht es zusammen mit seiner Mutter. GARVEY betont, «daß Spielen eine soziale Komponente hat: das gemeinsame Spielen ist das Ursprüngliche, und das Einzelspiel oder Phantasieren sind abgeleitete Formen des Spielens». Diese Auffassung finden wir auch in der folgenden Einteilung wieder.

Bewegungsspiel

Ein Baby bewegt sich von Anfang an. Deshalb kann man auf diesem Gebiet das erste Spielverhalten beobachten. Ein fünf Wochen altes Baby strampelt mit den Beinen, zappelt mit den Armen und schaut dabei seine Mutter ganz intensiv an. Dieses erste spielerische Verhalten hat also einen sozialen Aspekt. Laut GARVEY ist es wichtig, daß die Mutter sich darauf einläßt und deutlich mit Aufmerksamkeit, Gesten oder Stimme reagiert. Oft entsteht das erste Lächeln während solch eines Spielchens zwischen Mutter und Kind. Je mehr dieses Spiel mit Bewegungen ein gemeinsames Spiel ist, desto eher kommt ein Baby dazu, es alleine fortzusetzen. Lerntheoretisch betrachtet könnte man sagen, daß sich das angenehme Gefühl der Beschäftigung mit der Mutter auf das spielerische Strampeln und Zappeln überträgt. Der Säugling bekommt Spaß an der Bewegung an sich und tut es dann auch, wenn die Mutter nicht da ist. Ein zufriedenes Baby kann sich auch an sich selbst freuen.

BLURTON JONES weist auf den Unterschied zu den Nesthockern unter den Säugetieren hin, die mehr als ein Junges zur gleichen Zeit bekommen. Dort sind die Jungen aus einem Wurf die ersten Spielkameraden füreinander und nicht die Mutter, wie bei den Menschen (und den Affen). ECKERMANN brachte in einem Experiment jeweils vier Mütter mit ihren Kindern im Alter zwischen einem und zwei Jahren zusammen. Die Mütter bekamen den Auftrag, nur untereinander zu reden. ECKERMANN wollte wissen, ob die Kinder dann darüber verärgert miteinander spielen würden. Dies war erst ab zwanzig Monaten zu beobachten.

Nesthocker sind Tiere, die so früh geboren werden, daß sie in der ersten Zeit auf die Versorgung in einem Nest durch die Eltern angewiesen sind.

Einfach nur toben und balgen miteinander können Kinder im allgemeinen erst ab dem zweiten Lebensjahr. BLURTON JONES hat bei seinen Beobachtungen feststellen können, daß es danach viel mehr bei Jungen als bei Mädchen vorkommt und zwischen dem vierten und fünften Lebensjahr einen deutlichen Höhepunkt erreicht. Bewegungsspiele bestehen in immer neuen Formen weiter, weil das Kind immer mehr kann. Klettern und steigen kann man alleine oder mit anderen, beim Wippen muß man zu zweit sein. Beim Seilhüpfen sind sogar eine individuelle und eine soziale Form entstanden.

Neben kulturellen Einflüssen macht sich hier vielleicht auch der Unterschied zwischen Grob- und Feinmotorik bemerkbar, wie bereits in Kapitel 3 besprochen wurde.

Die Psychoanalyse sieht die Bedeutung des Bewegungsspieles in dem allgemeinen körperlichen Lusterleben: So können durch Frustrationen aufgebaute libidinöse Spannungen abreagiert werden. Manchmal haben diese Spiele auch deutlich sexuelle Komponenten: Wippen und Fahrradfahren bereiten ein angenehmes Gefühl zwischen den Beinen.

Für die geistige Entwicklung ist es nach Piaget wichtig, daß ein Kind durch spielerische Bewegung den Zusammenhang zwischen der eigenen Motorik und der eigenen Wahrnehmung kennenlernt. In der Bewegung sieht die Umwelt immer wieder anders aus. Ein Kind bekommt durch ständige motorische Assimilation und Akkommodation ein Gefühl für seine Position im Raum.

Wer vor allem an die Entwicklung der verschiedenen Funktionen denkt, wird Bewegungsspiele für die Körperbeherrschung wichtig finden, besonders das bewußte Lenken der Hand (Auge-Hand-Koordination).

Spielen mit Gegenständen

Im Alter von ungefähr drei Monaten lernt das Baby, außer mit sich selbst auch mit Gegenständen zu spielen. Anfangs benutzt es nur die Sinnesorgane dazu. Die Psychoanalyse hebt zum Beispiel das ‹orale› Lutschen hervor. Wenn ein Baby dauernd eine Rassel bewegt, führt das dazu, daß es den Zusammenhang zwischen Bewegung, Geräusch und Bild erfühlt, was sowohl für die Entwicklung des Verstandes als auch der Sinnesorgane wichtig ist. Die «Kuck-kuck»- und Versteckspiele mit der Mutter dienen der Interaktion und geben Einsicht in die «Erhaltung des Gegenstandes».

Die rein sinnliche Beschäftigung mit Gegenständen geht immer mehr in denkend-entdeckendes Spiel über. Das Kind bekommt im Spiel Einsicht in die Möglichkeiten eines bestimmten Gegenstandes.

Dieses wurde von Lowe erforscht. Wir geben hier eine knappe Übersicht ihrer Einteilung:

- Mit ungefähr neun Monaten nimmt ein Kind jeden Gegenstand auf und steckt ihn sofort in den Mund. Danach schwenkt es ihn hin und her und schlägt damit auf den Boden oder den Tisch.
- Mit ungefähr zwölf Monaten schaut es zuerst zu einem Gegenstand hin, betastet ihn, und steckt ihn erst danach in den Mund. Mit manchen Gegenständen schwingt und schlägt es wieder, aber mit einigen Gegenständen, die es schon kennengelernt hat, stellt es etwas Besonderes an. Es legt sie an einen bestimmten Platz oder schaut sie sich noch einmal eingehend an.
- Mit ungefähr fünfzehn Monaten untersucht das Kind den Gegenstand immer häufiger und behandelt immer mehr Gegenstände in besonderer Weise. Mit der Haarbürste streicht es über seinen Kopf, das Auto läßt es fahren. Es macht also mehr oder weniger mit den Gegenständen das, wozu sie bestimmt sind. Das bloße Herumschwingen und Schlagen nimmt ab. Es kombiniert auch immer mehr das eine mit dem anderen: wenn es in der einen Hand einen Klotz hat, nimmt es auch mit der anderen Hand einen Klotz.
- Mit ungefähr einundzwanzig Monaten sucht es bei der Beschäftigung mit einem Gegenstand zielbewußt das Dazupassende. Wenn an einem Steckspiel etwas fehlt, schaut das Kind sich suchend um.

Die Beschäftigung mit Gegenständen wird immer komplizierter. Sie entwickelt sich vom einfachen Bauklötzchenturmbau im Alter zwischen 18 und 20 Monaten über «Lego»- und andere Bausysteme bis hin zum Konstruktionsspiel.

Gemeinsames Spielen mit Gegenständen ist zwar möglich, aber in der Kleinkindphase ist ein Kind meistens alleine mit einem Gegenstand beschäftigt. In diesem Zusammenhang hat Mueller jedoch beobachtet, dass ein interessantes Spielzeug Kinder doch zusammenbringen kann. Er arbeitete mit Gruppen von Zweijährigen, von denen jedes für sich beschäftigt war. Ein Kind drückte aus Versehen an einem Zug auf einen Knopf, wodurch eine wohltönende Glock betätigt wurde. Sofort kamen alle anderen angelaufen, um das nachzumachen. So entstand für einen kurzen Moment etwas Gemeinschaftliches, und die Kinder hatten Kontakt miteinander. Laut Mueller kann ein interessantes Spielzeug in gleicher Weise ein Kind dazu bringen, sich mit einem anderen zusammenzutun. Anfangs geht es dann um das Spielzeug, aber weil dieses zu einem Kind gehört, wendet sich die Aufmerksamkeit auch jenem zu. Das Spielzeug stellt die Brücke zwischen den beiden Kindern dar.

Phantasiespiel

Siehe hierzu Kapitel 13.

Im Phantasiespiel, Einbildungsspiel, Imitationsspiel, So-Tun-Als-Ob oder wie auch immer man es nennen will, kommt die kulturelle Eingebundenheit eines Kindes am deutlichsten zum Tragen. Es spielt nach, was es kennengelernt hat. Das fängt mit ungefähr zwei Jahren an. Ein

Kind nimmt das Telefon und brabbelt in den Hörer, genauso wie es das bei seinen Eltern gesehen und gehört hat. Es drückt einer Puppe einen Löffel gegen den Mund, als ob es sie füttern möchte. Die Phantasie kommt ins Spiel: drei Stühle hintereinander stellen einen Zug dar; der Teppich ist ein Schiff. Andererseits wird in der Puppenecke alles wirklichkeitsgetreuer, nur in kleinerem Maßstab. Phantasiespiele kann ein Kind alleine spielen, aber auch gemeinsam mit anderen. Dann werden Rollen verteilt, und man nennt das dann auch Rollenspiel.

Man fragt sich, ob zu viel realistisches Spielzeug nicht schädlich ist, weil es der Phantasie zu wenig Spielraum läßt.

Die psychoanalytische Bedeutung des Rollenspieles wurde bereits erwähnt: das Ausagieren von Gefühlen, insbesondere von ödipalen Gefühlen. Im Rahmen der Entwicklung von Funktionen kann man es als eine Übung sozialen Verhaltens betrachten. PIAGET nennt diese die Phase des symbolischen Spieles (im Unterschied zu den ersten beiden Lebensjahren, die er sensomotorisch nennt). Für ihn steht im Mittelpunkt, daß ein Kind bestimmte Handlungsweisen, die es gelernt hat, auf einen Stellvertreter überträgt. Der Teddybär bekommt eine Schnur um den Hals und wird wie ein Hund ausgeführt. Das ist der Höhepunkt der Assimilation. Ein Kind macht sich nichts daraus, kann sich noch nichts daraus machen, daß kein Hund und kein Halsband da sind. Es will «Hund-Ausführen» spielen und läßt den Bären und die Schnur symbolisch den Platz von Hund und Halsband einnehmen. Dieser Schritt zur Symbolik ist laut PIAGET ein Durchbruch in der geistigen Entwicklung. Das Kind löst sich dabei von der Realität, von dem, was konkret vorhanden ist.

Freies Gestalten und Sprachspiele

Am Anfang des zweiten Lebensjahres schon kann man das, was SNIJDERS-Omen «freies Gestalten» genannt hat, beobachten: das Betasten von ungeformten Materialien. Mit Wasser kommt ein Kind natürlich schon früher in Berührung. Beim Baden hat es gespürt, wie es durch seine Finger und an seinem Körper entlang gelaufen ist. Außerdem hat es darin geplantscht. Am Ende des zweiten Lebensjahres lernt es den Sand im Sandkasten kennen, später dann auch noch Knete und Fingerfarben. Daß vor allem bei der Beschäftigung mit den beiden zuletzt genannten Materialien ein ‹Ergebnis› herauskommt, heißt nicht, daß es kein Spiel ist. Anfangs handelt es sich dabei nämlich um verhältnismäßig zufällige Nebenprodukte der Beschäftigung um der Beschäftigung willen. Erst, wenn ein Kind sich hinsetzt, um etwas Bestimmtes zu machen, kann man nicht mehr von wirklich spielerischem Tätigsein sprechen.

Siehe hierzu Kapitel 15.

Die psychoanalytische Bedeutung haben wir bereits erwähnt: Sublimation von analen Bedürfnissen. Für PIAGET gehört es ganz und gar in den sensomotorischen Rahmen der Assimilationserfahrungen: das Material paßt sich ganz dem Kind an. Die funktionale und kulturelle Bedeutung scheinen hier etwas weniger wichtig zu sein. Dagegen spielt sie bei den Sprachspielen eine zentrale Rolle. Diese werden zwar oft nicht gesondert aufgeführt, aber GARVEY widmet ihnen ein eigenes Kapitel. Reden ist meistens eine ernsthafte Form der Kommunikation, aber ein Kind kann sich auch spielerisch damit beschäftigen. Es spielt dann mit Worten und Lauten ohne bestimmte Aussage. Es denkt sich

Siehe hierzu Kapitel 16.

selbst neue Wörter aus und bekommt Gespür für Reim und Rhythmus. Ein Kind kann sich alleine damit beschäftigen, aber auch gemeinsam mit anderen. Bevor es selbst reden kann, hört es als Baby vor allem von der Mutter Nonsenswörter, Reime und Lieder.

Laut GARVEY öffnet sich der Weg zum Phantasiespiel vor allem über die Sprache. Umgekehrt bietet das Phantasiespiel ihrer Meinung nach ein nicht zu unterschätzendes Übungsfeld für die Sprachentwicklung. Es muß nämlich nicht nur fortwährend gesprochen werden, um das Spiel aufrechtzuerhalten, sondern es wird auch argumentiert. Kinder haben verschiedene Auffassungen darüber, wie ein Puppenkind heißen soll und welche Kleider es tragen soll. CATHERINE GARVEY hat beobachtet, daß vor allem bei den Vorbereitungen zu einem Rollenspiel die Argumentationen viel intensiver sind als während des Spiels. Macht ein Kind einen Vorschlag, mit dem das andere Kind nicht einverstanden ist, kommt oft eine Diskussion in Gang. Will ein Kind jedoch während des Spiels vom abgesprochenen *Drehbuch* abweichen (Spielen wir jetzt mal...), wird es von dem anderen Kind rigoros mit einem einfachen «Nein» abgespeist.

Es ist oft festgestellt worden, daß Freunde ihre Konflikte besser lösen als zwei willkürlich zusammengeführte Kinder. CATHERINE GARVEY stellt die Frage, ob dies damit zusammenhängen könnte, daß Freunde viel öfter Phantasiespiele miteinander spielen, daß sie daher mehr Erfahrung im Argumentieren haben und somit auch eher zu einem Kompromiß kommen. Sie bemerkt weiter, daß Kinder eigentlich nur beim Rollenspiel so komplizierte Redewendungen wie «Sollen wir spielen, daß du...» oder «Wir können so tun, daß ich dich...» verwenden. Im allgemeinen nimmt ihrer Meinung nach beim Rollenspiel die Verwendung der Vergangenheitsform zu.

Auch INGE BRETHERTON betont die Bedeutung der Sprache beim Rollenspiel: Kinder müssen stets explizit mit Worten ausdrücken, was als nächstes geschehen soll. Im wirklichen Leben geschieht das weniger. Ein Satz wie: «Ich war die Krankenschwester und hab' dir eine Spritze gegeben» würde im echten Leben niemals formuliert werden. Es scheint, als ob rollenspielende Kinder häufig kurz *aussteigen*, um eine verbale Zusammenfaßung zu geben. Dieses Abstandnehmen spiegelt sich in Verwendung der Vergangenheitsform wider.

VONNIE MCLOYD analysierte die Sprache von Kindern im Kindergartenalter, die Vater und Mutter spielten. Sie kam zu der Schlußfolgerung, daß die vom Kind verwendete Sprache nicht nur von der eigenen Rolle abhängig ist, sondern auch von der Rolle des Kindes, mit dem es spricht. Die 'Mutter' sprach mit Fragesätzen zum 'Vater', fordernd zur 'Tochter' und gebietend zum 'Baby'. Die 'Tochter' sprach zur 'Mutter' mit komplexeren Sätze als zum 'Baby'. Hier treffen wir wieder Aspekte der Simulation einer Kultur, denn dieser Wechsel des Sprachgebrauchs ist in der Wirklichkeit der Erwachsenen auch verbreitet.

Spielregeln

In der Vorschulzeit schließlich beginnt das Spielen nach Regeln. Regeln sind Absprachen zwischen Menschen. Deshalb ist ein Spiel mit Spielregeln per definitionem ein soziales Spiel. Verstecken, Nachlaufen, Kreisspiele und später Gesellschaftsspiele sind solche Spiele. Die Entwicklung sozialer Fertigkeiten wird dadurch sicherlich unterstützt: warten lernen, bis man an der Reihe ist; lernen, sich an Absprachen (Spielregeln) zu halten; lernen zu verlieren.

Es ist nicht ganz eindeutig, ob das nach PIAGETS Auffassung noch zum Spiel gerechnet werden kann, weil immer mehr Elemente der Akkommodation mit hineinspielen: das Kind muß sich an Regeln anpassen. Aber man könnte sagen, daß, solange diese Regeln nur innerhalb des Spieles gültig sind und keine Konsequenzen für das «wirkliche» tägliche Leben nach sich ziehen, eine der wichtigsten Bedingungen für Spielen erfüllt ist.

Hier geraten wir jedoch an die Zweideutigkeit von Spiel. Bei Spielregeln geht es oft um Gewinnen oder Verlieren. Verliert das Tätigsein damit nicht seinen spielerischen Charakter? Dann gibt es doch ein Ziel, das ein Kind zu erreichen versucht? Ohne den Begriff «Wettstreit» negativ zu beurteilen, kann man sich dennoch fragen, ob er mit dem Begriff «spielerisch» zu vereinbaren ist. Braucht das Kind für ein allgemeines Gefühl des Wohlbefindens nicht doch mehr als bloßes Tätigsein? Hat das Gewinnen oder Verlieren keine Folgen, die weiter reichen als das Spiel selbst?

MILLAR fragt sich zum Beispiel, ob Wettstreit nicht eine Erscheinung ist, mit der ein Kind erst in Berührung kommt, wenn es soziale Spiele spielt. Wenn es danach Gewinnen als Ziel betrachtet, geht es dann nicht über auf eine andere, nicht spielerische Art und Weise des Tätigseins?

MILLAR *stellt diese Auffassung derjenigen* HUIZINGAS *gegenüber, der Spielen als natürlichen Streittrieb betrachtete, der durch freundschaftliche Gefühle im Gleichgewicht gehalten wird.* JOHAN HUIZINGA, *1872–1945, war ein berühmter niederländischer Historiker, der u.a. das Buch «Homo ludens. Vom Ursprung der Kultur im Spiel» geschrieben hat.*

15. Kapitel
Kinderzeichnungen

Viele Psychologen sind von dem fasziniert, was Kinder zeichnen. Besonders interessieren sie sich für die Zeichnungen aus den ersten Lebensjahren, in denen die Kinder mit den Illustrationen und der Kunst der Erwachsenenwelt noch wenig in Berührung gekommen sind. Die Zeichnungen der Kinder sind in hohem Maße Ausdruck ihrer selbst. Alle Forscher auf diesem Gebiet heben drei wichtige Beobachtungen hervor. Erstens ist weltweit in den ersten zehn Jahren eine bestimmte Entwicklung in der Art und Weise des Zeichnens zu bemerken. Zweitens verläuft diese Entwicklung bei allen Kindern auf der Welt gleich und findet sich auch in den Kinderzeichnungen, die sich aus der Vergangenheit erhalten haben. Drittens stimmen die Kinderzeichnungen der ersten fünf Jahre überall in dem überein, was die Kinder zeichnen.

Strichzeichnen und Kritzeln als Bewegungsspiel

Das Zeichnen beginnt irgendwann im zweiten Lebensjahr als reines Bewegungsspiel. Der genaue Anfangspunkt hängt von dem Moment ab, in dem ein Kind zum ersten Mal Papier und Bleistift erhält. LUQUET beschreibt das Zeichnen als zufällige Entdeckung. Zufällig macht das Kind mit dem Bleistift drehende Bewegungen, wie es das mit vielen Dingen macht, nachdem es sie in den Mund gesteckt hat. Zu seiner Überraschung hinterlassen diese Drehbewegungen Spuren. Es fängt an, mit Absicht *Striche* zu ziehen. Diese Phase des Zeichnens wird die *kinästhetische* genannt, weil das Kind lediglich Freude an seinen rhythmischen Bewegungen und am Striche-Ziehen hat. Das ist Tätigsein um des Tätigsein willens und somit dem Spielen zuzuordnen.

Kinästhesie ist die Wahrnehmung der eigenen Körperbewegung und -haltung, wie sie von den Rezeptoren im Gewebe unter der Haut und in den Muskeln aufgenommen und an das zentrale Nervensystem weitergeleitet werden. Siehe hierzu Kapitel 3.

GESELL hat unter anderem festgestellt, daß die Entwicklung des Strichzeichnens in einer bestimmten Reihenfolge verläuft. Das Kind beginnt immer mit horizontalen Strichen. Danach entdeckt es die vertikalen Striche. Schließlich erzeugt es auch Kreise, aber meistens erst nach seinem zweiten Geburtstag. Weil die Striche in verschiedenen Kulturen und zu verschiedenen Zeiten immer gleich sind, wird angenommen, daß sich darin spontan auftretende Bewegungsmuster der Hände äußern, die bestimmten neurologischen Reifungsprozessen im Gehirn folgen.

Aus dem Strichzeichnen entwickelt sich auch das *Kritzeln.* Das Kind kann die Bewegungen besser steuern, wenn das Gehirn weiter reift. Dadurch wird die Anzahl der Striche geringer, auch liegen sie nicht mehr alle übereinander. Auf diese Weise entstehen im Laufe des dritten Lebensjahres Figuren. KELLOG nennt es «grundlegendes Kritzeln», weil er es gleichzeitig in Kinderzeichnungen aus so verschiedenen Kulturkreisen wie dem spanischen, englischen, ägyptischen, chinesischen, vietnamesischen und deutschen gefunden hat. Überall ist die gleiche Folge zu beobachten: einfacher Strich, gerades Kreuz, Kreis, Viereck, Dreieck und schiefes Kreuz. Anfangs ist das natürlich nicht perfekt, aber doch deutlich erkennbar. Zunächst zeichnet das Kind alles beziehungslos nebeneinander, kombiniert dann aber in zunehmendem Maße.

Entdeckung und anschließendes Benennen

Anfänglich ist das Zeichnen für das Kind immer noch ein Bewegungsspiel. Aber nach dem dritten Geburtstag macht es meist eine großartige Entdeckung: es sieht, daß das, was es gezeichnet hat, einem Gegenstand in seiner Umgebung gleicht. DiLeo sieht darin eine plötzliche Einsicht. Fast immer wird zuerst ein Kreis «erkannt». Zwei überall vorkommende Dinge entdeckt das Kind darin: ein Gesicht und die Sonne. Von diesem Augenblick an benennt es seine Kritzeleien es benennt sie quasi im Nachhinein. In dieser Entwicklungsphase zeichnet es also noch nicht, was es sich vorgenommen hat. Es zeichnet und sagt dann, was die Zeichnung darstellt. Erwachsene stellen zu ihrer großen Überraschung fest, daß Kinder ohne Scheu die Bedeutung der Zeichnung verändern können. Erst meint es: das ist ein Baum, ach nein, eine Blume. Kurze Zeit später erzählt es dann, es habe die Mama gemalt. Diese Phase nennt man auch die *Übergangsphase*. Sie liegt zwischen dem Zeichnen als Bewegungsspiel, das noch alle Eigenschaften des echten Spiels hat, und dem echten, zielbewußt gestalteten Zeichnen, das immer mehr der Spielsphäre entwächst, je mehr sich das Kind am angestrebten Resultat orientiert.

In Kritzeleien kann man deswegen Menschen und Dinge erkennen, weil die uns umgebende Wirklichkeit sich auf vielfach kombinierte Kreise, Vierecke, Rechtecke usw. zurückführen läßt. Diese «Basisformen» werden auch Grundformen genannt. Die Zuordnung zur Grundform spielt im traditionellen Montessori-*Unterricht eine wichtige Rolle.*

DiLeo weist übrigens nachdrücklich darauf hin, daß die Entwicklungsphasen des kindlichen Zeichnens nicht so verlaufen, daß eine nächstfolgende Phase die vorangehende völlig verdrängt. Oft kommt es vor, daß ein Kind, das bereits eine höhere Phase des Zeichnens erreicht hat, wieder zeichnet wie früher. DiLeo warnt deshalb davor, aufgrund einiger weniger Zeichnungen den Entwicklungsstand eines Kindes zu beurteilen. Er hat die Erfahrung gemacht, daß ein Kind an ein und demselben Tag Zeichnungen aus verschiedenen Phasen anfertigen kann.

Die «Übergangsphase» dauert meistens bis über den vierten Geburtstag hinaus, und manchmal dauert sie bis zur Vollendung des fünften Lebensjahres. Es erscheint sinnlos, in dieser Phase den Kindern zu sagen, was sie zeichnen sollen. Ein Kind wird immer behaupten: «Das ist eine Katze», wenn es eine Katze zeichnen sollte, gleichgültig, was es auch aufs Papier gekritzelt hat.

Gestaltendes Zeichnen von Menschen

Allmählich wächst das Kind in die Phase des gestaltenden Zeichnens hinein. Natürlich löst auch diese Phase die vorherigen nicht einfach ab. DiLeo weist an Beispielen nach, daß eine einzige Kinderzeichnung die Charakteristika von allen drei Phasen enthalten kann. Eine solche Zeichnung beginnt mit Strichen und wird dann zur Kritzelei. Schließlich fügt das Kind absichtlich noch etwas hinzu und macht daraus ein Gesicht.

Je jünger ein Kind ist, desto mehr überlagern sich die Phasen der Entwicklung des Zeichnens. Es hat auch Schwierigkeiten, den Plan einer Zeichnung bis zum Ende durchzuhalten. Während des Zeichnens ändert er sich unter dem Einfluß dieses oder jenes Kringels. Ein vierjähriges Mädchen sagt: Schau mal, ein Engel! Man hat dabei den Eindruck, daß es von einigen an der Seite herausstehenden Kritzelstrichen an Flügel erinnert wird. Und dabei wollte die Kleine doch ursprünglich ihre Mama zeichnen.

Vergleiche hiermit Kapitel 2. Dort wird ausgeführt, daß ein Baby vom menschlichen Gesicht mit den kontrastierenden Augen darin besonders gefesselt wird.

DiLeo wählt den Vergleich mit Cherubinen, weil bei diesen die Flügel oft an den Kopf gemalt werden.

Sobald es ein wenig gestalten kann, zeichnet ein Kind spontan das menschliche Gesicht. Dies ist wohl das Dominierende in seiner Erlebniswelt. Es zeichnet von einem Menschen das, was ihm am wichtigsten erscheint. Den Rest läßt es weg. Nach dem Gesicht mit sehr deutlich betonten Augen werden dann immer zuerst Arme und Beine gezeichnet. Den Körper berücksichtigt es zunächst nicht, denn er beeindruckt es weniger als die Arme und Beine, die es den ganzen Tag in Bewegung sieht. Das Kind zeichnet sie direkt an den Kopf. Es fügt den Mund, die Nase, die Ohren, Füße und Finger, aber keinen Körper hinzu. Diese Kopffüßler trifft man in den Kinderzeichnungen auf der ganzen Welt an. Die psychoanalytische Erklärung, daß mit dem Weglassen des Körpers das Kind die Sexualität verdrängt, scheint nicht zuzutreffen. Zwar sind die gezeichneten Körperteile im Vergleich zum Rumpf geschlechtsneutral, aber in Kulturen, in denen die Sexualität für Kinder weniger versteckt ist als in der westlichen Gesellschaft, sind Kopffüßler ebenfalls zu beobachten.

Es wäre interessant, in einer Untersuchung nachträglich festzustellen, ob die größere Offenheit gegenüber der Sexualität in der Erziehung kleiner Kinder in den Kinderzeichnungen mehr Körperchen und Geschlechtsteile zur Folge hat.

Wenn irgendwann zu Beginn des fünften Lebensjahres erstmals der Körper gezeichnet wird, fehlen, wie DiLeo festgestellt hat, die Geschlechtsteile. Trotzdem bleibt die Frage bestehen, ob es sich dabei um Verdrängung wegen kultureller Tabus handelt oder einfach um Mangel an Interesse. DiLeo hat jedoch beobachtet, daß Geschlechtsteile gezeichnet werden, sobald das Kind eine besondere Erfahrung, zum Beispiel durch eine Operation, durch Bettnässen usw. damit gemacht hat.

Siehe dazu Kapitel 9.

Es ist bestimmt kein Zufall, daß das Kind seinen Körper in einer Periode zeichnet, in der es sich sehr bewußt und zentral mit ihm beschäftigt. Das würde bedeuten, daß es vom Zeichnen anderer Menschen zum Zeichnen seines Körpers kommt und in jedem Falle das Bild, das es von sich selbst hat, in seine Zeichnungen einbezieht. Die ersten Körper sind kleiner als der Kopf, oft bestehen sie nur aus einem einfachen Strich. Dieses Verhältnis verändert sich mit der zunehmenden Verstandesentwicklung eines Kindes und läßt Rückschlüsse zu. Es ist auffällig, daß viele Kinder den Nabel hervorheben. Er fällt ihnen an ihrem eigenen Körper offenbar auf. Nicht selten fassen sie ihn als ein Loch auf, durch das die Füllung herausquellen kann, wenn man nicht aufpaßt.

Das Gestalten von Bildern

Die Zeichnungen werden immer reicher an Einzelheiten. Die Menschen haben Kleider an, werden während einer Tätigkeit dargestellt und sind von Dingen umgeben. Immer öfter werden vollständige Bilder gezeichnet. Der Inhalt der Zeichnungen wird immer mehr von der Kultur bestimmt, in der das Kind zu Hause ist. Das trifft für die Art und Weise des Zeichnens noch nicht zu. Überall in der Welt werden die Kinderzeichnungen von dem beherrscht, was LUQUET den *intellektuellen Realismus* nennt. Man darf das Wort «intellektuell» nicht falsch verstehen. LUQUET will damit nicht sagen, daß das Kind ohne Gefühl zeichnet, ganz im Gegenteil. Er setzt dem intellektuellen den *visuellen Realismus* entgegen. Er will damit sagen, daß ein Kind alles zeichnet, von dem es weiß, daß es existiert, und nicht nur das, was es sehen kann. Das wird deutlich, wenn es einen Menschen von der Seite zeichnet: es versieht das Gesicht trotzdem mit zwei Augen und einem breiten Mund. Es weiß eben, daß die dort hingehören, auch wenn es sie von der Seite nicht sehen kann. Ebenso erhält ein Mann auf einem Pferd zwei Beine.

Eine andere auffällige Erscheinung des intellektuellen Realismus sind die Zeichnungen mit *durchsichtigen Objekten*. Was von einem Objekt verdeckt und daher unsichtbar ist, wird trotzdem bedenkenlos gezeichnet. Wenn ein Mann eine Hose bekommt, werden in die Hose auch Beine gezeichnet. Ein Hund liegt in seinem Korb, und durch den Korb hindurch sieht man alle vier Pfoten. Das sind keine Fehler aus Mangel an Einsicht. Das ist einfach eine andere Art des Zeichnens als die Wiedergabe der perspektivischen Wirklichkeit. Man findet diese Art des Zeichnens auch in der modernen Kunst.

CLARK stellte in diesem Zusammenhang eine Untersuchung an: Er steckte eine Haarnadel durch einen Apfel, so daß sie an beiden Seiten herausguckte und bat dann Kinder, eine Zeichnung davon anzufertigen. Obwohl der Apfel direkt vor ihnen lag, zeichneten sie die ganze Haarnadel sichtbar in den Apfel ein. DILEO meint: «Es scheint, daß ein Kind nur mit Widerwillen seine eigene innere Wirklichkeit zugunsten der prosaischen Objektivität der Erwachsenen aufgibt.» Nach DILEO sind noch bei Acht- bis Neunjährigen gelegentlich solche unrealistischen Durchsichtigkeiten in Zeichnungen zu beobachten.

Neben dem Zeichnen mit Durchsicht deutet auch das Zeichnen *ohne Perspektive* darauf hin, daß das Kind zeichnet, was es weiß, und nicht, was es sieht. Es weiß, daß die Mutter nicht größer oder kleiner wird, gleichgültig, wo sie steht. Es zeichnet sie also immer gleich groß, unabhängig davon, ob sie sich im Vordergrund oder im Hintergrund der Zeichnung befindet. Das Verhältnis von Menschen und Dingen wird auf der Zeichnung nicht von visuellen, sondern von emotionalen Faktoren bestimmt. Im allgemeinen wird dasjenige am größten gezeichnet, was am wichtigsten erscheint. Der Vater ist wichtiger als das Haus, darum ragt er über das Dach hinaus.

Wir sagten zwar, daß ein Kind zeichnet, was es weiß, müssen dabei aber einschränken, daß es zeichnet, was es zu wissen glaubt. Wir haben schon darauf hingewiesen, daß durch verkehrte Einsicht Ängste hervorgerufen werden können und daß halbverstandene Gedankengänge mit Phantasien gefüllt werden. Dieses komplizierte emotionale Muster seiner Ängste und Phantasien drückt es in seinen Zeichnungen aus. Zeichnen ist daher eine Form der Kommunikation, ähnlich wie die Sprache. Ein Kind, das spontan zeichnet, kann einem im Deuten von Kinderzeichnungen erfahrenen Menschen viel über das verraten, was in ihm vorgeht. Kindertherapeuten stützen sich deshalb oft auf die Zeichnungen ihrer kleinen Patienten.

Hierbei kommt es sehr auf Erfahrung an. Man tut gut daran, solchen Menschen zu mißtrauen, die Kinderzeichnungen nach einem simplen Schema zu erklären versuchen.

Visueller Realismus

Wenn ein Kind besser sprechen und später auch schreiben kann, nimmt allmählich der Ausdruckswert der Zeichnungen ab. Für zurückhaltende Kinder allerdings bleibt er bestehen. Das Zeichnen bietet ihnen eine Möglichkeit, in verhüllter Form etwas von sich selbst zu offenbaren. Für das Durchschnittskind gilt das allerdings nicht. Einige Menschen bedauern das. Aber das Kind hat beim Heranwachsen mehr Interesse für die Wirklichkeit als für seine Phantasien. Verstandesmäßig löst es sich von dem, was PIAGET Egozentrismus genannt hat. Andererseits entdeckt es, daß es ihm nicht recht gelingt, in seiner Zeichnung die Wirklichkeit exakt darzustellen. Wenn es Wirklichkeit und Zeichnung vergleicht, ist es jetzt selbstkritisch genug, einzusehen, daß die Ähnlichkeit nur gering ist. Das ist bei Kindern zwischen acht und zehn Jahren, die von der «echten» Wirklichkeit gefesselt sind, Grund genug, das Zeichnen aufzugeben und sich auf andere Art mit der Wirklichkeit auseinanderzusetzen. Ausgenommen sind die Kinder mit besonderer Begabung. DILEO weist in diesem Zusammenhang auf einen interessanten Unterschied zwischen Musik und bildender Kunst hin. Bei der Musik ist die besondere Begabung schon bei kleinen Kindern festzustellen. Bei der bildenden Kunst hingegen muß man abwarten, bis die Phase des ‹visuellen Realismus› erreicht ist. Erst dann wird deutlich, welche Kinder in der Lage sind, die Wirklichkeit gestaltend wiederzugeben. Kulturelle Einflüße geben dann den Ausschlag für den Zeichen- oder Malstil. Zweifellos wird es viele Kinder geben, die sich auf ihre eigene subjektive Wirklichkeit zurückbesinnen und wieder das darstellen, was sie wissen und denken und nicht nur das, was sie vor Augen haben.

16. Kapitel
Die Sprachentwicklung

Von allem, was ein kleines Kind lernt, ist der Erwerb der Sprache wohl das größte Wunder. Besonders, wenn man im Ausland Kinder sprechen hört, muß man oft denken: Wie können die Kleinen mühelos eine Sprache sprechen, mit der ich mich selbst jahrelang abgemüht habe? Ein anschauliches Beispiel liefert SCHAERLAEKENS: Ein polnischer Professor, der in Paris sein Töchterchen im Krankenhaus besuchte und sich mit ihm unterhielt, hörte die spontane Reaktion einer der diensthabenden Schwestern: Wie kann man bloß mit einer Dreijährigen polnisch reden! Sie meinte damit offensichtlich: Wie kann ein Dreijähriges etwas verstehen, das mir als Gipfel der Schwierigkeit erscheint? Auch die Psychologen haben immer wieder starkes Interesse an der Sprachentwicklung gezeigt. Viele haben über den Spracherwerb ihrer eigenen Kinder täglich Buch geführt. Ihre Aufzeichnungen waren das erste Material, das man einer Theorie über die Sprachentwicklung zu Grunde legte. Die Erfindung des Tonbandes hat die Möglichkeiten zu Untersuchungen stark erweitert. Man ist nun nicht mehr länger abhängig von Aufzeichnungen, die immer fehlerhaft und unvollständig sind. Durch wiederholtes Abspielen kann man exakt notieren, was ein Kind alles sagt.

Es liegt auf der Hand, daß man die Erscheinung Sprache als solche untersuchen muß, wenn man die Sprachentwicklung bei Kindern verstehen will. Sprachwissenschaft oder Linguistik ist deshalb ein wichtiges Fach für Sprachpsychologen.

Bei der menschlichen Sprache unterscheidet man vier Aspekte, denen ein Kind bei seiner Sprachentwicklung Rechnung tragen muß. Die *phonetische* Entwicklung bezieht sich auf die Laute, die ein Kind bilden kann. Die *semantische* Entwicklung betrifft die Bedeutung dessen, was es sagt. Die *syntaktische* Entwicklung bezeichnet die Entwicklung des kindlichen Satzbaus. Außerdem gibt es noch die *morphologische* Entwicklung, die unter anderem das Konjugieren der Verben und Deklinieren der Substantive betrifft.

Syntax und Morphologie bilden zusammen die Grammatik.

Genereller Verlauf

Bevor wir diese vier Aspekte in der Sprachentwicklung der Kinder näher betrachten, stellen wir fest, daß diese Entwicklung in allen Sprachen der Welt in der Regel gleich verläuft. Sie beginnt damit, daß ein ganz kleiner Säugling mit Bewegungen darauf reagiert, daß man ihn anspricht. Es sind Bewegungen, die er nicht ausführt, wenn er Ticken oder Klopfen hört, selbst wenn es eine vergleichbare Lautstärke und den gleichen Rhythmus wie das Sprechen hat. Das wird in einer Untersuchung von SANDER deutlich.

Einige Wochen nach der Geburt treten die ersten Ehe- und Uhu-Laute auf. Sie werden Vokalisationen genannt. Dabei braucht das Kind seine Stimme mit entspanntem und geöffnetem Mund: die Laute entstehen dann wie von selbst. Im Alter von zwei bis drei Monaten beginnen

Zum Sprechenlernen ist ein gutes Gehör unerläßlich. Aus diesem Grund ist es notwendig, Schwerhörigkeit so früh wie möglich festzustellen.

alle Säuglinge zu schnalzen. Dabei produzieren sie alle Laute, die ein Mensch mit dem Mund erzeugen kann, auch solche, die in ihrer eigenen Muttersprache nicht vorkommen. Diese Laute kann ein Kind also nicht durch Imitation gelernt haben. Sie müssen von ihm selbst kommen. LENNEBERG hat dazu festgestellt, daß es dabei keinen Unterschied gibt zwischen Kindern tauber Eltern, die viel weniger mit ihrem Kind sprechen, und Kindern hörender Eltern. Auch gehörlose Kinder lallen anfänglich. Allerdings nehmen nach drei Monaten die Vokalisierungen bei Kindern, die sich selbst oder ihre Eltern nicht sprechen hören, ab. Es sind also nicht in erster Linie Laute, die nachgeahmt werden. Offenbar wirkt es «ansteckend» auf das Kind, wenn mit ihm gesprochen wird.

Zwischen dem siebten und dem zehnten Monat verlieren sich allmählich die Laute, die ein Kind in der Muttersprache niemals hört. Es brabbelt nun mit den Lauten, die zu ihr gehören. Hier ist die Rolle der Nachahmung nicht zu verkennen. Es werden aber nicht nur Laute imitiert. Wie WEIR festgestellt hat, werden auch Intonation und Melodie der Muttersprache nachgeahmt. Um den ersten Geburtstag erzählt dann ein Kind «Geschichten» mit unverständlichen Worten, aber im Tonfall der Muttersprache. SCHAERLAEKENS nennt das angepaßtes oder soziales Lallen.

Das erste Wort, das wohl in allen Sprachen gelernt wird, heißt «Mama». Das liegt nicht daran, daß die Mutter überall Mama heißt, sondern eher daran, daß die erste deutliche Lautkombination, die ein Baby hervorbringt, zum Symbol für Mutter geworden ist. Nach JACOBSON ist es der nasale Laut, den Babys während des Stillens, aber auch davor und danach produzieren. Er wird darum zum Symbol von etwas Angenehmem, wohl auch zur Bitte um etwas Angenehmes. Da die Mutter bei der Befriedigung dieses Bedürfnisses im Mittelpunkt steht, überträgt sich das Wort auf sie. Die Periode von den ersten Vokalisationen bis zur Bildung des ersten Wortes nennt man *vorsprachliche Phase.*

Etwa zur Zeit des ersten Geburtstages erscheint neben «Mama» ein anderes Wort. Nach SCHAERLAEKENS handelt es sich dabei um eine erkennbare und konsequente Lautgruppe, die phonetisch nicht exakt zu sein braucht. Etwas aus der Umgebung wird von dem Kind mit dieser Lautgruppe deutlich in Verbindung gebracht. Das ist der erste Schritt zur Entdeckung der Sprache als Symbol. Da man annimmt, daß ein Kind mit einem Wort nicht lediglich ein Ding benennen, sondern in bestimmtem Sinne eine Geschichte erzählen will, nennt man diese Phase auch die *Einwortsätze.*

Die ersten Worte eines Kindes konfrontieren die Sprachpsychologie sogleich mit einer wichtigen Frage: Wie merkt ein Kind eigentlich, welche Bedeutung ein bestimmtes Wort, das es hört, hat? Es sieht ein Fahrzeug vorbeifahren und hört das Wort 'Auto'. Wie erkennt das Kind aber, daß dieses Wort sich nicht auf die Farbe, die Räder, die Lampen usw. bezieht? Es wird vermutet, daß ein Kind über angeborene, grundlegende Strukturierungsprinzipien verfügt, durch die die ersten Worte an ein bestimmtes Ganzes gekoppelt werden. Aber wie dies vor sich geht, ist noch nicht klar.

Mit ungefähr eineinhalb Jahren treten *Zweiwortsätze* auf, die, wie wir gleich sehen werden, eine ganze Skala von Ausdrucksmöglichkeiten beinhalten. Im dritten Lebensjahr werden die Sätze länger. Das Kind gebraucht nun auch immer mehr Wortarten. Zwischen dem fünften und dem sechsten Lebensjahr können die meisten Kinder ihre Muttersprache ziemlich perfekt sprechen.

Mit der Verlängerung der Sätze steigt die Bedeutung der Grammatik. Bei zwei Worten ist die Reihenfolge noch nicht so wichtig, um zu verstehen, was gemeint ist. Aber bei drei oder mehr Worten kann man die Begriffe nicht einfach in ihrer Grundform in willkürlicher Reihenfolge aneinanderfügen. Verwunderlich ist, daß man nirgendwo in der Welt den Kindern die Regeln ihrer Muttersprache beibringen muß. CAIRNS schließt daraus, daß Kinder von selbst die allgemeinen Regeln ihrer Sprache aufspüren.

Natürliche Anlage

Für die weltweit zu beobachtende Erscheinung, daß jede auch noch so schwierige Muttersprache erlernt und grammatisch richtig gesprochen wird, hat man lange Zeit keine Erklärung finden können. Über die phonetische und semantische Entwicklung kann man eher theoretische Aussagen machen. Aber die Entwicklung der Syntax und Morphologie, die zusammen die Grammatik bilden, blieb rätselhaft.

Grammatisch fehlerloses Sprechen darf nicht mit Rechtschreibung verwechselt werden. Grammatische Regeln werden beim Schreiben oft mit Buchstaben oder Buchstabenkombinationen ausgedrückt, die man lautlich nicht unterscheiden kann, wie zum Beispiel eu - äu, tt - dt usw.

Die Behavioristen versuchten, die grammatische Entwicklung als Prozeß operanter Konditionierung zu erklären. Ein Kind findet beim Sprechen durch endloses Versuch- und Irrtum-Lernen heraus, wie ein Satz gebaut werden muß. STAATS & STAATS entwickelten die am weitesten ausgearbeitete behavioristische Sprachtheorie. Nicht-Behavioristen halten diese Erklärung für zu dürftig für einen derart komplexen Vorgang. Und BELLUGI weist aufgrund ihrer Untersuchungen darauf hin, daß es nicht stimmt, daß ein Kind für richtig gebaute Sätze positive Verstärkungen bekommt und negative für falsch gebildete. Eltern achten bei dem, was ihre kleinen Kinder sagen, auf ihre Wünsche, nicht aber auf korrekten Satzbau. Auf einen richtig gebildeten Satz können sie sehr irritiert reagieren, wenn das Kind dabei unartig ist. Auf einen falsch gebildeten Satz kann andererseits auch eine sehr liebevolle Reaktion folgen.

Über Versuch-und-Irrtum-Lernen siehe Kapitel 4.

PIAGET sieht die grammatische Entwicklung der Sprache als Ausdruck der Verstandesentwicklung an. Wenn ein Kind das Verhältnis zwischen Ursache und Wirkung bei Handlungen und Erlebnissen verstanden hat, kann es begreifen, daß dieses Verhältnis mit subtilen Wort- und Satzveränderungen dargestellt werden kann. Seine Mitarbeiterin SINCLAIR hebt hervor, daß ein Kind bis zum zweiten Jahr drei Dinge nicht unterscheiden kann: sich selbst, das, was es tut, und den Gegenstand, mit dem es sich beschäftigt. Sie beschreibt das Beispiel eines Mädchens, das mit einem Ball spielt. Das Kind, der Ball und das Spiel mit ihm bilden ein ineinanderfließendes Erlebnis. Sobald der Ball wegrollt, ist alles weg: Selbstgefühl und Ball. Nichts erinnert es mehr an das, was es eben noch tat. Erst nach dem zweiten Jahr begreift es: Ich habe etwas getan, wodurch der Ball weggerollt ist, aber der Ball existiert weiterhin. Das anfangs ineinanderfließende Erlebnis zerfällt jetzt in drei Erlebnisse mit einem bestimmten Verhältnis von Ursache und Wirkung. Nun erst kann sich bei ihm die Fähigkeit entwickeln, diese drei als Subjekt, Prädikat und Objekt zu erkennen und selbst, wenn auch

Siehe dazu Kapitel 17.

PIAGET und CHOMSKY haben einmal öffentlich miteinander diskutiert. In dem zugehörigen Bericht fand sich eine Karikatur, die den Unterschied ihrer Theorien verdeutlicht. PIAGET war wie ein Puzzle gezeichnet: denkend-suchend finden die Einzelteile den richtigen Platz. CHOMSKY war als Computerkarte dargestellt, die bereits an den richtigen Stellen gelocht war.

noch fehlerhaft, mit ihnen Sätze zu bilden. In den folgenden Jahren werden immer komplexere Denkprozesse in immer komplexeren Sätzen ausgedrückt. Vermutlich reift diese Fähigkeit in einem Kind unabhängig von seiner Umgebung.

Die einflußreichste Theorie der letzten Jahre stammt von CHOMSKY. Er ist kein Psychologe, sondern Philosoph und Sprachwissenschaftler. Er hat selbst niemals Untersuchungen durchgeführt, sondern seine Theorie logisch entwickelt. Darin besteht auch die Kritik an seinem Werk. Trotzdem hat seine Theorie die Entwicklungspsychologen sehr inspiriert. CHOMSKY stimmt mit PIAGET darin überein, daß sich die Sprachentwicklung in einem Kind autonom vollzieht und ihm nicht von der Umgebung beigebracht wird. Aber er meint, anders als PIAGET, daß sich die Sprachentwicklung relativ losgelöst von der Verstandesentwicklung vollzieht. Sprache ist eine besondere menschliche Möglichkeit, die in den Genen verankert ist. Nach CHOMSKY ist es abwegig, anzunehmen, daß eine derart komplexe Erscheinung wie Sprache, die sich seit Millionen Jahren als menschliche Eigenschaft entwickelt hat, von einem individuellen Menschenkind in fünf Jahren beherrscht werden kann, *ohne daß die Entwicklung völlig genetisch-neurologisch vorprogrammiert sei.* Es verhalte sich mit ihr wie mit der motorischen Entwicklung, die genetisch so festliegt, daß sie wie von selbst abrollt. VERHOEVEN, der über die Sprachentwicklung seiner Tochter ein Buch geschrieben hat, sagt: «Das Kind ist Erbe der Sprache». In dieser Richtung muß auch eine Erklärung für das oben erwähnte Problem gesucht werden: Wie weiß ein Kind, was ein Wort bedeutet? Es könnte sein, daß es ihm angeborenen ist, globale Totalitäten zu benennen ('Auto' beinhaltet alles, was an dem vorbeifahrenden Ding festsitzt). Danach kann ein Prozeß der Differenzierung in Gang kommen. Nach CHOMSKY hat ein Kind einen angeborenen Sprachbegriff, der auf neurologischer Reifung beruht. Mit diesem reifenden Sprachbegriff ist es in zunehmendem Maße imstande, aus der äußeren Form eines Satzes das Verhältnis zwischen den Satzteilen zu erkennen. In der Sprache CHOMSKYS heißt das, daß ein Kind in der Oberflächenstruktur eines Satzes (in der äußeren Form) die Tiefenstruktur (das Verhältnis der Satzteile zueinander) erkennen kann, indem es die Transformationsregeln anwendet, über die es dank neurologischer Reifung stets besser verfügt. Ebenso lernt es auch seine Muskeln willkürlich besser beherrschen. Über einen bestimmten Sachverhalt kann man nämlich viele verschiedene Sätze bilden. Zum Beispiel: Susanne aß den Apfel auf. Der Apfel wurde von Susanne aufgegessen. Susanne aß den Apfel auf, nicht wahr? Was aß Susanne auf? Wer aß den Apfel auf? Alle diese Sätze behandeln den Sachverhalt von Susanne und dem Apfel, die über die Handlung des Essens in einer bestimmten Beziehung zueinander stehen. Transformation bedeutet, daß ein Mensch trotz der Veränderbarkeit des Satzbaus den Grundsachverhalt erkennen kann. Das kann auch schon ein Kind. Es erkennt ihn schon lange, bevor es sagen kann, warum es ihn erkennt. CAIRNS meint, daß MONTESSORI schon früher als CHOMSKY zu einem solchen Schluss gekommen ist: Die Sprachentwicklung könne nur deswegen so schnell verlaufen, weil ein Sprachplan im Kopf des Kindes bereitliege, der die Wirklichkeitsverhältnisse widerspiegle. Dieser Plan entfalte sich während der Reifung, ohne daß ein Kind merke, was es sprechend und hörend eigentlich tut.

Ein Kind kann schon jahrelang gute grammatische Sätze bilden, bevor es in der Grundschule in der Lage ist, sie zu zergliedern. Letzteres besagt, daß es den Zusammenhang zwischen einzelnen Satzteilen, die es benutzt, auch erklären kann.

Der Einfluß der Umwelt

Wenn man die Betonung auf das angeborene Sprachgefühl legt, stellt sich die Frage, ob die Umwelt dabei keine Rolle spielt.

Es gibt zum Glück nur wenige Beispiele für Kinder, die in einer sprachfreien Umgebung aufwachsen. Einige Kinder sind bei Tieren herangewachsen. Nur selten erfährt man etwas über Kinder, die von ihren Eltern verborgen gehalten wurden. Einige lernten noch sprechen, nachdem sie entdeckt worden waren, andere nicht. Ihre Situation ist jedoch so außergewöhnlich, daß daraus für die normale Entwicklung eines Kindes keine Folgerungen gezogen werden können. Ein besonderes Milieuproblem bildet die Zweisprachigkeit: Es kann sein, daß die Eltern zwei verschiedene Sprachen sprechen, oder aber, daß in der Familie eine Sprache gesprochen wird, in der Umwelt jedoch eine andere. Letzteres gilt in unserem Land in zunehmenden Maß für Familien von Immigranten. Es gibt jedoch nur wenig systematische Untersuchungen, so daß man nicht feststellen kann, ob und in welchem Maß Zweisprachigkeit für Kinder eine Belastung darstellt. Es werden zwar regelmäßig Fallstudien mit negativen wie auch positiven Erfahrungen publiziert – Schlußfolgerungen lassen sich daraus jedoch nicht ziehen.

Gehörlose Kinder nehmen ebenfalls keine Sprache aus ihrer Umgebung wahr, bemerken aber allerlei Zeichen der Kommunikation, die von den Menschen in ihrer Umgebung ausgehen. So betrachtet ist ihre Umgebung nicht spracharm. Viele verschiedene Gebärden ermöglichen auch ihnen die Entwicklung des Gefühls für Symbole.

Gehörlose Kinder entwickeln untereinander spontan eine Gebärdensprache. Man streitet darüber, ob man ihnen das erlauben oder gar anregen soll, um ihnen zu helfen, die Gebärdensprache mit ihren besonderen Zeichen und abstrakten Symbolen zu erwerben. Andererseits wird befürchtet, daß dann die Kommunikation mit der hörenden Umgebung und die Integration in sie erschwert wird.

Viele Familien und andere Erziehungsbereiche unterscheiden sich hinsichtlich der Deutlichkeit, Komplexität und Menge der Sprache, die ein Kind tagtäglich hört. Tempo und Qualität des kindlichen Begreifens und Redens werden davon beeinflußt. Wenn Kinder in Heimen aufwachsen, in denen sie wenig individuellen Kontakt mit Erwachsenen haben, die sich ihnen anpassen, wird sich bei ihnen die Sprachentwicklung verzögern. KOHNSTAMM und andere zeigten am Projekt «Proefkrêche» jedoch, daß von einer solchen Verzögerung nichts zu merken ist, wenn die Kinder in kleinen Gruppen versorgt werden und die gut ausgebildeten Leiterinnen ihre Arbeit aufmerksam und freudig tun.

Die meisten Kinder wachsen in Familien auf. Die Art und Weise, wie man dort miteinander redet und aufeinander hört, beeinflußt sie nachhaltig, ebenso wie das Vorlesen, das mehr oder weniger aufmerksame Radiohören oder Fernsehen. Wird in einer Familie Dialekt gesprochen, übernimmt ihn das Kind.

Die sprachlichen Unterschiede zwischen den einzelnen Schichten nehmen offensichtlich ab. Dafür kann man Gründe nennen: Es gibt heute mehr Kontakt und Kommunikation zwischen den verschiedenen Schichten als vor zwanzig Jahren. Sowohl das Fernsehen als auch das Auto haben dazu ihren Beitrag geleistet. Eltern haben heute einen längeren Bildungsweg hinter sich als vor zehn Jahren. Der allgemeine Wohlstand hat den Urlaub möglich gemacht, der Menschen verschiedener Gruppen zueinander bringt. In solchen Familien müssen Kinder zwangsläufig anders sprechen, auch wenn das nicht zu beweisen ist, weil vergleichende Untersuchungen über Generationen hin fehlen.

Die Entwicklung der Sprachlaute

Die Entwicklung der Sprachlaute beginnt, wie oben beschrieben, mit Uhu-Lauten, zeigt dann die Skala aller nur irgend möglichen Laute, die dann schließlich auf das Lautrepertoire der Muttersprache zusammenschrumpft. Auffällig ist, daß ein Kind in der Brabbel-Periode einen Laut hervorbringen kann, den es später, wenn es die ersten Worte spricht, nicht mehr beherrscht. Ein Baby, das in der Wiege ein prächtiges r rollen kann, sagt als Kleinkind «lot» statt «rot». Die am besten ausgebildete Theorie über die phonetische Entwicklung findet sich bei JACOBSON. Alle Laute werden nach dem gleichen Schema gebildet, und zwar immer in Gegensatzpaaren, mit oder ohne Schwingungen der Stimmbänder, nasal oder nicht, vorn oder hinten im Mund, als Reibelaut oder explosiv. JACOBSONS Theorie besagt, daß ein Baby in Gegensatzpaaren brabbelt und lallt. Er beschreibt dabei eine bestimmte Reihenfolge, wobei ein Mitlaut die Formung eines ihm entgegengesetzten Mitlautes hervorruft. Zum Beispiel führt das p (Explosivlaut vor den Zähnen) zum t (Explosivlaut zwischen den Zähnen). Das t wiederum führt zum k (Explosivlaut hinten im Mund). Nach JACOBSON findet sich diese Entwicklung überall in der Welt, wobei die Mitlaute vorn im Mund zuerst beherrscht werden.

Diese Gegensatzpaare werden auch von Logopäden gebraucht, um Sprachfehler anzugehen.

LENNEBERG betont die Verbindung zwischen motorischer und sprachlicher Entwicklung. Das Hervorbringen von Lauten ist eine Frage der Muskelbewegung und also auch der Muskelbeherrschung. Das Greifen wie auch das Lallen beginnt, wie er meint, gleichzeitig. Er gehört daher zu denjenigen, die annehmen, daß es sensible Phasen für den Spracherwerb gibt, wenn ein Kind einen bestimmten Stand der Muskelbeherrschung erreicht hat. Sicherlich fällt auch bei größeren Kindern und Erwachsenen oft motorische Ungeschicklichkeit mit undeutlicher Sprechweise zusammen.

Es gibt Theorien, die undeutliches Sprechen damit erklären, daß die Muskulatur im Mund nur ungenügend beherrscht wird.

SCHAERLAEKENS weist darauf hin, daß Schwierigkeiten bei der Bildung bestimmter Laute in verschiedenen Sprachen verschiedene Folgen haben. So hat zum Beispiel ein lispelndes niederländisches Kind weniger Kommunikationsprobleme als ein lispelndes englisches Kind, weil das s dann als th verstanden werden kann, was ein ganz anderes Wort ergibt.

Die schwierigsten Mitlaute sind: r, s, sch, ch, ng, h, w, l.

Wörter bestehen aus Lauten. Einige davon sind einfach, andere schwierig zu bilden. Die meisten Kinder sprechen anfangs nur wenige Wörter richtig aus. Einsilbige Wörter werden auf einen Selbstlaut und einen Mitlaut reduziert: Stuhl wird Uhl und Tür wird Tü. Manche Wörter werden zu Anfang durch Wiederholung eines Bruchstückes vereinfacht: Milch wird Mimi, Apfel wird Apap. Die Kombination zweier Mitlaute ist ein schwieriges Problem: Pferd wird Fed. Oft werden Worte auch gedehnt: Helm wird Hemel. Drei Mitlaute hintereinander gestalten sich für ein Kind überaus schwierig: Ein zweieinhalbjähriges Mädchen machte aus Luftmatratze Ruseras. Erst mit sechs Jahren werden Verbindungen von drei Mitlauten mühelos bewältigt. Manchmal entstehen auch Fehler in der Aussprache deshalb, weil ein Kind Bedeutungszusammenhänge sieht, die einem Erwachsenen entgehen. Ein fast dreijähriges Mädchen sagte Reklone statt Reklame, weil die Reklame im Fernsehen unmittelbar nach «Pipo, der Clown» gesendet wurde.

Semantische Entwicklung

Die symbolische Funktion der Sprache ist ihr wichtigstes Kennzeichen: Man kann über etwas sprechen, das nicht anwesend ist. Sprache ist also eine abstraktere Form der Kommunikation, als beispielsweise Zeichen und Gebärden es sind.

Auch in der offiziellen Taubstummensprache werden abstrakte Symbole verwendet.

Beim Sagen der ersten Wörter bleibt ein Kind allerdings ganz im Konkreten: es benennt irgend etwas, das es gerade wahrnimmt. Es kann nicht über etwas sprechen, das nicht da ist. Die ersten Wörter sind Hauptworte: Katze, Ball, Auto. Das Kind verbindet mit dem Wort Katze, daß sie miaut, daß sie gestreichelt werden kann.

Bloom nennt dies substantivische Wörter, sie bezeichnen wahrnehmbare Gegenstände und Ereignisse. Es ist für ein Kind eine eindrucksvolle Erkenntnis, wenn es merkt, daß man auch über etwas, das nicht da ist, sprechen kann. Es beginnt, den Symbolcharakter der Sprache zu begreifen. Wenn es eine Jacke angezogen bekommt, ruft es «aus» oder «Auto». Es stellt eine Verbindung zu etwas her, das noch geschehen soll. Bloom nennt diese Wörter Funktionswörter. Das Kind experimentiert mit Verneinung und Gegenüberstellung. Ein Kind sieht eine brennende Lampe und sagt «Lampe an» (das entspricht der Wirklichkeit), es fügt aber sofort hinzu «Lampe aus» (was nicht der Wirklichkeit entspricht). Vergleichbare Formen sind «Katze weg», «Puppe hin» (Wo ist die Puppe?). Das Kind spricht über Abwesendes. Daß die Wirklichkeit noch eine wichtige Stütze beim Verstehen und Anwenden der Sprache bleibt, wird aus der Tatsache deutlich, daß es ziemlich schwierig ist, Kleinkindern eine Geschichte zu erzählen, ohne ihnen die dazugehörenden Bilder zu zeigen. Im Kindergarten tun sich die Kleinen schwer zu erzählen, was sie am Vortag gemacht haben. Schaerlaekens meint, daß ein Kind die ersten nicht an die Situation gebundenen Sätze mit drei Jahren bilden kann.

Vergleichbar hiermit ist die Angewohnheit, zu sich selbst «Nein, nein!» oder «Pfui, nicht tun!» zu sagen, andererseits das Verbotene aber doch auszuführen. Siehe dazu Kapitel 10.

Ein Kind muß nach Bruner einsehen lernen, daß Wörter im Kopf eines Menschen entstehen, die den Gegenstand oder die Handlung, von denen berichtet wird, nicht beeinflussen. Vygotsky nimmt an, daß das Kind diese zwei Wirklichkeiten erst dann definitiv auseinanderhalten kann, wenn es in der Schule schreiben gelernt hat. Ausgehend von einigen Wörtern im ersten Jahr wächst der Wortschatz des Kindes in rasantem Tempo. Mit zwei Jahren beträgt er etwa 200–300 Wörter, ungefähr 900 mit drei Jahren und mit fünf Jahren ist er auf etwa 2000 angewachsen. In jedem Fall kann ein Kind viele Wörter früher verstehen als selbst gebrauchen. Der passive Wortschatz geht dem aktiven voraus, er ist dessen Vorbedingung: Wörter, die ein Kind nicht erst hörend begriffen hat, kann es selbst nicht sprechend gebrauchen.

Diese Zahlen werden überall angeführt. Man muß allerdings berücksichtigen, daß sie aus einer amerikanischen Untersuchung von Smith aus dem Jahre 1926 stammen. Darüberhinaus gibt es große Unterschiede zwischen verschiedenen Schichten und einzelnen Kindern.

Bellugi gibt zu bedenken, daß man eine Reihe von gebärdenhaften Anweisungen unbemerkt erteilt, wenn man mit einem Kind spricht. Es ist daher nicht sicher auszumachen, ob das Kind die Wörter, die es braucht, alle begreift. Eine Mutter sagt beispielsweise zu ihrem Kind: «Hol mir doch bitte mein Strickzeug; es liegt dort auf dem Stuhl!» Das Kind tut, was sie sagt. Trotzdem kann es sein, daß das Kind nur das Wort «Stuhl» richtig verstanden hat. Die Mutter hat jedoch in Richtung des Stuhles geschaut, vielleicht sogar auf ihn gezeigt.

Die ersten isoliert auftretenden Wörter sind nach Bloom ganz kurze Sätze. Das wichtigste Wort steht für den ganzen Satz: Milch bedeutet

«Ich möchte Milch» oder «Mama trinkt Milch». «Milch?» bedeutet «Ist das Milch?» «Milch!» bedeutet «Oje, die Milch ist umgefallen!» Gerade beim Einwortsatz ist es sehr wichtig, die Intonation zu beachten.

Mit ungefähr anderthalb Jahren treten die Zweiwortsätze auf, Kombinationen von Hauptwörtern und einer anderen Wortart oder Kombination zweier Hauptwörter. Viele Menschen meinen, daß das eigentliche Sprechen erst dann beginne, wenn ein Kind zwei Wörter miteinander verbindet. Daher wird das Erreichen dieses Stadiums der Sprachentwicklung als wichtiger Meilenstein angesehen, auch in wissenschaftlichen Untersuchungen spielt es eine wichtige Rolle. SCHAERLAEKENS gibt als durchschnittliches Lebensalter für das Auftreten von Zweiwortsätzen 18 Monate an. Manche Kinder beginnen schon mit 12 Monaten damit, die langsamsten erst mit 28 Monaten. Bei der Standardisierung des Denver Development Screening Tests lag der Durchschnitt bei der Frage «Kombiniert zwei Wörter» bei 17 Monaten. Das am weitesten entwickelte Kind der langsamsten Gruppe, die 10% umfasste, kombinierte zwei Wörter erst mit 26 Monaten. Oft stellt man fest, daß Mädchen eine schnellere Sprachentwicklung durchlaufen als Jungen. Man weiß noch nicht genau, ob das daran liegt, daß etwas im Gehirn der Mädchen diese besser und schneller sprechen läßt, oder ob es daran liegt, daß Mütter besser und angepaßter mit ihren Töchtern sprechen als mit ihren Söhnen.

Der Denver Development Screening Test wurde im Kapitel 3 behandelt.

SCHAERLAEKENS nennt als die vier hauptsächlich vorkommenden Bedeutungsverbindungen: Dauerhaftigkeit, Zufälligkeit, Hinweisen und wiederholendes Bejahen oder Verneinen. Die Dauerhaftigkeit äußert sich darin, daß ein Kind zwei Dinge als zusammengehörig betrachtet. Meistens geht es dabei um Besitz: «Stuhl Mama, Tasse Oma». Das, was ein Kind zufällig bewegt, drückt es folgendermaßen aus: «Puppe Wasser», wenn die Puppe in das Wasser gefallen ist, «Tine au», wenn es sich gestoßen hat. Bei Hinweisen macht das Kind sich und andere auf einen Gegenstand oder ein Geschehen aufmerksam. «Da Katze», «Da Ente», «da Blume». Die Verneinungs- und Bejahungssätze sehen folgendermaßsen aus: «Ja Brei», wenn es gerne Brei haben möchte, oder «nein Bett», wenn es noch nicht schlafen will. Wiederholungssätzchen beginnen mit «noch» oder «auch»: «Noch erzählen», wenn das Kind noch eine Geschichte hören will. An einem Blumenbeet entlanglaufend wiederholt es: «Noch Blume, noch Blume, noch Blume». Bei Spielzeugtieren sagt es zum Beispiel: «Auch lieb, auch lieb, auch lieb» (wobei es kein Hauptwort verwendet).

Im dritten Lebensjahr werden die Sätze länger. Nach SLOBIN wird das Wort hinzugefügt, das in Gedanken schon dazugehört. Ein Kind ergänzt sich dann oft selbst: «Ißt Kuchen ... Mama ißt Kuchen». BROWN sieht das eher als Kombination von zwei Zweiwortsätzen an, die ein Kind sprechen könnte: «Mama ißt» und «Ißt Kuchen». Beide Sätze lagern sich bei dem gemeinschaftlichen Wort übereinander und es bleiben drei übrig: «Mama ißt Kuchen». Während SINCLAIR sich hauptsächlich mit dem Zusammenhang von Syntax und Denken beschäftigte, legte BRUNER in seiner Theorie das Hauptgewicht auf den Zusammenhang zwischen Semantik und Denken. Beim Vergleich kindlicher Gedankengänge in verschiedenen Sprachkulturen stellte er fest, daß der Wortschatz den Denkprozeß steuert. Wortschatz bedeutet hier nicht Quantität, sondern hierarchisch geordnetes Netzwerk von Wörtern. Der Umfang des Wortschatzes spielt dabei nur eine untergeordnete Rolle. Um ihn als Denkinstrument gebrauchen zu können, ist es vor allem notwendig, Wörter und Begriffe in Klassen zu gruppieren, die miteinander in Zusammenhang stehen, angefangen bei ganz allgemeinen Begriffen bis hin zu ganz speziellen Ausdrücken. Ein Kind, das die Wörter «rot» und «blau» kennt, aber nicht den nächsthöheren Begriff «Farbe», legt bei einem Sortierspiel gleichfarbige Klötze zusammen und begründet: «Das ist blau, das ist rot». Wenn es den Begriff «Farbe» kennt, kann es abstrakter begründen und sagen: «Sie haben alle dieselbe Farbe». Später lernt es, daß Farbe eine Eigenschaft ist wie «Form» und «Größe». Je besser man über allgemeine Begriffe verfügt, desto breiter kann man denken und Zusammenhänge herstellen. Wörter und Begriffe sind in Wortpyramiden zu ordnen, wobei oben die allgemeinen, abstrakten, umfassenden Begriffe stehen. Unten sind die speziellen, konkreten Wörter. Je besser diese Pyramide ausgebildet ist, desto nuancierter kann der Denkprozeß sein.

Viele Leser und Hörer können immer wieder einmal die Erfahrung machen, daß sich hinter einem Wortschwall manchmal nur wenige Ideen und Gedanken verstecken.

Ein Kind, das gerade zu sprechen anfängt, bildet, wie NELSON untersucht hat, das Gegenteil von Pyramiden: es verwendet zum Beispiel das Wort «Katze» für alles, was vier Pfoten und ein weiches Fell hat. Nach Meinung von CLARK beachtet es nur die auffälligste Eigenschaft eines Gegenstandes. Wenn diese sich auch zufällig bei einem anderen Ding findet, überträgt es mit der Eigenschaft auch den Namen. Je mehr es gleichzeitig auf verschiedene Eigenschaften achten kann, desto deutlicher sieht es die Unterschiede. Es setzt dann die Wörter genauer ein. Es kommt auch vor, daß ein Wort zu speziell gebraucht wird. Ein kleines Mädchen wird böse, wenn die Mutter eine andere Puppe als die seinige ebenfalls «Puppe» nennt. In seinen Augen gibt es eben nur eine Puppe.

Generalisation wurde im Kapitel 4 besprochen.

Zwar steht Sprache im Dienste der Kommunikation; kindliche Äußerungen haben aber noch lange einen «egozentrischen» Zug. Das beweisen die Experimente von GLUCKSBERG und KRAUSS. Kinder im Alter von vier und fünf Jahren saßen paarweise nebeneinander, waren allerdings durch einen Wandschirm getrennt. Jeder Partner bekam Bilder vorgelegt, die einfache, abstrakte Figuren darstellten. Eines der Kinder mußte nun ein Bild beschreiben, so daß das andere aufgrund der Beschreibung das gleiche Bild herausfinden konnte. Das erwies sich als unmöglich, weil sie sich zu oft in der Beschreibung dessen verloren, was ihnen beim Anblick des Bildes gerade einfiel: «Eine Pfeife wie die von Papa», «Figürchen wie auf Mamas Bluse». In Anlehnung an BRUNERS Theorie könnte man sagen: Sie verfügten noch über zu wenig allgemeine Begriffe. Hier muß allerdings ergänzt werden, daß HOY dieses Experiment wiederholte, während die Kinder sich ins Gesicht sehen konnten. Die Ergebnisse fielen dabei viel besser aus. Er schloß daraus, daß Kinder sehr egozentrisch reden, wenn sie kein Gegenüber haben, nach dem sie sich richten können.

Es ist nicht leicht, sich in die Lage eines anderen zu versetzen. Darüber mehr in Kapitel 18.

Syntaktische Entwicklung

Der Satz setzt die Wörter in Beziehung zueinander. Die zwei wichtigsten Schlüsse zum Verständnis von Sätzen sind die Folgen der Wörter und ihre Beugung. In den Sätzen «Hans schlägt Peter» und «Peter schlägt

Hans» werden mit denselben Wörtern genau entgegengesetzte Ereignisse beschrieben. In den Sätzen «Ich esse» und «Ich habe gegessen» wird mit einer kleinen Änderung auch die Bedeutung verändert. Wir wollen zuerst jedoch die Reihenfolge besprechen. Sie wird erst bei Zweiwortsätzen augenscheinlich. Nicht alle Forscher sind davon überzeugt, daß man hier schon von Syntax, von Systematik im Satzbau sprechen kann. Ein Ansatz, der davon ausgeht, ist die sogenannte Pivotopen Theorie von Braine. Pivot bedeutet (Tür-)Angel und open kann man am besten mit frei übersetzen. Die Theorie sagt aus, daß ein Kind seinen Wortschatz in eine kleine Anzahl von Angelwörtern einteilt, wie Artikel, Demonstrativ- und Progressivpronomen und Adjektive und in eine große Anzahl selbständiger Wörter (meistens Substantive). Es fängt seinen Satz mit einem Angelwort an und schließt daran ein selbständiges Wort an, je nachdem, was es sagen will.

Schwerpunkt ist nicht dasselbe wie Betonung. Er drückt das aus, was für ein Kind gefühlsmäßig im Vordergrund steht. Die Betonung kann oft auf dem zweiten Wort liegen.

Bloom geht davon aus, daß ein Kind mit dem Wort beginnt, welches die wichtigste Funktion hat und das den Schwerpunkt dessen, was es sagen will, beinhaltet. Sie sieht daher Verbindungen zur Semantik. Bei den Drei- und Mehrwortsätzen spielt nun der Satzbau eine wichtige Rolle. Einiges wurde schon im Zusammenhang mit den Theorien von Piaget und Chomsky erwähnt.

Brown beobachtete, daß Kinder beim Sprechen die Atempausen so zwischen die Elemente eines Satzes legen, daß diese für sich eine grammatische Einheit bilden. Ein Kind sagt zum Beispiel: «Ich möchte ... meinen roten Anorak ... anziehen.» Es sagt nicht «Ich möchte meinen ... roten ... Anorak anziehen.» Die Punkte geben hier die Atempausen an. Dies kann man als intuitives Fühlen des Verhältnisses zwischen den Teilen eines Satzes betrachten. Das Kind spürt, welche Wörter unlösbar miteinander verbunden sind und welche zu einem anderen Satzelement gehören. Die schwierigste syntaktische Form scheint der passive Satz zu sein. Oft wird er erst nach dem siebten Lebensjahr beherrscht. Nach Piaget ist das für Kinder deshalb so schwierig, weil sie die dabei notwendige Umkehrung des Gedankens noch nicht vollziehen können. In dem Satz «Peter schlägt Hans» wird Hans als leidendes Objekt empfunden, als passive Figur. Es erfordert eine größere Distanz zum konkreten Geschehnis, die passive Figur in ein aktives Subjekt zu verwandeln. «Hans wird von Peter geschlagen.» Diese gedankliche Leistung kann ein kleineres Kind noch nicht erbringen.

Siehe hierzu Kapitel 17.

Morphologische Entwicklung

Konjugieren und Deklinieren tritt erst bei Drei- und Mehrwortsätzen auf. Ein Wort ändert seine Form nach dem Verhältnis, in dem es zu den anderen Wörtern eines Satzes steht. Dale meint, daß die Mehrzahl oft die erste neue Form ist, die ein Kind beherrschen lernt. Anfänglich wird die Mehrzahlform meist nach «zwei», «viele» oder «alle» verwendet. Ein Junge von 2¾ Jahren sagt vielleicht «alle viele Schuhe». Nach Schaelaekens sind auch Deminutive (Hauptworte, an die -chen oder -lein angehängt wird) schon früh festzustellen. In ihrer Untersuchung kam sie zu dem Ergebnis, daß der Gebrauch der Deminutive plötzlich auftritt und dann überall ausprobiert wird, als wolle das Kind die neue Entdeckung möglichst oft anwenden. Dabei geht es nicht um gedankenloses Nachplappern dessen, was Erwachsene sagen. Das Kind beschäftigt sich schöpferisch mit der Sprache. Als die dreijährige Hanneke ihre Mutter sagen hörte: «Ich bin ein Mädchen», antwortete sie: «Du ist doch nicht klein, du ist doch eine große Mäd.»

Bei den Tätigkeitswörtern wird offenbar eher die Vergangenheitsform konjugiert als die Form der Zukunft. Wenn die Zukunft gebildet werden soll, geschieht das anfangs eher mit «wollen» als mit «werden».

Dank des Unterschiedes zwischen schwachen und starken Tätigkeitswörtern kann man sehr gut beobachten, wie Kinder die Regeln der Sprache entdecken und anwenden. Nachdem sie zunächst (wahrscheinlich aufgrund von Imitation) richtig konjugiert haben, wenden sie die neuentdeckten Regeln überall an und machen dadurch Fehler: «Ich rufte, ich fallte, ich habe geschlaft, gelauft usw.» Das alles sind Wörter, die das Kind niemals gehört hat, die es aber nach eigener Einsicht in die Sprache bildet. SCHAERLAEKENS führt Beispiele an, daß die falsche Anwendung Doppelfehler herbeiführen kann: «Ich schliefte, er ist gekrocht.»

Im Englischen gibt es eine grammatische Form, an der diese Erscheinung sehr deutlich zu sehen ist. Es handelt sich dabei um die angehängten Fragesätze: «She's here, isn't she?», «John didn't do it, did he?» Diese Wendung findet man im Deutschen nur noch in abgeschwächter Form: «Peter ist sitzen geblieben, nicht wahr?» BELLUGI hält die angehängten Fragesätze für Forscher deshalb so interessant, weil sie in ihrer grammatischen Struktur völlig vom Hauptsatz abhängig sind. Englische Kinder bilden angehängte Fragesätze, die sie niemals gehört haben: «I'm strong, amn't I?»

Angehängte Fragesätze stellen gleichzeitig syntaktische wie morphologische Probleme dar. Wörter müssen die Reihenfolge wechseln: «She is ... wird zu ... is she?» Das Tätigkeitswort muß negativiert beziehungsweise positiviert werden. Eigennamen verändern sich in persönliche Fürwörter: «John» wird «he».

Morphologische Fehlbildungen sind auch bei Steigerungsformen zu beobachten: «Ich bin der gutste.» «Das tut noch viel weher.» Selbsterfundene Konjugationsformen können sich manchmal sehr lange erhalten.

Babysprache

Das führt uns zu dem Thema, das man in vielen einführenden Büchern findet: inwieweit sollen Eltern die Kindersprache übernehmen oder sie korrigieren? Meistens wird in solchen Büchern den Erwachsenen geraten, die «Babysprache» nicht zu verwenden. Fast immer geht man davon aus, dass sie sich negativ auf die Sprachentwicklung auswirke. Allerdings ist bisher nicht bewiesen worden, daß die Verwendung der Babysprache seitens der Eltern die Sprachentwicklung ihres Kindes negativ beeinflußt. Immer mehr Forscher kommen dagegen zu der Einsicht, daß es auch vorteilhaft sein kann, wenn Erwachsene instinktiv ihre Sprache der des Kindes anpassen.

GARNICA untersuchte, inwieweit sich der Sprachgebrauch von Erwachsenen beim Sprechen mit Zweijährigen, Fünfjährigen und Erwachsenen unterscheidet. Es wurde deutlich, daß die durchschnittliche Tonhöhe beim Sprechen mit einem Zweijährigen höher ist als beim Sprechen mit einem Fünfjährigen oder einem Erwachsenen. Sowohl beim Sprechen mit Zweijährigen als auch mit Fünfjährigen sind die Unterschiede in der Satzmelodie größer als beim Sprechen mit Erwachsenen, beim Reden mit den Zweijährigen steigt die Satzmelodie am

Vergleiche hiermit Kapitel 2: Mütter sprechen instinktiv mit ihren Babys in höherer Stimmlage als normalerweise.

Satzende allerdings mehr an, auch wenn es sich um einfache Mitteilungen oder Gebote handelt. Gegenüber Zweijährigen werden die wichtigsten Wörter eines Satzes gedehnt ausgesprochen und stärker betont. Warnungen vor dem Gebrauch der Babysprache richten sich allerdings nicht gegen Tonhöhe und Betonung, sondern gegen Verwendung von Lallworten. SCHAERLAEKENS und BEHEYDT in Löwen haben darüber Untersuchungen angestellt. Sie erforschten, wie Mütter unbewußt ihre Sprechweise veränderten und anpaßten, wenn sie mit ihren Kleinkindern sprachen. In Amsterdam hat die amerikanische Sprachforscherin SNOW eine solche Untersuchung durchgeführt.

Aber auch in anderen Ländern wird die Babysprache untersucht, denn es gibt sie bei allen Völkern. Es erwies sich, daß die Erwachsenen nicht einfach die Sprache des Babys nachahmen und übernehmen, wie Kritiker immer wieder behaupten. Die Mütter scheinen im Gegenteil durch den Gebrauch einer vereinfachten Sprache günstige Entwicklungen in Gang zu bringen. Es sieht so aus, als nähmen sie unbewußt Rücksicht auf die Mühe, die die Kleinen mit dem Begreifen der Sätze haben. So wird in der Babysprache die Verneinung oder das Verbot vorgezogen und stark betont: «*Nicht* in den Mund.» Das soll einerseits der Verneinung mehr Nachdruck verleihen, sich andererseits aber auch anlehnen an die Art und Weise, wie die Kinder selbst ihre verneinten Sätze bilden.

In der Babysprache werden außerdem die persönlichen Fürwörter «ich» und «du» oft durch Eigennamen ersetzt. Das geschieht auch bei den besitzanzeigenden Fürwörtern. Eltern sagen eher: «Das sind die Händchen von Hanna» als «Das sind deine Händchen». Auffällig ist auch die große Zahl der Wiederholungen von Sätzen und Satzteilen. Eine weitere Vereinfachung stellt der Gebrauch des Infinitivs in Verbindung mit «tut» dar: «Petra tut sich abtrocknen» statt «Petra trocknet sich ab».

Um anzudeuten, daß der Gebrauch der Babysprache etwas ganz natürliches ist, weist SCHAERLAEKENS auf Folgendes hin: Das Phänomen Babysprache kommt in allen Sprachen vor es gibt dabei deutliche kulturelle Unterschiede in bestimmten Kulturen wird die Babysprache nur gegenüber Einjährigen gebraucht, in anderen Kulturen wird sie bis zum sechsten, in manchen sogar bis zum zehnten Lebensjahr beibehalten. Innerhalb einer Kultur können soziale Klassen sich in dem Maße unterscheiden, in dem sie die Babysprache zulassen. Auch in intellektuellen Familien ist sie nicht ganz zu unterdrücken. Kinder gebrauchen ab dem dritten oder vierten Lebensjahr selbst spontan die Babysprache, wenn sie mit Babys sprechen. Einige Eigenarten der Babysprache werden auch gegenüber Haustieren gebraucht, ebenso haben sie Eingang in die Sprache der Verliebten gefunden.

Dieses zeigt uns den emotionalen und affektiven Ton, in dem ein Gespräch in der Babysprache geführt wird. Wer den Gesprächspartner liebhat, wird von selbst dazu neigen, sie etwas mehr zu verwenden. Dabei fällt der bisher noch nicht erwähnte Gebrauch der *Verkleinerungsform* auf. VERHOEVEN schreibt darüber in einem Buch über die Sprachentwicklung seiner Tochter: «Unwillkürlich gebrauchen wir ihr gegenüber ziemlich häufig Verkleinerungsformen. ... Wir tun das, glaube ich, aus uns selbst heraus, um ihr die Welt anzupassen und für sie handlicher zu machen. Sie greift das begierig auf und sagt nun auch ‹Milchlein› und ‹Fleischchen›.»

Der Erwachsene verfügt also über einen Mechanismus, um seine Erwachsenensprache so zu vereinfachen und zu verkindlichen, daß das Kind ihn verstehen kann. Er bringt dabei die gefühlsmäßige Ebene ein, die dafür sorgt, daß das Kind ihn auch verstehen will.

Bettmonologe

Zum Schluß soll noch eine Erscheinung angesprochen werden, der SCHAERLAEKENS in Anlehnung an JACOBSON große Bedeutung beimißt: Es handelt sich dabei um das Sprechen eines Kindes, wenn es im Bett liegt. JACOBSON nannte das «bedtime monologue». Wenn es im Bett liegt und allein gelassen ist, übt ein Kind alles, was zu seinem sprachlichen Repertoire gehört. Laute, Bedeutungen, Satzbau und Konjugation, alles wird geübt. Dabei wiederholt ein Kind nicht nur, sondern probiert immer wieder allerlei neue Kombinationen aus. Einen besseren Beweis – so folgert SCHAERLAEKENS –, daß ein Kind die Sprache nicht einfach übernimmt, sondern sich aneignen muß, gibt es nicht. FLAVELL hat für seine Untersuchung Bettmonologe älterer Kinder verwendet. Er betont, daß ein Kind in dieser Situation völlig entspannt und ganz auf sich selbst gerichtet ist. Im Bett dient das Sprechen nicht der Kommunikation mit anderen. Es ist private speech, worin es seiner Kreativität vollen Lauf lassen kann. Endlose Wiederholungen mit kleinen Nuancierungen sind die Folge. SCHAERLAEKENS führt ausführliche Beispiele an: «Schiffchen fahren über das Meer, Schiffchen gefahren, Schiffchen gefahrt über das Meer, fährst du mit, fährst du mit, fährst du mit, hallo, Schiffchen fahren über das Meer, Gerrit fährst du mit, ja sagt Gerrit, steig nur ins Boot, fort Boot, fahren über das Meer, weit übers Meer, die Schiffchen fahren weit übers Meer, die Entchen fahren weit übers Meer, fahren du mit.»

Das Tonbandgerät ist dabei unerläßlich. Es eignet sich vorzüglich, mit Hilfe der Eltern Untersuchungen durchzuführen.

Dieselbe Art und Weise, sich schöpferisch mit der Sprache auseinanderzusetzen, ist bei älteren Kindern in ihren Sprachspielen festzustellen. Es macht ihnen Spaß, sich merkwürdige Wörter auszudenken, verrückte Reimworte und Unsinnliedchen zu finden. Auch sie stehen nicht direkt im Dienste der Kommunikation, da sie meist bedeutungslos sind. Weil aber die Freunde die Wörter kennen, bringen sie dann doch Kommunikation zustande, und sei es nur im Lachen über den Witz.

Dieses Kapitel soll mit dem Ausspruch des vierjährigen Gerrit abgeschlossen werden, einer Äußerung, die besser als jede theoretische Betrachtung das Wesen der Sprache ausdrückt. Als seine kleine Schwester die ersten, unbeholfenen Lallworte äußert, sagt Gerrit: «Sie ist schon ein richtiger Mensch, nicht wahr? Genau wie ein Gerrit. Aber noch kein echter Gerrit, denn sie sagt Tata und will Ball sagen.» Etwas später, als die Mutter das Schwesterchen scherzenderweise fragt, was es trinken will, meint er: «Es wäre besser, wenn sie sprechen könnte. Dann müßtest du nicht mehr nachdenken, dann kann sie sagen, was sie will, nicht wahr?»

17. Kapitel
Die Entwicklung des Denkens

Der Mensch ist mit Vernunft ausgestattet. Das bedeutet, daß er über eine ganz bestimmte Art und Weise verfügt, sich mit der Wirklichkeit zu beschäftigen. Er kann das auch in Gedanken tun. Genau wie die Tiere hat er mittels Wahrnehmungen und Handlungen Kontakt mit der Umwelt. Im Laufe seiner Stammesgeschichte ist eine besondere Möglichkeit dazugekommen. Er kann sich gedanklich mit etwas auseinandersetzen. Er kann das, ohne etwas zu berühren oder es praktisch auszuprobieren, ja selbst ohne die anschauliche Gegenwart eines Gegenstandes. Dadurch ist die Anzahl der Themen, mit denen er sich beschäftigen kann, unbegrenzt. Er braucht dazu lediglich Bilder und/oder Worte. Die Worte vertreten in seinem Geist symbolisch die Wirklichkeit mit all ihren tausendfachen Abwandlungen. Neben Worten und Bildern muß er aber auch über Begriffe und Regeln verfügen. Das sind die Spiegelungen des Zusammenhanges zwischen einzelnen Elementen der Wirklichkeit in seinem Geist. In Gedanken beschäftigt man sich nämlich niemals isoliert mit einem Element der Wirklichkeit. Man erlebt sie immer im Verhältnis zueinander. Bilder, Worte und Begriffe stellen das Wissen des Menschen von der Wirklichkeit dar. Zum Teil ist diese Kenntnis durch konkrete Erfahrungen entstanden. Diese haben in der Form von Bildern, Worten und Ideen Spuren im Gehirn zurückgelassen. Um sich mit der Wirklichkeit zu beschäftigen, ist es nicht notwendig, diese konkreten Erfahrungen erneut zu machen. Man kann sie gedanklich wiederholen. Ein Teil der Kenntnisse, über die ein Mensch verfügt, ist in Gedanken gewonnen, ohne dass die konkrete Wirklichkeit gegenwärtig war. Mit Vernunft begabt sein bedeutet auch, daß man Schlüsse darüber ziehen kann, wie etwas in der Wirklichkeit aussieht oder wie sich etwas in der Wirklichkeit abspielt, indem man das, was man schon darüber weiß, neu kombiniert und gruppiert. Das Gewinnen von Einsicht aufgrund gedanklicher Auseinandersetzung mit Gedächtnisinhalten wird als die höchste Form des Lernens angesehen. Es handelt sich dabei um das problemlösende Lernen, das denkende Lernen. Denkend werden neue Gedächtnisinhalte geformt. «Auf diese Weise», sagt CARROLL, «kann er etwas erklären, das geschehen ist (also nicht mehr konkret vorliegt), und vorhersagen, was noch geschehen wird (also noch nicht konkret da ist)».

Das entspricht einer der Bedeutungen des Sprichwortes «Gedanken sind frei». Außer der Tatsache, daß sie für andere unsichtbar sind, ist man darüber hinaus in Gedanken nicht an die Grenzen der Wirklichkeit gebunden. Denken und Phantasieren berühren sich hier.

In diesem Zusammenhang siehe im Kapitel 4 die Ausführungen über die Gestaltpsychologie von KÖHLER!

Dies ist nach den neuesten neurologischen Erkenntnissen eine allzu einfache Vorstellung. Nicht jede Erfahrung hinterläßt einen Eindruck im Gehirn. Auf jeden Fall kann man aber sagen, daß das Gehirn die Möglichkeit hat, Erfahrungen zu verarbeiten (Lernen), zu speichern (Gedächtnis) und wieder in das Bewußtsein zurückzuholen (Erinnerung).

Vergleiche damit die Auffassung FREUDS, *daß das Bewußtsein eine Störung des Gleichgewichtes in der Kette von Bedürfnissen und Befriedigungen ist, wie im Kapitel 6 dargestellt wurde.*

Die Gedanken eines Menschen ruhen niemals, solange er wach ist. Ein großer Teil davon besteht aus nicht zielgerichteten Gedanken, die sich assoziativ aneinanderreihen. Es sind Gedankenfetzen. Diese werden aber immer von zielgerichtetem Denken unterbrochen, bei dem man seine «Gedanken zusammenhalten muß», wie das im Volksmund heißt. Es geschieht immer etwas, das er nicht sofort begreift. Nach PIAGET ist dann das kognitive Gleichgewicht zwischen ihm und der Wirklichkeit für einen Augenblick gestört. Er muß nachdenken. Auf diese Weise wird das Gleichgewicht des Denkens wiederhergestellt. PIAGET nennt das «Adaptation». Solange keine Adaption besteht, denkt der Mensch weiter: er kombiniert und gruppiert Gedächtnisinhalte in Worten, Bildern und Ideen. Manchmal hat er dabei keinen Erfolg. In den meisten Fällen jedoch kann er die Dinge, die im Laufe eines Tages geschehen, sehr schnell einordnen, in einem blitzschnellen Denkprozeß dem hinzufügen, was er schon weiß. Das läuft oft so schnell ab, daß man selbst nicht merkt, daß man gedacht hat. Man kann auch nicht immer sagen, wie man zu der Lösung gekommen ist. Das, was den Lösungsprozeß in Gang setzt, kann sich auf verschiedene Weise einstellen: man kann etwas wahrnehmen, man kann etwas gesagt bekommen, es kann einem einfach in den Sinn kommen.

Ein Mensch schöpft aus seinem Erinnerungsvermögen und gebraucht seinen Verstand. Bilder, Worte und Ideen verschieben und gruppieren sich blitzschnell in seinem Kopf, so daß er es kaum merkt. Es dauert aber doch lang genug, daß er hinterher sagen kann: «Ich mußte kurz nachdenken.» Das geschieht bei jedem wirklichen Problem. Manchmal bleibt es beim Denkprozeß als solchem. Manchmal löst der Denkprozeß Handlungen aus.

Feste Reihenfolge von Denkstrategien nach PIAGET

Wer diese summarische Beschreibung des Menschen als denkendes Wesen liest, merkt sofort, daß ein Kind einen sehr langen Weg hat, bis es sich ebenfalls in dieser Weise gedanklich mit der Wirklichkeit beschäftigen kann. Wie gelangt es zu einem Gedächtnis, zu inneren Bildern von Zusammenhängen der Wirklichkeit? Wie lernt es, diese Gedanken zu gebrauchen?

JAMES und THORNDIKE geben die behavioristische Erklärung, daß das Kind viele Erfahrungen sammelt und passiv aufnimmt, was es an Eigenschaften der Menschen und Dinge und an Geschehnissen wahrnimmt. Auf diese Weise bekommt es reichhaltige Kenntnisse durch Erfahrungen, auf die es beim Denken zurückgreifen kann. Es sucht den jeweils passendsten Erfahrungswert in seinem Gedächtnis. Denken bedeutet in dieser Theorie also, «die genaueste Erinnerung zu finden».

PIAGET untersuchte zuerst die Entwicklung des kindlichen Denkens. Er war davon überzeugt, daß Kinder ihre Erfahrungen nicht passiv aufnehmen, sondern zugleich aktiv in Denkschemata verarbeiten. Diese stellen mehr dar als eine Sammlung voneinander losgelöster Erfahrungen. Ein Denkschema ist eine Art zu denken, eine Denkstrategie mit typischen Kennzeichen. Diese Denkart verändert sich entsprechend dem Entwicklungsstand des Kindes. Die Reihenfolge der Denkstrategien, die ein Kind in seiner Entwicklung durchläuft, ist, wie PIAGET meint, festgelegt. Jedes Denkschema oder Denkmodell hat seine eigene Logik. Ein Kind begegnet der Wirklichkeit mit dem Denkmodell seines augenblicklichen Entwicklungsstandes. Es sieht die Merkmale und Zusammenhänge nicht, wie sie sind, sondern wie sie in sein Denkschema passen. Diese Art des Denkens bestimmt ein Kind auch immer in seinem Umgang mit der Wirklichkeit. Ein Kind sieht nach PIAGET die Wirklichkeit so, wie es seine interne kognitive Struktur dazu befähigt, und es handelt dementsprechend. Immer stimmt es die Wirklichkeit und sein Denkmodell aufeinander ab. Man nennt das Adaptation, das heißt Wechsel der beiden Prozesse *Assimilation* und *Akkommodation*. Assimilation bedeutet Angleichung der Wirklichkeit an die augenblickliche kognitive Struktur. Irgendwann aber muß diese Struktur verän-

Modern gesagt: er bringt sie auf eine Wellenlänge.

dert werden, weil das Kind einen Reifungsprozeß durchlaufen hat und merkt, daß die Wirklichkeit nicht in die alte Struktur paßt. Das Resultat davon ist die Akkommodation. Auf diese Weise kommt ein Kind zu immer besser ausgebildeten Denkstrukturen. Man könnte meinen, bei einem Kind finde Assimilation viel öfter statt als Akkommodation, aber das stimmt nicht. PIAGET beschreibt in seiner Theorie Akkommodation als Einpassen des Denkschemas als solchem. Sie kann definiert werden als «sich mit seinem Denkschema auf die Wirklichkeit einstellen».

Kritik an PIAGET

Jacqueline, eine von PIAGETS zwei Töchtern, kommt im Alter von gut 1¾ Jahren mit einem Grashalm in jeder Hand an die Tür. Mit vollen Händen kann sie die Klinke nicht hinunterdrücken. Sie legt einen Grashalm auf den Boden. Einen Monat vorher hätte Jacqueline ihr Vorhaben, die Tür zu öffnen, einfach aufgegeben.

Das Denkproblem von Jacqueline erfordert, daß man erst etwas Bestimmtes tun muß, um etwas machen zu können. Es ist im Prinzip dasselbe, ob man erst die Hand frei machen muß, um eine Tür öffnen zu können, ob ein größeres Kind lernen muß, daß es erst die Knöpfe lösen muß, bevor es die Jacke ausziehen kann, oder ob man als Erwachsener erst wissen muß, wieviel Benzin sich bei der Abfahrt mit dem Auto im Tank befand, um ausrechnen zu können, wieviel man verfahren hat.

In Kapitel 16 wird erwähnt, daß SINCLAIR Sprache als Ergebnis des Denkens betrachtet.

Manche Psychologen denken darüber anders als PIAGET. Er war aber der erste, der auf diesem Gebiet eine umfassende Theorie entwarf, und so entwickelten sie die ihrigen meist auf ihn bezogen. Da seine Theorie unbefriedigend war, suchte man nach anderen Erklärungen und bezog sich auf ihn. «Im Gegensatz zu PIAGET ...» ist deshalb eine häufig vorkommende Formulierung.

Worin besteht nun die Kritik an PIAGET? Zuerst fällt auf, daß bei PIAGET der kindliche Prozeß der Wissensaneignung und die Art, in der diese Kenntnisse schrittweise verwertet werden, eigentlich zusammenfallen: Ein Kind sieht (und lernt also) nur das, was in sein Denkschema paßt, und handelt entsprechend. Das bedeutet, daß ihm zahllose Dinge entgehen.

BRUNER hält dem aufgrund seiner Untersuchungen entgegen, daß man einem Kind in jedem Alter dann alles einigermaßen begreifbar und zugänglich machen kann, wenn man die Problemstellung und die Erklärung seinem Verstandesniveau anpaßt. Hierzu paßt das Bild von der spiralförmigen Entwicklung: Jedes Denkproblem ist für Kinder in jedem Alter vorhanden, beim Älterwerden wird nur die Form komplexer. Vielleicht ist dies eine übertriebene Vorstellung, aber der Kerngedanke ist klar: Die kindliche Art zu denken bestimmt in einer bestimmten Phase nicht automatisch, wie bei PIAGET, welche Kenntnisse erworben werden können. Damit hängt der zweite Punkt von BRUNERS Kritik zusammen: PIAGET vernachlässige die Rolle der Sprache. Sobald ein Kind sprechen kann, kann man ihm das feine Netzwerk der Wortbedeutungen näherbringen. In diesem Netzwerk stecken die hierarchischen Zusammenhänge von Wörtern und Begriffen. Weil diese Zusammenhänge die wirklichen Zusammenhänge widerspiegeln, kann man Kindern durch Erklärungen mit Wörtern neue Denkschemata vermitteln. Einer ähnlichen Auffassung begegnet man in der sowjetischen Psychologie, zum Beispiel bei LURIA: Denken vollzieht sich in Sprache. Je klarer die Sprache ist, die einem Kind zur Verfügung steht, desto klarer ist sein Denken. Bei PIAGET lautet die Reihenfolge: Denken führt zur Sprache. BRUNER und LURIA fügen dem die Umkehrung hinzu: Neue Sprache kann ihrerseits zu neuem Denken führen.

Ein dritter Punkt der Kritik an PIAGET bezieht sich darauf, daß er der Umwelt einen so geringen Einfluß beimißt. Ihm zufolge macht das kindliche Denken eine gesetzmäßige Entwicklung durch. Die Umwelt liefert das Material, mit dessen Hilfe die Entwicklung stattfinden kann.

PIAGET glaubt also nicht an reine Reifung, unabhängig von dem, was die Umwelt bietet. Die Umwelt ist zwar notwendig, aber reifende Denkprozesse bestimmen selbst, was aus ihr gebraucht wird. Die Umwelt kann ein Kind nicht von sich aus auf andere Gedanken bringen, die sein momentan vorherrschendes Denkmodell nicht zuläßt.

Der MONTESSORI-Unterricht lehnt sich in dieser Beziehung an PIAGET an.

Dieser Theorie widersprach u.a. der Sowjetrusse WYGOTSKI. Natürlich ist gerade das sowjetische Denken darauf bedacht, nicht von einer derart vorgegebenen Entwicklung auszugehen man sucht vielmehr nach Möglichkeiten, diese Entwicklung zu verbessern. In WYGOTSKIS Theorie kommt dies besonders in seiner Idee der «Stufe der nächsten Entwicklung» zum Ausdruck. Für die geistige Entwicklung eines Kindes ist nicht das Denkniveau, das es erreicht hat, entscheidend, sondern die nächste Stufe. Ein Kind kann das erreichte Niveau mit Hilfe eines Erwachsenen überschreiten und so die «Stufe der nächsten Entwicklung» erreichen. «Was ein Kind heute mit Hilfe eines Erwachsenen kann, wird es morgen selbständig können.» Und bei dieser Hilfe der Erwachsenen ist die Sprache natürlich ein unentbehrliches Instrument.

Im Marxismus steht die materielle Entwicklung an erster Stelle und ist zugleich Voraussetzung für das geistige Leben.

Die Erwachsenen spielen laut PIAGET bei der geistigen Entwicklung eines Kindes kaum eine Rolle. Diese Vernachlässigung des Zwischenmenschlichen ist als vierter Kritikpunkt zu nennen. Man findet dies auch in seiner Annahme wieder, es bestände kein Unterschied der Art, in der ein Kind Kenntnisse über Menschen und über Dinge erwirbt. Kinder begegnen laut PIAGET psychischen und physischen Erscheinungen auf dieselbe Art und Weise. Besonders mit dem Aufkommen des interaktionellen Denkens hat man sich die Frage gestellt, ob Menschen nicht von Anfang an eine andere Bedeutung als Dinge haben und ob beim Erwerben und Verarbeiten von sozialen Kenntnissen keine besonderen Kenntnisse mitspielen. Vor allem der frühere PIAGET-Schüler FLAVELL hat sich mit dieser Frage auseinandergesetzt. Er sagt zum einen, daß zwar «derselbe Kopf, der über die soziale Welt nachdenkt, auch über die nicht-soziale Welt nachdenkt, und es also überraschend wäre, wenn keine der Entwicklungscharakteristika des Denkens über die nicht-soziale Welt im sozialen Denken wiederzufinden wären». Zum anderen «sind für die meisten Menschen andere Menschen und ihr Tun die interessantesten Objekte, die das tägliche Leben dem Denken bietet, und deswegen wird ihre umfassendste und reichste Kenntnis auch das soziale Wissen sein».

Dieser Erscheinung begegneten wir schon in Kapitel 5: Das Kind sucht erst nach der Mutter, wenn sich die «Erhaltung des Objekts» entwickelt hat.

Man denke auch an das große Interesse, auf das die Schilderung menschlicher Schicksale in den Medien stösst.

PIAGETS geringe Aufmerksamkeit für den Einfluß anderer Menschen auf die Denkentwicklung von Kindern hat auch Folgen für seine Auffassung von Motivation: Warum will ein Kind denken? PIAGET sieht das Denken aus rein intrinsischer Motivation entstehen, ohne daß Ermunterungen und Belohnungen von außen wirklich nötig wären. Die eigene Neugierde des Kindes und die Veranlagung zum denkenden Umgang mit der Umwelt reicht aus.

Die intrinsische Motivation wird in Kapitel 4 erörtert.

Dies ist ein verlockender Gedanke, aber in der Praxis scheint es doch, daß viele Kinder mit auf ihr Denken abgestimmter Hilfe, Ermunterung und Belohnung viel weiter als ohne diese soziale Unterstützung kommen. RIKSEN-WALRAVEN hat in einer sorgfältig durchgeführten Untersuchung feststellen können, daß schon bei Babys die Art, in der eine Mutter reagiert, dafür entscheidend ist, wieviel sie beim Spielen lernen. Sie lernen am meisten, wenn sie das Gefühl bekommen, daß sie selbst das Spiel bestimmen.

Wir werden nun ein paar Aspekte aus der geistigen Entwicklung herausgreifen. Dabei kommen neben anderen Auffassungen öfter Aspekte der Theorie von PIAGET zur Sprache. Zuerst soll erörtert werden, worüber wohl alle einer Meinung sind: Denken beginnt mit Handeln. Ein Neugeborenes hat noch nichts, worüber es nachdenken kann, keine inneren Bilder der Wirklichkeit. Diese muß es erst durch Erfahrung mit der Wirklichkeit über Wahrnehmen und Tun bekommen.

Die ersten beiden Jahre aus der Sicht PIAGETs

Diese erste Phase wird von PIAGET die sensomotorische Phase genannt. In diesem Alter spricht ein Kind noch nicht. Das ist für die Theorie PIAGETS nicht von Bedeutung, aber zum Beispiel für die Theorie von BRUNER.

Ein Neugeborenes zeigt nur Reflexverhalten. Nun beginnt aber sofort der Prozeß der Reifung in dem Sinne, daß die Reflexe immer selektiver auf besondere Kennzeichen der Umgebung reagieren, die das Kind wahrnimmt. Wahrnehmung und Motorik begegnen einander und halten sich dann in Gang, was PIAGET als Zirkulärreaktion bezeichnet hat: ein Kind sieht etwas, reagiert reflexartig, sieht den Effekt, wiederholt die Handlung, beobachtet wieder den Effekt und so weiter. So entsteht ein rhythmischer Zyklus von Handeln und Wahrnehmen. Dieser hinterläßt gekoppelte Spuren im Gehirn: Das Kind verfügt über sein erstes Denkmuster, mit dem es der Welt entgegentritt. PIAGET nennt sie «Schèmes». PARMENTIER übersetzt dies in Anlehnung an CASE mit «Blaupause». Die Blaupause ist ein wortloses Wissen dessen, was man mit etwas machen kann. Es ist eine tätig gewonnene Erfahrung, die später als Handlungsvorstellung *interiorisiert* werden kann. Es entsteht ein Plan für «Greifen, was greifbar ist», und für «Lutschen, was gut schmeckt»; aber selbstverständlich ohne Worte. Das Objekt, dem die Handlungen gelten, steht an zweiter Stelle. Die *eigene Handlung* steht für das Kind im Zentrum. Durch dieses Handeln reift mit der Zeit die Koordination eigener Bewegungen und Wahrnehmungen heran. Das Verhalten verliert das Zufällige, es wird gesteuert und zielgerichtet. Und von alledem entstehen Blaupausen, innere Pläne dessen, was man mit etwas machen kann.

Zwischen dem achten und dem zwölften Monat ist eine Zunahme der Kombinationen verschiedener Schemata zu beobachten, die erste wirkliche Denkarbeit. PIAGET beschreibt dies am Beispiel seines Sohnes Laurent: er schob die Hand seines Vaters weg, um ein Döschen zu ergreifen. Das bedeutet, daß in seinem Denkmuster ein wortloses Wissen von Raum und Zeit herangereift ist. Die Hand befindet sich vor dem Döschen; um es ergreifen zu können, muß er sie erst wegschieben. So wird ein Kind dem, was es sieht, seine Schemata anpassen. Es wird sie verfeinern *(Differenzierung)*, weil es beispielsweise merkt, daß es nicht an allem, was so aussieht, als ob man daran lutschen könne, lutschen kann. Es wird sein Verhalten auch abwandeln. Wenn ein 12 Monate alter Junge sein Händchen unter einen laufenden Wasserhahn hält, sieht er das Wasser zur Seite spritzen. Er nimmt seine Hand weg, wiederholt es ein paarmal und verändert den Abstand seines Händchens zum Was-

Dies ist das früheste der Schemata, das später auch bei Jacqueline zu erkennen war.

serhahn, was stets einen anderen Effekt ergibt und andere Schemata in seinem Kopf hervorruft.

Dabei stehen zwei Dinge im Vordergrund: Dieses Abwandeln der Schemata geschieht nur, weil das Kind dafür reif ist, nicht weil die Umwelt diese Entdeckungen stimuliert. Das innere Bild des Gegenstandes, der in die Handlung einbezogen ist – in diesem Falle der Wasserhahn – ist stets noch in das geistige Schema von Verhalten und Tun eingebettet. Die Dinge existieren im Geiste des Kindes erst in Verbindung mit seinem Wahrnehmen und Handeln.

Die inneren Bilder von Menschen und Dingen lösen sich erst nach dem ersten Lebensjahr von den Handlungen. Dies ist daran zu erkennen, daß ein Kind dann etwas oder jemanden sucht. Offenbar gibt es in seinem Kopf nun ein individuelles Bild. Dagegen verhält es sich mit acht Monaten sonderbar passiv, wenn es etwas in seiner Hand hält, so als ob ein Tuch über Hand und Gegenstand gelegt wäre. Berührung allein reicht für das Schema «auf Suche gehen nach etwas, was man nur fühlt», nicht aus. FLAVELL gibt Beispiele dafür, wie sich die Fähigkeit des Suchens in Phasen entwickelt. Anfangs kann ein Kind den Gegenstand nur zurückfinden, wenn es das Verstecken gesehen hat. Liegt er dort nicht mehr, weil der Erwachsene ihn heimlich weggeholt hat, dann sucht es nicht weiter. Liegt dort etwas anderes, dann wird das Kind vielleicht ein wenig Verwunderung zeigen, aber dann damit spielen. Das innere Bild des ursprünglichen Gegenstandes ist offensichtlich noch nicht stark genug, um der neuen Versuchung zu widerstehen und zum Weitersuchen anzuspornen.

Begriffsbildung im Sinne von inneren Bildern von etwas oder jemand ist nach PIAGET das Lösen der Objekte von den Handlungen, die das erlebende Ich mit ihnen ausführte. Die Objekte können nun Namen bekommen. Das Kind spricht seine ersten Worte.

Leere Sprache, ein Begriff von BLADERGROEN, also Wörter, die für Erscheinungen stehen, die das Kind nicht aus konkreter Erfahrung kennt, existieren für BRUNER nicht, zwar gibt es solche Wörter, das Kind gibt ihnen aber seinen eigenen Inhalt.

Die ersten beiden Jahre aus der Sicht anderer Forscher

Was ist dem aus der Sicht anderer Forscher hinzuzufügen? Auch BRUNER meint, daß die ersten inneren Bilder durch Handlungen entstehen. Er unterscheidet folgende Phasen: das reine Denken in Handlungen, die *enaktive Phase* der ersten anderthalb Jahre. Dann tritt das Denken in Bildern hinzu, die *ikonische Phase*, in der Menschen und Dinge von den Handlungen losgelöst betrachtet werden. Mit zwei Jahren beginnt die *symbolische Phase*, das Denken in Worten. Alle drei Denkweisen bleiben weiter bestehen, aber die symbolische Phase überwiegt. Im Unterschied zu PIAGET können laut BRUNER neue Erkenntnisse nach der enaktiven Phase auch ohne interiorisierende Handlungen entstehen, zum Beispiel nur durch Worte. Bei PIAGET spielt sich Denken letztlich immer parallel zu nach innen gerichteten Handlungen ab.

Ein weiterer Unterschied besteht darin, daß ein Baby laut BRUNER nur zu neuen Erfahrungen kommt und somit neue Dinge lernt, wenn es sich in einer liebevollen Umgebung geborgen fühlt. Dies finden wir auch bei LANGEVELD: nur ein Kind, das sich geborgen fühlt, traut sich, die Welt zu erkunden. Nun würde PIAGET darauf vielleicht antworten, das Kind erkunde die Welt nicht so sehr, die Reifung sei entscheidend und ein Minimum an Erfahrung reiche aus. Aber niemand, der für die

Vergleiche hierzu die Aussagen über die Arbeit von SKEELS in Kapitel 4.

Unterschiede in der kognitiven Entwicklung zwischen Kindern aus lieblosen oder liebevollen Milieus Augen hat, wird hier mit ihm einer Meinung sein können. Auch FLAVELL hält menschliche Wesen für soziale Wesen, deren geistige Entwicklung soziale Bindungen voraussetzt.

Ein Kleinkind spricht kaum. Aber sollten nicht doch diese wenigen Worte Denkhandlungen möglich machen, die ansonsten außerhalb des kindlichen Bereiches gelegen hätten? Nehmen wir einmal die Denkhandlung (das Schema) «was gleicht wem?», die ohne Worte nicht ausgeführt werden kann. VAN GEERT führt ein eindrucksvolles Beispiel anhand seines 22 Monate alten Sohnes an: Ein flaches, vierkantiges Holzstück mit einer Einkerbung auf einer Seite wurde von ihm «Kaninchen» genannt. Wenn der Junge das Wort nicht gekannt hätte, hätte er den Vergleich nicht anstellen können. Viel interessanter und wichtiger ist aber, daß ihm wahrscheinlich ohne das Wort die Übereinstimmung entgangen wäre! Man kann die Benennung «Kaninchen» natürlich als Übergeneralisierung und somit als Fehler betrachten. Man kann sie aber auch als Zeichen für die Beweglichkeit des Geistes auffassen. Ein anderer zweieinhalbjähriger Junge bekam ein Phantasiespieltier und nannte es sogleich «Hasenhündchen». Durch dieses Wort wurde vielfältige Kommunikation über das Tierchen möglich, die gewiß das Denken und Entdecken um das Hasenhündchen vergrößerte, wie zum Beispiel die Frage: was ist an ihm hasenhaft und was hündisch?

VAN GEERT beschreibt, wie sein Sohn mit dem Älterwerden immer vorsichtiger wird und immer detailliertere Zeichnungen haben will, bevor er sagt, was sie darstellen.

Nehmen in diesem frühen Stadium der geistigen Entwicklung tatsächlich Menschen und leblose Gegenstände im kindlichen Denken denselben Rang ein? In diesem Zusammenhang muß sicher erwähnt werden, daß Menschen weniger berechenbar sind als Dinge. Mit Dingen kann ein Baby im Rhythmus der zirkulären Wiederholung umgehen; denn eine bestimmte Wiederholung führt zu einem bestimmten Effekt. Aber bei Menschen gelingt das nicht. Menschen haben ihr eigenes Leben mit eigenen Stimmungen und reagieren wechselhaft. Dies hat wahrscheinlich auch KALVERBOER im Auge, wenn er aufgrund seiner Untersuchungen sagt, daß Kinder mit einem instabilen Rhythmus bei ihren Müttern auch wenig stabile Reaktionen hervorrufen. Aus diesem Grunde laufen sie Gefahr, mangelhafte soziale Kenntnisse aufzubauen. PAPOUŠEK kommt zu ähnlichen Schlüssen. Die Art der menschlichen Umwelt erleichtert oder erschwert das Erlernen der Fähigkeit, über die Umwelt nachzudenken, was laut PIAGET eigentlich nicht möglich ist.

Temperamentsunterschiede zwischen Kindern kommen in Kapitel 6 zur Sprache.

Andererseits scheint es glücklicherweise so zu sein, daß ein Kind gerade gegenüber seiner Mutter in der Lage ist, durch alle Wandlungen hindurch das Konstante festzuhalten. Die Mutter kann ihre Kleider, ihre Frisur, ihr Make-up endlos oft wechseln, ohne daß ihr Kleinkind beim Erkennen auch nur einen Augenblick zögert. Bei Gegenständen reichen kleine Gestaltänderungen aus, um ein Baby wie auf etwas völlig Neues reagieren zu lassen. Man kann ja doch kaum behaupten, daß ein Baby für jede Erscheinungsform seiner Mutter ein anderes Schema aufbauen würde.

Ein besonderes Problem stellen körperlich behinderte Kinder dar. Wir können hier dieses Thema nur kurz anschneiden. Ist ihre geistige Entwickung gefährdet, weil ihnen die Basis der motorischen Erfahrung fehlt, die die Hälfte der sensomotorischen Entwicklung ausmacht? Gelangen sie nicht zu inneren Bildern, die das Denken ermöglichen? In diesem Zusammenhang ist vielleicht die Untersuchung von KEARSLY interessant, der der Ansicht ist, daß sie diese Phase vielleicht auf eine andere Weise durchleben und/oder ihren Rückstand aufholen können, wenn sie einmal über die Sprache als Denkinstrument verfügen. KEARSLY beobachtete körperlich behinderte Kinder im Alter von drei Monaten bis drei Jahren. Er ließ sie einer Art Puppentheater zuschauen, während sie auf dem Schoß ihrer Eltern saßen. Der Ablauf wurde durch Wiederholung bestimmter Vorgänge vorhersehbar gemacht und änderte sich dann plötzlich. Solche Episoden wechselten einander ab. Mit Hilfe von EKG und Beobachtungen des Gesichtsausdrucks stellte KEARSLY fest, daß in den «Denkmomenten», in denen laut PIAGET das kognitive Gleichgewicht gestört ist, die Kinder verunsichert waren. Sie waren gleichermaßen geistig aktiv wie nicht behinderte Kinder, wenn auch vielleicht auf andere Weise. Auch FLAVELL ist der Meinung, daß die Möglichkeit, mit Händen und Füßen mit Objekten umzugehen, für eine normale kognitive Entwicklung keine notwendige Bedingung ist, sondern diese Entwicklung nur erleichtern. KAGAN spricht in diesem Zusammenhang von der Plastizität des Geistes. Wenn es auf dem einen Weg nicht gelingt, werden andere Wege ausprobiert. Wahrscheinlich beruht dies vor allem auf der Plastizität des Gehirngewebes.

Kleinkindes- und Vorschulalter nach PIAGET

Sowohl FLAVELL als auch CAIRNS beklagen, daß in der Theorie von PIAGET die geistige Entwicklung in dieser Altersgruppe sehr vom Negativen her beschrieben wird. Die Betonung liegt auf dem, was ein Kind noch nicht beherrscht. Es hat dann ein Stadium erreicht, in dem es sich Menschen und Dinge seiner Umgebung losgelöst von dem vorstellen kann, was es mit ihnen anstellen kann. Beim Nachdenken über diese Menschen und Dinge macht es aber dauernd Fehler. PIAGET nennt diese Phase *prä-operational*. Das bedeutet, daß ein Kind zwar einen Begriff von den Erscheinungen besitzt, aber Zusammenhänge wie die Ursache-Wirkungs-Beziehung noch nicht durchschaut. Die dafür notwendigen *Denkoperationen* liegen noch außerhalb seines Denkvermögens.

Welche Denkoperationen beherrscht es noch nicht? Kinder sind in diesem Alter vor allem auf das ausgerichtet, was da ist, also auf den *Zustand*, und sie können nur schwerlich nachvollziehen, wie es zustandegekommen ist. Sogar bei der Wahrnehmung dieses Prozesses sehen sie eher das Aufeinanderfolgen von Zuständen und nicht die Übergänge. Dies kann man fast mit Einzelbildern eines Zeichentrickfilmes vergleichen, die man bei ganz langsamem Abspulen des Filmes sehen kann.

Siehe hierzu Kapitel 10: das Resultat einer Tat ist für ein Kind in dieser Phase wichtig und nicht das Motiv oder die Art des Zustandekommens.

Betrachten wir zum Beispiel ein zweieinhalbjähriges Mädchen, das sich auf einem Segelschiff befindet. Es ist mit dem Kapitän gut befreundet. Der Kapitän klettert auf den Mast und befindet sich bald *über* dem Mädchen. Nun fängt es an, untröstlich zu weinen – bis der Kapitän wieder unten ist. Das kann man damit erklären, daß es ihn zwar mit eigenen Augen nach oben steigen sah, der Kapitän aber in einem bestimmten Augenblick ein unheimliches, schwarzes Ding in der Luft und nicht länger Kapitän war. Es sah nur den Zustand und nicht den Prozeß. Die Häufigkeit solcher Reaktionen nimmt im Laufe dieser Phase ab.

Die Aufmerksamkeit des Kindes gilt nun dem Auffälligsten darauf konzentriert es sich. Dabei läßt es Details oder sogar das Wesentliche außer acht. Dies kann man bei der Einschachtelung in Klassen beobachten: Wenn man dem Kind zehn rote und zwei weiße Holzklötze zeigt und es dann fragt, ob es mehr hölzerne oder mehr rote Klötze sind, wird es sagen: «Rote». Es ist beim Vergleichen im täglichen Leben gewohnt, zwei Dinge oder Gruppen miteinander zu vergleichen. Das macht es auch bei den Klötzen. Dabei verliert es aus den Augen, daß die eine Gruppe, nach der gefragt wurde (hölzern), die andere einschließt («rot»).

Ein drittes Charakteristikum besteht darin, daß es noch nicht begreift, daß viele Erscheinungen *umkehrbar* sind. Wenn man Wasser aus einem breiten Glas in ein hohes, schmales Glas gießt, so urteilt es, daß im schmalen, hohen Glas mehr Wasser als im breiten, niedrigen ist. Dies liegt zum einen daran, daß es, wie oben erwähnt wurde, den Prozeß des Umgießens nicht in Betracht zieht, zum anderen daran, daß es ihm nicht einfällt, das Wasser zurückzugießen und dann zu schauen, wieviel es ist. Das bezeichnet man als *Invarianzversuch*. Ein Kind kann in seinen Gedanken das Gleichbleibende nicht gegen die Täuschung durch die äußere Erscheinungsform festhalten es merkt noch nicht, daß sich Höhe und Breite *kompensieren*.

Verglichen hiermit ist das frühe Identitätserlebnis mit den Bezugspersonen des Kindes ein Wunder.

Den Mangel an Einsicht in die *Erhaltung der Mengen* kann man auch bei folgendem Versuch beobachten: Legt man vor ein Kind, das noch nicht sechs Jahre alt ist, zwei Reihen von je sechs Knöpfen aus, die in gleichem Abstand voneinander liegen, und legt man die Knöpfe einer Reihe sodann weiter auseinander, so denkt das Kind, daß in dieser Reihe nun mehr Knöpfe als in der anderen liegen.

Ein weiteres allgemeines Kennzeichen dieser Phase ist laut PIAGET, daß das Kind stark egozentrisch denkt. Dies untersuchte er u.a. mit seinem berühmten Drei-Berge-Experiment: Eine Puppe sitzt neben einem Modell dreier Berge, die einander teilweise verdecken. Die Aufgabe für das Kind lautet: Wie sieht die Puppe die Berge? Dem Kind werden Zeichnungen gezeigt, auf denen eine Reihe möglicher Ansichten abgebildet sind, und das Kind muß die richtige heraussuchen. In dieser Phase (und sogar ungefähr bis zum zehnten Lebensjahr) zeigen Kinder auf das Bild, auf dem die Berge aus ihrem eigenen Blickwinkel und nicht aus dem der Puppe abgebildet sind.

Das Kleinkind- und Vorschulalter aus der Sicht anderer Entwicklungspsychologen

PIAGETS Charakterisierung dieser Phase hat unterschiedliche Kritik hervorgerufen. Den «negativistischen» Ton nannten wir schon. Es gibt aber auch Kritik an seiner Vorstellung von den stark auf die physische Umwelt gerichteten Denkoperationen. Die soziale Wahrnehmung wird nicht direkt, sondern vom Körperlichen her untersucht. Es werden Schlußfolgerungen über den Umgang mit Menschen aus Tests mit leblosen Dingen gezogen. Im folgenden Kapitel kommen wir beim Thema «Einfühlungsvermögen für den Standpunkt anderer» darauf zurück.

Wir wollen noch kurz erwägen, ob es nicht möglich ist, die Reihenfolge umzudrehen. Bei PIAGET entwickelt sich das Denken anhand der physischen Welt und wird dann auch an Menschen angepaßt, gleichwohl werden die Menschen aber einfach als Dinge angesehen. Könnte es nicht möglich sein, daß sich ein Teil der geistigen Entwicklung in menschlichen Beziehungen abspielt, in denen andere als physische Gesetze gelten, und daß diese eventuell der physischen Wirklichkeit angepaßt werden? Sind die menschlichen Lebensgesetze nicht wichtiger und für ein Kind beeindruckender als die Gesetze der Physik? Was soll ein Kind zum Beispiel mit dem Gesetz von der Umkehrbarkeit der Prozesse anfangen, wenn doch sein bisheriges Leben voller Erfahrungen der Nichtumkehrbarkeit steckt? Was kaputt ist, wird unwiderruflich weggeworfen. Was es aufißt, ist weg. Soll ein Kind normalerweise nicht eher lernen, mit den Menschen so umzugehen, wie sie sind, als wie sie geworden sind, also eher mit Zuständen als Prozessen? Ist eine nörgelige Mutter weniger schlimm, wenn ein Kind weiß, weshalb sie so ist?

Nach der Auffassung von Piaget *ist der Satz «Was es aufißt, ist weg» falsch, weil es nicht der physischen Realität entspricht. Es ist nicht weg, sondern trägt zur körperlichen Entwicklung des Kindes bei. In der Biologie und in der Physiologie geht nichts verloren. Es ist doch erstaunlich, wie weit Vorstellungen manchmal von der erlebten Wirklichkeit entfernt sind. Welcher Erwachsene, der sagt «schade, daß es aufgegessen ist», findet schon Trost in dem Gedanken, daß das, was er soeben mit Appetit verspiesen hat, nun zu einem Bestandteil seines Körpers wird?*

Als weitere Kritik kann man noch anführen, daß zwar die Entwicklung so ablaufen mag, wie sie Piaget beschrieb, wenn man ihr völlig freien Lauf läßt, was aber nicht bedeutet, daß man in diese Entwicklung nicht eingreifen könne. Insbesondere die Einschluß- und Erhaltungsexperimente sind daraufhin untersucht worden. Die Grundvorstellung der Kritiker besteht darin, daß derartige Experimente so weit von der Realität des Kinderlebens entfernt sind, daß sie in der Regel derartige Probleme nicht lösen können. Auch die Sprache kann Verwirrung stiften. Werden die Knöpfe, die weiter auseinander gelegt werden, nicht «mehr» in dem Sinne, daß sie «mehr» Platz in Anspruch nehmen? Man kann auch versuchen, den Kindern die logischen Regeln zu erklären, die einer solchen Aufgabe zugrunde liegen. Beilin wendete dies auf die Erhaltungsprobleme an. Kohnstamm verhalf fünfjährigen Kindern mit Erfolg zur Einsicht in die Einschlußproblematik. Die Kinder, die es begriffen hatten, waren sogar in der Lage, den Untersuchern ihrerseits Einschlußfragen zu stellen.

Piagets Theorie hat viele Forscher beeindruckt. Manche meinen aber, daß sich Piaget zu sehr an die exakten Gesetze der Physik anlehnt. Das normale Menschenleben verläuft weniger exakt und weniger logisch. Deswegen verläuft die geistige Entwicklung vielleicht auch weniger geordnet, als Piaget es sich vorstellt. Bruner legt die Betonung mehr auf Flexibilität und Kreativität. So hält er Raten und Phantasieren für genauso wichtig wie logisches Reden. Mischel unterstellt, daß «nicht alles streng logisch miteinander zusammenhängt». Kohnstamm spricht von einer «lockeren Organisation». Das menschliche Gehirn funktioniert eben anders als ein Computer.

Schulalter

Mit rund sechs, sieben Jahren beginnt die Phase der *konkreten Operationen*. Das Kind hat jetzt viele Zusammenhänge durchschaut und kann sie praktisch anwenden. Die Zusammenhänge sind in seinem Gehirn als Operationen gespeichert, die dem Verhalten als Leitfaden dienen. Eine Operation ist das innere Bild einer Handlung. Das Kind weiß nun: Durch Umgießen verändert sich das Volumen nicht, wohl aber durch Verschütten. Laut Parmentier ist die Tatsache, daß ein Kind sich nicht mehr von rein äußerlichen Kennzeichen ablenken läßt, als größter geistiger Fortschritt anzusehen. Im Laufe der Zeit kann das Kind auch vorhersehen, was passieren wird, wenn es etwas tut. Es ist ihm jetzt möglich, die Wirklichkeit in Gedanken zu verändern, zum Beispiel in der Absicht: «Mal schauen, ob es dann auch klappt.» Addieren, Subtrahieren, Multiplizieren und Dividieren ermöglichen ihm nun, mit den Verhältnissen zwischen Realitäten umzugehen. Bei alledem bleiben aber die Operationen konkret, das Kind denkt in diesem Alter noch anschaulich: Es denkt in Bildern. Das abstrakte Argumentieren tritt erst im Alter von ungefähr zwölf Jahren auf. PIAGET nennt es das formelle Denken. Dieses Denken vollzieht sich ohne konkrete Vorstellungen, es besteht aus dem Einschätzen von Möglichkeiten, dem Aufstellen und Prüfen von Hypothesen. Das Kind hat jetzt seine Vorstellungen nicht mehr buchstäblich vor Augen, es malt sich nicht aus, wie der Prozeß konkret ablaufen wird. Richtig formales abstraktes Denken vollzieht sich in Worten und formelhaften Argumentationen.

Beim Anwenden einer Definition kann ein Jugendlicher genau wie ein Erwachsener vollkommen unanschaulich denken. Hierbei tritt die Frage auf, ob auch jeder dieses letzte Stadium erreicht. Bleiben nicht vielmehr viele dem konkreten Denken verhaftet, dem unmittelbar praktisch Anwendbaren, ohne daß man sie dumm nennen könnte? Der vage Begriff «Intelligenz» sollte nun doch einmal erörtert werden.

Intelligenz

Der Begriff «Intelligenz» ist aus dem täglichen Sprachgebrauch nicht mehr wegzudenken. Es ist sehr schwierig, eine exakte Definition von Intelligenz zu geben, aber jeder versteht sofort, was man meint, wenn man sagt «sie ist intelligent» oder «er ist nicht besonders intelligent». Früher hätte man gesagt «sie kann gut lernen», «sie begreift schnell» oder «sie hat einen wachen Verstand». Ebenso geläufig waren die Formulierungen «er ist ein dummer Kerl» und «er hat wirklich von überhaupt nichts eine Ahnung».

Im allgemeinen Sprachgebrauch bedeutet Intelligenz also fast dasselbe wie Verstand. Menschen werden dazu angespornt, «ihren Verstand zu gebrauchen». Und wenn sie etwas Dummes tun, werden sie gefragt: «Wo hast du deinen Verstand?»

DE GROOT gibt eine allgemeine Umschreibung: «Intelligenz ist die Selbsthilfe des Geistes.» Mit PIAGETS Worten ausgedrückt, könnte es heißen: Selbsthilfe zur Wiederherstellung eines kognitiven Gleichgewichtes. Je intelligenter ein Mensch ist, desto müheloser findet er eine Lösung.

Im deutschen Sprachgebiet gebräuchliche Intelligenztests sind zum Beispiel: der Stanford-Binet-Intelligenztest, der Hamburg-Wechsler-Intelligenztest für Vorschulkinder (HAWIVA), für Kinder im Schulalter (HAWIK-R) die Raven-Progressive-Matrices und der SNIJDERS-OMEN-*Test (SON) für nicht-verbale Intelligenz.*

So selbstverständlich die Bedeutung der Begriffe Intelligenz und Verstand im täglichen Sprachgebrauch ist, so schwierig ist es, sie für die Psychologie präzise zu definieren. Eine Formulierung wie «Selbsthilfe des Geistes» ist dafür zu allgemein. Auch die Feststellung, daß sich die Menschen in dem Ausmaß unterscheiden, in dem sie Probleme denkend lösen können, ist vom wissenschaftlichen Aspekt her nicht interessant. Wichtiger ist es zu wissen, worauf die Unterschiede beruhen. Was muß man beherrschen, um ein Denkproblem zu lösen? Muß man ein bis zwei oder eine ganze Reihe von Denkhandlungen ausführen können? Ist nun die *Lösung*, die sich jemand ausdenkt, ein guter Maßstab für seine geistigen Fähigkeiten, oder ist seine *Art* des Denkens viel wichtiger?

Intelligenztests erfassen üblicherweise vor allem die Resultate von Denkprozessen und weniger den Ablauf der Denkprozesse. Die Intelligenztests für Kinder entstehen üblicherweise in folgender Reihenfolge: Zuerst wird eine Reihe von Denkaufgaben mit steigendem Schwierigkeitsgrad entworfen. Durch statistische Auswertung der Ergebnisse bei einer großen Anzahl von Kindern kann man eine Aussage darüber machen, wieviele Aufgaben von den meisten Kindern einer Altersstufe gelöst werden können. Dies stellt die Norm für die jeweilige Altersstufe dar. Jedes Kind, das diese Norm erreicht, erhält 100 Punkte. Ein Kind, das verglichen mit seinen Altersgenossen auch schwierigere Aufgaben lösen kann, erhält zusätzliche Punkte. Wer die Norm nicht erreicht, erhält entsprechend weniger als 100 Punkte. Die Punkteanzahl wird IQ (=Intelligenzquotient) genannt.

Es ist nicht verwunderlich, daß es eine große Übereinstimmung zwischen Testergebnissen und Schulnoten gibt, da in der Schule mit derselben Art von Aufgaben wie in den Tests gearbeitet, gelernt und geprüft wird. Würde der Lehrplan sich von dem Gewohnten unterscheiden, so würden vielleicht auch die Übereinstimmung mit Tests und der prognostische Wert von Tests kleiner werden.

Die Intelligenztests werden häufig kritisiert. Es wird die berechtigte Frage gestellt, was eigentlich gemessen wird. Das soll nicht heißen, daß diese Tests keinen Wert besitzen. Immerhin deuten sie an, dass es in bezug auf das Denken bei Kindern und Erwachsenen Unterschiede gibt. Diese individuellen Unterschiede scheinen über Jahre hinweg konstant zu bleiben, denn die meisten Menschen erhalten im Laufe ihres Lebens bei Intelligenztests immer wieder dieselben IQ-Werte. Zudem geben diese IQ-Werte den zu erwartenden Schulerfolg, beziehungsweise die zu erwartenden Schulnoten recht gut wieder.

Es ist nicht sinnvoll, Kinder unter vier bis fünf Jahren einem Intelligenztest zu unterziehen. Die Testergebnisse sind bis dahin zu wenig stabil, sie unterscheiden sich von einem Tag zum anderen. Je älter das zu testende Kind ist, desto genauer werden die Aussagen für seine weitere geistige Entwicklung. Es gibt allerdings immer wieder Kinder, deren IQ-Werte im Laufe der Jahre ganz abenteuerliche Kurven ergeben. Dieses Phänomen ist noch nicht hinreichend erklärt. Veränderungen der Lebensverhältnisse können mit Sicherheit die Ergebnisse bei Intelligenztests beeinflussen.

Zwei Vertreter unterschiedlicher Richtungen in dieser Problematik sollen hier erwähnt werden: VROON, der die Unvoraussagbarkeit der Intelligenz betonte, und EYSENCK, der mehr von der Vererbbarkeit der Intelligenz ausgeht.

Die Aufmerksamkeit gilt auch der Frage, wo im Denk*prozeß* die Unterschiede in den Denk*ergebnissen* wiederzufinden sind. Die moderne Informatik hat die Vorstellung über die verschiedenen Schritte, die zur Problemlösung notwendig sind, sehr stark beeinflußt. Diese Schritte sind u.a.: Das Problem muß *wahrgenommen* werden, es muß als solches *erkannt* werden. Der Kern der Sache muß *ausfindig* gemacht werden. Gedächtnisinhalte müssen *mobilisiert* werden. Alternative Lösungen müssen gegeneinander *abgewogen* werden. Man muß sich für eine Möglichkeit *entscheiden*. Diese Möglichkeit muß *verwirklicht* werden. Nun ist es gut möglich, daß Kinder zu völlig verschiedenen Lösungen kommen, obwohl sie einige Schritte gleich vollzogen haben. Umgekehrt können Kinder über verschiedene Denkschritte zu ein und demselben Resultat kommen.

Laut SIMON *besteht der wichtigste Unterschied zwischen unerfahrenen und erfahrenen Schachspielern darin, daß die letzteren viel detaillierter bei der Analyse des Problems auf dem Brett vorgehen. Sie denken lange Zeit nicht daran, den nächsten Zug abzuwägen. Das steht erst am Schluß und beansprucht die kürzeste Zeit des Denkprozesses.*

Das Interesse der Intelligenzforschung gilt einer eingehenden Analyse dessen, was bei den einzelnen Denkschritten vor sich geht und was dabei wichtig ist. Mit ihrer Hilfe wird man dann wissen, welche Strukturen veranlagt und welche erlernt sind und was man bezüglich der verschiedenen Schritte unternehmen kann, um den Kindern das Denken zu erleichtern. Sie wird auch zeigen, welche Schritte von ausschlaggebender Bedeutung für das Ergebnis sind.

STERNBERG hebt den Unterschied zwischen dem Denken als Abwägen von Möglichkeiten und dem Lösungsverhalten selbst hervor. Die Menschen, die zu den besten Lösungen kommen, verwenden am meisten Zeit auf den ersten Schritt. Andere wiederum, die nicht so gute Lösungen finden, entscheiden sich schnell für eine Methode und führen sie dann aus. Ist diese Gruppe weniger intelligent? Das muß nicht so sein. Es kann daran liegen, daß sie nicht gelernt haben, wie man am effektivsten denkt. Einige finden das selbst heraus, andere müssen darin unterstützt werden.

WYGOTSKI *war beispielsweise gegen den Gebrauch von Intelligenztests. Es geht nicht darum, was ein Kind kann, sondern darum, was es unter optimalen Umständen könnte. In der Sowjetunion sind Intelligenztests offiziell verboten. Dort wird zwar auch nach der Intelligenz ausgewählt, anscheinend aber ohne die Verwendung der klassischen Intelligenztests. Man kann natürlich auch streng nach Schulnoten auswählen.*

Man betrachtet dabei die verschiedenen Gebiete, auf denen die Menschen Probleme denkend lösen können. Bislang hielt man es für selbstverständlich, daß ein Denkgebiet umso mehr Intelligenz erfordere, je abstrakter es sei. Das formelle Denken stellte also eine höhere Stufe in der Entwicklung dar als das operationelle Denken. Dies wird nun in Frage gestellt. Beide Formen sollten ihren eigenen Wert besitzen, unabhängig von dem Gebiet, auf dem Probleme gelöst werden sollen. Dies hat natürlich für den Unterricht Konsequenzen. Das praktische Denken, das operationale, anschauliche Denken hat bis jetzt immer im Schatten des formellen, abstrakten Denkens gestanden.

Es ist auch die Frage, ob man für den Erfolg im Leben, der nicht mit schulischem Erfolg gleichzusetzen ist, immer der formellen Begabungen bedarf, oder ob nicht das praktische Denken manchmal Vorteile besitzt. Es ist auch wenig darüber bekannt, ob bestimmte Schritte des Denkprozesses für den Erfolg im Leben wichtiger sind als die Ausführung beziehungsweise das Denkresultat.

18. Kapitel
Soziale Entwicklung

«Menschen werden nicht geboren.» So heißt der übersetzte Titel eines Buches von LANGEVELD. Er möchte damit zum Ausdruck bringen, daß das, worin der Mensch sich von den Tieren wesentlich unterscheidet, in einem Kind erst im täglichen Umgang mit Menschen geweckt und geformt wird. Ein Kind wird zum Menschen unter den Menschen. Auf ähnliche Weise wird übrigens ein Tier zum Tier unter Tieren, sprich seinen Artgenossen. Um so wie sie zu werden, muß ein Jungtier in ihrer Mitte aufwachsen, so daß sich das Artspezifische in ihm möglichst weit entwickeln kann, auch wenn die Grundlage dafür schon als Instinkt vorhanden ist.

MARLER & PETERS beschäftigten sich in ihren Untersuchungen mit einer bestimmten Spatzenart. Bei allen Vögeln kann man ein jeweils für eine bestimmte Art charakteristisches Singen und Zwitschern unterscheiden. Eine Spatzenart, die im Laboratorium ausgebrütet wurde, wuchs ohne das Gezwitscher von Artgenossen auf. Diese Spatzen bekamen nacheinander den Gesang und das Gezwitscher von einigen Vogelarten zu hören, reagierten aber nicht. Erst beim Hören des «eigenen» Gezwitschers fingen sie an, es nachzuahmen. In einem anderen Experiment wurden junge Spatzen von einem Kanarienpaar aufgezogen. Die Jungen ahmten nicht den Gesang der Pflegeeltern nach, sondern nur die wenigen Tonelemente, die auch im Gesang ihrer eigenen Art vorkommen. Daraus folgt: um ein richtiger Spatz zu werden, muß man von Spatzen großgezogen werden.

Die menschliche Entwicklung ist eine soziale Entwicklung

Was im Kleinen für Spatzen gilt, gilt im Großen für Menschen. Dieser Prozeß wird auch *Sozialisation* genannt. Dabei nimmt ein Kind in zunehmendem Maße selbständig an dem Umgang, den Gewohnheiten und Werten teil, die innerhalb seiner Gemeinschaft gebräuchlich sind, bis es ganz dazu gehört («einer von uns» ist). Obwohl es einige individuelle Merkmale besitzt, ist es doch in vielerlei Hinsicht nicht von den anderen zu unterscheiden. Es spricht dieselbe Sprache, hat in groben Zügen dieselben Auffassungen von Gut und Böse und äußert Gefühle wie Liebe und Abscheu so, daß andere Menschen es sofort erkennen, usw.

Beachte den Unterschied zwischen «sozial» im Sinne von «gut für die Gemeinschaft» und «sozial» mit der Bedeutung «auf andere gerichtet».

Beim Zurückblättern wird jeder feststellen, daß uns bei der Erörterung vieler Prozesse aus der kindlichen Entwicklung soziale Aspekte immer wieder begegnet sind. Die Sozialisation, die Angleichung an andere Menschen, durchzieht alle anderen Entwicklungen. Man kann sie nicht von anderen trennen wie etwa die «Entwicklung der Körperbeherrschung» oder die «Gewissensbildung». Auch bei diesen mußten wir feststellen, daß die eine Entwicklung mit vielen anderen zusammenhängt. Bei der sozialen Entwicklung ist das noch viel stärker ausgeprägt: Sie hängt nicht nur mit anderen Entwicklungen zusammen, sie ist deren Bestandteil.

Die Schwierigkeit bei der Erziehung zum Gruppenmitglied liegt darin, die Individualität bei der Anpassung zu bewahren.

Es ist also kein Zufall, daß die soziale Entwicklung erst am Ende dieses Buches behandelt wird, weil sie eine umfassende Erscheinung ist.

Zuerst sollen nun ein paar soziale Aspekte erörtert werden, die schon zur Sprache gekommen sind, aber noch der Erweiterung bedürfen. Man kann bei der Sozialisation eine Dreiteilung beobachten: An erster Stelle *orientiert* sich ein Menschenkind an Menschen, ihnen gilt sein Interesse. An zweiter Stelle *übernimmt* ein Menschenkind eine Vielzahl von Ideen und Verhaltensweisen von Menschen. An dritter Stelle gewinnt es *Fertigkeiten im Umgang* mit anderen Menschen. Es lernt, wie man Kontakte herstellen, aufrechterhalten und abbrechen kann.

Orientierung an Menschen

Ein Menschenkind ist auf Artgenossen eingestellt und ausgerichtet. Dafür haben wir schon einige Beispiele kennengelernt. Junge Säuglinge scheinen beim Schauen vor allem durch das menschliche Gesicht gefesselt zu werden, mehr als durch jeden anderen «Gegenstand». Am Anfang geht es dabei sogar mehr um «menschenähnlich» als um die lebendige Person. Genügt eine Maske nicht auch diesen Forderungen? Anfangs ist es eine passive Reaktion: Das Baby zeigt beim Anblick eines Menschen Anzeichen des Wohlbefindens. Im Laufe der Zeit wird es aktiv: Mit Weinen, Kreischen und Festhalten versucht es, einen Artgenossen zu sich zu locken und bei sich zu behalten.

Von den Geräuschen, die ein Kind aufnimmt, reagiert es am intensivsten auf die menschliche Stimme. Der erste gute Hörunterschied, den ein Baby machen kann, besteht darin, daß es Mutters Stimme von anderen Frauenstimmen unterscheidet. Als erstes kann es Mutters Geruch von dem anderer Frauen unterscheiden, es riecht aber nicht den intensiven Geruchsunterschied zwischen sauberer und schmutziger Windel. Auf die menschliche Stimme reagiert ein Säugling mit heftigeren Bewegungen als auf vergleichbare Geräusche. Das erste Lachen gilt einem Menschen. Das erste Wort ist Mama. Die erste Zeichnung zeigt ein Menschengesicht. Zu der endlosen Anzahl von Dingen, die ein Kind lernen muss, gehören die Reaktionen von Menschen auf eindrucksvolle Belohnungen und Strafen.

Damit ein Kind selbständig wird, scheint es wichtig, daß es sich völlig an einen oder ein paar Menschen bindet, ohne die es sich verloren fühlt. Die Angst vor dem Verlassenwerden zählt zu den heftigsten Ängsten. Vertraute Gegenstände können diese Angst bei einem Zweijährigen noch nicht beseitigen.

Das Spielen in all seinen Formen scheint seine Wurzeln in den ersten Bewegungsspielen mit anderen Menschen zu haben, ebenso wie das körperliche Genießen als Vorbote von sexuellen Gefühlen.

In der Phantasie schafft sich ein Kind Phantasiegefährten. Bei der Entstehung von Selbstbewußtsein und Ich-Gefühl scheinen andere Menschen als Spiegel zu wirken, in dem ein Kind sich in Form ihrer Reaktionen widergespiegelt sieht. Das Denken über Menschen scheint interessanter zu sein als das Denken über Dinge.

Autismus kann man u.a. dadurch erklären, daß ein autistisches Kind keinen Unterschied zwischen Menschen und Dingen empfindet und so die Menschen als Dinge betrachtet.

Bei diesem kurzen Abriß müssen wir es belassen. Es wäre noch einiges mehr aus den vorhergehenden Kapiteln zu erwähnen: zum Beispiel, daß ein Kind auch in der Periode, in der sein Weltbild stark egozentrisch gefärbt ist, sich an anderen Menschen orientiert. Dinge sind zwar interessant, aber nicht mit Menschen zu vergleichen. Solange es Menschen gibt, die sich mit dem Kind beschäftigen, kann es auf viel pädagogisches Spielzeug verzichten.

Übernahme menschlichen Verhaltens

Die Fähigkeit zur Imitation scheint schon sehr früh vorhanden zu sein. Bisher ist noch nicht die Untersuchung von MELTZOFF & MOORE erwähnt worden: Schon wenige Stunden alte Babies sind dazu in der Lage, Gesichtsausdrücke von Erwachsenen ungefähr nachzuahmen: Sie strecken die Zunge heraus, sperren den Mund auf und stülpen die Lippen vor.

Zahllose Fertigkeiten lernt das Kind durch Abgucken. Erwachsene machen es mehr oder weniger absichtlich vor, und das Kind macht es nach.

Wichtiger noch als Imitation ist das Lernen am Modell, das unwillkürliche Übernehmen von Handlungsweisen. Dies ist schon in den frühesten Rollenspielchen zu beobachten: die Haarbürste wird so über den Bärenkopf bewegt, wie auch das Kind gebürstet wird. Wenn es später Vater und Mutter, Schule und Krankenhaus spielt, kann man dabei getreue Kopien dessen wahrnehmen, was es an Wörtern und Gesten von anderen übernommen hat. Den hierbei verwendeten Rollenspielen wohnt sehr viel an sozialer Übung inne. Selten wird ein Kind ein Ding nachahmen, dafür aber Menschen umso häufiger.

Aber auch außerhalb des Spieles übernimmt es unwillkürlich charakteristische Verhaltensweisen, anfangs vor allem von Mutter und Vater. Was die Eltern tun, ist für die Persönlichkeitsentwicklung offenbar viel wichtiger als das, was sie sagen. Der Prozeß der Identifikation mit den Eltern ist eine langwährende Nachahmung menschlichen Verhaltens. Ein wichtiger Aspekt dabei ist die Übernahme der Geschlechtsrolle in der jeweils gebräuchlichen Form der verschiedenen Kulturen.

Tiere ahmt ein Kind oft nach, indem es ihnen menschliche Züge verleiht. Von den Gegenständen ahmt es nur Transportmittel nach; möglicherweise gibt ihm deren Beweglichkeit eine Idee von «Lebendig».

Bei der Gewissensbildung macht es sich die Regeln der Menschen seiner Umwelt zu eigen. Erst versucht es, sich um des lieben Friedens willen daran zu halten. Später glaubt es dann selbst daran die Regeln entsprechen nun seiner eigenen Überzeugung von Gut und Böse. Das Über-Ich baut sich auf dem auf, was andere Menschen für notwendig erachten und was ein Kind nun selbst für notwendig hält.

In Kapitel 11 wurde der starke Einfluß der Eltern, der Altersgenossen und der Massenmedien hervorgehoben. In dem Maße, in dem ein Kind älter wird, werden Altersgenossen immer mehr zum Vorbild genommen. Im Schulalter wollen Kinder um jeden Preis genauso sein wie die anderen.

Umgang mit Menschen

Auch von den Fertigkeiten im Umgang mit Menschen sind uns schon einige Beispiele begegnet: Es ist wichtig, daß die Mutter auf das eingeht, was das Kind macht, ihm also die Initiative überläßt, denn dies läßt in ihm ein Gefühl des Selbstvertrauens im Umgang mit anderen Menschen keimen. Etwas übertrieben kann man sagen, daß das Kind die Beziehung selbst formt.

Dasselbe begegnete uns bei der Entwicklung von Selbstbewußtsein und Selbsterkenntnis: Das Kind ist fasziniert von seiner Macht, wenn es entdeckt, daß es in der Beziehung mit seiner Mutter selbst Dinge geschehen lassen oder verhindern kann, wenn es herausbekommt, daß sein Kontakt mit ihr durch sein Verhalten mit geprägt wird. Mit vier Jahren, wenn es seinen Einfluß genau kennt, kann es dem Raum geben, was für andere angenehm ist. Im Vorschulalter lernt es, sich beim Spielen an Spielregeln zu halten.

Die Stelle in der Geschwisterreihe beeinflußt seine Ideen über den eigenen Einfluß auf andere Menschen, je nachdem, ob es Macht über andere hat oder nicht, ob es folgsam gehorcht oder nicht. Man kann die Familie auch als Miniatur-Gesellschaft auffassen, in der ein Kind in Abhängigkeit von seiner Position lernt, im Umgang mit anderen anpassungsfähig oder starr, kooperativ oder eigensinnig zu sein, ob es alles selbst will, oder ob es teilen kann. Aus diesen Beispielen der Übung im sozialen Umgang entwickelt das Kind Eigenschaften, die dafür verantwortlich sind, daß es mehr oder weniger gut mit Menschen umgehen kann.

Spezifisch soziale Eigenschaften

Obwohl die soziale Entwicklung, wie aus dem obigen hervorgeht, keine selbständige Entwicklung ist, sondern mit allen anderen Entwicklungsprozessen zusammenfällt, die ein Kind durchlebt, kann doch das Soziale hin und wieder im Vordergrund stehen. Man sagt dann von einem Menschen, daß er sozial beziehungsweise unsozial eingestellt sei. Naheliegende Beispiele sind: Einfühlen in einen anderen, Menschenkenntnis, Helfen und Teilenkönnen.

Sie bilden spezifische Fertigkeiten im Umgang mit anderen Menschen, die man auch als Voraussetzungen betrachten kann. Darüber gibt es zahlreiche Untersuchungen. Wir greifen die Frage nach altersgebundenen Entwicklungen heraus.

Die Forschung hat übrigens bis jetzt noch nicht deutlich entscheiden können, ob es eine wechselseitige Beziehung zwischen diesen Aspekten in dem Sinne gibt, daß jemand, der eine soziale Eigenschaft in hohem Maße zeigt, auch bei den anderen entsprechend «ankommt». Laut MUSSEN gibt es hier nur eine geringe Korrelation. Er erwähnt auch, daß die Korrelation bei der Beobachtung von wirklichen Situationen höher ist als bei Laborexperimenten. Wenn Lehrer das soziale Verhalten eines Kindes in der Klasse beurteilen, stimmt das oft mit den Ergebnissen sozialer Tests überein.

Altruismus ist der Gegensatz zu Egoismus und beinhaltet ein weites Spektrum sozialen Verhaltens.

SHARABANY warnt davor, Altruismus als eine besondere menschliche Eigenschaft neben anderen Eigenschaften anzusehen. Es ist eine Lebenshaltung, die alle Eigenschaften eines Menschen prägt.

Es bleibt die Frage, wieweit man von einem Kind uneigennütziges Verhalten erwarten kann und ob soziales Verhalten wirklich so uneigennützig ist. Lernen Kinder sozial zu sein, weil es schön ist, lieb und nett gefunden zu werden? HOFFMANN spricht in diesem Zusammenhang von einem Gleichgewicht von Kosten und Nutzen: geht es dem Kind wirklich um soziales Verhalten, dann muß die Mühe, die es für einen anderen aufbringt, größer sein als die zu erwartende Belohnung. Dies gegeneinander abzuwägen, ist natürlich recht schwierig.

Einfühlungsvermögen

Einfühlung wird auch als *Empathie* bezeichnet. Damit will man ausdrücken, daß man auf eine Erfahrung eines anderen mit Gefühlen so reagiert, als ob es eigene Erfahrungen wären.

Um mit jemand mitfühlen zu können, ist es notwendig, daß man sich in diesen hineinversetzt. Die Psychologen sind sich noch nicht darüber im klaren, ob dies ein rein emotionales Geschehen ist oder ob ihm geistige Einsicht zugrunde liegt. Ist man von der Theorie PIAGETS stark beeinflußt, wird man davon ausgehen, daß das emotionale Miterleben mit einem anderen erst möglich ist, wenn man vom Verstand her dazu in der Lage ist zu begreifen, daß ein anderer etwas anderes fühlt, sieht und erlebt als man selbst; er achtet auch auf andere Dinge, findet andere Dinge wichtig, kurzum: Er ist ein anderer Mensch. Daß diese geistige Einsicht anfangs fehlt, geht schon daraus hervor, daß ein kleines Kind noch nicht einmal deren einfachste Form beherrscht; es erkennt nämlich nicht, daß jemand etwas anderes sieht, weil er irgendwo anders steht.

Dies sind soziale Kenntnisse. Sie kamen in Kapitel 17 zur Sprache.

PIAGET zeigt dies mit seinem Drei-Berge-Experiment. Die Kinder konnten derartige Probleme erst im Alter von zehn Jahren lösen. Diese Versuche haben allerdings auch bei PIAGETS Anhängern Kritik hervorgerufen. Das perspektivische Sehen ist schon für sich genommen sehr schwierig. Vor allem SHANTZ hat analysiert, wie Kinder sich in die Wahrnehmung eines anderen hineinversetzen können. Ihr zufolge muß man erkennen, daß ein Kind anfangs lernt, daß andere etwas anderes sehen als es selbst; erst danach lernt es, was ein anderer sieht, und dann, wie er das sieht. Schon ein Vorschulkind ist sich darüber im klaren, daß ein anderer etwas anderes sieht. SHANTZ ließ beispielsweise Drei- bis Vierjährige an einer Seite eines Tisches eine Reihe von Gegenständen in einer Dose betrachten. Danach mußten sie um den Tisch herum zur anderen Seite laufen, um die Gegenstände von dieser Seite aus zu betrachten. Dabei wurde die Dose umgedreht, ohne daß die Kinder es bemerkten. Die Hälfte der Kinder in diesem Alter zeigte sich darüber erstaunt, daß sie wieder dasselbe sahen. Das bedeutet, daß sie schon einen sehr frühen Begriff davon haben, daß verschiedene Blickwinkel unterschiedliche Ansichten liefern.

Auch FLAVELL bemühte sich zu zeigen, daß Kinder schon wesentlich früher als PIAGETS Drei-Berge-Experiment vermuten läßt, begreifen können, daß ein anderer etwas anderes sieht, und was er sieht. Er untersuchte dies bei drei bis sechs Jahre alten Kindern. Er benutzte dazu zwei identische Würfel mit Bildern auf allen sechs Seiten. Er gab dem Kind den einen Würfel, ließ es diesen genau betrachten, nahm dann den anderen in die Hand und fragte das Kind: «Was meinst du, welche Seite sehe ich?» Kleine Kinder zeigten fast immer auf das Bild, das ihnen zugekehrt war. Erst im Alter von fünf bis sechs Jahren setzte sich die Einsicht durch, daß sein Gegenüber etwas anderes sehen müßte. Mit Hilfe des eigenen Würfels konnte das Kind dann auch nachvollziehen, welches Bild FLAVELL zugerichtet war.

In Kapitel 7 wird die Grausamkeit bei kleinen Kindern erwähnt.

Diese Art geistiger Einsicht ist wahrscheinlich nötig, um sich emotional in einen anderen hineinversetzen zu können. Einige stellen sich jedoch die Frage, ob nicht schon früher etwas vom Einfühlungsvermögen zu bemerken ist, etwas, das dem Verstand vorausgeht. Wenn ein Kind

Es ist auffällig, daß sehr kleine Kinder stärker und öfter mit Traurigkeit als mit Freude reagieren.

so stark auf Mitmenschen gerichtet ist, wie das hervorgehoben wurde, ist es vielleicht doch eher eine Frage des Einfühlens und nicht nur des geistigen Hineindenken-Könnens. YARROW und WAXLER haben 24 Kinder bis zum Alter von drei Jahren über neun Monate mit Hilfe täglicher Berichte ihrer Eltern beobachtet und kamen zu dem Resultat, daß es schon früh Anzeichen von Mitgefühl gibt. Sie geben einige Beispiele: Ein 15 Monate altes Kleinkind, dessen Mutter sich erschöpft auf einen Stuhl fallen ließ, kam mit seinem Fläschchen herbei und steckte es ihr streichelnd in den Mund. Ein Junge tröstete ein weinendes Kind auf einem Bild mit den Worten: «Ach, Papa kommt doch gleich nach Hause.» Ein eineinhalbjähriges Mädchen unternahm alles Mögliche, um ein weinendes Mädchen zu beruhigen, auf das seine Mutter aufpassen sollte.

An dieser Untersuchung kann man Kritik üben. Manchmal hat man den Eindruck, daß Kinder durch die Erregung anderer erschreckt mitweinen.

Laut YARROW und WAXLER ist es dem häufigen Fehlen von Belohnung und Bestärkung durch die Eltern zuzuschreiben, daß dieses mitfühlende Verhalten erlischt. Ihnen zufolge sind Eltern viel zu sehr auf unsoziales Verhalten und dessen Bestrafung gerichtet und viel zu wenig auf soziales Verhalten und dessen Belohnung.

Gänzlich anders wird dieses Phänomen von HOFFMANN interpretiert: Ein Kind reagiert gerade deswegen mit Mitgefühl, weil es noch keinen Unterschied zwischen sich selbst und anderen macht. Wenn ein anderer etwas erlebt, was das Kind selbst schon erlebt hat, ist es so, als widerfahre es ihm selbst. Dies wäre eigentlich eine sehr egozentrische Art des Einfühlens. Erst wenn das Bewußtsein vorhanden ist, daß ein anderer wirklich ein anderer ist, kann man von Einfühlen im altruistischen Sinne sprechen. Laut HOFFMANN ist ein Kind anfangs nur dazu in der Lage, sich in etwas Konkretes einzufühlen, das einem anderen in einer aktuellen Situation widerfährt. Erst zwischen dem sechsten und neunten Lebensjahr ist es so weit, daß es sich in die allgemeinen Lebensumstände eines anderen einfühlen kann, wie zum Beispiel in das Armsein, das Behindertsein oder das Einsamsein.

Menschenkenntnis

Man kann besser miteinander umgehen, wenn man Menschenkenntnis hat. Dieser Begriff vereinigt in sich das, was man an Wissen bezüglich seiner Mitmenschen besitzt, also nichts über persönliche Eigenschaften eines bestimmten Individuums, sondern über den Menschen im allgemeinen. Ältere Leute berufen sich häufig darauf, daß sie in dieser Beziehung mehr Erfahrung haben als Jüngere und Kinder. Meistens haben sie darin recht. Man darf aber nicht unterschätzen, wie schnell schon ein kleines Kind einige Menschenkenntnis erwirbt. Es fühlt schon, an wen es sich bei bestimmten Problemen wenden muß. LEWIS untersuchte dies mit Hilfe von Fotos, die er von einem Dreijährigen, einem Siebenjährigen und einem Zwanzigjährigen machte. Ebenso machte er Fotos von vier sozialen Tätigkeiten: Jemanden bei etwas um Hilfe bitten, was man noch nicht beherrscht; mit jemandem spielen; jemanden fragen, wie etwas heißt;jemanden um Süssigkeiten bitten. Er fragte nun Dreijährige anhand der Fotos, zu wem sie gehen würden, wenn sie eine dieser Aktivitäten ausüben wollten. Es bestätigte sich seine Erwartung, daß die Kinder schon eine gewisse Ordnung dafür aufgebaut hatten, wofür sie wen nötig haben. Die Hilfe holten sie sich bei einem Erwachsenen; ein älteres Kind fragten sie, wenn sie ein Wort nicht wußten; zum Spielen nahmen sie sich einen Altersgenossen für Süßigkeiten kamen alle gleichermaßen in Frage. LEWIS betrachtet soziale Entwicklung als das immer feiner werdende Gefühl dafür, wen man wofür benötigt. Das soziale Leben besteht aus zahllosen Regeln dafür. Über diese Regeln kommen zahlreiche Kontakte zwischen Menschen zustande, die zusammen das soziale Netzwerk bilden, das jeden umgibt. Kinder übernehmen allmählich diese Regeln, die auf Konventionen beruhen, und fügen die Regeln hinzu, die sie aufgrund eigener Erfahrung erworben haben.

HARTUP weist darauf hin, daß der Umgang mit Altersgenossen dem sozialen Repertoire von Kindern etwas essentiell Neues hinzufügt. In der Beschäftigung mit ihnen baut es nicht ohne weiteres auf dem auf, was es im Umgang mit Erwachsenen (seinen Eltern) gelernt hat es eröffnet sich eine andere Welt. Laut HARTUP fühlt ein Kind, daß das Kind-Kind-Verhältnis mehr Gleichgewicht besitzt als das Eltern-Kind-Verhältnis. Dadurch eröffnen sich andere soziale Möglichkeiten. HARTUP ist der Ansicht, daß das «Einüben von Selbstbehauptung in Aggression und in Sexualität mehr zur Kind-Kind-Beziehung paßt».

BRAZELTON sieht den Ansatz zur Menschenkenntnis noch früher. Er hebt hervor, daß schon ein Vater mit einem Baby anders umgeht als die Mutter. Dadurch bekommt das Kind seine erste Erfahrung damit, daß man von verschiedenen Menschen unterschiedliche Behandlung erwarten kann. BRAZELTON stellte zum Beispiel fest, daß die Interaktion zwischen Mutter und Kind flüssiger verläuft als die zwischen Vater und Kind. Die Mutter geht allmählich darauf ein, was das Kind macht, und der Vater überrascht es mehr mit eigenen Initiativen. Der Kontakt zwischen Mutter und Kind erreicht eine bestimmte Intensität und verbleibt dann für eine Weile auf diesem Niveau. Beim Vater kann man deutlich Höhen und Tiefen beobachten, ein schnelles Aufeinanderfolgen von immer wieder neuen Aktivitäten, die von Pausen unterbrochen sind, in denen nichts geschieht. Von Beginn an sind Vater und Mutter für das Baby verschiedene Menschen, gegenüber denen es verschiedene Seiten seiner Persönlichkeit entwickeln kann.

Es ist also gut möglich, daß Väter mehr verlangen als Mütter und die Kinder das bei ihnen akzeptieren. Wenn ihre Mutter sich ebenso fordernd verhält, sind sie verwirrt.

Hilfsbereitschaft

Um helfen zu können, muß ein Kind begreifen, daß ein anderer ein Bedürfnis hat, das es selbst nicht verspürt. Außerdem muß es einschätzen können, wie groß das Bedürfnis ist und inwiefern der andere es schön fände, Hilfe zu bekommen. Dies ist von einem Klein- oder Vorschulkind schon sehr viel verlangt, das sich, wie VAN LIESHOUT sagt, noch nicht einmal klarmachen kann, daß «ein anderer Eis nicht lecker *findet*, denn Eis *ist* lecker.»

LECKIE machte mit Drei- bis Achtjährigen ein ganz einfaches Experiment: Er beobachtete, ob sie spontan dem Prüfer dabei halfen, Klötzchen aufzuheben. Er untersuchte die geistigen Unterschiede zwischen Kindern, die halfen, und solchen, die es nicht taten. Er kam zu folgender Schlußfolgerung: Kinder können erst helfen, wenn sie Gefühle bei anderen Menschen wiedererkennen und nachvollziehen können. Dies

Dies kann man vorläufig nicht mit der Feststellung vereinbaren, daß sehr kleine Kinder eher mit Traurigkeit als mit Freude reagieren. Vielleicht läßt sich diese frühe Form des Mitfühlens dadurch erklären, daß das Kind in seiner Sicherheit bedroht wird. Wer traurig ist, schenkt ihm momentan wenig Aufmerksamkeit.

zeigt sich in so einfachen Dingen wie dem Einschätzenkönnen von Gesichtsausdrücken. BORKE zeigt in ihrer Untersuchung, wann Kinder dies beherrschen. Sie las Kindern, die zweieinhalb bis sechs Jahre alt waren, kurze Geschichten vor, die je eine der folgenden Emotionen zum Thema hatten: Freude, Traurigkeit, Angst und Zorn. Die Kinder mußten aus vier Karten, auf denen die dazugehörigen Gesichtsausdrücke abgebildet waren, die jeweils zu der entsprechenden Geschichte passende Karte heraussuchen. Das Erkennen von Freude war mit drei Jahren nachzuweisen. Mit vier Jahren wurden alle Emotionen richtig gezeigt.

Die Wirkung der Medien ist dafür ein gutes Beispiel. Sozial ausgerichtete Filme haben einen wesentlich geringeren unmittelbaren Effekt als aggressive Filme.

Es ist naheliegend, bei der Eigenschaft «Hilfsbereitschaft» auf den Einfluß von Imitation und Lernen am Modell zu achten. Es gilt allgemein, daß soziales Verhalten im Gegensatz zur Aggression nicht so schnell imitiert wird es wirkt offensichtlich weniger ansteckend. Der Grund dafür ist unbekannt. Vielleicht ist er darin zu suchen, daß die Effekte visuell weniger beeindruckend sind. Das gute Vorbild wirkt hier eher wie ein steter Tropfen. Laut HOFFMANN besitzt hier die Elternrolle ihren entscheidenden Wert. Wenn die Eltern hilfreich sind, und ein Kind erlebt dies tagaus, tagein, so lernt es am Modell. Er hebt in diesem Zusammenhang hervor, daß ein Kind, das einem anderen etwas angetan hat (ob per Zufall oder mit Absicht), die Gelegenheit bekommen sollte, dies wieder gutzumachen. Dies ist eine spezielle Form des Helfens und Miterlebens, zu der ein Kind spontan neigt, bei der aber die Eltern häufig aus Angst vor noch mehr Unheil eingreifen.

BAR-TAL sieht die Entwicklung des Helfens vor allem als Veränderung der kindlichen Motive zum Helfen. Helfen kann ein Kind schon in sehr frühem Alter, aber mit dem Älterwerden hat es dafür andere Motive, weil es geistig reifer ist, ein besser entwickeltes Gewissen hat, mehr soziale Einsicht und mehr Menschenkenntnis besitzt. Aufgrund von Untersuchungen bei fünf bis dreizehn Jahre alten Kindern unterscheidet er sieben Stadien: helfen, weil eine bestimmte Belohnung versprochen ist; helfen, weil eine Autoritätsperson darum bittet; helfen, weil das Kind eine bestimmte Belohnung erwartet; helfen, weil es sich so gehört; helfen, weil das Kind begriffen hat, wie das soziale System aufgebaut ist, und weiß, daß auch es in ähnlichen Situationen Hilfe erwarten kann; helfen, weil es ein angenehmes Gefühl erzeugt, wenn man Gutes tut; helfen ohne irgendeinen Nebengedanken oder ein Gefühl. In dieser Reihenfolge ist die Theorie von KOHLBERG wiederzuerkennen, daß die Basis für eine «höhere» Moral in einer Weiterentwicklung des Verstandes zu suchen ist.

Siehe Kapitel 10.

Freigebigkeit

Teilen ist eine überaus soziale Tat. Es ist verwirrend, daß Helfen und Teilen in der Literatur häufig als Formen von sozialem, altruistischem Verhalten durcheinander verwendet werden. Dies scheint mir jedoch nicht richtig zu sein. Teilen ist mehr als Helfen, weil dessen materieller Charakter den Effekt langdauernd und sogar definitiv macht, während Hilfe gewöhnlich einen vorübergehenden Charakter besitzt. Gegeben ist gegeben, aber Hilfe ist kündbar. Laut LECKIE kann ein Kind auch früher helfen als teilen. Außer den von ihm genannten Voraussetzungen für Helfen muß ein Kind noch einige Dinge beherrschen, damit es zum Teilen fähig ist; so muß es sich bewußtmachen, welche Attribute zu der sozialen Rolle einer Person gehören, und daß man über einen anderen nachdenken kann. Der Zusammenhang dieser beiden Einsichten mit dem Teilen ist natürlich nicht zwingend, es wird aber durch sie angedeutet, daß ein Kind einer weiteren allgemeinen Reifung bedarf, damit es die ziemlich schwierige Handlung ausführen kann, eigenes Eigentum zu dem eines anderen zu machen.

Zwischen dem ersten und dem zweiten Lebensjahr eignet sich ein Kind ziemlich gedankenlos alles an, was es gebrauchen kann, und läßt es liegen, sobald es nicht mehr daran interessiert ist. Wahrscheinlich erfährt es Dinge als zu ihm gehörend, solange es sie festhält, und kann es die Dinge, die es nicht festhält, noch nicht als Besitz erleben. Von Teilen kann dann auch noch keine Rede sein. Allerdings beobachtet man in dieser Periode «Geben» in Form von «Anbieten»: Die Kinder erwarten aber, daß das Angebot abgelehnt wird.

Lewis beschreibt das «Geben» dieser Periode als eine Form des «Fragens». Das Kind liest an der Reaktion der Mutter auf den Gegenstand ab, ob er gefährlich ist oder ob es damit spielen kann. Wenn die Mutter positiv mit einer Geste des Anfassenwollens reagiert, zieht das Kind häufig den Gegenstand zurück, um selbst damit zu spielen; es kann auch sein, daß es ihn fallen läßt, weil es nun weiß, was es wissen wollte, und nicht mehr daran interessiert ist.

Nach dem zweiten Lebensjahr wird ein Kind, wie Bielicki es nennt, zum wahren Hamsterer. Ein fast übertriebenes Eigentumsgefühl tritt zusammen mit einem Hang zum Sammeln auf. Es sagt fortwährend «mir», auch bei Dingen, mit denen es nicht spielt, wodurch sich diese Periode entscheidend von der Vorhergehenden unterscheidet. Nicht selten sitzt es nur als Bewacher des Spielzeugs da, ohne sich damit zu beschäftigen. Und wehe dem, der etwas von diesem Besitz ergreifen will! Meistens geht diese Phase schnell vorbei. Sie ist aber, so unfreundlich sie auf andere wirkt, für das Kind sehr wichtig. Man nimmt an, daß dadurch sein noch geringes Selbstvertrauen gestärkt wird. Dadurch, daß es alles um sich herum sammelt, vergrößert es sein Ich-Territorium.

Dies kann man in extremer Form bei Kindern beobachten, die sich mit Süßigkeiten Freundschaft erkaufen.

Das Weggeben beginnt erst zwischen dem dritten und vierten Lebensjahr. Die Motive dafür sind nicht deutlich zu erkennen. Laut Blurton-Jones ist es eine Form der Kontaktsuche, also sozial gerichtet, aber nicht ganz ohne Eigennutz, zu vergleichen mit den frühen Hilfsmotiven nach Bar-Tal. Sharabany und Hertz zeigten, daß dieser Kontakt-Aspekt immer mehr oder weniger im Vordergrund bleibt. Sie verglichen Kinder, die jeweils zu zweit eine Zeichnung anfertigen sollten; das Material mußten sie teilen. Die eine Hälfte der Paare bestand aus Freunden, die andere Hälfte aus Kindern, die einander neutral gegenüberstanden. Entgegen der Erwartung schienen die Freunde weniger bereit, sich das Material zu teilen, und beschäftigten sich lieber mit eigenen Sachen. Sharabany und Hertz erklärten das damit, daß Freunde Kontaktpflege nicht nötig haben, weil ein Einvernehmen schon besteht. Die Kinder, die nicht befreundet sind, benutzen das gemeinsame Arbeiten, um Kontakt herzustellen. Über die Zusammenarbeit suchen sie die Intimität, die die Freunde schon besitzen.

Das Ausmaß der erreichten Intimität kann laut Sharabany *und* Hertz *sogar das Ende der Freundschaft einleiten: Die Kinder tun dann nicht mehr ihr Bestes, um den Kontakt und die Verständigung aufrechtzuerhalten. Es existiert schon zu viel stilles Einvernehmen zwischen ihnen. Man kann das vergleichen mit Ehen, die an selbstverständlicher, stillschweigender Intimität zugrunde gehen: Kommunikation scheint überflüssig zu sein.*

Auch die Stärke oder Schwäche des Ich-Gefühls scheint dabei eine Rolle zu spielen. Mussen sieht einen deutlichen Zusammenhang zwischen Sich-wohl-Fühlen und Teilen-Können: Menschen helfen und teilen öfter, wenn sie sich glücklich fühlen, zufrieden sind oder wenn ihnen etwas gut gelungen ist. Traurigsein und Versagensgefühle verringern bei Kindern die Bereitschaft zum Teilen und Zusammenarbeiten. Etwas ähnliches wird SHARABANY vorgeschwebt haben, als sie sagte, daß man nur in Beziehungen, in denen man auch etwas für sich selbst gewinnt, Altruismus zeigen kann. STAUB sieht einen Zusammenhang zwischen Selbstachtung und der Bereitschaft zum Teilen. RUTHERFORD entdeckte einen Zusammenhang zwischen Freigebigkeit und Erziehungsstil. Die Kinder, denen es leicht fiel zu teilen, hatten verhältnismäßig häufiger herzliche, mitfühlende Eltern. Man kann sich vorstellen, daß solche Eltern ihren Kindern Sicherheit bieten. Die Sicherheit führt zu einem stärkeren Selbstvertrauen, und dies wiederum erleichtert den Verzicht. Für ein Kind mit geringem Selbstvertrauen ist dies wesentlich schwieriger.

Im Vorschulalter, in dem Kinder regelmäßig mit Altersgenossen verkehren, sind sie in bezug auf Freigebigkeit Vorbilder füreinander. Man hat dies nach folgendem Schema untersucht: Den Kindern wird eine Aufgabe gestellt, mit der nur ein paar von ihnen etwas verdienen können. Die Frage ist dann, ob sie ihren Verdienst spontan mit anderen teilen und wenn ja, ob sie dann jedem genauso viel geben oder das meiste für sich behalten. Teilen sie nicht, so untersucht man, ob man sie durch ein gutes Vorbild zu gerechtem Teilen bringen kann, indem man einem Kind den geheimen Auftrag dazu erteilt.

Diese Untersuchung ergibt in der Regel, daß dem Lernen am Modell viel Bedeutung beigemessen werden sollte und daß von alleine entstehende Freigebigkeit selten ist. Vorschulkinder verzichten nur zögernd auf etwas und behalten selbst das meiste; erst mit sieben Jahren tritt ehrliches Teilen auf. Schöne Worte allein helfen wenig, wie schon bei der Gewissensbildung zu sehen war.

Vergleiche hierzu die Feststellung von HOFFMANN, *daß Kinder eher etws Konkretes und Aktuelles als einen allgemeinen Lebensumstand nachfühlen können.*

ROSENHAN und WHITE gingen der Frage nach, ob Kinder lieber mit Kindern, die sie kennen (wie oben), oder lieber mit anonymen bedürftigen Kindern teilen. Hierbei konnten sie verdiente Süßigkeiten oder Geld in eine Sammelbüchse «für arme Kinder» stecken. Kinder unter sieben Jahren waren dazu wenig geneigt, wahrscheinlich konnten sie es sich nicht konkret genug vorstellen und nur jenen Kindern etwas geben, die sie sahen. Zwischen sieben und elf Jahren nimmt diese Opferfreudigkeit zu, ein Vorbild ist allerdings unentbehrlich: Von den Kindern, die ein gutes Beispiel hatten, gaben 63% etwas in die Sammelbüchse, wenn sie etwas verdient hatten. Von den Kindern ohne Vorbild gab keines etwas. Die Hälfte aus der ersten Gruppe behielt das Spenden auch später bei, als kein Vorbild mehr vorhanden war und die Kinder auch nicht mehr beobachtet wurden; niemand konnte ihr nobles Verhalten sehen. Dies ist laut BAR-TAL soziales Verhalten in der höchsten Form.

Biologie, Kultur und Politik

Bisher kamen weder der biologische noch der kulturelle Einfluß auf allgemein soziales Verhalten zur Sprache. Dies wollen wir kurz nachholen.

MUSSEN richtet seine Aufmerksamkeit auf den biologischen Einfluß. So scheint es in der Evolution für das Überleben einer Art wichtig zu sein, daß bestimmte Tiere sich in gefährlichen Situationen aufopfern, damit wichtigere und stärkere Artgenossen am Leben bleiben und sich fortpflanzen können. Arbeitsbienen und -ameisen sind bekannte Beispiele hierfür. Für MUSSEN geht es allerdings zu weit, Parallelen zum Menschen zu ziehen, wie es einige Soziobiologen tun, und Opferbereitschaft auch bei ihnen als dem Überleben dienend anzusehen. Ein bekanntes Beispiel, das dann oft genannt wird, stellen bestimmte Eskimostämme dar: Bei Nahrungsmangel trennen sich die ältesten Menschen von der Gruppe, um zu sterben und so ihren Stammesgenossen nicht länger zur Last zu fallen. Das spärliche Essen überlassen sie den Jüngeren und Stärkeren. Laut MUSSEN ist hier der kulturelle Einfluß als viel bedeutsamer anzusehen. In der Eskimotradition und -überlieferung stehen solche Menschen in hohem Ansehen und werden verehrt. Sie liefern den Kindern ein Vorbild, dem sie, einmal alt geworden, folgen. Im allgemeinen haben, laut MUSSEN, die kulturellen Bedingungen beim Erwerben von Zusammengehörigkeits- und Gemeinschaftsgefühl einen großen Stellenwert. MARGRET MEAD hat solche kulturelle Unterschiede in ihren Forschungen zutage gefördert. In einigen Kulturen wird auf individuelle Belange und Leistungen mehr Wert gelegt, und in anderen alles gemeinschaftlichen Belangen untergeordnet. Auffallenderweise wird in vielen Kulturen von Mädchen und Frauen ein größerer Gemeinschaftssinn als von Jungen und Männern verlangt.

Nicht nur die Kultur, sondern auch die Politik ist mit dafür verantwortlich, ob einem Kind individualistische oder soziale Werte vermittelt werden. Es ist keine Untersuchung über den Zusammenhang zwischen politischer Einstellung von Eltern und dem Ausmaß bekannt, in dem sie ihre Kinder zu sozialem oder individualistischem Verhalten erziehen. Es gibt allerdings eine Studie von BRONFENBRENNER, in der er den Einfluß des stark individualistischen amerikanischen Zusammenlebens auf die Erziehung mit dem des sozialistischen sowjetischen vergleicht. BRONFENBRENNER sympathisiert zwar nicht mit dem sowjetischen politischen System, räumt aber doch ein, daß es in der Sowjetunion beneidenswert gelingt, ein Zusammengehörigkeitsgefühl zu erzeugen. Seiner Ansicht nach leidet die amerikanische Erziehung unter dem Mangel an gemeinschaftlichen Zielvorstellungen, die man den Kindern näherbringen könnte. Die soziale Entwicklung kann man als Lernprozeß der Überwindung eigener Belange des Kindes betrachten. Es ist selbstverständlich umso einfacher, ihm diese Werte näherzubringen, je mehr die Gesellschaft durch dieses Ideal gekennzeichnet ist. Dies stimmt mit bereits Gesagtem überein: Kinder sind durch Taten mehr zu beeindrucken als durch Worte.

Literaturhinweise

ADAMS, VIRGINIA: The sibling bond, a lifelong love/hate dialectic. In: Psychology Today, Juni 1981.

ADLER, A.: Praxis und Theorie der Individualpsychologie. Fischer Taschenbuch, Frankfurt 1974.

AHRENS, A.: s. HALL & SCHELL (1978).

AINSWORTH, MARY; D. SALTER; MARY BLEHAR; EVERETT WALTERS; SALLY WALL: Patterns of attachment. Lawrence Erlbaum, Hillsdale/NJ. 1978.

ALLPORT, G.W.: s. CARTWRIGHT (1979).

ALTMAN, I. & J.F. WOHLWILL: Children and the environment. Plenum Press, New York 1978.

ANDRES, D.H.: s. LIEBERT (1981).

ANGENENT, H.: Opvoeding en persoonlijkheidsontwikkeling. Callenbach-Intro, Nijkert 1976.

AUSUBEL, D.: Das Jugendalter. Fakten, Probleme, Theorie. Juventa, München 1968.

BAN, P.L. & M. LEWIS: Mothers and fathers, girls and boys: attachment behavior in the one year old. In: Merrill Palmer Quarterly, Nr. 20–3, 1974.

BANDURA, A.: s. LIEBERT (1978).

BANDURA, A.: Aggression. Eine sozialtheoretische Analyse. Klett-Cotta, Stuttgart 1979.

BANDURA, A.: Lernen am Modell. Ansätze zu einer sozial-kognitiven Lerntheorie. Klett-Cotta, Stuttgart 1976.

BAR-TAL, D.: Further evidence regarding the sequential development of helping behavior. Vortrag ISSBD Konferenz Lund 1979.

BECKER, W.C.: Consequences of different kinds of parental discipline. In: Review of child development research, Vol. 1. Russell Sage Foundation 1964.

BECKMAN, P.B.: Characteristics of handicapped infants and stress as reported by mothers. In: American Journal of Mental Deficiency, 88, 1983.

BECKWITH, L. & A.H. PARMELEE: Preterm infants from birth to five years. Vortrag ISSBD Konferenz München 1983.

BEHEYDT, L.: Nederlandse baby talk. Katholieke Universiteit Leuven, Departement Linguistik, 1976.

BEILIN, H.: Stimulus and cognitive transformation in conservation. In: ELKIND & FLAVELL (Hrsg.): Studies in cognitive development, essays in honor of Jean Piaget. Oxford University Press, Oxford 1969.

BELL, Sylvia: s. DUNN (1978).

BELLMONT, LILIAN; F. BELLMONT & A. MAROLLA: Birth order, family size and intelligence. In: Science, vol. 182, Dezember 1973.

BELLUGI, URSULA: Learning the language. In: Psychology Today, Dezember 1970.

BEM, SANDRA: s. PARKE (1981).

BIELICKI, ISABELLA: Vom Kleinkind zum Tyrannen. Kindler, München 1974.

BILLING, L.: Det andra barnet (das zweite Kind). Aew/Gebers, Schweden 1974.

BITTMAN, S.: In Due Zalk, s. PARKE (1981).

BLOOM, L.: Language development, form and function in emerging grammar. MIT Press, Cambridge/Mass. 1970.

BLURTON JONES, N.G.: s. SZEGAL (1979).

BONIFACE, D. & Ph. GRAHAM: The three year old and his attachment to a special soft object. In: Journal of Child Psychology and Psychiatry, vol. 20, 1979.

BORKE, HELENE: s. DE JONG (1976).

BOWER, T.G.R.: s. HALL & SCHELL (1978).

BOWLBY, J.: s. CLARKE & CLARKE (1979).

BRAINE, M.: s. SCHAERLAEKENS (1979).

BRAZELTON, B.: s. SAMEROFF (1978).

BRAZELTON, T.B.: Reciprocity between adults and infants. Vortrag ISSBD Konferenz Pavia 1977.

BRONFENBRENNER, U.: Zwei Welten. Kinder in den USA und der UdSSR. DVA, Stuttgart 1972.
BROWN, R.: A first language, the early stages. Allen & Unwin, London 1973.
BRUNER, J.: Spelen is een ernstige zaak. In: Ouders van Nu, April 1976.
BRUNER, J.S.: Relevanz der Erziehung. Otto Maier, Ravensburg 1973.
BÜHLER, CHARLOTTE & HILDEGARD HETZER: Kleinkindertests. Joh. Ambr. Barth, München 1961.
BULLOWA, MARGARETH (Hrsg.): Before speech, the beginning of interpersonal communication. Cambridge UP, Cambridge/Mass. 1980.
BURG, HANNEKE, VAN DER: Een his vol leven. Kosmos, Utrecht 1975.
BURT, C.: s. VROON (1980).
BUSS, A.H.: In: R.A. PLOMIN (1975).
CAIRNS, R.B.: The attachment behavior of mammals. In: Psychological Review, vol. 73, 1966.
CAMERON, N.: s. HERBERT (1982).
CARNICA, O.K.: s. SNOW & FERGUSON (1977).
CARROLL, J.: s. FLAVELL (1979).
CARTWRIGHT, D.S.: Theories and models of personality. W.C. Brown, Dubuque/I.A. 1979.
CATTELL, R.B.: s. CARTWRIGHT (1979).
CHANG, P. & T.R. THOMPSON: In: R.O. FISCH: Factors affecting attachment between infants and mothers separated at birth. In: Journal of Developmental and Behavioral Pediatrics, vol. 3, 1982.
CHATEAU, P. de: Longterm effects of early post partum contact. Vortrag ISSBD Konferenz Lund 1979.
CHEYNE, J.A.: s. LIEBERT (1978).
CHODOROV, NANCY: The reproduction of mothering. University of California Press, Berkeley/Ca. 1978.
CHOMSKY, N.: Sprache und Geist. Suhrkamp, Frankfurt 1970.
CICIRELLI, V.G.: s. MARJORIBANKS (1979).
CLARKE, ANN M. & A.D.B. CLARKE: Early experience, myth and evidence. Open Books, London 1976.
CLIFFORD, E.: s. NASH (1977).
CONNORS, C.K.: s. LEWIS & ROSENBLUM (1979).
COOPERSMITH, A.: s. NASH (1977).
CORNERS, C.K.: s. LEWIS & ROSENBLUM (1979).
CORTER, C.K.: s. PILLING & KELLMER PRINGLE (1978).
CRAIN, W.C.: Theories of development. Prentice Hall, Englewood Cliffs 1980.
DALE, P.S.: s. SCHAERLAEKENS (1977).
DE FEE, J.F. & PH. HIMELSTEIN: Children's fear in a dental situation of birthorder. In: Journal of Genetic Psychology 1969.
DELGADO, J.M.R.: s. HERBERT (1975).
DENENBERG, V.H.: Development, affective processes and lateralization in humans and animals. Vortrag ISSBD Konferenz Lund 1979.
DI LEO, J.: Children and their drawings. Constable, London 1971.
DOBZHANSKY, A.: s. NASH (1977).
DOLLARD, J.: s. LIEBERT (1981).
DUNN, JUDY: Lust und Unbehagen beim Kleinkind. Klett-Cotta, Stuttgart 1978.
DUSHKIN, D.A. (Hrsg.): Psychology Today. CRM 1970.
ECKERMANN, C.: The growth of social play with peers during the second year of life. In: Developmental Psychology, vol. II, 1975.
EISENBERG, L.: Schoolphobia. In: American Journal of Psychiatry, Nr. 114, 1958.
ELSHOUT-MOHR, MARIAN & M. VAN DAALEN-KAPTEIJNS: Het leren van begrippen en woordbetekenissen. In: Onderwijskundig Lexicon, Mai 1979.
EMERSON, P.E.: s. SCHAFFER & EMERSON (1964).
ENTWISLE, DORIS: s. PARKE (1981).
ERIKSON, E.: s. HALL & LINDZEY (1979).

EYSENCK, H.J. (Hrsg.): Readings in Extra version and intro version. Staples Press, London 1971.

FADY, G.: s. BRUNER (1976).

FALBO, TONI: Does only child grow up unhappy? In: Psychology Today (engl. Ausgabe), April 1977.

FELDMAN, SHIRLEY et al. Antecedents of Fatherin. In: Child Development, 54, 1983, 1628–1636.

FESHBACH, S.: s. SZEGAL (1979).

FESTINGER, L.: s. LANGENMAYER (1978).

FEY, J.A.: Temperamtent, Onderzoek naar de Betekenis van extraversie, emotionaliteit, impulsiviteit en spanningsbehoefte. Swets en Zeitlinger, Lisse 1979.

FLAVELL, J.H.: Kognitive Entwicklung. Klett-Cotta, Stuttgart 1979.

FOGEL, A.: Functional continuity and behavioral heterochronicity in the first year of life. Vortrag ISSBD Konferenz Lund 1979.

FORER, LUCILLE: Grosser Bruder, kleine Schwester die Geschwisterreihe und ihre Bedeutung. Kiepenheuer & Witsch, Köln 1979.

FOULKES, D.: Dreams of innocence. In: Psychology Today, Dezember 1978.

FOX, N.: s. KAGAN (1977).

FRAIBERG, SELMA: Die magischen Jahre in der Persönlichkeitsentwicklung des Vorschulkindes. Rowohlt, Reinbek 1972.

FREUD, ANNA: Das Ich und die Abwehrmechanismen. Imago Publ. Co. Ltd., London 1946.

FREUD, S.: Vorlesungen zur Einführung in die Psychoanalyse. Imago Publ. Co. Ltd., London 1940.

FROMM, E.: Die Furcht vor der Freiheit. Europäische Verlagsanstalt, Frankfurt 1968.

FROMM, E.: s. NASH (1977).

GARDNER, H.: Der Streit um den Kopf, Piaget versus Chomsky. In: Psychologie heute, November 1979.

GARVEY, CATHERINE: Spielen. Klett-Cotta, Stuttgart 1978.

GEERT, P. VAN: Perceptie, kognitie en taalontwikkeling. In: MÖKS & HEYMANS (1978).

GESELL, A.: s. LIEBERT (1978).

GLUCKSBERG, S., R. KRAUSS & E.T. HIGGINS: The development of referential communication skill. In: Hetherington (1975).

GOLDFARB, W.: s. CLARKE & CLARKE (1976).

GOLDSCHMIDT, M.: s. NASH (1977).

GOORHUIS-BROUWER, SIENEKE: De ontwikkeling van het praten. Kooyker, Leiden 1979.

GORDON, TH.: Luisteren naar kinderen. Ursprüngl. amerikan. Ausgabe: Agon Elsevier, New York 1976.

GÖTZ, BETTINA: Ein Märchen über Mädchen? In: Psychologie heute, Februar 1983.

GROOS, K.: s. MILLAR (1973).

GROOT, A.D. DE: De Betekenis van intelligentie en aanleg. In: Intermediair, Nr. 6, Februar 1980.

GROSSMANN, K.: Father's presence during birth of their infants and paternal involvement. In: International Journal of Behaviorial Development, 7, 1984.

GROSSMANN, KARIN & K. GROSSMANN: Verhaltensontogenie beim menschlichen Neugeborenen. Universität Regensburg 1979.

GRUSEC, J.E.: s. LIEBERT (1977).

GUTTERIDGE, M.V.: s. HALL & SCHELL (1978).

HALL, C.S. & G. LINDZEY: Theorien der Persönlichkeit. Beck, München 1979.

HALL, ELISABETH & R. SCHELL: Developmental psychology today. CRM. Random House, New York 1978.

HALL, FAE & SUSAN J. PAWLBY: Continuity and discontinuity in the behavior of british working class mothers and their first born children. Vortrag ISSBD Konferenz Lund 1979.

HARTSHORNE, M. & M.A. MAY: Studies in the nature of character. MacMillan, New York 1928.

HARTUP, W.W. & M.D. LOUGEE: Peers as models. In: School Psychology Digest, Nr. 4, 1975.

HENDERSON, L.: s. THOMAS & CHESS (1977).

HERBERT, M.: Problems of childhood. Pan Books, London 1975.

HERMANS, H.J.M.: In: TH. C.M. BERGEN & R.W. EIJSSEN: Van faalangst tot verantwoordelijkheid: Swets en Zeitlinger, Lisse 1975.

HERMANNS, J.: s. COOLS & HERMANNS: Vroegtijdige onderkenning van de problemen in de ontwikkeling van kinderen. Swets en Zeitlinger, Lisse 1977.

HERMANNS, J.: In: MARION TANKE: Groeit hij er later wel overheen? In: Ouders van Nu, Juli 1982.

HETHERINGTON, E.M.: In: M. COX: Play and social interaction in children following divorce. In: Journal of Social Issues, Nr. 35, 1979.

HETHERINGTON, E.M.: Effects of father absence on personality development in adolescent daughters. In: Developmental Psychology, vol. 7, Nr. 3, 1972.

HETHERINGTON, E.M.: Divorce, a child's perspective. In: American Psychologist, Oktober 1979.

HETHERINGTON, E.M. (Hrsg.): Review of child development. University of Chicago Press, Chicago/IL 1975.

HEYMANS, P.G.: Wikken en wegen. Krips Repro Meppel 1979.

HINDE, R.: Current issues in ethological research in behavioral development. Vortrag ISSBD Konferenz München 1983.

HINDE, R.A.: s. RUTTER (1978).

HOFFMANN, M.L.: s. KOOPS & VAN DER WERFF (1979).

HOY, E.: s. LIEBERT (1977).

HUTT, CORINE: Males and females. Penguin Books, Harmondsworth 1972.

HUTT, J.: s. MAC FARLANE (1978).

IJZENDOORN, M.H. VAN: Operationeringsproblemen bij onderzoek naar de affectieve relatie tussen ouders en kind. In: Pedagogische Studieen, September 1979.

JACKLIN, C.N., E.E. MACCOBY & A.E. DICK: Barrier behavior and toy preference: sex differences (and their absence) in the year old child. In: Child Development, Nr. 44-1, 1973.

JAKOBSON, R.: s. SCHAERLAEKENS (1977).

JANOV, A.: Das befreite Kind. Grundsätze einer primärtherapeutischen Beziehung. Fischer, Frankfurt 1974.

JERSILD, A.T. & F.B. HOMES: Children's fears. In: Child Development Monograph Nr. 20, Columbia Univ., New York 1935.

JONES, MARY C.: The elimination of children's fears. In: Journal of experimental psychology, Nr. 7, 1924.

JONG, TRUUS DE: Aardige, aardiger, aardigste kinderen. In: Ouders van Nu, Juli 1976.

KAGAN, J.: The child and the family. In: Daedalus, Frühjahr 1977.

KALVERBOER, A.F.: Biopsychologie van de sociale ontwikkeling. In: Koops & van der Werff (1979).

KEARSLY, R.: s. RICE (1979).

KELLER, HEIDE: Geschlechtsunterschiede in der Reaktion auf auditive Reize in den ersten drei Lebensmonaten. In: Zeitschrift für Entwicklungspsychologie und Pädagogische Psychologie, Juli 1979.

KELLOG, RHODA: Understanding children's arts. Random House, New York 1967.

KLAUS, H.M.: s. MAC FARLANE (1978).

KOHLBERG, L.: Stage and sequence, the cognitive developmental approach to socialisation. In: Handbook of socialisation, Rand McNally, Chicago/IL 1969.

KOHNSTAMM, G.A.: Piaget's analysis of class inclusion: right or wrong? Mouton, Den Haag 1967.

KOHNSTAMM, G.A. et al.: Had de proefkreche effekt? Dekker & van de Vegt, Nijmegen 1976.

KOHNSTAMM, G.A. & F. SANAVRO: Utrechtse Taalniveautest. Swets en Zeitlinger, Lisse 1980.

KOHNSTAMM, RITA: Kind, kind. Kosmos, Utrecht 1975.

KONNER, MARJORIE: s. KAGAN (1977).

KOOPS, W. & J.J. VAN DER WERFF (Hrsg.): Overzicht van de ontwikkelingspsychologie. Wolters Noordhoff, Groningen 1979.
KRAUSS, R.: s. HETHERINGTON (1975).
KUHN, A.: s. MARJORIBANKS (1979).
LAMB, M.: Paternal influences and the father's role. In: American Psychologist, vol. 34, Nr. 10, 1979.
LAMB, M.: Een nuchtere kijk op een tere kwestie. In: Psychologie, Nr. 5, 1982.
LAMB, M.: Security of mother and father infant attachment and its relation to sociability with strangers. In: Infant Behavior and Development, Nr. 5, 1982.
LANGENMAYR, A.: Familienkonstellation, Persönlichkeitsentwicklung, Neurosenentstehung. Verlag f. Psychologie, Hogrefe, Göttingen 1978.
LANGEVELD, M.J.: Einführung in die Pädagogik. Klett-Cotta, Stuttgart 1961.
LANGEVELD, M.J.: Mensen werden niet geboren. Callenbach-Intro, Nijert 1979.
LAWICK-GOODALL, JANE VAN: Wilde Schimpansen. Rowohlt, Hamburg 1971.
LEBOYER, F.: Geboren worden zonder pijn. Spectrum, De Meern 1974.
LEBRUN, Y.: Kind en taal. Swets en Zeitlinger, Lisse 1980.
LECKIE, G.: s. KOOPS & VAN DER WERFF (1979).
LEIBENBERG, BEATRICE: s. PARKE (1981).
LENNEBERG, E.H.: s. LIEBERT (1977).
LESHAN, E.J.: s. LEWIS & ROSENBLUM (1979).
LEWIS, D.: The secret language of your child. Souvenir Press, London 1978.
LEWIS, M. & L. ROSENBLUM: The child and its family. Plenum Press, New York/ N.Y. 1979.
LEWIS, M.: The social nexus: the child's entrance into the world. Vortrag ISSBD Konferenz Pavia 1977.
LIEBERT, R. et al.: Developmental Psychology. Prentice Hall, Englewood Cliffs/NJ 1977.
LIESHOUT, C.F.M. VAN: De ontwikkeling van prosociaal gedraag. In: De Wit, Bolle & van Meer (1976).
LIPSITT, L. s. MAC FARLANE (1978).
LIPSITT, L.P.: Follow up studies of children born at risk. Vortrag ISSBD Konferenz München 1983.
LOWE, M.: Trends in the development of representational play in infants. In: Journal of Child Psychology, Nr. 16, 1975.
LUQUET, G.H.: s. DI LEO (1971).
LURIJA, A.R. & F.I. YNDOVICH: Die Funktion der Sprache in der geistigen Entwicklung des Kindes. Schwann, Düsseldorf 1970.
MACCOBY, E.E. & C.N. JACKLIN: The psychology of sex differences. Stanford UP, Stanford/Ca. 1974.
MAC FARLANE, A.: Die Geburt. Klett-Cotta, Stuttgart 1978.
MAC QUAID, A.: s. LANGENMAYR (1978).
MARJORIBANKS, K.: Families and their learning environments. Routledge & Kegan, London 1979.
MARKUS, G.B. & R.B. ZAJONC: Birthorder and intellectual development. In: Psychological Review, vol. 82, 1975.
MARLER, P. & SUSAN PETERS: In: Science 198, Nr. 4316.
MATEJCEK, Z.: Psychological development of children born to women denied abortion. Vortrag ISSBD Konferenz Pavia 1977.
MAY, M.: s. HARTSHORNE & MAY (1928).
MCDONALD, A.P.: Manifestations of differential levels of socialization by birth order. In: Developmental Psychology 1969.
MCGILLICUDDY, A.: s. LEWIS & ROSENBLUM (1979).
MEAD, MARGARETH: Geschlecht und Temperament in primitiven Gesellschaften. Rowohlt, Hamburg 1959.
MELTZOFF, A.N. & M.K. MOORE: In: Ouders van Nu, Oktober 1979.
MILLAR, SUSANNA: Psychologie des Spiels. O. Maier, Ravensburg 1973.
MILLER, N: s. LIEBERT (1981).
MILLS, M.: Recognition of mother's voice in ealry infancy. In: Nature 1974.

MISCHEL, W.: s. FLAVELL (1979).
MITCHELL, K.: s. ALTMANN & WOHLWILL (1981).
MÖKS, F.J. & P.G. HEYMANS (Hrsg.): Communicatie en interactie bij het jonge kind. Dekker & van de Vegt, Nijmegen 1978.
MONTESSORI, MARIA: Kinder sind anders. Klett-Cotta, Stuttgart 1978[10].
MOORE, M.K.: s. BULLOWA (1980)
MOSS, H.A.: Sex, age, and state as determinants of mother-infant interaction. In: Merrill-Palmer Quarterly, Nr. 13, 1967.
MUELLER, E. & T. LUCAS: A developmental analysis of peer interaction among toddlers. In: LEWIS & ROSENBLUM (1979).
MURRAY, R.: s. ALTMAN & WOHLWILL (1978).
MUSSEN, P.: The psychological development of the Child. Prentice Hall, Englewood Cliffs/NJ. 1979.
MUSSEN, P., J. CONGER & J. KAGAN: Lehrbuch der Kinderpsychologie. Klett-Cotta, Stuttgart 1979[2].
MUSSEN, P. & NANCY EISENBERG-BERG: Helfen, Schenken, Anteilnehmen. Klett-Cotta, Stuttgart 1979.
NAGERA, H.: The imaginary companion. In: The psychoanalytic study of the child. International Universities Press, New York 1969.
NAKKEN, N.: Psychomotorische trainingsprogramma's en hersenbeschadigte motorisch gehandicapte kinderen. In: DE WIT, BOLLE & VAN MEEL (1979).
NASH, J.: Developmental psychology, a psychobiological approach. Prentice Hall, Englewood Cliffs/NJ. 1977.
NELSON, KATHERINE: Structure and strategy in learning to talk. In: Monographs of the Society for Research in Child Development, Nr. 38, 1973.
NELSON, KATHERINE: Concept, word and sentence: interrelations in acquisition and development. In: Psychological Review, Nr. 81, 1974.
NICKEL, H.: Entwicklungspsychologie des Kindes- und Jugendalters. Band I: Allgemeine Grundlagen. Die Entwicklung bis zum Schuleintritt. Huber, Bern 1982[4].
NICKEL, H.: Entwicklungspsychologie des Kindes- und Jugendalters. Band II: Schulkind und Jugendlicher. Huber, Bern 1979.
NOBLE, G.: Children in front of the small screen. Communication and Society series, vol. 4, 1975.
Olweus, D.: Aggression in the schools, bullies and whipping boys. Wiley & Sons, New York/N.Y. 1978.
OLWEUS, D.: Longitudinal studies of aggressive reaction patterns in males. Reports from Institute of psychology, University of Bergen/Norwegen 1977.
PALKOWITZ, R.: Father's Birth Attendance, Early Contact, and Extendent Contact with Their New Borns: A Critical Review. In: Child Development, 56, 1985, 392–406.
PAPOUŠEK, H. & MECHTHILD PAPOUŠEK: Interdisciplinary paralels in studies of early human behavior: from physical to cognitive needs, from attachment to dyadic education. In: International Journal of Behavioral Development, vol. 1, 1978.
PARHAM, I.A.: s. SCHAIE & PARHAM (1976).
PARKE, R.D.: Fathers. Harvard University Press, Cambridge/Mass. 1981.
PARMENTIER, R.: De psychologie van het denken. Laboratorium psychologie Gent 1978.
PARREREN, C.F. VAN: Lernen in der Schule. Beltz, Weinheim 1977[6].
PARREREN, C.F. VAN: De relatie onderwijs-cognitieve ontwikkeling in de Russische psychologie. In: DE WIT, BOLLE & JESSURUN CARDOZO-VAN HOORN (1973).
PARREREN, C.F. VAN & J.A.M. CARPAY, Sovjetpsychologen over onderwijs en cognitieve ontwikkeling. Wolters-Noordhoff, Groningen 1980.
PATTERSON, G.R.: s. OLWEUS (1978).
PEDERSEN, F.A.: s. PILLING & PRINGLE (1978).
PERLS, F.: Gestalt-Therapie. Wiederbelebung des Selbst. Klett-Cotta, Stuttgart 1981.
PETERS, S.: s. MARLER & PETERS. In: Science 198.
PIAGET, J.: Das Weltbild des Kindes. Klett-Cotta, Stuttgart 1978.
PIAGET, J.: Das moralische Urteil beim Kinde. Suhrkamp, Frankfurt 1973.

PIAGET, J.: Das Erwachen der Intelligenz beim Kinde. Klett-Cotta, Stuttgart 1969.

PIAGET, J.: Psychologie der Intelligenz. Walter, Olten 1972².

PIAGET, J. & BÄRBEL INHELDER: Die Entwicklung der physikalischen Mengenbegriffe beim Kind. Klett-Cotta, Stuttgart 1969.

PIAGET, J. & ALINA SZEMINSKA: Die Entwicklung des Zahlbegriffs beim Kinde. Klett-Cotta, Stuttgart 1965.

PILLING, DORA & MIA KELLMER PRINGLE: Controversial issues in child development. Paul Elek, London 1978.

PINES, MAYA: Good Samaritans at age two? In: Psychology Today, Juni 1979.

PITKÄNEN-PULKKINEN, LEA: Continuity and selfcontrol. Vortrag ISSBD Konferenz Lund 1979.

POOLE, A.: s. MARJORIBANKS (1979).

PRECHTL, H.F.R.: s. SCHAFFER (1978).

PRECHTL, H.F.R., S.J. HUTT & H.G. LENARD: Psychophysiological studies in newborn infants. In: Advances in child behavior, Nr. 4. Academic Press, New York/N.Y. 1969.

PRINGLE, MIA: s. PILLING & PRINGLE (1978).

QUAY, H.C.: Childrens' behavior disorders. Van Nostrand, Wokingham 1968.

RABIN, A.I.: s. VIRGINIA ADAMS (1981).

REEP, MARIAN, VAN DE & MIEKE JULIEN. De opvoedingssituatie na de echtscheiding. Doctoraalsriptie Orthopedagogisch Instituut, Amsterdam 1979.

RICE, B.: Brave new world of intelligence testing. In: Psychology Today, September 1979.

RICHARDS, M.P.M.: The integration of a child into a social world. Cambridge UP, Cambridge/Mass. 1974.

RIETVELD, W.J. et al.: Het geheugen. Cahiers Biowetenschappen en Maatschappij. Van Loghum Slaterus, Deventer 1977.

RIKSEN-WALRAVEN, J.M.A.: Stimulering van de vroegkinderlijke ontwikkeling, een interventie-experiment. Swets en Zeitlinger, Lisse 1977.

ROCHA, R.F. & R.W. ROGERS: s. LIEBERT (1981).

ROSENFELD, H.: s. LEWIS & ROSENBLUM (1979).

ROSENHAN, D. & G.M. WHITE: Observation and rehearsal as determinants of prosocial behavior. In: Journal of personality and social psychology, Nr. 5, 1967.

ROSSI, ALICE S.: A biosocial perspective on parenting. In: Daedalus, Frühjahr 1977.

ROY, K.: s. ALTMAN & WOHLWILL (1978).

RUSSEL, G.: s. PARKE (1981).

RUTHERFORD, E.: s. MUSSEN (1979).

RUTTER, M.: Bindung und Trennung in der frühen Kindheit. Forschungsergebnisse zur Mutterdeprivation. Juventa, München 1978.

RYDER, R.G.: Birth to maturity revisited. In: Journal of personality and social psychology, Nr. 7, 1967.

SAMEROFF, A.J.: Organization and stability of newborn behavior: a commentary on the Brazelton Neonatal Assessment Scale. In: Monographs of the Society for Research in Child Development, serial 177, vol. 43, Nr. 56, 1978.

SANDER, L.W. & W.S. CONDON: Neonate movement is synchronized with adult speech. In: Science, Nr. 183, 1974.

SCHACHTER, S.: The psychology of affiliation. Stanford, London 1959.

SCHAEFFER, H.: s. ANGENENT (1976).

SCHAERLAEKENS, A.M.: De taalontwikkeling van het kind, een orientatie in het nederlandstalig onderzoek. Wolters-Noordhoff, Groningen 1977.

SCHAFFER, H.R. & P.E. EMERSON: The development of social attachments in infancy. In: Monographs of the Society for Research in Child Development, Nr. 29–94, 1964.

SCHAFFER, R.: Mütterliche Fürsorge in den ersten Lebensjahren. Klett-Cotta, Stuttgart 1978.

SCHAIE, K.W. & I.A. PARHAM: Stability of personality traits, fact or fable. In: Journal of personality and social psychology, Nr. 34, 1976.

SETERS, WILJEN VAN: Kind, gezin en echtscheiding. Van Loghum Slaterus, Deventer 1980.

SHANTZ, C.U.: Development of social cognition. s. HETHERINGTON (1975).

SHARABANY, RUTH & RACHEL HERTZ: Do friends share and communicate more than non friends? Vortrag ISSBD Konferenz Lund 1979.

SHARABANY, RUTH: The development of altruistic behavior. Vortrag ISSBD Konferenz Pavia 1977.

SHERIDAN, MARY D.: Spontaneous play in early childhood. NFER Publishing Cie., Windsor 1977.

SIMON, H.: s. STERNBERG: Stalking the IQ Quark. In: Psychology Today, September 1979.

SINCLAIR, H.: Sensorimotor patterns as a condition for the acquisition of syntax. In: HUXLEY & INGRAM (Hrsg.): Language acquisition. Academic Press, New York/N.Y. 1971.

SINGER, J.L.: The child's world of make believe. Academic Press, New York/N.Y. 1973.

SKEELS, H.M.: s. LIEBERT (1981).

SKINNER, B.F.: Futurum Zwei. «Walden Two». Die Vision einer aggressionsfreien Gesellschaft. Rowohlt, Reinbek 1972.

SLABY, S.: s. LIEBERT (1981).

SLOBIN, D.I.: s. KOOPS & VAN DER WERFF (1979).

SMITH, M.: s. LIEBERT (1981).

SNIJDERS-OMEN, N.: s. WIT-KIPP: Momenten in het kinderspel. In: Ouders van Nu, Juni 1975.

SNOW, C.E. & C.A. PERFUSON (Hrsg.): Talking to children. Cambridge UP, Cambridge/Mass. 1977.

SOLOMON, D.: s. LEWIS & ROSENBLUM (1979).

SPENCER, H.: s. GARVEY (1978).

SPERLING, O.: s. VAN DER BURG (1975).

SPIEKER, B. & J.J. HINTJES: Kohlbergs theorie van de morele opvoeding: analyse en kritiek. In: Pedagogische Studien, Februar 1978 und Februar 1979 (Reaktionen).

SPITZ, R.: s. CLARKE & CLARKE (1976).

STAUB, E.: s. MUSSEN (1979).

STERN, D.: s. BULLOWA (1980).

STERNBERG, R.J.: Stalking the IQ Quark. In: Psychology Today, September 1979.

STONE, L.J., HENRIETTA T. SMITH & LOIS B. MURPHY: The competent infant. Basic Books, New York/N.Y. 1973.

STONE, L.J. & J. CHURCH: Kindheit und Jugend. Einführung in die Entwicklungspsychologie. Dtv, München 1978.

SULLOWAY, F.: s. KAGAN (1977).

SZEGAL, B. A.: Continuity and discontinuity in the development of aggression in early childhood. Vortrag ISSBD Konferenz Lund 1979.

TERVOORT, B. TH.: Psycholinguistiek. Spectrum, De Meern 1972.

TERVOORT, B. TH.: De studie van de primaire taalverwerving. s. KOOPS & VAN DER WERFF (1979).

THOMAS, A. & STELLA CHESS: Temperament and development. Brunner Mazel, New York/N.Y. 1977.

TIZARD, B. & J. TIZARD: s. RUTTER (1978).

TOMAN, W.: Familienkonstellationen. Beck, München 1976.

TOUWEN, B.C.L.: Baby's ontwikkeling. In: Ouders van Nu, Juni–September 1975.

TREFFERS, P.D.A.: Aspecten van de normale en de gestoorde ontwikkeling van zuigelingen. In: Voortgang en Visie, 25 jaar verloskunde en gynaecologie. Liber Amicorum Kloosterman. Bohn, Amsterdam 1983.

TWITMYER, E.B.: s. Dushkin (publisher): Psychology Today.

VERHOEVEN, C.: De taal van Nena. Ambo, Baarn 1979.

VILLIERS, P.A. de & JILL G. de VILLIERS: Early language. Harvard University Press, Cambridge/Mass. 1979.

VROON, P.: Intelligentie. Ambo, Baarn 1980.

VUYK, RITA: Das Kind in der Zweikinderfamilie. Bern, Huber 1959.
WALBERG, H.J.: s. MARJORIBANKS (1979).
WALLERSTEIN, JUDITH & JOAN B. KELLY: Surviving the break up: how children actually cope with divorce. Basic Books, New York/N.Y. 1980.
WALTERS, R.H.: s. LIEBERT (1981).
WATTENBERG, W.W.: s. NASH (1977).
WAXLER, C.Z.: s. PINES (1979).
WEIR, R.: s. SCHAERLAEKENS (1977).
WEISS, W.W.: Erziehung zur Selbständigkeit. In: Zeitschrift für Pädagogik, Februar 1980.
WHITE, B.L.: s. LIEBERT (1981).
WIT-KIPP, COURTINE: Momenten in het kinderspel. In: Ouders van Nu, Juni 1975.
WIT, J. de, H. BOLLE & JESSURUN CARDOZO-VAN HOORN (Hrsg.): Psychologen over het kind, Teil 3. Wolters-Noordhoff, Groningen 1973.
WIT, J. de, H. BOLLE & J.M. VAN MEER (Hrsg.): Psychologen over het kind, Teil 4. Wolters-Noordhoff, Groningen, 1976. Teil 5. Wolters-Noordhoff, Groningen 1979.
WYGOTSKY, L.S.: s. van PARREREN & J.A.M. CARPAY (1980).
YARROW, L.: s. JUDY DUNN (1978).
YARROW, MARIAN: Learning concern for others. In: Developmental Psychology, vol. VIII, 1973.
ZAJONC, R.B.: Dumber by the dozen. In: Psychology Today, Januar 1975.
ZUCKER, K.J. & C.M. CORTER: Infant Stereotypin. In: American Journal of Orthopsychiatrie, vol. 50, Nr. 1, 1980.

Register

Personenregister

Sachregister